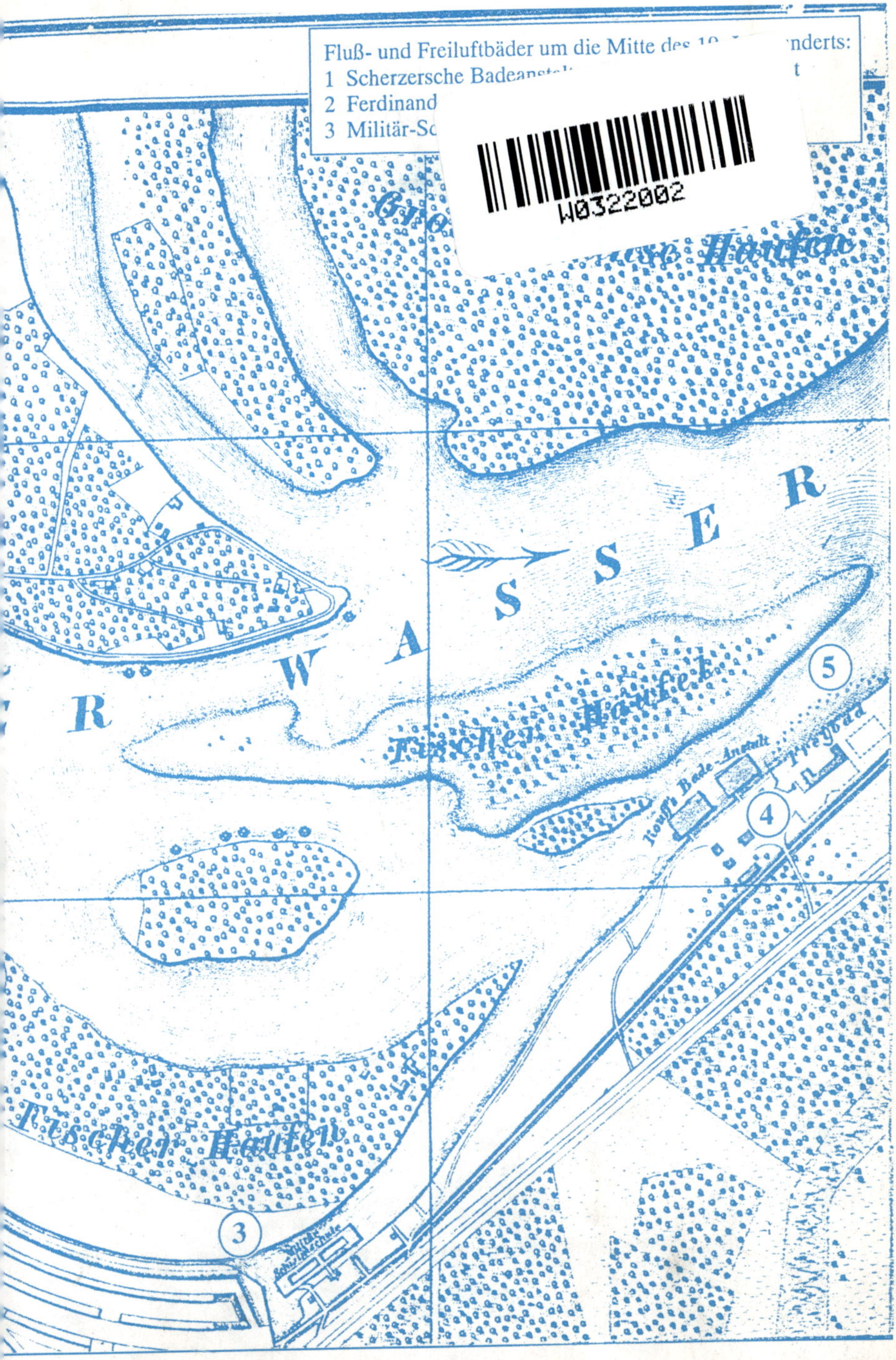
Fluß- und Freiluftbäder um die Mitte des
1 Scherzersche Badeanst
2 Ferdinand
3 Militär-Sc
W A S S E R
Fischer Haufen
Bade-Anstalt
Freybad
Fischer Haufen
5
4
3

KULTURSTUDIEN
BIBLIOTHEK DER KULTURGESCHICHTE

Herausgegeben von
Hubert Ch. Ehalt und Helmut Konrad

Band 25

Ernst Gerhard Eder

BADE- UND SCHWIMMKULTUR IN WIEN

Sozialhistorische und kulturanthropologische Untersuchungen

BÖHLAU VERLAG WIEN · KÖLN · WEIMAR

Gedruckt mit Unterstützung durch
den Fonds zur Förderung der wissenschaftlichen Forschung

Umschlagabbildung: Der Bazar, 15. Juni 1879
Bundesstaatliche Studienbibliothek Linz

Vor- und Nachsatz:
Ausschnitt aus: „Plan von Wien so wie von den Ortschaften:
Weinhaus, Währing, Herrnals, Neulerchenfeld, Fünf- und Sechshaus,
Rustendorf, Braunhirschen, Reindorf, Gaudenzdorf und Theilen von Ottakrin,
Meidling u. Simering. Mit Angabe aller Hausnummern. 1860."
Gestochen von Dominikus Biller (Wr. Stadt- und Landesarchiv).

Die Deutsche Bibliothek – CIP-Einheitsaufnahme

Eder, Ernst Gerhard:
Bade- und Schwimmkultur in Wien, Sozialhistorische und
kulturanthropologische Untersuchungen / Ernst Gerhard Eder. –
Wien ; Köln ; Weimar : Böhlau, 1995
(Kulturstudien; Bd. 25)
ISBN 3-205-98331-9
NE: GT

ISBN 3-205-98331-9

Gedruckt auf umweltfreundlichem, chlor- und säurefreiem Papier.

Satz und Repro: Zehetner Ges. m. b. H., A-2105 Oberrohrbach
Druck: Manz, A-1050 Wien

Inhalt

VORWORT DER HERAUSGEBER 9

VORWORT 11

EINLEITUNG 15

THEORETISCHE ASPEKTE ZUR GESCHICHTE
DES KÖRPERS 23

WASSERLUST, BADELUST UND GESELLSCHAFT 49

Libidinöse Entgrenzungssehnsucht 49
Abwehroperationen des Ich 52
Ozeanische Gefühle 57
Halb zog sie ihn, halb sank er hin 60
Verlorene Verbindlichkeit des Wassermythos 66
Wasserängste 69

WILDBADEN 75

Erste gesetzliche Verbote 75
Nacktheit als Strafe 79
Zucht, Zuchthaus, Züchtigung 81
Lasche Richter und resolute Wäscherinnen 84
Subversive Selbstgefährdung 87
Machtstrategischer Paradigmenwechsel:
Sichere Badeplätze 90
Historische Kontinuität widersetzlicher Alltagspraxis 93

Das neue Baden und die neuen Bäder 99

Naturmenschentum und Freimaurerei 99
Kaltes Wasser „erfrischt das Geblüt, stärkt die Nerven, macht gelenkig und hurtig“ 102
Das Engagement der Ärzte Pascal Joseph Ferro und Johann Peter Frank 108
Saubere Körper – reine Seelen 116
Die Armenbäder am Tabor 131
Das Frey-Bad am Fahnenstangenwasser 139
Des Staates Leid – des Unternehmers Freud’ 144
Vinzenz Prießnitz’ Rehabilitierung 151
Donauwasser-Rekreation für Elitepolizisten 155

Schwimmen und Schwimmschulen 161

Vorbereitung auf den Krieg 161
Die k. k. Militärschwimmschule im Prater 170
Körpertechnik, -disziplin und -training 178
Die Damenschwimmschule im Ferdinand- und Marienbad 190
Verbreitung der distinguierenden „Wasserpraxis“ 201

An den Grenzen des Sittlichen 207

Erregende Spannungen 207
Nacktheit und Körperlichkeit, Scham und Peinlichkeit 213
Dekretierte Sexualmoral 215
Aufzucht und Unzucht, Körperhygiene und Sünde 225
Der Badebekleidungs- und Schwimmhosen-Diskurs 235
Durchsichtige Gewänder, enganliegende Beinkleider 240
Prostitution am Wasser 243

Die Öffnung des Raumes 251

Natur hautnah 251
Die Stromlandschaft bevölkert sich 256
Schübe zum Grünen 261
Bäder und Bedürfnisse um die Mitte des 19. Jahrhunderts 263

DER KÖRPER IN DER ENGE 271

Domestizierung wilder Badefreuden 271
Wie Felsen in der Brandung der entarteten Welt 276
Ausrottung der letzten Unsittlichkeiten 283
Avancierte Methode der Kontrolle: Hallenbäder 290
Szenario der Denaturierung und Lustreduktion 297

AUF DEM WEG ZUR FREIHEIT AM WASSER 305

QUELLEN- UND LITERATURVERZEICHNIS 321

1. Archivalische Quellen 321
2. Primär- und Sekundärliteratur 323

PERSONENREGISTER 343

ORTS- UND SACHREGISTER 347

Vorwort der Herausgeber

Die Kulturstudien haben sich in den letzten zwölf Jahren als kulturwissenschaftliche Bibliothek etabliert. Unser Anliegen war es, ausgehend von einem erweiterten – nicht auf künstlerische Ausdrucksformen focussierten – Kulturbegriff, Forschungen zu präsentieren, die sich Darstellung und Analyse von Lebensformen, Wahrnehmungsweisen, Mentalitäten und Ritualen zur Aufgabe machen. Die Untersuchung von „Grundkonstellationen" des menschlichen Handelns, in denen die Menschen sich „zwischen Natur und Kultur" finden, beschreibt eine Hauptrichtung der von uns edierten Studien. Im Zusammenhang mit dieser inhaltlichen Orientierung, die in der aktuellen geschichtswissenschaftlichen Forschung zunehmend an Bedeutung gewinnt, begegnet immer häufiger der Begriff „Historische Anthropologie". Die vorliegende Arbeit von Ernst Gerhard Eder fügt sich ausgezeichnet in dieses Profil.

Ein zentraler Fragenkomplex einer historisch-anthropologisch ausgerichteten Kulturforschung betrifft den Umgang mit dem menschlichen Körper. Das sich wandelnde Verhältnis des Menschen zur Natur betraf und betrifft immer sowohl den Umgang mit der eigenen Körperlichkeit als auch den Umgang mit den die Menschen umgebenden Naturräumen. Anhand der von Ernst Gerhard Eder durchgeführten Forschungen und Analysen über die Bade- und Schwimmkultur in Wien werden vielfältige Disziplinierungsprozesse, die die Gestaltung der Naturräume ebenso betreffen wie die Vorstellungen und Umgangsformen des Menschen mit seiner Körperlichkeit, aufgezeigt.

Das Buch von Ernst Gerhard Eder wirft Fragen nach Wurzeln, Vorläufern, Aufbrüchen, Pionieren, Institutionen, gesellschaftlicher Behinderung und Durchsetzung der uns selbstverständlichen Körperkultur im Zusammenhang mit der Bade- und Schwimmkultur in Wien auf. Eder diskutiert anhand der Präsentation eines reichen Quellenmaterials aktuelle theoretische Ansätze zwischen „Zivilisationsprozeß" und Psychoanalyse. Verhaltensmuster, Ausdrucks- und

Kulturformen im Zusammenhang mit der Bade- und Schwimmkultur werden in ihrer Vielschichtigkeit, Differenziertheit und Widersprüchlichkeit in einem historischen Längsschnitt dargestellt. Der Autor fragt nach dem Normenwandel im Hinblick auf Sittlichkeit und Ästhetik und nach dem gesellschaftlichen Strukturwandel im Zusammenhang mit einer Neuorientierung von Macht und Ohnmacht, Herrschaft und Unterwerfung, Rebellion und Anpassung.

Die Hauptkapitel von Eders Untersuchung betreffen die sich entfaltende euphorische Sicht des kalten Wassers. Der Autor zeigt, wie Baden und Schwimmen in freien Gewässern, aber auch therapeutische Behandlungen mit Wasser, die zu Beginn des Untersuchungszeitraumes alles andere als uneingeschränkte Zustimmung fanden, langsam an Bedeutung gewannen.

Eder präsentiert die Expertendebatten und eröffnet bisweilen überraschende Perspektiven ebenso wie alltägliche Formen der Wahrnehmung und Aneignung von Natur. Der vom Autor erschlossene Quellenfundus und der anregende theoretische Rahmen, der stets vielfältige interdisziplinäre Assoziationen möglich macht, erweisen sich für eine Geschichtswissenschaft, die sich als historische Anthropologie und Kulturforschung versteht, sehr nützlich.

Umgang mit dem Wasser, Bewegung im freien Gelände, Körperlichkeit, Körpermotorik und -technik, Herrschaft und Kontrolle, Moral und Bedürfnisse, Sehnsucht und Libido sind wichtige Aspekte des menschlichen Lebens und Zusammenlebens. Die Darstellung der Geschichte der Bade- und Schwimmkultur verknüpft wichtige Entwicklungslinien des Normenwandels, der Zivilisationsgeschichte, der Mentalitäts- und der politischen Geschichte. Ernst Gerhard Eder leistet mit seiner Untersuchung, die den Umgang mit dem Wasser von der „libido aqua" über die Sittlichkeits- und Hygienevorstellungen der Neuzeit bis zur neueren Hydrotherapie und Bädertechnologie beschreibt und analysiert, eine Pionierarbeit, die reich an historischen Details ist, aber ebenso an theoretischen Anstößen, die sie bietet.

Die Herausgeber freuen sich, daß von Ernst Gerhard Eder, der dem Konzept der Kulturstudien von Anfang an sehr verbunden war und der bereits wichtige Beiträge für Sammelbände geleistet hat, nun auch eine Monographie vorliegt.

Hubert Christian Ehalt
Helmut Konrad

Vorwort

Wer sich sommers am Badestrand tummelt, im Wasser erfrischt oder auf der Luftmatratze räkelt, denkt kaum daran, daß der Weg zu dieser Freiheit des Körpers lange und mühevoll war. Wie kam es zum Baden am freien Gewässer, das längst weltweit Millionen begeisterte Anhänger findet?

Die vorliegende Studie geht Fragen nach historischen Wurzeln, Vorläufern, Pionieren und Institutionen, Fragen nach gesellschaftlicher Behinderung und erstmaliger Durchsetzung der uns heute so selbstverständlichen Körperkultur am Wasser nach. Sie diskutiert Theorieansätze und stellt eine Fülle von Quellenmaterial vor. Auftretende menschliche Verhaltensmuster und Ausdrucksweisen werden in ihrer Vielschichtigkeit, Differenziertheit und historischen Prozeßhaftigkeit mit interdisziplinärer Methode analysiert, interpretiert und bewertet und in einen überregionalen Kontext gestellt. Zur Sprache kommen Aspekte der Sittlichkeit und Ästhetik, Macht und Ohnmacht, Herrschaft und Unterwerfung, Rebellion und Anpassung, kurz: die Erweiterung und Kontraktion der „Libido aqua“.

Im Mittelpunkt der historisch-kulturwissenschaftlichen Untersuchung stehen Kaltwassereuphorie, Hydrotherapie und das Baden und Schwimmen in freien Gewässern, welche sich zu Beginn des Untersuchungszeitraumes alles andere als uneingeschränkter Zustimmung erfreuen. Innerhalb aufgeregt geführter Expertendebatten und breiter gesellschaftlicher Auseinandersetzung gewinnen sie erst langsam an Terrain und Akzeptanz. Die Studie konzentriert sich auf zeitgenössische Theorien, Diskurse, Kontroversen über Baden, Nacktheit, Schwimmen, Gesundheit, Hygiene und Körperkultur sowie auf die Praxis der frühen Kaltwasser-, Freiluftbade- und Schwimmkultur im Raum Wien.

Der erschlossene Quellenfundus und der gewählte Theorierahmen eröffnen unerwartete, bisweilen überraschende Perspektiven und neue Interpretationsmöglichkeiten für Historische Anthropologie und historische Kultur- und Sozialwissenschaften. Es wird der Versuch unternommen, den traditionellen Rahmen kulturgeschichtlicher Deskription zu sprengen und am großstädtischen Fallbeispiel einen kulturwissenschaftlich interdisziplinären, integrativen, historisch-kritischen Ansatz zu verwirklichen. Die Ergebnisse sind für den zentral- und mitteleuropäischen Raum verallgemeinerbar.

Baden und Schwimmen als städtisches Alltags- und Freizeitverhalten läßt sich für den Wiener und niederösterreichischen Raum anhand von Rechtsvorschriften gut 350 Jahre zurückverfolgen. Die Geschichte der Hallenbäder und Freiluftbadeanlagen ist hingegen relativ jung. Sie deckt sich außerdem nur zum Teil mit der Geschichte des Badens und Schwimmens als Praxis im öffentlichen Raum. Erst kürzlich verwiesen Gottfried Pirhofer, Ramon Reichert und Martina Wurzacher darauf, daß sich ein Bereich der Alltäglichkeit außerhalb der institutionellen Räume entwickelte, „... in ‚wilden' ungeregelten Zonen, im offenen Raum der Stadt. Es ist dies eine Geschichte des Begehrens, die in Ansätzen für die Meeresküsten[1], für den urbanen Raum hingegen noch nicht vorliegt".[2] Die Lücke kann nun geschlossen werden.

Wasser, freies Gelände, natürliche Umwelt, Körperlichkeit, Körpermotorik, Körpertechnik, Gesundheitsstreben, Sauberkeitsverhalten, Herrschaft, Kontrolle, Moral, sexuelle Bedürfnisse und Sehnsüchte sind Aspekte des menschlichen Lebens und Zusammenlebens. An ihrem Aufeinandertreffen bilden sie Schnittstellen in historischen Fortläufen aus, die sich für den empirischen Zugriff lohnen. Im solcherart hergestellten Untersuchungszusammenhang geht es um die kulturwissenschaftliche Einordnung von Befunden zur historischen Veränderung der Beziehung und Einstellung der Menschen zum Baden an freien Gewässern. Hierzu dient ein Diskursrahmen, der sich von der „Libido aqua" über den Versittlichungs- und Hygienisierungsschub der Neuzeit bis zur neueren Hydrotherapie und Bädertechnologie des 19. Jahrhunderts erstreckt.

Wechselwirkungen zwischen Wahrnehmungsformen eines sich

1 Siehe etwa einige Sequenzen in: *Corbin,* Alain, Meereslust. Das Abendland und die Entdeckung der Küste 1750–1840, Berlin 1990.

2 *Pirhofer,* Gottfried/*Reichert,* Ramon/*Wurzacher,* Martina, Bäder für die Öffentlichkeit. Hallen- und Freibäder als urbaner Raum, in: *Lachmayer,* Herbert/*Mattl-Wurm,* Sylvia/*Gargerle,* Christian (Hrsg.), Dad Bad. Eine Geschichte der Badekultur im 19. und 20. Jahrhundert, Salzburg und Wien 1991, S. 151.

wandelnden gesellschaftlichen Bezugfeldes sowie daraus resultierende Reaktionen und Konsequenzen von Obrigkeit, Experten, Bürgertum und breiter Bevölkerung des 18. und 19. Jahrhunderts stehen im Mittelpunkt. Normen der Körperlichkeit, Sittlichkeit und Sexualität, Vorstellungen von sozialen und räumlichen „Ordnungen", Widersetzlichkeiten gegenüber Verhaltensvorschriften, Affirmation oder Ablehnung von Einstellungen, Meinungen, Denkweisen und Werten werden einer kritischen Analyse und Aufarbeitung unterzogen. Als Resultat zeigt sich nicht nur die zunehmende Kontrolle und Eindämmung des freien Auslebens spontaner, lustbetonter, archaischer Bedürfnisse im Verlaufe des abendländischen Zivilisationsprozesses durch den sozialen und administrativen Druck der Gesellschaft, sondern auch die wachsende Verinnerlichung entsprechender Normen, die immerhin über den Weg erneuter Verhaltensdifferenzierungen und -erweiterungen ungeahnte neue Freiheiten und Spontaneitäten am Wasser ermöglichen.

Das vorliegende Buch basiert auf meiner 1991 am Institut für Wirtschafts- und Sozialgeschichte der Universität Wien von den Professoren Ernst Bruckmüller und Hannes Stekl approbierten Dissertation sowie auf einer Reihe von Studien und Aufsätzen, die im Zeitraum vom 1986 bis 1993 entstanden sind. Der Text der 1992 fertiggestellten ersten Buchversion wurde nochmals überarbeitet, in den theoretischen Passagen vertieft, in den deskriptiven gestrafft und in den analytischen und interpretierenden präzisiert.

Mein Dank für moralische Unterstützung, manuelle Hilfe, für Quellen- und Literaturhinweise, Anregungen zur Analyse und Interpretation sowie für konstruktive (manchmal auch harte) Kritik gilt neben den genannten Professoren insbesondere meiner Mutter Ingeborg Eder, Hubert Christian Ehalt, Wolfgang Greif, Jutta Grünberger, Arne Haselbach, Regina Karner, Elisabeth Spanlang, Patricia Steines, Manfred Tacha, Otmar Weiß (alle Wien), John Bale (Keele, UK), Rudolf Braun (Zürich), Henning Eichberg (Slagelse, DK), Dietmar Larcher (Klagenfurt), Dietrich Mühlberg (Berlin), Herbert Pietsch (Berlin) und Helmut Reinicke (Frankfurt/Flensburg) sowie den Redaktionsgutachtern/innen der Zeitschriften „Historische Anthropologie" und „Österreichische Zeitschrift für Soziologie".

Wien 1995 *Ernst Gerhard Eder*

Einleitung

Touristen, zu Besuch in der Hauptstadt Österreichs, sind in der Regel erstaunt darüber, daß das Zentrum Wiens keinesfalls „an der schönen blauen Donau“ liegt, sondern etliche Straßen-, Schnell- oder U-Bahn-Stationen davon entfernt. Ein Blick auf den Stadtplan erinnert daran, daß dem nicht immer so war. Sprechende Bezeichnungen wie „Maria am Gestade“, „Schanzel-Ufer“, „Salzgrieß“, „Fischerstiege“ oder „Schiffamtsgasse“, allesamt am Donaukanal im Bereich des 1. Bezirkes gelegene Orte, geben Zeugnis davon, daß der Fokus des städtischen Lebens tatsächlich einmal an einem Donauufer lag. Und zwar am Ufer des „Wiener Arms“, des heutigen Donaukanals, damals der westlichste Arm einer sich vor den Toren Wiens mit vielen Flußläufen und Augewässern weit verzweigenden Donau.

Die große Flußregulierung von 1870–1875 schuf dann jenen Zustand, der das Bild auch heute noch prägt: Weit abgerückt vom traditionsreichen Stadtkern gleitet der Strom in seinem wie mit dem Lineal gezogenen, kanalartigen Bett dahin, wuchtig, eintönig, träge. Mit dem Bau der Staustufe knapp unterhalb Wiens wird er zum Stausee mutieren. Diese Umstände machen ihn trotz Johann Strauß’ Walzerseligkeit für ausländische Gäste nicht sonderlich attraktiv, von gelegentlichen flüchtigen Höflichkeitsbesuchen vielleicht abgesehen.

Keinesfalls uninteressant ist das Donauareal hingegen für die angestammte Bevölkerung. An heißen Sommertagen, wenn die Quecksilbersäule in die Höhe klettert, bekommen Fluß, Donauinsel, Entlastungsgerinne und verbliebene Altwässer vom Floridsdorfer Wasserpark bis zum Donau-Oder-Kanal eine geradezu magische Anziehungskraft. Es ergießen sich wahre Verkehrsströme in die vielgelobten Naherholungsgebiete, was dazu führt, daß oft schon zu Mittag alle verfügbaren Parkplätze ausgelastet sind und die Freiluftbadehungrigen über Rundfunk aufgefordert werden, doch glatt einmal vom Auto auf öffentliche Verkehrsmittel umzusteigen.

Es scheinen keine Strapazen zu groß. Die stickige Hitze eines Wagenfonds, das Gedränge in einer überquellenden Straßenbahn, das zermürbende Fahren im Stau wie anschließende Fußmärsche auf heißen Asphaltpisten werden in Kauf genommen. Oft schwer bepackt mit Campingbetten, Kühltaschen, Schwimmflossen, Taucherbrillen, Luftmatratzen oder gar Surfbrettern gelangen die Schweißüberströmten schließlich mühsam ans ersehnte Ziel, das sie für all die Unbilden entschädigt – ans Wasser.

Erstes Aufatmen und ein erfrischendes Bad. Hier ist noch ein wenig unvermitteltes Erleben von Natur möglich, das alle Sinne anspricht. Kaum stößt sich das Auge an harten, scharfen Kanten, sondern gleitet über spiegelglatte, fallweise vom Wind gekräuselte, flimmernde Wasserflächen oder folgt – an der Donau selbst – dem Überrollen und Auslaufen der weichen, geschmeidigen Wellenkämme. Das ewige Strömen des Flusses als Sinnbild allen menschlichen Lebens und seiner Verbundenheit mit dem Kosmos regt manch sonst ständig Hastenden zu kontemplativem Innehalten an.

Die Erquicklichkeit für den Körper und Ästhetik des optischen Eindrucks finden in der akustischen Wahrnehmung eine Ergänzung. Nie wird das beständige Rauschen, Glucksen, Murmeln, Gurgeln, Blubbern, Plätschern des Wassers als störender Lärm, vielmehr als unaufdringliches, beruhigendes, atmosphärisches Geräusch, mitunter als klangvolle Lautmalerei empfunden.

Am freien Gewässer ist neben Gesichts- und Gehörsinn auch der Geruchssinn angesprochen. Zartes Fischodeur mischt sich mit dem Aroma von Wasserpflanzen auf überspülten Steinen, zu genießen ist der herbe Duft von Gras und Wiesenblumen, von sich im Wind wiegenden Röhrichten, Ufersträuchern und Donauweiden. An Badetagen kitzelt das Parfum der reichlich verwendeten Sonnenschutzmittel, gleichwohl der Holzkohlenrauch des nahen Grillplatzes die Nase. Wer näher ans Wasser tritt, bemerkt auch dessen charakteristischen, wenn auch dezenten Geruch.

Besonders intensiv erleben Badende Wasser durch den Hautkontakt. Das sanfte Hineingleiten ins feuchte Element, das gänzliche Umfangensein von unendlicher Nachgiebigkeit, das angenehm prickelnde Gefühl, die Kühle, die plötzliche Schwerelosigkeit, Geschmeidigkeit, das Abfließen, Vorbeistreichen, Eintauchen, Auftauchen . . . Wir schwimmen. Bisweilen stellt sich ein schwer in Worten faßbares, oft gar nicht dem reflektierenden Bewußtsein unmittelbar zugängliches Glücksgefühl ein.

Die positiven Effekte der Reproduktion von Geist, Psyche und Physis bei Baden, Schwimmen und Aufenthalt am Wasser sind Angehörigen der reglementierten, restringierten, lust- und affektarmen Industrie- und Urbangesellschaft mehr als hinlänglich geläufig. Solche erfährt wohl nahezu jeder gerne. Gerade die Wiener Bevölkerung blickt auf eine diesbezüglich imposante Tradition zurück. Seit den zwanziger Jahren dieses Jahrhunderts drängt sich des Sommers ein Millionenpublikum in Freiluftbädern und auf Wildbadegeländen des städtischen Raumes. Den ersten Höhepunkt erlebte die Wiener Freiluftbadekultur jedoch bereits im Biedermeier. Damals kristallisierte sich entsprechendes, rasch auch von breiteren Bevölkerungskreisen getragenes Verhalten heraus.

Sieht man von der in manchen Garnisonen praktizierten Wehrertüchtigung via Schwimmexerzitien ab, war die hygienebewußte, lebensreformerische Kaltwasser-, Freiluftbade- und Schwimmkultur nur in der neu entstandenen Sphäre des Alltagslebens, der Freizeit, denkbar. Diese erhielt im Leben vieler erst Relevanz durch das Vertauschen ihrer Arbeitsfelder in den Produktionsbereichen und -gemeinschaften des „ganzen Hauses“ mit Arbeitsfeldern, die sich im Laufe der industriellen Revolution durch enorme Ausweitung der neuen Bürokratien wie des Sekundär- und Tertiärsektors der Wirtschaft in Zusammenhang mit zentralisierter Arbeitsorganisation und städtischer Lebensweise ergeben hatten.

Die Existenz eines sozialen, ökonomischen, mentalen und ideellen Umfeldes, das für die Entstehung spezifischer Attitüden maßgeblich und für den nachfolgenden Aufschwung der neuen Badekultur verantwortlich war, kann geraume Zeit vor der Epoche des Biedermeier nachgewiesen werden. Es soll der Versuch unternommen werden, der konstitutiven Phase Wiener Kaltwasser-, Freiluftbade- und Schwimmkultur nachzuspüren, ihre wesentlichen Institutionen zu beschreiben, Mentalitäten, Argumente, Handlungs- und Verhaltensweisen ihrer Befürworter und Aktivisten, Skeptiker und Gegner weiterzugeben, zu interpretieren und zu bewerten, ihre Einbindung in den gesellschaftlichen und zivilisatorischen Prozeß als Ganzes zu orten. Die Auseinandersetzung mit historischem Quellenmaterial ist orientiert an Dialektik und Ambivalenz der Evolution und Entfaltung mentaler wie körperlicher Bedürfnismuster im Spannungsbereich von Wasser- und Badelust einerseits, staatlich-gesellschaftlichen Machtansprüchen und Herrschaftsstrategien bezüglich Körper und Körperlichkeit andererseits.

Den „Kampf der Ideen“ unter den Bedingungen kulturhegemonialer Kontrolle, seine Wirkung auf Befindlichkeiten der Menschen, seine mobilisierende Wirkung für individuelles und kollektives Handeln und Verhalten und seine Verflochtenheit in die Gesamtheit des kulturellen Aneignungsprozesses während eines Abschnittes des industriellen Zeitalters anhand mannigfacher, vorzugsweise lokaler Beispiele darzustellen, ist ein Ziel der Studie. Doch geschrieben wird nicht nur eine Geschichte der Ideen, sondern werden ebenso Geschichten der Körperlichkeit, des Körperempfindens, der Sensualität, der Nacktheit, der Sexualität, der Erotik, der Gefühls-, Affekt- und Verhaltensstandards, der Moral und Sittlichkeit, der politischen, militärischen, sozialen, technologischen und ökonomischen Hintergründe, der Macht und Ohnmacht, der Herrschaft und des Beherrschtwerdens.

Als welch Ungeheuerlichkeit es Zeitgenossen Ende des 18. Jahrhunderts noch empfanden, sich im Badeschiff oder gar im Freien ins kalte Flußwasser zu stürzen, läßt sich an der Reaktion eines Wiener Lokaljournalisten ermessen, wenn er dem Leserpublikum aufgebracht über sein erstes Kaltbadeerlebnis Unerhörtes berichtet: „Da habn mir anfangs d’ Zähn gkläppert vor Kältn“ (Eipldauer, 21. 3. 1795). Davon ist rasch nichts mehr der Erwähnung wert. Das Wissen und die Gewißheit um die abkühlende und lustvolle, therapeutische und prophylaktische, säubernde und reinigende, mit einem Wort: reproduktive und rekreative Funktion der natürlichen Gewässer ist nahezu Allgemeingut (wenn auch nicht allgemeine Praxis) geworden. Seither werden wassertemperaturbedingte Irritationen und gelegentliche Unbequemlichkeiten mit Selbstverständlichkeit hingenommen.

Zu Beginn des Untersuchungszeitraumes konnten nur wenige schwimmen, kaum diejenigen, die professionell in oder am Wasser zu tun hatten wie Fischer, Wäscherinnen, Bootsbauer, Fährleute, Flößer oder Schiffer. Auch wer sich in des Sommers Hitze gerne spontan im Fluß labte, beherrschte die Kunst anscheinend nur selten. Nicht anders wäre es sonst zu den häufig beklagten Ertrinkungsunfällen gekommen.

Heute verstreicht kein Sommer, ohne daß Millionen Menschen wenigstens Teile ihrer Frei- und Urlaubszeit in Bädern, an Seen, Flüssen, Teichen, Swimmingpools oder am Meer verbringen. Sich der dabei vorteilhaften Körpertechnik des Schwimmens zu bedienen, sind immerhin vier Fünftel der Österreicher und Österreicherinnen in der Lage (laut „Die Presse", 11. 7. 1986) – obwohl in diesem Land kaum eine im alltäglichen oder beruflichen Leben real gebotene Notwendigkeit dafür besteht, schwimmen zu können.

Von den durch die veränderten ökonomischen und sozialen Rahmenbedingungen vermehrten Chancen, sich vormals nur gesellschaftlichen Eliten vorbehaltene Verhaltensweisen und Körpertechniken zu eigen zu machen, läßt sich ableiten, daß sich in den formal „demokratischer", faktisch „egalitärer" gewordenen Gesellschaften auch tatsächlich das Machtgefälle etwas zugunsten der Mehrheit verschoben hat. Je „machtgleicher" Menschen in ihrem Zugang zu Lebenschancen und damit in ihrer Möglichkeit der Bedürfnisabdeckung werden, um so heftiger artikuliert sich gleichzeitig ein Bedürfnis, sich wenigstens wieder äußerlich, wenigstens durch mancherlei distinguierte Verhaltens- und Ausdrucksweisen voneinander abzuheben, zu kontrastieren. Im Extremfall suchen sie ungemein findig nach Ausgefallenem, sich abzugrenzen, auch entgegen vorläufig noch gültigen Wert-, Einstellungs- und Empfindungsmustern. Lange, bevor noch wirklich eine Mehrheit sich des Schwimmens befleißigte und erfreute, Kälte, Strömung und Untiefen des freien Gewässers niemanden mehr abschreckten, hielt die Avantgarde stets nach nächsten Etappen der Distinktion am freien Gewässer Ausschau: nach Segelbooten, Ruderregatten, Turmspringen, Langstreckenschwimmen, Schwimmtouren, Eislochbaden, Taucherausrüstungen und Wasserschiern.

Um die Mitte des 19. Jahrhunderts hatten sich im wesentlichen jene kulturellen Bedürfnis- und Verhaltensmuster ausdifferenziert, die das Freiluftbaden bis heute prägen. (Sieht man von jenen der FKK ab, die erst zur letzten Jahrhundertwende entstehen.) Gerade für Großstädter bedeuten heute die wenigen Naturreservate innerhalb und in unmittelbarer Nähe der Stadt eine letzte verbleibende Gelegenheit partiellen und ephimeren Naturerlebens. Die entsprechende Bedürfnislage wurde im Biedermeier durch mentale, zivilisatorische, politische, soziale, kulturelle, ökonomische und technisch-industrielle Rahmenbedingungen, Entwicklungen und Wandlungsprozesse auf breiter Basis grundgelegt. An schönen Sommertagen Wiener und wiennahe Freibäder und Wildbadeplätze überschwemmende, hunderttausend und mehr zählende Badelustige sind der empirische Aufweis für ein historisches Kontinuum tief in der Mentalität verankerter Bedürfnislage: die Lust am Wasser nicht missen zu wollen.

„Körper, Wasser, Bewegung, Geschichte“ könnte ein weiterer Untertitel des vorliegenden Buches in Klaus Theweleitscher Manier lauten. Was damit gemeint ist: Die Dynamik des Körpers – in bewegungsmotorischer, kinästhetischer, physiologischer wie mentaler Hinsicht – entspricht der Dynamik historischer und gesellschaftlicher Wandlungsprozesse. Diese dynamischen Entsprechungen und Beziehungsverhältnisse besitzen Affinität mit dem Wasser in seiner fluidalen, stets veränderlichen, sich erneuernden figurativen Qualität. So allegorisierend und symbolhaft dies im ersten Moment klingen mag, das Postulat „Wasser ist Leben“, das auf die gegenwärtig im Vordergrund stehende Trinkwasserproblematik verweist, gilt auch in seiner Umkehrung: „Leben ist Wasser“ und meint jene Funktionen und Eigenschaften des Lebens, die denen des Wassers ähneln.

Theoretische Aspekte zur Geschichte des Körpers

1.

Gegenüber dem durch die alltäglichen Lebensbezüge des Menschen bestimmten Interesse nach Vernunfterkenntnis kann wissenschaftliche Erkenntnis keine souveräne Stellung beanspruchen – das würde ihr Zusammenschrumpfen auf methodische Grundsätze bedeuten. Wissenschaftliches Erkenntnisinteresse und das der praktischen Vernunft des Alltagslebens fallen für den notwendigerweise zusammen, der sich eingesteht, daß sich Wissenschaft niemals als Möglichkeit aller Erkenntnis begreifen läßt. Mit dem Anspruch „absoluten Wissens" muß sie, die obendrein immer nur Spezialbereiche abdeckt, unweigerlich als borniert erscheinen. Die „... einzige Aufgabe bleibt dann die kritische Auflösung der Schranken positiven Wissens. Wo ... ein Begriff des Erkennens, der die geltenden Wissenschaften transzendiert, fehlt, resigniert Erkenntniskritik zur Wissenschaftstheorie; diese beschränkt sich auf die pseudonormativen Regeln der etablierten Forschung."[1]

Dem auch im Kanon der Humanwissenschaften weitverbreiteten Neopositivismus gilt als einzige Methode zuverlässiger Erkenntnis die materialistische Empiristik der formalisierten Naturwissenschaften. Bei der Nichtzulassung, Ausblendung und Dequalifikation anderer Erkenntnismöglichkeiten handelt es sich allerdings um eine für rationalistischen und empiristischen Prinzipien verpflichtetes Denken an sich merkwürdige Anstrengung, den Objektbereich der Realität „metaphysisch" einzugrenzen. Aus der Erfahrung und der Verarbeitung des alltäglichen Lebenszusammenhanges entspringendes Vernunftinteresse postuliert hingegen ein System von Erkenntnisvermögen, „... in das praktische Vernunft und reflektierende Urteilskraft so selbstverständlich einbezogen sind wie die Kritik

1 *Habermas,* Erkenntnis und Interesse, 2. Aufl., 1973, S. 12.

selber – eben eine theoretische Vernunft, die sich dialektisch nicht nur ihrer Grenzen, sondern auch ihrer eigenen Ideen vergewissern kann".[2]

Die Verlegenheit aller ideeller Argumentation der an der Festlegung ethischer Handlungskriterien interessierten theoretischen Vernunft war es von jeher einzusehen, wie die Idee je Gegenstand der Erfahrung werden könne. „Der Leib, nun, ist diese Idee, die Gegenstand der Erfahrung wird . . . Wissenschaftlich erfaßt und darstellbar ist nur die Geschichte des Leibes, sei es nun als ‚große Mutation' im phylogenetischen Sinne der Stammesgeschichte des Menschen, sei es als ‚kleine Mutation' im Sinne der Weltgeschichte, der historischen Tradition des menschlichen Seins."[3] Aufgabe der Wissenschaft ist es, die Wahrheit über die Vergangenheit dem Menschen so vorzustellen, daß sie ihm zum „Material" seiner Tat werden kann. „Ohne praktische wie theoretische Verbindung zur ‚Natur', zur ‚dunklen Welt' des Körpers, der vegetativen und animalischen Einbildungskraft muß die Erkenntnis des Menschen, auf die in der bürgerlichen Gesellschaft letztlich alles ankommt, sowohl ihren Gegenstand als auch ihre Grundlage verlieren."[4] Unter gegenwärtigen gesellschaftlichen Bedingungen besteht aber immer die Gefahr, daß die Wissenschaft glaubt, sich von der realen Befindlichkeit des menschlichen Körpers absentieren und ihrem Selbstzweck frönen zu können. Sie „. . . verliert dann ihre Idee, um auf die Ebene des bloßen Begriffs hinabzusinken. Sie weiß dann eigentlich nicht mehr, warum und worum sie da ist, sie weiß nicht mehr, warum sie wissen soll; nur die große Rückkehr zum Leibe und seinem Reiche der Idee wird sie vor dem Dilemma eines ‚weisheitslosen Wissens' bewahren."[5]

Im Gegensatz zum Begriff des „Leibes", der bis in die Neuzeit für den belebten, erlebten, lebendigen Körper stand, verwenden

„. . . wir heute pointierter denn je ‚Körper' als physikalischen Terminus technicus . . ., der am menschlichen Körper nur das läßt, was wir mit Kuben und Octaedern gemeinsam haben, nämlich angeblich eine res extensa zu sein, Ausdehnung zu haben wie andere Dinge auch. [. . .] Unmittelbar und unwiderruflich geht mit der Zuordnung unserer Physis zur mechanischen

2 *Habermas,* Erkenntnis und Interesse, 2. Aufl., 1973, S. 12.
3 *Geyer,* Dialektik der Nacktheit, 1973, S. 156.
4 *Kamper/Rittner,* Vorwort, in: *Dies.* (Hg.), Zur Geschichte des Körpers, 1976, S. 8.
5 *Geyer,* Dialektik der Nacktheit, 1973, S. 156.

Welt der Dinge die Trennung der Sinnesorgane von den Tätigkeiten des Geistes, der Seele, des Verstandes einher."[6]

Mit den methodologischen Prinzipien, den wissenschaftstheoretischen Postulaten und den forschungspraktischen Vorgangsweisen strikter Erfahrungswissenschaften können, obwohl von diesen behauptet, Lebenszusammenhänge, Kohärenzen der physischen und psychischen Befindlichkeit menschlicher Körper, Ideen, Wahrnehmungen, Motive, Hoffnungen, Wünsche und darauf basierende Bedürfnisse nicht hinlänglich analysiert werden. Aber wozu sonst sind Human-, Sozial- und Kulturwissenschaften aufgerufen, wenn nicht zur Systematisierung des von Menschen, das heißt von deren Körpern im kulturellen Prozeß Wahrgenommenen, Erfahrenen (und seien dies „bloß" Erfahrungen aus alltäglichen Bezügen und Interaktionen), Erlittenen, Gefürchteten und Erhofften? Nur dem „. . . erlebenden Subjekt ist der Zugang zur Wirklichkeit freigegeben; der Resonanzboden aller vorwissenschaftlich akkumulierter Erfahrung schwingt mit".[7]

Alltäglicher Lebenszusammenhang eruiert sich im wesentlichen auf der Ebene der Intersubjektivität. Die Möglichkeit des intersubjektiven, kritisch reflektierten wie methodisch kontrollierten „Verstehens" menschlicher Lebenszusammenhänge, sozialer Beziehungen und Körperbefindlichkeiten bleibt den im Formalismus verhafteten Naturwissenschaften großteils verwehrt. Was not tut, ist eine heuristische Erkenntniskritik an (neo)positivistischem und empiristischem Denken als Gesellschaftstheorie. Daraus ergeht die Forderung an die sich als eigenständige, abgegrenzte Wissenschaftsbereiche verstehenden Geistes-, Human-, Sozial- und Kulturwissenschaften nach „Auflösung der Schranken positiven Wissens", nach Interdisziplinarität, danach, sich in einem anderen methodologischen Rahmen zu bewegen und sich von einem anderen Erkenntnisinteresse leiten zu lassen, als die im reduktionistischen Pragmatismus verharrenden Naturwissenschaften.

Die Methode des „hermeneutischen Verfahrens" scheint angemessen, die Anforderungen eines kontrollierten intersubjektiven Verstehens zu erfüllen, denn sie erlaubt es, „in die fremden Lebens-

---

6 *Zur Lippe,* Vom Leib zum Körper, 1988, S. 11.

7 *Habermas,* Erkenntnis und Interesse, 2. Aufl., 1973, S. 182.

äußerungen durch eine Transposition aus der Fülle der eigenen Erlebnisse“[8] einzudringen, und sie ist es, die schließlich „auf eine Transposition, eine Rückübertragung der geistigen Objektivationen ins nachvollziehende Erleben“[9] abzielt. Darüber hinaus gehen ambitionierte Ansprüche der Kulturanthropologie, an Stelle der „Erfassung geschichtlicher Seelenvorgänge durch einfühlendes Verstehen und Nachvollziehen“ (Funktion der klassischen Hermeneutik nach Wilhelm Dilthey) eine sozialwissenschaftliche Hermeneutik zu setzen, die mit dem Prinzip des Mißtrauens gegenüber scheinbar Vertrautem und Bekanntem Sinn- und Wirklichkeitserfahrungen, Ausdrucks- und Verhaltensweisen, Lebensäußerungen und Hervorbringungen historischer Akteure systematisch rekonstruiert.

Die Annahme allerdings, ein angemessenes, theoretisch-methodisch fundiertes „hermeneutisches Verfahren“ könne eine Intersubjektivität über Zeiten und Epochen hinweg konstituieren, die darin bestünde, daß grundsätzlich aus subjektiven Wirklichkeitserfahrungen extrahierte Aussagen jederzeit als „Wahrheiten“ anerkannt werden müssen, demzufolge diese „Wahrheiten“ in Richtung „absoluten Wissens“ akkumulierbar wären, beruht auf einer Illusion. „Denn wie man sich zu den Ergebnissen der reinen Erfahrung, ihrer Bestätigung oder Zurückweisung verhält, wie man dabei von seinen judikalen, axiomatischen oder ontologischen Festsetzungen Gebrauch macht oder sie ändert, das läßt sich wieder nur aus dem Geflecht der mit einer historischen Situation gegebenen apriorischen Elemente begreifen.“[10] Es gibt keine „absolute Wahrheit“, somit kein „absolutes Wissen“, auf das sich wissenschaftlicher Erkenntniszuwachs zubewegte. „Die Wissenschaft ist vielmehr nur eine durch diese Elemente geschichtlich bedingte Art und Weise, die Wirklichkeit zu interpretieren und zu bewältigen. [. . .] So ist ihre Rationalität als empirische Intersubjektivität . . . nichts anderes als der Ausdruck des Wirklichkeitsverhältnisses einer Epoche.“[11]

Mit dem Blick sowohl auf epochenübergreifende anthropologische Fragestellungen wie auf alltagsgeschichtliche Details können

8 *Habermas,* Erkenntnis und Interesse, 2. Aufl., 1973, S. 183.
9 *Habermas,* Erkenntnis und Interesse, 2. Aufl., 1973, S. 183.
10 *Hübner,* Wahrheit des Mythos, 1985, S. 255 f.
11 *Hübner,* Wahrheit des Mythos, 1985, S. 256.

lebensweltliche Erfahrungen und menschliche Verhaltensweisen in unterschiedlichen gesellschaftlichen und zeitlich-räumlichen Konstellationen analysiert werden. Dazu bietet sich einmal eine kontrastierende Typologie elementarer Verhaltensweisen und lebensweltlicher Situationen im historischen Längsschnitt oder in exemplarischer „thick description" an. Ausgehend von einer Alltags-Fragestellung nach Körpererfahrung, Bade- und Waschgewohnheiten, Schwimmkenntnissen, Natur- und Wasserempfinden, Sittlichkeit, Sexualmoral, Sauberkeitsverhalten, Hygienepraktiken, adäquaten Körpertechniken und -disziplinen lassen sich durch Einbeziehung verschiedenster Gattungen historischen Materials, durch vertiefte Analyse und sorgfältige Interpretation Grundzüge gesamtgesellschaftlicher Muster und Strukturen herausarbeiten. Bei der Darstellung dienen strategisch placierte Teilerfahrungen als Schlüssel für ein Verständnis der sozialgeschichtlichen und kulturellen Charakteristika einer Epoche oder für den Vergleich mehrerer Epochen über Jahrzehnte und Jahrhunderte hinweg. Damit wird „. . . nicht nur zum Verständnis des Werdens unserer Gesellschaft beigetragen, sondern auch zu einer kulturrelativistischen Infragestellung scheinbar unveränderlicher ‚natürlicher' Verhaltensweisen".[12]

Schon Adorno und Horkheimer insistierten in der „Dialektik der Aufklärung" darauf, daß der Körper eine „unterirdische Geschichte" schreibt. „Sie besteht im Schicksal der durch Zivilisation verdrängten und entstellten menschlichen Instinkte und Leidenschaften."[13] Es erweist sich, „. . . daß der Körper in alle Geschichten der Gesellschaft und der Individuen einbezogen ist, unbeeindruckt von allen Gesten der Distanzierung . . ."[14], die im Laufe des Zivilisationsprozesses und der Geschichte der abendländischen Gesellschaften stattfanden.

Über biologisch determinierte Körperlichkeiten, soziokulturell und sozialpsychologisch strukturierte Wahrnehmungen und Bewer-

---

12 *Peukert,* Neuere Alltagsgeschichte und Historische Anthropologie, in: *Süssmuth* (Hg.), Historische Anthropologie, 1984, S. 70.

13 *Adorno,* Theodor W./*Horkheimer,* Max, Dialektik der Aufklärung. Philosophische Fragmente, Frankfurt am Main 1988 (Erstausgabe: Amsterdam 1947), S. 246.

14 *Rittner,* Volker, Krankheit und Gesundheit. Veränderungen in der sozialen Wahrnehmung des Körpers, in: *Kamper,* Dietmar/*Wulf,* Christoph (Hg.), Die Wiederkehr des Körpers, Frankfurt am Main 1982.

tungen der erlebten Körperwirklichkeit, sich daraus ergebende Lebensäußerungen, den Zusammenhalt und die Beziehungsdynamik menschlicher Körper innerhalb sozialer Gruppen und Alltagswelten zu existentiellen Problemen des (historischen) Lebens und zu den „großen Abläufen der Geschichte" zu stoßen, damit gesellschaftliche Struktureigentümlichkeiten zu erklären, erscheint im praktischen Interesse der Vernunft als „ursprünglich vollzogener Akt der Freiheit"[15] eigentlich bereits aller Forschungslogik vorausgesetzt. Wer sich solcherart zu Erkenntnisinteresse bekennt, für den/die ist der theoretische und methodologische Rahmen einer extrapolierenden Vorgangsweise vorgezeichnet, welche die Anwendung verschiedentlicher konventioneller deduktionistischer wie heuristischer Ansätze und Methoden und deren interdisziplinäre Verknüpfung intendiert.

Es ist das Spezifikum der Historischen Anthropologie als einer Variante von Historischer Sozialwissenschaft, das „. . . in biologie- oder körpernahen Fragen, im besonderen Interesse am interkulturellen Vergleich und an sich nur langsam verändernden menschlichen Grundsituationen sowie in der Absicht, den Menschen in all seinen Bezügen zu erfassen [liegt]. [. . .] . . . dadurch [ist] ein primäres Interesse an sich besonders langsam verändernden Strukturen signalisiert."[16] Ansätze der Historischen Anthropologie erachten es als zielführend, neben der Berücksichtigung akkumulierter Daten, analytischer wie interpretativer Theorien der Strukturgeschichte und expliziter Theorien aus Sozial- und Humanwissenschaften die entrückten, fremden, „anderen" Lebenssituationen durch Versteh- und Nachvollziehbarkeit von Motiven, Bedürfnissen, Einstellungen, Werten, Normen, Mythen, Vorurteilen usw., die zu praktischem Verhalten Anlaß gaben, zu erfassen. Dafür unabdingbar ist die Anwendung umfassenden Kontextwissens und die Herstellung von Analogien zur eigenen Lebenswelt bzw. -situation. Es geht um eine „. . . Re-Konstruktion von Handlungs-, Wahrnehmungs- und Bewertungsprinzipien der historischen Akteure . . . die im dialektischen Verhältnis mit den objektiven Bedingungen ihre Strategien in den

15 *Habermas,* Erkenntnis und Interesse, 2. Aufl., 1973, S. 253.

16 *Kocka,* Historisch-anthropologische Fragestellungen, in: *Süssmuth* (Hg.), Historische Anthropologie, 1984, S. 76.

Handlungsfeldern einer Lebenswelt bestimmen und zu erkennbaren Regelmäßigkeiten in der Praxis führen".[17]

Durch die Berücksichtigung theoretisch reflektierter und methodisch kontrollierter Erhebung, Einordnung, Interpretation und Bewertung der empirischen Befunde von Wahrnehmungsweisen und Lebensäußerungen ist immerhin die Chance gegeben, der komplexen historischen Realität menschlicher Körper „näher" zu kommen, als dies rein positivistische, behavioristische, formalnormative Erfahrungswissenschaften zu leisten imstande sind. Man wird „... durchaus einräumen, daß die Historische Sozialwissenschaft strukturgeschichtlich ein wenig kopflastig sein kann ... Es kann deshalb durchaus eine Bereicherung sein, ... nach der Art zu fragen, wie die Zeitgenossen ... von den sich durchsetzenden Strukturen und Prozessen betroffen waren, wie sie sie erlebten und wie sie handelnd und erleidend auf sie Einfluß nahmen. [...] Kulturanthropologisch orientierte Sozialgeschichte (‚Alltagsgeschichte') ist ein willkommener weiterer Schritt der ‚Sozialgeschichte in der Erweiterung'."[18]

Bedingt durch die Quellenlage im Untersuchungszeitraum ergibt sich das Faktum eines eindeutigen Überhanges an Quellenmaterial auf der normativen, also auf der nicht unmittelbar persönliche Eindrücke, Erlebnisse, Erfahrungen, Wahrnehmungen und Empfindungen vermittelnden, sondern abstrahierenden, diskursiven, moralisierenden, kommentierenden, eben „Normen setzenden" Ebene. Anders gesagt: Betroffene selber kommen nur selten zu Wort; immerhin werden ihre Befindlichkeiten in zeitgenössischen Texten interpretiert, nachempfunden, verallgemeinert, dadurch gespiegelt und gebrochen. Die vorgebliche Wiedergabe von Wahrheiten durch mehr oder weniger kompetente, nicht immer geradezu berufene Schriftsteller, Journalisten, Pädagogen, Ärzte und Militärs, deren eigene Gefühlsleben, Wahrnehmungsdispositionen und Interessenlagen nicht dem Durchschnitt jener, denen sie nachempfanden entsprechen mußten, mitunter völlig anders gelagert waren, will mit quellenkritischer Skepsis begegnet werden.

---

17 *Sieder,* Praxis der Arbeiterschaft, phil. Habil. 1989, S. 24.

18 *Kocka,* Historisch-anthropologische Fragestellungen, in: *Süssmuth* (Hg.), Historische Anthropologie, 1984, S. 79 f.

Geht es um die Rekonstruktion des Zustandekommens von individuellem und kollektivem Verhalten und Handeln zugrundeliegender subjektiver Erfahrung und Wahrnehmung, griffe ohnehin zu kurz, wer diese allein durch exemplarische Selbsteinschätzung historischer Akteure oder beobachtender, berichtender und kommentierender Rezipienten erfassen wollte. Zur Analyse von Einzel- und Gruppenerfahrungen bedarf es darüber hinaus indirekter Methoden wie der Miteinbeziehung der entsprechenden Information aus „objektiven Daten" (politische Ereignisse, Gesetzeslage, Verfassung, materielle Gegebenheiten, historische Fakten und Abläufe, sozialer und technologischer Wandel u. a.), der Objektivierung operationalisierter und interpretierter subjektiver Daten (etwa durch Vergleich, Häufigkeits-, Diskurs- und Kontextanalyse von Texten) und der komparativen Einschätzung und Überprüfung des konkreten, empirisch erhobenen Selbstverständnisses anhand adäquater internationaler und interdisziplinärer Forschungsergebnisse.

Regionale Befunde können „verobjektiviert" werden, indem sie durch überregionale Vergleiche bestätigt, ergänzt oder relativiert werden. „Die Entwicklung, wie sie sich in der lokalen Gruppe beobachten läßt, verweist dann jeweils auf makrostrukturelle Bedingungen ... Der überregionale Vergleich läßt Schlüsse zu, welche den der in der Literatur angebotenen Erklärungsmuster des lokalen Befundes angemessen erscheinen."[19] Eine alltagsgeschichtlich orientierte Lokalforschung braucht eine Kombination mehrerer Zugangsweisen: „‚Harte' und ‚weiche' Daten müssen miteinander verbunden werden, um einerseits Repräsentativität, andererseits Anschaulichkeit und Breite der Einordnung in umfassende Lebenszusammenhänge zu gewährleisten."[20]

Allerdings kann nicht allein von Erfahrung ausgegangen werden, weil diese durch gesellschaftliche Prozesse und Strukturen erst ausgebildet und strukturiert wird. Dies passiert jedoch keinesfalls in vorhersehbaren, normierten Entsprechungen. „Es geht darum, den Zusammenhang von Strukturen und Prozessen einerseits, von Hand-

---

19 *Mitterauer,* Neue Heimatgeschichte, in: Beiträge zur Historischen Sozialkunde, Nr. 1, 1984, S. 24.

20 *Mitterauer,* Neue Heimatgeschichte, in: Beiträge zur Historischen Sozialkunde, Nr. 1, 1984, S. 23.

lungen und Erfahrungen andererseits als ein historisch variables Verhältnis der Brechung und Nicht-Kongruenz zu begreifen . . ."[21]

Mittels Methodenvielfalt, -integration, -verknüpfung und -innovation und eines die Kaltwasser-, Freiluftbade- und Schwimmkultur innerhalb des umfassenden gesellschaftlich-kulturellen Prozesses erfassenden theoretischen Konzeptes wird die vorliegende Auseinandersetzung mit historischem Material zeigen, wie Elemente der Lebens- und Alltagswelt (materieller und immaterieller Art) Makrostrukturen konstituieren, subjektive Befindlichkeiten von Körper, Geist und Psyche bedingen, zueinander und miteinander in Beziehung stehen. „An jenem analytischen Ort ‚Alltag' vollzieht sich der Prozeß der doppelten Konstitution der sozialen Wirklichkeit: die Strukturierung der Praxis der Männer und Frauen durch die Bedingungen und Verhältnisse, die sie vorfinden, und die Generierung der Strukturen durch die Praxis."[22] Mit „Alltag" ist jenes zu Diskurs und Analyse aufbereitete Feld bezeichnet, in dem sich Körperwahrnehmung und Körperstandards, Hygienebewußtsein und Sauberkeitsverhalten, Gesundheitserwägungen und asketische Kaltwasserpraktiken, Wasserangst und Schwimmdrill, Körperbefindlichkeit und Sexualmoral, sozialer und ökonomischer Anpassungsdruck und politische Praxis vermitteln. Das Problem der Repräsentativität jedoch bleibt bestehen und erinnert daran, „. . . daß das Partikulare nicht viel Sinn hat, wenn es nicht zu den Universalen in Beziehung gesetzt wird. Bedeutung erschließt sich immer nur aus dem Zusammenhang. Diesen gilt es zumindest zu skizzieren. Dies kann aber nur gelingen, indem man übergreifende Strukturen und Prozesse ausreichend berücksichtigt."[23]

---

21 *Kocka,* Sozialgeschichte zwischen Struktur und Erfahrung, in: *Ders.,* Geschichte und Aufklärung, 1989, S. 41.

22 *Sieder,* Was heißt Sozialgeschichte?, in: Österreichische Zeitschrift für Geschichtswissenschaft, 1/1990, S. 41.

23 *Kocka,* Historisch-anthropologische Fragestellungen, in: *Süssmuth* (Hg.), Historische Anthropologie, 1984, S. 80.

2.

Das Körper-Reale ist an sich nicht „denkbar". „Es kann nicht in Worte gefaßt und kulturell erklärt werden – es bleibt jedoch für eine Erklärung des Kulturellen unverzichtbar. Das ist eine Aporie, mit der Körpergeschichte umzugehen hat. (...) Soweit wir vom Körper des Menschen sprechen, können wir ihn nur als ein historisches Phänomen, als ein sozial moduliertes, kontextabhängiges Konstrukt begreifen. Wir befassen uns also a priori mit Kultur."[24]

Erfahrung, Wahrnehmung und Bewertung der Wirklichkeit des Körperlichen verlaufen nicht linear. Ihre historischen und lebensgeschichtlichen Entwicklungslinien verweisen auf den Zusammenhang mit alltäglicher Lebenspraxis und deren Widersprüche, unerfüllte Wünsche, Ängste, Hoffnungen, Enttäuschungen, vermeintliche „Erfolge" oder „Mißerfolge". Zu ihrer Erfassung nützlich ist ein Konzept von Kultur, das breiter angelegt ist als das der Ideologie, denn „... was entscheidend ist, ist nicht nur das bewußte System von Ideen und Überzeugungen, sondern der ganze gelebte soziale Prozeß, als ein praktisch durch dominante Sinngebungen und Werte organisierter Prozeß".[25]

„Kultur" bzw. „kulturell" meint die prozeßhafte Art und Weise, mit der alltägliche Lebenszusammenhänge von Menschen apperzipiert und perzipiert werden. Dem herrschenden Kulturbegriff schwört ab, wer dessen „ästhetisch-elitäre Einengung" und Zentrierung auf intellektuelle und künstlerische Arbeit aufbricht. Demgemäß wird Kultur „... im Kontext der materiellen Reproduktion und des täglichen Lebens als die Form verstanden, in der der Alltag verarbeitet und gestaltet wird".[26] Das „Endresultat" der Verarbeitung und Gestaltung alltäglichen Lebens, also Kultur, äußert sich in materiellen wie immateriellen Objektivationen menschlicher Erfahrung und Wahrnehmung der sozialen und naturgegebenen Lebenszusammenhänge unter den von Menschen selbst geschaffenen Bedingungen der Produktion und Reproduktion. Der Mensch produziert und reproduziert nicht nur sich

24 *Tanner,* Körpererfahrung, in: Historische Anthropologie, Jg. 2, Heft 3, 1994, S. 500.

25 *Gramsci,* Zu Politik, Geschichte und Kultur, 2. Aufl., 1986, S. 133.

26 *Ehalt,* „Geschichte von unten", in: Beiträge zur historischen Sozialkunde, Nr. 1, 1984, S. 34.

selbst, sondern auch seine materielle wie immaterielle Welt und damit auch seine Lebensweise. Die materielle Güterproduktion ist im Sinn eines weitgefaßten strukturellen und phänomenologischen Begriffes von Produktion und Reproduktion nur eine besondere Ausformung des umfassenden kulturellen Prozesses.

Es erscheint nicht sinnvoll, eine systematische, scharfe Trennlinie zwischen materieller und immaterieller Kultur zu ziehen. „Die willkürliche Scheidung verfälscht das Wesen von Kultur, denn auch materielle Manifestationen der Menschen sind ‚geistige' Leistungen, nicht nur was ihre Erfindung, sondern auch was ihren Gebrauch, ihre Tradierung und Innovierung betrifft."[27] Materielle Manifestationen der intellektuellen Verarbeitung und des emotionalen, intuitiven Begreifens alltäglicher Lebenszusammenhänge können etwa Siedlungs- und Verkehrsformen, Gebrauchsgüter, Maschinen, Produktionsweisen, Surfbretter, Kunstwerke, Polizeiwachstuben, Schwimmschulen oder Badeanstalten sein. Ihre Existenz bedingt und beeinträchtigt gleichzeitig die „immaterielle Kultur", wie sie durch Wissenschaften, Moral- und Rechtsentwicklung, Religion, Sitten- und Ideengeschichte, soziale Beziehungen, Umgangsformen, Bedürfnismuster, Ideologien, Werte, Normen, Mythen und Vorurteile repräsentiert ist, die ihrerseits – vice versa – auf materielle Produktionen Einfluß nehmen.

Der Sozialanthropologe Gerald M. Sider lenkt den Blick auf die zentrale Funktion der menschlichen Bindungen.

> „Indem Kultur auf der einen Seite sowohl in den Bindungen wurzelt, die Menschen im Zusammenhang mit ihrer produktiven Arbeit, mit Familie, Nachbarschaft und Markt entwickeln, und auf der anderen Seite in den Bindungen ungleicher Aneignung, verknüpft und reflektiert sie diese beiden Aspekte der sozialen Beziehung der Produktion. [. . .] Die historische Spezifizität einer Kultur hat daher ihre Ursache in der historischen Spezifizität der Bindungen, auf denen sie beruht und die bei ihrer Herausbildung beteiligt sind."[28]

Entscheidend für bestimmte Formen kognitiver Wahrnehmung und intuitiven Begreifens alltäglicher Lebenszusammenhänge sind nicht so sehr die tradierten Ergebnisse vorausgegangener Verarbeitungs-

27 *Heilfurth,* Volkskunde, in: *König* (Hg.), Handbuch, Bd. 4, 1974, S. 206.
28 *Sider,* Bande, die zusammenhalten, in: *Berdahl* u. a., Klassen und Kultur, 1982, S. 132.

prozesse in Form kultureller Manifestationen materieller oder immaterieller Art, sondern aktuelles subjektives Erleben und Empfinden von zwischenmenschlichen, institutionellen und strukturellen Bindungen und Zwängen, von emotionalen und ökonomischen Abhängigkeiten, von Freiheiten und Scheinfreiheiten, von körperlichen und intellektuellen Bedürfnisbefriedigungs- und Entgrenzungsmöglichkeiten. Mit anderen Worten: Prozesse kultureller Aneigung sind durch das Erleben von mittelbar oder unmittelbar präsenten Herrschaftsformen und Machtverhältnissen, durch das Ausgeliefertsein an hegemoniale Wahrnehmungs- und Bewertungsparadigmen präformiert.

Das variable Beziehungsgeflecht aus sich prozeßhaft verändernden menschlichen Bindungen, auf dem Kultur beruht, sieht Gerhard Heilfurth immer durch

„... soziokulturelle Ordnungen konfiguriert, deren Wirklichkeit zugleich symbolisch überformt ist, durch Glauben, Kult, Brauch, Sprache, Poesie, Kunst und Musik und die damit verbundenen Wert- und Normvorstellungen. Das heißt: Dinge und Vorgänge gehören alle der realen Dimension zu, aber sie können auch ‚eine zweite Qualität' besitzen, die ihnen besondere zeichenhafte Sinnbedeutung verschafft."[29]

Fragestellungen der Historischen Anthropologie zielen darauf ab, wie die Erfahrungen, die Menschen von sich selber machen, die ihr Selbstverständnis prägen, mit durch die Handlungen bedingt sind, die sie in ihrer spezifischen Lebenssituation innerhalb ihrer Sozietät als besonders effizient erkennen.

„Wenn sich durch verändertes Klima, durch veränderte zwischenmenschliche Distanzen, durch veränderte Wirtschaftsformen oder Technologien die Umwelt wandelt, wenn – eine andere Möglichkeit – durch Krankheiten, durch neue Ernährungsweisen die Menschen sich wandeln, wird auch eine bestehende Konfiguration umgeformt. Das hat immer zur Folge, daß andere Arten zu wirken – andere Wirkungsweisen – als bisher an Effizienz gewinnen. Die Menschen müssen dann ihr Verhalten, ihre Art zu Handeln, ändern, wollen sie, daß ihre Unternehmungen effizient bleiben. Solche neue Verhaltensweisen gehen nicht auf zweckrationale Überlegungen zurück, sie stellen sich von selber ein."[30]

---

29 *Heilfurth,* Volkskunde, in: *König* (Hg.), Handbuch, Bd. 4, 1974, S. 207.

30 *Nitschke,* Vom Wandel des Wirkens, in: *Süssmuth* (Hg.), Historische Anthropologie, 1984, S. 124 f.

Für Kultur in ihrer immanenten Prozeßhaftigkeit maßgeblich ist die Art und Weise, in der Menschen ihre Beziehungen, wechselseitigen Bindungen, gegenseitigen Zwangsausübungen und Abhängigkeiten oder auch Freiräume, die sie einander gewähren, wahrnehmen, begreifen, definieren, bewerten, artikulieren, tradieren, konservieren, diskutieren, in Frage stellen, aufheben oder verändern wollen. Kulturelle Struktur- und Funktionsveränderungen ergeben sich aus der Dynamik des höchst verflochtenen Gewebes aus soziokulturell überformten individuellen und kollektiven Verarbeitungsweisen menschlicher Lebenszusammenhänge, durch Anpassungsleistungen an neue soziale Verhältnisse, ökonomische Bedingungen und technologische Standards sowie durch den Wunsch nach effizienterem und leistungsfähigerem Wirtschaften. Um bei Analyse und Interpretation von kulturellen Manifestationen, von Lebensformen, von Handeln und Verhalten partielle Retardierungen und progressistische Komponenten herausarbeiten zu können, müssen Funktion und Stellenwert der symbolischen Sinnbedeutungen beim kulturspezifischen Verarbeitungsprozeß der alltäglichen Lebenszusammenhänge sowie die an effizienteren Wirkungsweisen orientierte Bildung neuer sozialer und räumlicher Konfigurationen der Menschen beim materiellen wie immateriellen Aneignungsprozeß von Kultur und Natur besondere Berücksichtigung finden.

Es erweist sich als wenn auch selten explizite programmatische Strategie, so doch wenigstens operative Tendenz herrschender und mächtiger gesellschaftlicher Gruppen und Fraktionen, kraft „kultureller Hegemonie“ (Antonio Gramsci) nach Maßgabe und Möglichkeit Wahrnehmungen und Bewertungen der Wirklichkeitserfahrungen einer Bevölkerung zu kontrollieren, zu beeinflussen, zu konditionieren, zu determinieren. „Dabei geht es um den Prozeß stillschweigender Imprägnierung der Gesamtgesellschaft mit kulturellen Mustern, die Abhängigkeit als notwendig oder unaufhebbar erscheinen lassen.“[31] Dieser Prozeß etabliert allseits anerkannte kulturelle Formen und Muster, die jenseits offenkundiger Manipulation Bewußtseinsinhalte und Mentalitäten der ihm Ausgelieferten in einer Weise prägen, die deren Hinnahme von körperlichen, seeli-

31 *Lüdtke,* Rekonstruktion von Alltagswirklichkeit, in: *Berdahl* u. a., Klassen und Kultur, 1982, S. 343.

schen und geistigen Restriktionen, von benachteiligenden Machtverhältnissen und Herrschaftsstrukturen, von erblichen und käuflichen Privilegien, von gesellschaftlicher Ungleichheit bis hin zu sozialer Deprivation erwirken.

So geartete „mittelbare", „subtile" Ausübung von Herrschaft über Körper und Körperlichkeiten – das heißt Beeinflussung von Körperempfinden, Körperäußerungen, Trieb-, Lust- und Bedürfnisbefriedigungen – beinhaltet Kontrolle über autoerotische Empfindungen und Bestrebungen, Bewertung von körperlichen Veränderungen, Körperästhetik, Umgang mit Körperfunktionen, erotische und sexuelle Beziehungen der Menschen untereinander sowie über sämtliches den Körper betreffendes Wahrnehmen, Denken und Empfinden und damit die diesbezügliches Handeln und Verhalten steuernde sozialpsychologische Charakter- und Mentalitätsbildung. Wichtig ist folglich daran festzuhalten, daß „. . . Kontrolle unter dem Aspekt der kulturellen Hegemonie zu definieren, nicht bedeutet, den Versuch eine Analyse aufzugeben, sondern sich dort für eine Analyse bereit zu machen, wo sie angestellt werden sollte: bei den sinnfälligen Darstellungen von Macht und Autorität, den Mentalitäten der Unterordnung im Volk".[32]

3.

Die Zuwendung zum Körper, das Interesse an seinen Lebensäußerungen und Befindlichkeiten, an seinen materiellen, sozialen, physiologischen und psychosozialen Existenzbedingungen lenkt die Aufmerksamkeit auf Vorfälle und Begebenheiten, die als Fakten der Restriktion, Repression, Reduktion und Limitierung seines Handlungs- und Bedürfnisspielraumes zu Buche schlagen. Damit erhellen sich schlaglichtartig die operativen Sphären und Aktionsfelder sowie Veränderungsmechanismen von gesellschaftlicher Macht und Herrschaft.

Nach der allgemeinen Einsicht der Figurationssoziologie liegt der Schlüssel zur Erklärung der Verlagerung und Veränderung der Zwänge und Abhängigkeiten, der Machtverhältnisse und Herrschafts-

---

32 *Thompson*, Plebejische Kultur und moralische Ökonomie, 1980, S. 299.

strukturen – und der Modifikation der Empfindungs- und Verhaltensstandards in ihrer Gefolgschaft – in der Entwicklung der „sozialen Figurationen" (N. Elias) bzw. in den mit diesen korrespondierenden, sich entsprechend herstellenden, für die Auslebung menschlicher Körperbedürfnisse relevanten „räumlichen Konfigurationen" (H. Eichberg). Kultur und kulturelle Prozesse beruhen in letzter Hinsicht immer auf „. . . den Zwängen, die Menschen aufeinander ausüben, und den Chancen, die sie einander geben, in den Freiheiten, die sie sich gegenseitig einräumen, und in den Beschränkungen, die sie anderen und sich selbst auferlegen . . . [und] in den sich wandelnden Abhängigkeits- und Machtverhältnissen".[33]

Eine gewichtige Argumentationslinie machtkritischer Auseinandersetzung ergibt sich durch die begründete Skepsis gegenüber etablierten Normen und durch die Neugierde betreffs der Abläufe ihrer Herausbildung und Konsolidierung. Ralf Dahrendorf plausibilisiert den Entstehungszusammenhang von sozialer Differenzierung, dem Maßstab normativer Erwartungen und Normen verteidigenden gesellschaftlichen Sanktionsinstanzen.

„Obwohl die Differenzierung sozialer Positionen, als Teilung der Arbeit oder allgemeiner als Vielfalt der Rollen, ein . . . universelles Merkmal von Gesellschaften sein mag, fehlt ihr das zur Erklärung der Rangunterschiede nötige Element der Wertung. Wertende Differenzierung, also die Anordnung sozialer Positionen und ihrer Träger auf den Skalen des Prestiges und des Einkommens, wird erst bewirkt durch die Sanktionierung sozialen Verhaltens am Maßstab normativer Erwartungen. [. . .] Daß Normen in einer Gesellschaft gelten, heißt, daß ihre Einhaltung belohnt und ihre Nichteinhaltung bestraft wird. Daß die Einhaltung bzw. Nichteinhaltung von Normen in diesem Sinne sanktioniert wird, heißt, daß die herrschenden Gruppen der Gesellschaft ihre Macht in die Waagschale der Erhaltung der Normen werfen. Geltende Normen sind also letzten Endes nichts anderes als herrschende, d. h. von den Sanktionsinstanzen der Gesellschaft verteidigte Normen."[34]

Rechtssystem, Sittenkodex, Bürokratie, Polizeiwachstuben, Badeanstalten, Schwimmschulen oder genehmigte Freiluftbadeplätze repräsentieren Sanktionsinstanzen innerhalb einer sozialen Gruppe,

33 *Goudsblom,* Erforschung von Sozialisationsprozessen, in: *Gleichmann/Goudsblom/Korte* (Hg.), Macht und Zivilisation, 1984, S. 95.

34 *Dahrendorf,* Über den Ursprung der Ungleichheit unter Menschen, in: *Höffe/Kandelbach/Plumpe* (Hg.), Praktische Philosophie/Ethik, Bd. 2, 1981, S. 131, 133.

einer Gesellschaft, eines Staatswesens. Ihre Existenz stellt (mitunter unterschwellige und unbemerkte) Zwangsapparaturen und Kontrollinstrumente zur Einhaltung sozialer Normen bezüglich Sexualität, Körperlichkeit und Bedürfnisauslebung dar; sie unterdrücken, beschneiden, reglementieren oder kanalisieren menschliche Triebe und Bedürfnisse, zwingen diese in bestehende Ordnungen. Macht und Herrschaft zeichnen sich durch ihre Einflußnahme und Zugriffsmöglichkeit auf gesellschaftliche Sanktionsinstanzen aus. Werden Institutionen als Normen-zu-verteidigende Sanktionsinstanzen taxiert, ist der Blick dafür geschärft, zu sehen, wie mögliche Freiheiten menschlicher Körper dem Willen, der Willkür, der Kontrolle, der Repression Mächtiger und Herrschender ausgeliefert sind. Je nach Maßgabe der Einzelsituation und dem Stand der zivilisatorischen Entwicklung wird über bzw. durch Institutionen in direkter (personaler) oder indirekter (struktureller) Zugriffsweise Gewalt über Körper ausgeübt, den körperlichen Entgrenzungsbedürfnissen Grenzen gesetzt und Disziplin durchgesetzt. Mindestens seit dem 18. Jahrhundert bilden in Mitteleuropa „Disziplinen"

„. . . das Kernstück einer mikropolitischen Anatomie des Körpers, der gänzlich von der Macht durchdrungen wird, die ihn in einen neuen Raum stellt, der es erlaubt, ihn neu zu erforschen und für andere Zwecke nutzbar zu machen. Die Disziplin ‚verfertigt' Individuen: sie ist die spezifische Technik einer Macht, welche die Individuen sowohl als Objekte wie als Instrumente behandelt und einsetzt. Die Disziplinierung ist also eine Machttechnik, die sich entkörperlicht hat und weniger offene Gewalt und Repression ausübt, als vielmehr mittels subtiler Anordnungen und Techniken eine neue Körperlichkeit durch Individualisierung und Normierung hervorbringt."[35]

Der Modus der sozialen Organisation und Ordnung einer Gesellschaft ist ausschlaggebend für deren spezifische, teilweise institutionalisierte Herrschafts-, Unterordnungs- und Disziplinformen. Mögen das sowohl gesamtgesellschaftlich relevante als auch „nur" auf bestimmte soziale Gruppen (Familie, Peer-group, Schulklasse, Betrieb, Aufsichtsrat, politischer Klub, Garnison, Schwimmverein etc.) begrenzte sein. Je „machtgleicher" jedoch Menschen innerhalb der Sozialgebilde neuzeitlicher Staaten im Zuge von Demokratisie-

35 *Wimmer,* Erziehung und Leidenschaft, in: *Kamper/Wulf* (Hg.), Der andere Körper, Berlin 1984, S. 90.

rungsprozessen werden, desto weniger sind herrschaftsausübende Machtzentren zu orten und eindeutig zu bestimmen. Immerhin läßt sich als ein Resultat kontinuierlicher, flexibler und komplexer Macht- und Herrschaftsbeziehungen die „Fabrikation des Disziplinarindividuums" ausmachen, behauptet instruktiv M. Foucault.

„. . . es [gibt] nicht ein ‚Machtzentrum' oder einen Mittelpunkt der Kräfte, sondern ein komplexes Netz aus unterschiedlichen Elementen – Mauern, Raum, Institutionen, Regeln, Diskursen. [. . .] Und was allen diesen Mechanismen letzten Endes zugrunde liegt, ist nicht das einheitliche Funktionieren eines Apparates oder einer Institution, sondern die Notwendigkeit eines Kampfes und die Regeln einer Strategie. Die Begriffe . . . reichen folglich nicht aus, um zu beschreiben, wie sich . . . die hinterhältigen Menschlichkeiten, die uneingestehlichen Bosheiten, die kleinlichen Listen, die sorgfältig kalkulierten Verfahren, die Techniken, die ‚Wissenschaften' formieren, welche die Fabrikation des Disziplinarindividuums gestatten. In dieser zentralen und zentralisierten Humanität, die Effekt und Instrument komplexer Machtbeziehung ist, sind Körper und Kräfte durch vielfältige ‚Einkerkerungs'-Anlagen unterworfen und für Diskurse objektiviert, die selber Elemente der Strategie sind. In dieser Humanität ist das Donnerrollen der Schlacht nicht zu überhören."[36]

Im Zuge der Vergesellschaftung sämtlicher Sozialbeziehungen wie körperlicher Fähigkeiten, Fertigkeiten und Möglichkeiten im Laufe der Entpersonalisierung von Machtpositionen und Herrschaftsfunktionen und der Einbindung jedes einzelnen in ein Geflecht der wechselseitigen Abhängigkeiten üben alle über alle zunehmend sich in Intensität und Qualität angleichende Zwänge aus. Was bleibt, ist die Chance, einzelne verbleibende Machtgefälle als Abhängigkeitsmuster dingfest zu machen, hinter subtile und „unauffällige" Disziplinen, Herrschaftsmechanismen, -strukturen und -institutionen zu schauen. Denn die betroffenen Körper selber verhalten sich zum großen Teil stumm. Dort, wo sie sich zu Wort melden, geht ihre Stimme für gewöhnlich in den „donnernden Schlachten zentralisierter Humanität" (M. Foucault) ab dem 18. Jahrhundert und in den etwas diskreteren Prozeduren und unspektakuläreren aber nicht minder effizienten Programmen „demokratischer Humanität" ab dem 20. Jahrhundert unter.

36 *Foucault,* Überwachen und Strafen, 2. Aufl., 1977, S. 396 f.

„Der Körper ist . . . zum Schweigen gebracht worden. Die Rekonstruktion der Geschichte des Körpers ist damit notwendig eine Kritik an der Macht, die ihn stumm werden ließ. [. . .] Als Gegner sind vage zu identifizieren: Körper und Geist in ihrer realen Getrenntheit; und zwar der Körper als Gegenstand und Grundlage der Macht, der Geist als ihr Instrument, als herrscherliche Vernunft, als systematische ‚subjektive' Subsumptionslogik, die ihr ‚Objekt' bis zur Unkenntlichkeit unterworfen hat."[37]

4.

Jedes Zeitalter hat seine soziokulturell differenzierten Verhältnisse und Beziehungen zum Körper, zum Leiblichen, seine spezifischen Einstellungen zur Sexualität, Erotik und körperlichen Nacktheit, zur Lust des Körpers an Bewegung, zu sensueller Entgrenzung und zum Kontakt mit Elementen, Stoffen und Gegebenheiten der Natur. Die darauf beruhenden und sich daraus ableitenden Sitten, Moralen, Handlungs- und Verhaltensweisen werden von vielen Dingen mitgeformt, strukturiert und wären oft gar nicht verständlich, wenn sie nicht aus dem Zusammenhang mit dem Ganzen des wirtschaftlichen, technologischen, politischen, gesellschaftlichen und kulturellen Prozesses abgeleitet würden. Der Eindruck des Ausgeliefertseins an das Erhebende oder Bedrückende, das sich aus der Erfahrung, Einschätzung und Bewertung der alltäglichen Lebensbezüge ergibt, trügt nicht. Menschliches Zusammenleben konstituiert letzthin jenes System aus kultureller Hegemonie, Herrschafts- und Unterordnungsformen, das sowohl in der „großen Welt" als auch im Leben der „kleinen Leute" das Wahrnehmen, Klassifizieren, Denken, Fühlen und Empfinden und damit Einstellungen, Moral, Sittlichkeitsvorstellungen und Realitätsbezüge beeinflußt und strukturiert. Daraus leiten sich spezifische, eben „sozial kontrollierte" Handlungs- und Verhaltensweisen ab, etwa im Ausleben von Sinnlichkeit, Bedürfnissen nach Bewegung und Naturkontakten, in Hygiene- und Sauberkeitspraktiken, etwa in der Ausrichtung und im „Umbau" des Körpers gemäß herrschender Schönheitsideale oder in der Vermeidung von Nacktheiten und Einhaltung von Bedeckungsvorschriften.

---

37 *Kamper,* Einleitung: Vom Schweigen des Körpers, in: *Ders./Rittner* (Hg.), Zur Geschichte des Körpers, 1976, S. 7.

Der einem jeweiligen sozial tolerierten „Grad der Nacktheit" entsprechende Verhaltenscode generiert eine spezifische Beziehung und Einstellung des Menschen zur eigenen und fremden Körperlichkeit. Exemplarisch wird später gezeigt, wie die sensuelle und intellektuelle Beziehung des Menschen zum eigenen und fremden Körper, zu dessen Nacktheit, Sexualität, Erotik, Lust- und Unlustmomenten, Ausdrucks- und Erscheinungsformen und nicht zuletzt Körperidealen mit gesellschaftlichen Strukturen und deren Wandel zu tun hat. Der gesellschaftliche Verhaltenscode prägt sich in dieser oder jener Form dem Menschen so ein, daß er gewissermaßen ein konstitutives Element seines Selbst wird. „Und dieses Element, das Über-Ich ebenso wie das psychische Gefüge und das individuelle Selbst als Ganzes, wandelt sich notwendigerweise in steter Korrespondenz mit dem gesellschaftlichen Verhaltenscode und dem Aufbau der Gesellschaft."[38] Die Beziehung zum eigenen und zum fremden Körper kann infolgedessen als anthropologische Struktur im Wandel aufgefaßt, als anthropogen gedacht werden.

ZUM EINEN gilt es als „. . . ein sicheres Ergebnis anthropologischer wie historischer Forschung, . . . daß auch anthropologische Strukturen geschichtlich wandelbar sind".[39] Wenn der Mensch als Subjekt oder Objekt der Ereignisse und der sich wandelnden Institutionen nicht mehr gilt, „. . . ist es prinzipiell möglich geworden . . . von anthropologischen Strukturen und ihrem Wandel in der Geschichte . . . zu sprechen".[40] ZUM ANDEREN ändern sich die sozialen Strukturen im Sinn des auf gesellschaftlicher Ebene als „sozialer Wandel" bezeichneten historisch-sozialwissenschaftlichen Konstruktes. Die reziproke Veränderung korrespondierender anthropologischer und sozialer Strukturen ist das Ergebnis menschlicher Beziehungsverhältnisse und geht aufgrund eines komplizierten Interdependenzprozesses von personalen und gesellschaftlich-kulturellen Phänomenen vor sich.

Daß ein soziales System hinsichtlich personaler Strukturen analysiert werden kann und umgekehrt, hilft auch bei der Beschreibung und Interpretation von kulturellen und zivilisatorischen Entwicklun-

38 *Elias,* Über den Prozeß der Zivilisation, Bd. 2, 2. Aufl., 1969, S. 262.

39 *Nipperdey,* Gesellschaft, Kultur, Theorie, 1976, S. 35.

40 *Nipperdey,* Gesellschaft, Kultur, Theorie, 1976, S. 35.

gen und von Veränderungen im Handeln und Verhalten. „Die Frage nach Verhaltensänderungen im Prozeß der Modernisierung könnte als theoretisches Vermittlungsglied zwischen der mikrogeschichtlichen Rekonstruktion alltäglicher Details und dem makrogeschichtlichen Entwurf globaler Strukturen und Entwicklungen dienen."[41] Der Wandel von Verhaltensweisen, von personalen Strukturen und der Wandel eines Systems, einer Kultur korrespondieren miteinander. Anthropologischer Wandel wird durch sozialen Wandel, sozialer Wandel durch anthropologischen beschreibbar und begreifbar. Für Thomas Nipperdey „. . . besteht die Vermutung, daß diese Verfahren in besonderer Weise geeignet sein können, das Ganze einer historischen Welt und eines historischen Prozesses zu erfassen".[42]

Spezifische Spielarten, Kombinationen, Veränderungen oder Neubildungen menschlichen Alltagsverhaltens sind nur im Kontext der interdependenten sozialstrukturellen und kulturanthropologischen Phänomenbereiche einer Sozial- und Kulturgeschichtsschreibung der gesamten alltäglichen Lebensweise und Lebenswelt angemessen erfaß-, analysier- und interpretierbar. Erkenntnisevolutionär ist hier „Neuland" zu beschreiten. Hannes Stekl hält fest, daß „. . . entgegen landläufigen Vorstellungen oder hartnäckigen Klischees . . ." bis dato selbst die Alltagswelt des Bürgertums „. . . ein weithin unbekanntes Kapiteel sozialhistorischer Forschung"[43] geblieben ist. Erst in jüngster Zeit ist sie „. . . zu einem zentralen Forschungsbereich im Schnittpunkt von Historie, Sozialwissenschaften und historischer Anthropologie geworden. [. . .] Eine übereinstimmende methodische Vorgangsweise besteht . . . darin, daß man von den Erfahrungen, Einstellungen und Erlebnissen der Betroffenen selbst ausgeht."[44]

In welcher Art und Weise das Erleben von Körper und Körperlichkeit Unlust oder Lust, Angst (Scham, Peinlichkeit) oder angenehm erregende Spannungen erzeugt, hängt vom Modus menschlichen

41 *Peukert,* Neuere Alltagsgeschichte und Historische Anthropologie, in: *Süssmuth* (Hg.), Historische Anthropologie, 1984, S. 61.

42 *Nipperdey,* Gesellschaft, Kultur, Theorie, 1976, S. 51.

43 *Stekl,* „Sei es, wie es wolle . . .", in: *Ehalt/Heiß/Stekl* (Hg.), Glücklich ist, wer vergißt, 1986, S. 17.

44 *Stekl,* „Sei es, wie es wolle . . .", in: *Ehalt/Heiß/Stekl* (Hg.), Glücklich ist, wer vergißt, 1986, S. 17.

Zusammenlebens, von der Qualität der Sozialbeziehungen ab. Diese sind bestimmt durch eine Vielzahl von Zwängen und Abhängigkeiten, denen wir tagtäglich einerseits ausgeliefert sind, die wir andererseits durch unsere eigene Existenz, Handlungs- und Verhaltensweisen, Produktions- und Reproduktionspraktiken generieren, die prozeßhaft variieren, modifiziert werden, sich verschieben, transformiert werden. Dementsprechend ist eine adäquate analytische Vorgehensweise gemäß eines interdisziplinären Erkenntniskonzeptes unerläßlich.

„In der Art und Weise, wie Menschen miteinader umzugehen pflegen, treten Veränderungen auf; deshalb ändert sich ihr Verhalten; deshalb ändert sich ihr Bewußtsein und ihr ganzer Triebhaushalt. Diese Entwicklungsperspektive erfordert eine Kombination und eine kritische Verarbeitung von Erkenntnissen aus verschiedenen wissenschaftlichen Disziplinen: das Übersteigen der künstlichen Mauern, die zwischen der Psychologie, der Soziologie, der Anthropologie und den Geschichtswissenschaften errichtet worden sind."[45]

Sozialgeschichte des Alltags will historisches Material aufgrund von Fragestellungen nach „Verschränkungen und Widersprüchen von sozialen Klassen und kulturellen Ausdrucksweisen . . . mit jenem Sinn für das ‚Eigene' und das ‚Fremde'"[46] untersuchen, wie es von Sozialanthropologen erprobt worden ist. „Der Sozialanthropologe sieht seine Daten als Ergebnisse von Beziehungsverhältnissen. Das anthropologische Bild der Gesellschaft ist also in spezifischer Weise eines, in dem Handlungsepisoden und dauerhafte Wechselbeziehungen zwischen Menschen bestimmend sind."[47]

Da sozialgeschichtliche und sozial- bzw. kulturanthropologische Analyse sowohl an menschlichen Empfindungs-, Wahrnehmungs- und Verhaltensweisen als auch an gesellschaftlichen Machtverhältnissen und Herrschaftsstrukturen ansetzt, wird es denkbar, eine Typologie der Wechselbeziehungen zwischen letzteren und jeweils spezifischen Ausprägungen von Körperlichkeit und damit gekoppelter Bedürfnisstruktur herauszuarbeiten. Umgekehrt läßt die „Empfindungs- und Bewußtseinsgeschichte der Körperlichkeit" und ihrer entsprechenden Verhaltenscodes – etwa vor dem Hintergrund der

---

45 *Blok,* Hinter Kulissen, in: *Gleichmann/Goudsblom/Korte* (Hg.), Materialien zu Norbert Elias' Zivilisationstheorie, 2. Aufl., 1982, S. 186.

46 *Berdahl,* Vorwort, in: *Ders.* u. a., Klassen und Kultur, 1982, S. 9.

47 *Berdahl,* Vorwort, in: *Ders.* u. a., Klassen und Kultur, 1982, S. 10.

Genese des spannungsreichen Verhältnisses zwischen Bedeckung und Entblößung oder des Verhältnisses zwischen Reglementierung und Auslebung von Triebregungen und Körperbedürfnissen – Rückschlüsse auf die Veränderung der Qualität des Zusammenlebens und auf sich aus neuen sozialen Reziprozitäten und Interdependenzen ergebenden Machtverhältnisse und Herrschaftsstrukturen der „großen Geschichte“ zu. Hiermit wollen die Weichen gestellt werden „... für eine moderne Sozialgeschichte, die von der alltagsgeschichtlichen Herausforderung des letzten Jahrzehnts gelernt hat und sich kulturgeschichtlich erweitert, auf die Erkenntnis von Zusammenhängen zielt, theoretisch kompetent ist und ihre aufklärerischen Wurzeln ernst nimmt.“[48]

Erreicht die Ausprägung der Psychostruktur im historisch-zivilisatorischen Fortlauf eine Qualität, bei der Körperlichkeit, Körper- und Bedürfnisäußerungen des Erwachsenen weniger durch äußere Zwänge als maßgeblich vom „Über-Ich“ und von kulturell und sozial gelernten Wahrnehmungs-, Empfindungs- und Verhaltensstandards gesteuert werden, manifestiert sich in der vorläufigen Zwischenbilanz des Prozesses der sukzessiv vollkommener werdenden (Selbst-)Beherrschung des Körpers im Laufe der abendländischen Neuzeit die erfolgreiche Aufrechterhaltung von Machtverhältnissen und Herrschaftsprinzipien als ein letzten Endes auch für die Beherrschten nicht unzuträglicher Moment (steigender Lebensstandard, soziale Sicherheit, relative Vorausplanbarkeit des Lebens, selbstgewählte Individualität und Mobilität, Tendenzen der Demokratisierung etc.). Macht und Herrschaft bedeuten jetzt nicht nur die Chance, Zwänge innerhalb sozialer Beziehungen durch Androhung (mitunter durch Anwendung) physischer Gewalt auszuüben, sondern auch die Chance, Menschen zur Akzeptanz der Notwendigkeit von Selbstzwang, -kontrolle und -beherrschung, von selbstgesteuerten, -auferlegten und -verantworteten Selbstrestriktionen zu verhalten, die eigentlich ihrer Triebnatur, ihren körperlichen wie mentalen Entgrenzungsbedürfnissen, ihren Sehnsüchten nach erregenden psychischen Spannungen, ihren Wünschen nach Lockerung der Affektkontrolle und ihrem Bestreben, repressive Sozial- und Sittenordnungen zu sprengen, zuwiderlaufen.

48 *Kocka*, Perspektiven für die Sozialgeschichte, in: *Schulze* (Hg.), Sozialgeschichte, Alltagsgeschichte, Mikro-Historie, 1994, S. 39.

Die interdependente Entwicklung der durch Herrschaftsstrukturen bzw. -mechanismen um deren Selbsterhaltung willen organisierten Verbote, Gebote, Zugeständnisse, Erlaubnisse, Werte, Normen, Vorstellungen, Einstellungen bezüglich menschlichen Körpern einerseits und der Bedürfnisentfaltung der sich gesellschaftlichen Zwänge anpassenden und um Lebenschancen kämpfenden Körper selbst andererseits transformiert zwar Kultur und Gesellschaft und verteilt hin und wieder manche Lebenschance neu, beschert dem System der Chancenungleichheit aber Kontinuität und Undurchsichtigkeit. Um dennoch die bisweilen sehr mittelbare, indirekte, unscheinbare, sublime, „unauffällige“ Zwanghaftigkeit über menschliche Körper, die hegemoniale Strukturen und Ordnungen zum Zweck von Macht- und Herrschaftsausübung aufgerichtet haben, aufzudecken, ist es hilfreich, sich neben historischer, soziologischer, anthropologischer und sozialpsychologischer auch tiefenpsychologischer Theorien zu bedienen.

Zweifelsohne stellt der den folgenden Untersuchungen zugrundeliegende handlungstheoretische Ansatz eine Gratwanderung zwischen den Positionen des Essentialismus freudianischer Prägung und des sozialen Konstruktivismus Foucaultschen Zuschnitts dar.[49] Ohne die innerhalb der neueren Sexualitätsgeschichte vehement geforderte Historisierung trieb- und bedürfnisdynamischer Begriffskonstrukte an dieser Stelle leisten zu können, bleibt jedenfalls zu hoffen, daß die Deskribtion und Analyse der historischen Befunde der Bade- und Schwimmkultur mit dem traditionellen Begriffsinstrumentarium der Geistes- und Sozialwissenschaften der stagnierenden wissenschaftstheoretischen Debatte neuen Zündstoff liefert. Selbst wenn Wasser- und Badelust, libidinöse Entgrenzungssehnsüchte und das Streben hinaus ans freie Gewässer, in natürliche Umwelten biologischen Determinanten oder überzeitlichen psychosozialen Strukturen ausgeliefert ist, dann bedeutet dies nicht, daß das Soziale zu keiner nachhaltigen Umkodierung oder Veränderung der Bade- und Schwimmkultur im Zeitfortlauf in der Lage ist. Das zu zeigen, ist Ziel des Buches.

---

49 Eine pointierte und übersichtliche Darstellung der Positionen und ihrer Bedeutung für die Sexualitätsgeschichte bringt Franz X. *Eder* in seinem Aufsatz „Die Historisierung des sexuellen Subjekts“, in: ÖZG, Jg. 5, Heft 3/1994, S. 311–327.

Wasserlust, Badelust und Gesellschaft

Libidinöse Entgrenzungssehnsucht

Über seine subsistenzsichernden Funktionen, seine militärischen und ökonomischen Vorteile hinaus bedurften Menschen seit jeher in physisch-psychisch-mentaler Hinsicht des freien Wassers, der Gewässernähe, des Wasserkontakts. Ein Bündel von Ursachen und vielfältige Perspektiven wie subjektive Bedürfnis- und Interessenlagen, mythisches Denken, kultisch-rituelle Traditionen, unbewußte Triebwünsche sind dafür jeweils verantwortlich. Im Laufe des Zivilisationsprozesses, der das menschliche Leben und das Bedürfnisentfaltungsspektrum gestaltet und gleichzeitig beschränkt, einengt, begrenzt, kontrolliert, normiert und die in- und auswendige menschliche Natur gängelt, nehmen Motive, Wünsche, Erwartungen, Hoffnungen und Gewißheiten, die hinter dem Verlangen nach Wasserkontakt bzw. Gewässernähe stehen, sowie sich daran knüpfende Aktivitäten und Verhaltensweisen mannigfache Formen und Schattierungen an. Zentraler Beweggrund scheint dabei eine spezifische psychomentale Verhaltensdisposition im Rahmen der „libidinösen Entgrenzungssehnsucht“ menschlicher Körper zu sein. Es soll von dieser Verhaltensdisposition oder Attitüde als der physisch-psychisch-mentalen Bereitschaft, im Rahmen gegebener kultureller, sozialstruktureller, sozioökonomischer und individualpsychologischer Bedingungen nach „Lust am Wasser zu streben“, die Rede sein.[1]

Auf der einen Seite ist arbeitsteiliger Organisation menschlicher Gemeinschaft die Ausbildung von Strukturen der Macht und Systemen der Herrschaft über Körper immanent. Auf der anderen Seite tendiert die trieb- und kulturgeprägte Bedürfnisstruktur der Körper stets dahin, sich physisch, psychisch, mental, sozial und räumlich

---

1 Vgl. dazu: *Eder/Spanlang,* Lust am Wasser, in: *Chobot/Ehalt/Fischer* (Hg.), Wiener Donaubuch, 1987, S. 52 f.

von jedweder Beherrschung oder Zwanghaftigkeit zu befreien, sich einem wie immer imaginierten „natürlichen Zustand“ anzunähern, sich unter Umständen dabei bis an die jeweils gültigen Sittlichkeits- und gesetzlichen Grenzen heranzutasten – sich „zu entgrenzen“. Der Aufenthalt an Gewässern bzw. in Gewässernähe und die Möglichkeit des Wasserkontakts im Freien, womöglich in abgeschiedener Natur, beinhalten Chancen zu libidinösen Entgrenzungen, zur Lust am Wasser.

Im Sinn der besonders von Herbert Marcuse betonten, über die Körperzonen hinausreichenden Lusterweiterung (in Folge der „libidinösen Besetzung der Umwelt“[2]) kann eine eher physisch-sensuell und/oder eine eher kognitiv-intellektuell erlebbare Lust am Wasser im weitesten Sinn Ziel konkret gerichteter libidinöser Entgrenzungssehnsucht sein. Soziale Kontrolle, herrschaftliche Restriktionspraktiken und ein Regime von Disziplinen sind Hindernisse umfassender Lustbefriedigung. Sie leisten kulturellen Verhaltensmustern und psychischen „Leistungen“ Vorschub, die anstelle der in einer jeweiligen Situation naheliegenden, „wirklichen“, spontan-lustvollen Befriedigungen oder anstelle wenigstens „nicht repressiver Sublimierungen“ bloß Scheinbefriedigungen, „Ersatzbildungen“, Entschädigungs- und Kompensations-Akte gewähren. Entsprechende Verhaltens- und Erscheinungsformen der Lust am Wasser haben dann die Funktion von „Ablenkungsmanövern“, die am ursächlich libidinös motivierten Bestreben vorbeitäuschen oder es vergessen machen. Für Menschen war dies seit ehedem mentalitätsprägend und ist es bis heute geblieben.

Versuche, Lust am Wasser zu erfahren, werden durch Phantasie, Eigeninitiative, unkonventionelle Praktiken und „emanzipatorisches“ Handeln wie durch vorgefundene, vorgegebene, etablierte, tradierte oder institutionalisierte Befriedigungsmöglichkeiten und einschränkende oder reglementierende soziokulturelle und sozioökonomische Rahmenbedingungen gestaltet. Daraus ergeben sich Generierung, Modellierung, Bestand und Wandel von spezifischen beschreib- und analysierbaren kulturellen Verhaltens-, Aktions- und Ausdrucksformen. Unter Berücksichtigung des Charakters freier Gewässer als „libidinös besetztes Objekt“ und einer entsprechenden lokalen Ziel-

2 *Marcuse,* Gespräche mit F. *Hacker,* in: *Hacker,* Aggression, 1971, S. 349.

gerichtetheit des Handelns und Verhaltens geht es dabei um lustvolles Erleben in, an, entlang und in der Nähe von freien Gewässern aufgrund akustischer und visueller Eindrücke sowie Haut-, Geruchs- und Geschmackswahrnehmungen und -empfindungen.

Im libidinösen Streben nach Wassernähe und Wasserkontakt, im Erlebenwollen der Aura des freien, frei fließenden Wassers, idealtypisch draußen in naturbelassener Landschaft, in Randlage von Kultur und Zivilisation angesiedelt, manifestiert sich die Dialektik der Natur des Menschen, zeigt sich der Mensch gleichzeitig als Kultur- und Naturwesen. In der Sublimierung libidinöser Triebenergien in verfeinerte, kapriziöse, subtile, artifizielle, hochdifferenzierte und spezialisierte Handlungen und Verhaltensweisen, in denen Lust am Wasser Ausdruck findet, und in den Hoffnungen, Wünschen, Vorstellungen und Erwartungen, durch Naturkontakt und -erleben wie spielerischen und körpermotorischen Betätigungen Erfüllung und Befriedigung zu erlangen, kommt einerseits der repressive Zwang der Sexual- und Sittennormen, der territorialen Herrschaft und Kontrolle, andererseits die beruhigende, kompensatorische, „ersatzbefriedigende" Wirkung von Natur, Spiel und Bewegung für den Menschen zur Geltung. Neben lustvollen Hautkontakten mit Wasser, Luft, Wind, Sonnenwärme, Steinen, Erde, Schlamm, Gras, Kiesel, Sand, neben visuellem, akustischem, olfaktorischem Naturerleben, neben Freude und Spaß an spielerischer oder sportlicher Körpermotorik und lustvoller Kinästhesie sind hierfür auch Hoffnungen auf erotische Momente, auf meist visuell hervorgerufene, sexuell erregende Ereignisse kennzeichnend. Durch diese können Triebbefriedigung kompensierende (Augen-)Lustgefühle ausgelöst und angenehme psychische Spannungen aufgebaut werden. Über rein materielle umweltliche Bedingungen hinausreichende Wahrnehmungen, im besonderen mentale Verarbeitungen von sozialen Wirklichkeiten können am Wasser dann erotisch-sexuelle Gefühle freisetzen, wenn dort Badegesellschaften mit ihrem Tun an die Grenzen der Sittlichkeit und Bedeckungsmoral gelangen, solches vorgeblich „unschuldiges Treiben" arrangiert und inszeniert ist oder jedenfalls passiert.

Wo Lust am Wasser durch Wert- und Normengefüge, soziale Sanktionsinstanzen, staatliche Gewaltinstitutionen und bürokratisch-administrative Ordnungskräfte verstellt, behindert und bekämpft wird, kann anhand der Relation seiner demzufolge typischen

Ausprägung und der manifestierten libidinösen Entgrenzungssehnsucht auf das jeweils existente Gewicht und Strukturgefüge der Sozialkontrolle, Disziplinierung und Oppression einer Gesellschaft geschlossen werden. Das Ausmaß des Bedürfnisses nach Lust am Wasser und entsprechende von Menschen jeweils gewählte, mitunter neu kreierte Befriedigungsmodi müssen als Indikatoren für Quantität und Qualität der insgesamt herrschenden kulturellen Entfremdung und der gesellschaftlichen Repression angesehen werden. Gleichzeitig bringt Lust am Wasser als individuelles und kollektives aktives und reaktives Verhalten und Agieren „(sub)kulturelle Leistungen" und „schöpferische Synthetisierungen" hervor, die die Chance, künftig Entfremdung und Repression in einer folgenden Phase der kulturellen, zivilisatorischen Entwicklung zu minimieren oder gar aufzuheben, in sich tragen. Durch Analyse der kulturellen Hervorbringungen, Verhaltens- und Ausdrucksweisen, die zwischen Lust und Angst, Trieb- und Bedürfnisbefriedigung, Sublimierung und Repression am freien Gewässer entstanden sind, werden Machtverhältnisse, Herrschaftstechniken, -mechanismen und -strukturen transparent, erhellt sich die Geschichte von Macht- und Ohnmachtsverhältnissen, werden zivilisatorische „Sackgassen" wie historisch-gesellschaftliche „humanistische Chancen" erkennbar.

Abwehroperationen des Ich

Badelust, als Spezifikum der Lust am Wasser, meint lustvollen Kontakt des Körpers mit Wasser; erfrischende Abkühlung; befreiende Leichtigkeit; sportliche, gymnastische und spielerische Bewegungsfreude beim Schwimmen; Körperreinigung, -hygiene und -pflege. Sie ausschließlich als Produkt und Resultat drakonischer Sexualrepression und Disziplinierung, als Reaktion auf ein „kulturelles Entfremdungssyndrom" anzusehen, das (soll es nicht zu Psychoneurosen kommen) den Körper zur Sublimierung zwingt, wäre entschieden zu kurz gegriffen. Sie beruht vielmehr auf einem ganzen Ensemble variierender libidinöser und kultureller Entgrenzungssehnsüchte und Körperbedürfnisse, die allerdings tatsächlich mehr oder weniger unerfüllt bleiben. Hier offenbart sich einmal mehr die dialektische Doppelbödigkeit des Verhältnisses von und die unauflösbare Widersprüchlichkeit zwischen körperlichen Wünschen und sozialen Normen. Möglichkeiten über Herrschaftsstrukturen und gesellschaftliche Institutionen wie Familie, Erziehungs- und Bildungseinrichtungen, Vereine etc. auch bis zu gewissem Grad die Steuerungsmechanismen der menschlichen Psyche zu beeinflussen und viele auftretende Trieb- und Bedürfniskräfte in Schach zu halten oder zu untersagen, können jedoch für Erhaltung und Fortbestand einer Gemeinschaft durchaus Sinnhaftigkeit und Berechtigung haben. Sie bewirken notwendige Lernerfahrungen innerhalb einer „normalen" psychischen Entwicklung, ohne die jede sinnvolle Eingliederung in eine Humansozietät unmöglich wäre.

Als selbsttätiger innerpsychischer Widerstand gegen auftretende, mit den Regeln, Normen, Werten und Gesetzen der jeweiligen menschlichen Kultur unvereinbaren Triebwünsche und körperliche Entgrenzungsbedürfnisse fungieren sozial gelernte „Abwehroperationen des Ich". Angst gilt als deren Signal und Auslösefaktor. Es ist die Angst vor der Übertretung sozialer Normen wegen hemmungslosen Auslebens „gefährlicher" Körperwünsche, die Lustverheißungen zu Unlustgefühlen „umfunktioniert". In dieser Funktion ist Angst keineswegs pathologisch. Sie dient hier als Signal für eine Gefahrensituation und löst die Abwehroperation aus. Als Abwehrreaktion benützt die Psyche alles, was ihr zur Hand und zweckdienlich ist.

„Jede Ichhaltung, jede Wahrnehmung, ein Wechsel in der Aufmerksamkeit, die Förderung eines anderen Es-Impulses, der sicherer ist als der gefährliche und mit diesem konkurrieren wird, ein energischer Versuch, die Energie des gefährlichen Triebes zu neutralisieren, die Bildung von Identifizierungen oder die Förderung einer Phantasie: alle diese Dinge können für sich allein oder kombiniert zur Abwehr benützt werden."[3]

Innerpsychische Abwehroperationen angesichts sozial verbotener Körperwünsche manifestieren sich in empirisch erfaßbaren Verhaltensformen, in denen Lust und libidinöse Entgrenzungssehnsucht am freien Gewässer spezifischen Ausdruck finden und charakteristische Modellierung erhalten. Im folgenden werden jene verhaltenssteuernden Abwehroperationen des Ich erläutert.

3 *Brenner,* Grundzüge der Psychoanalyse, 7. Aufl., 1983, S. 81.

Sublimierung: Wie bereits angedeutet, kann Badelust – als ein mögliches Endprodukt des Sublimierungs- oder Substitutionsvorganges libidinöser Energie – zu gutem Teil als soziokulturell überformte, aber individuell gestaltete Ersatzhandlung oder Ersatzbildung bezeichnet werden. Das gleiche gilt phänomenologisch im Untersuchungsrahmen für Schwimmen, Bootfahren, Segeln, Naturgenuß, kleine Abenteuer in freier Natur, exterritoriale Vorstöße, Sprengung und Neugestaltung „räumlicher Konfigurationen“, Ausleben erotischer Bedürfnisse beim Wasserkontakt und Gewahrwerden des badenden anderen.

Kompensation: Wenn im Ursprung libidinösen Strebens sexuelle Wünsche stehen, die gegebenenfalls unerfüllt bleiben, soll diese Frustration durch übermäßige Befriedigung in anderen Bereichen aufgewogen (kompensiert) werden. Sowohl die durch den Anblick der beim Baden nackten oder halbnackten fremden Körper befriedigte Schaulust (die deswegen aber noch lange nicht für Voyeurismus gehalten werden darf) als auch körperliche Antriebs-, Bewegungs- und Spiellust können als Kompensationen interpretiert werden.

Reaktionsbildung: Eine eher dem mythisch-magischen Denken zuordenbare Abwehroperation des Ich ist die Reaktionsbildung. Allgemein bedeutet sie jene mentale Operation, bei der angstbeladene Wünsche oder Bedürfnisse durch Zuschreibung einer positiven Wertigkeit und durch Überbetonung des Inhalts und Ursprungs der Angst als „Schutzwall“ gegen sie verwendet werden.

Wenn freies Gewässer als unberechenbare, lebensbedrohende Naturgewalt, obendrein als Aufenthaltsort oftmals nicht gut gesinnter Geister, Dämonen, Götter, Najaden etc. gilt, ist es besonders für jene Menschen, die nicht schwimmen können – und das waren bis weit ins 20. Jahrhundert die meisten –, naheliegend, dieses zu meiden. Da jedoch menschliche Biologie, Physiologie, Lebensweise, Kultur und Ökonomie auf Gewässernähe angewiesen sind, läßt sich diese teils rationale, teils mystizistische Einschätzung nicht in konsequentes Nicht-Handeln (eben zu verzichten, sich in Wassernähe zu begeben) umsetzen. Die Furcht vor dem Wasser wird nun durch Riten und strategische Rationalisierungen, die dem Meidungsverhalten entgegengesetzte Verhaltensweisen an den Tag legen, gemindert. Etwa werden Wasser und Wasserkontakt zu diesem Zweck kultisch überhöht. Die christliche Taufe, das kalte jüdische Tauchbad, das Flußbaden im Anschluß an die in fast allen Religionen existierenden Wasserweihen und das noch im 17. Jahrhundert über ganz Europa verbreitete Maibad im Freien[4] stellen in ihren ursprünglichen Konzeptionen als Rites de passage durchaus Versuche dar, die Vertrautheit mit dem gefährlich anmutenden, frei fließenden, natürlichen Gewässer herzustellen und die Furcht vor diesem zu bannen, indem man dessen Geister beschwört, sich mit seiner übermenschlichen Macht zu identifizieren trachtet oder auf seine sündenerlösende Qualität setzt.

Eine ab dem 18. Jahrhundert an Relevanz gewinnende Reaktionsbildung ist die Vorstellung der „sittlich reinigenden Kraft" des gefährlichen und abschreckend kalten Gewässers. Im aufgeklärt-bürgerlichen Zeitalter, als wegen der entstehenden lebensreformerischen und hydrotherapeutischen Freiluftbadebewegung Bedenken und Befürchtungen bezüglich der damit möglicherweise verbundenen „sittlichen Gefährdung" laut wurden, bekam der uralte Katharsis-Mythos ein zeitgemäßes, säkularisiertes Gewand. Im 20. Jahrhundert sollten sich Freikörperkulturbewegte sogar splitternackt ins Wasser stürzen, um sittlichen Verfehlungen, das heißt der als schmutzig geltenden sexuellen Begierde, durch Einübung und gegenseitige Demonstration „absolut keuscher Nacktheit" keine Chance zu geben.

Regression: Eine offenkundig in aller Badelust enthaltene Abwehroperation des Ich besteht in der Regression des Lustvermögens des Erwachsenen in die frühkindliche orale Libidophase. „Das Wasser, wie es sich bei der Hauterfahrung des Badens, die der Brusterfahrung parallel läuft, phantastisch mit der Mutter verbindet, . . . bietet dem Kind die Möglichkeit zur Verifizierung von Phantasieerfahrungen in einer fast absoluten Situation der Sicherheit vor persekutorischen und depressiven Ängsten."[5] Bei des Erwachsenen Lustempfinden beim Baden, hervorgerufen durch den Hautkontakt mit dem nassen Element, liegt das psychische Phänomen einer beständig mitschwingenden regressiven Phantasie vor, die Lustempfindungen ähnlich wie in der oral-libidinösen Phase eines Kleinkindes gewährt.

---

4 *Schall,* „Immer sauber bleiben . . .", 1977, S. 113.

5 *Fornari,* Psychoanalyse des ersten Lebensjahres, 1970, S. 126.

Mit dem Ziel eines relativ stabilen innerpsychischen Gleichgewichts, zu dem jeder Organismus tendiert, macht sich der Körper Lustregression unter gewissen Bedingungen als Angstabwehr zunutze. Die Angst, die abgewehrt werden soll, wird durch das Beharren auf (sexuellen) Wünschen hervorgerufen, weil soziale Normen (Sittlichkeit, Sexualmoral, Sitten- und Gesetzesrecht) deren Erfüllung mit Sanktionen belegen. Entscheidend ist, daß „. . . diese Wünsche teilweise oder ganz aufgegeben werden und der Betroffene zu den Zielen und Wünschen der früheren analen oder oralen Phase zurückkehrt oder regrediert und damit die Angst vermeidet, die durch das Beharren der . . . Wünsche hervorgerufen würde“.[6]

Resultiert das Gefühl des „Neugeborenwerdens“ beim Baden und Schwimmen aus regressiven Phantasien, angstvermeidenden „Erinnerungen“ an prä- oder postnatale Glücks- und Geborgenheitszustände, so deuten Vorstellung und Gewißheit des „Reingewaschenwerdens vom gesellschaftlichen Schmutz“ und von „sittlichen Verderbtheiten“ durch Wasser auf Sehnsüchte nach zeitlich vor dem Sündenfall Adams angenommenen imaginären Sozial-Idyllen und auf rückwärts gewandte Utopien hin. Eindrücke von Wiedergeburt und Reinigung liegen einander sehr nahe. Sie beruhen auf der in Europa vorherrschenden Denk- und Empfindungstradition, die Wasser als Regenerations- und Reinigungsmittel auf eine positive Daseinsqualität bezieht. „Selbst wenn diese Qualität nur auf der Oberfläche des Wesens erscheint, wird sie als die Manifestation von etwas tief Innerlichem wahrgenommen. Wenn diese oberflächliche ‚Reinheit‘ verlorengeht, muß im Kern etwas verdorben sein . . .“[7] Für den Vorgang der Reinigung wird keinesfalls immer Wasser benötigt. Jedoch vermittelt gerade „. . . die durch das Wasser hergestellte oder verliehene Reinheit eine besondere Bedeutung von Frische und Durchsichtigkeit, die das innerste Wesen verändert. Deshalb wird es [das Bad oder der Waschvorgang; Anm. d. Verf.] oft mit Wiedergeburt in Verbindung gesehen.“[8] Die Abwehroperationen des Ich, das „Neugeborenwerden“ und das „Reingewaschenwerden“ verweisen in charakteristischer Weise auf sozialpsychologische Mechanismen

6 *Brenner,* Grundzüge der Psychoanalyse, 7. Aufl., 1983, S. 93.

7 *Illich,* H_2O und die Wasser des Vergessens, 1987, S. 53.

8 *Illich,* H_2O und die Wasser des Vergessens, 1987, S. 53.

und auf interdependente sozio- und psychogenetische Entwicklungen unter den Bedingungen gesellschaftlicher Machtverhältnisse, Herrschaftsstrukturen und kultureller Hegemonie.

Ozeanische Gefühle

Lust am Wasser in ihren mannigfachen Facetten und Funktionen, zahlreichen Ausrichtungen und Praktiken leitet sich zu nicht geringem Maß von „ozeanischen Gefühlen" her. Sie wurden von Sigmund Freud in den (psychopathologischen) Bereich der Regressionen verwiesenen, von der Schule Wilhelm Reichs hingegen für den Erwachsenen als „normal", gesund, durchaus zuträglich und wünschenswert postuliert. Die von Freud erstmals so benannten psychischen Phänomene[9] betreffen die lustvolle Verbundenheit des fühlenden und darüber reflektierenden Naturwesens Mensch mit der mit ihm in Verbindung stehenden kosmisch-ganzen Natur. Was durch das Konstrukt der „ozeanischen Gefühle" geleistet werden kann, ist eine notwendige Synthese der bisher zwar idealtypisch isoliert beschriebenen, in der Realität der Wasser- und Badelust jedoch ineinanderspielenden, sich überlagernden, schwerlich trennbaren sozial-, individual- und tiefenpsychologischen Phänomene: der Produktion und Funktion von Mythen und Symbolen, regressiven Phantasien, epochenspezifischen Bedürfnissen nach Naturerleben, entfremdungsbedingten Ersatzhandlungen, Substitutionen, Kompensationen, Reaktionsbildungen und repressionsbedingten Sublimierungen.

Im Bewußtsein der Überlegenheit über die Natur konnte sich der intellektuelle, erstmals als eigenständiges Individuum erkennende Mensch im aufgeklärten, rationalistischen Zeitalter plötzlich wieder der wilden, nichtdomestizierten Natur zuwenden. Auch im Wiener Raum findet sich seit der Romantik die Vorstellung, dem Hier und Jetzt der städtischen, restriktiven, naturentfremdeten Welt entfliehen zu müssen, um damit zum „wirklichen Leben" durchzustoßen. „Dieses Ringen um Natürlichkeit und Einheit von Natur und Kultur gibt sich in den verschiedenen Formen mystischer Sehnsucht, kosmi-

9 *Freud,* Das Unbehagen in der Kultur (1930), in: *Freud,* Gesammelte Werke, Studienausgabe, Bd. IX, 1974, S. 197 ff.

scher Phantasien, ‚ozeanischer Gefühle', religiöser Ekstasen, und vor allem im Fortschreiten der sexuellen Freiheiten bekannt; es ist unbewußt, neurotisch widerspruchsvoll, angsterfüllt . . ."[10] – und es ist bis heute nicht abgeschlossen. Für Wilhelm Reich war es bereits vor rund 40 Jahren „. . . nicht zu gewagt zu behaupten, daß die kulturellen Umwälzungen unseres Jahrhunderts durch das Ringen der Menschheit nach Wiedergewinnung der natürlichen Gesetze . . . bestimmt sind".[11]

ZUM EINEN beruhen „ozeanische Gefühle" auf der Vorstellung und Empfindung, eins zu sein mit dem Ursprung und der Natur, was als Grundelement aller religiösen Gefühle angesehen werden kann.

> „In einem Sinne wird nun deutlich, wie und warum die Elemente und Kräfte der Natur einst vergöttlicht wurden; keineswegs deshalb allein, wie es eine moderne Psychologie, welche die Seele objektiviert, gerne haben möchte, weil die Seele ihr Wesen auf die Natur außer sich projiziert, es gibt vielmehr auch eine geheime Entsprechung menschlichen Wesens zum Wesen der Natur . . ."[12]

Der Schweizer Philosoph Hans F. Geyer schreibt den in Nacktheit lebenden Ethnien dafür Prädestination zu.

> „Der Mensch, der es gelernt hat, nackt zu leben, der Mensch, der nicht nackt ist wie ein kleiderloser Mensch, erlebt zugleich in einer mystischen und einer mythologischen Union mit der Natur, in einer mystischen insofern, als er die Elemente und Kräfte der Natur in sich erlebt, in einer mythologischen, als er die Elemente und Kräfte der Natur in einem ekstatischen Ausbruch seiner Körperseele und seines Seelenkörpers erlebt, wie wenn sie seine eigenen wären, wie wenn das Tabernakel seines Herzens die äußere Natur mit umschlösse."[13]

ZUM ANDEREN werden „ozeanische Gefühle" durch für Wasser- und Badelust bedeutsame sensuelle Wahrnehmungen, Empfindungen und Eindrücke des gleitenden, wogenden, strömenden, fließenden Naturelements Wasser freigesetzt. Speziell beim Schwimmen fühlt der Körper zusätzlich eine „kosmische Leichtigkeit". Bewegungen werden leichter, sanfter, unbeschwerter und geschmeidiger,

---

10 *Reich,* Entdeckung des Orgons I, 8. Aufl., 1979, S. 175.
11 *Reich,* Entdeckung des Orgons I, 8. Aufl., 1979, S. 175.
12 *Geyer,* Dialektik der Nacktheit, 1973, S. 131.
13 *Geyer,* Dialektik der Nacktheit, 1973, S. 131.

Entspannung der Körpermuskulatur und kinästhetische Wonnegefühle stellen sich ein. Wasser und Haut spielen zusammen und reagieren affin.

„Das Wasser hat ein . . . Verhältnis zur instatischen und ekstatischen Oberfläche, zur Haut des Körpers. Es ist feindlicher als die Luft, es wiegt schwerer, es setzt den Bewegungen mehr Widerstand entgegen, aber erst im Wasser gewinnt der Körper seine kosmische Leichtigkeit, wird er zu einem schwebenden Körper unter anderen schwebenden Körpern, denn das Wasser nimmt ihm viel von seiner Schwere weg. Das Wasser hat eine Oberfläche wie die Haut, die unter einer leichten Brise schauert und erschauert wie die Haut, ja der Schauer des Wassers, der wie ein dunkleres Wesen von ferne auf den Badenden zukommt, mag sich von der Oberfläche des Wassers auf die Oberfläche der Haut übertragen.“[14]

Wollen Menschen beim Freiluftbaden die Elemente und Kräfte der Natur in sich erleben, muß ihre Haut als Schnittstelle und Vermittlungsinstanz eine entscheidende Funktion übernehmen. Sie

„. . . zieht die Natur so in sich hinein, daß die Natur zur Ekstatis des Körpers, der Körper aber zur Instasis der Natur wird. Virtuell aufgehoben ist die physische Grenze des Körpers. Ist diese Höhe der Begeisterung erreicht, so gehen die Bewegungen des Körpers in einen kosmischen Tanz über, es sind die Bewegungen eines Körpers in der Welt, eines Weltkörpers, der in Beziehung steht zu allen anderen Körpern der Welt. Die ganze Natur bewegt sich außer und unter der Haut dieses einen nackten Körpers in der Welt.“[15]

– notiert euphorisch Hans F. Geyer.

Eindrücke entspannenden, beruhigenden, sanften, perlenden, behaglichen, kühlenden, befreienden, erfrischenden, aufregenden, schauerlichen Gleitens, Strömens und Abfließens, die sich beim Badeerlebnis, im besonderen im bewegten Gewässer oder beim Schwimmen, ebenso mittelbar bei einer Schiffahrt, beim Segeln, Surfen, Bootfahren, beim Aufenthalt am Ufer, auf Brücken etc., also durch akustische, visuelle und durch Hautempfindung erfolgende Perzeption und Sensomotorik, einstellen, rechtfertigen das sehr breit angelegte Konzept der „Lust am freien Wasser“. Die Erfahrung des Wassers wird einerseits zum erregungs- und spannungsreichen, an-

14 *Geyer,* Dialektik der Nacktheit, 1973, S. 131.

15 *Geyer,* Dialektik der Nacktheit, 1973, S. 131.

dererseits zum beruhigenden, besänftigenden, beschaulichen, kontemplativen Ereignis. Psychische Mechanismen wie Sublimierung, Reaktionsbildung, Kompensation, regressive Lustphantasie sowie sich summarisch und synthetisierend in „ozeanischen Gefühlen" ausdrückende, möglicherweise dem prämentalen Bewußtsein präsent gebliebene Vorstellungen und Erinnerungen an „Ur-Tatsachen (Ur-Meer, Ur-Seele)"[16] spielen nicht nur bei vorwissenschaftlichen, mystizistischen, spirituellen, sondern selbst noch bei sogenannten „empirisch-rationalen", „aufgeklärt-vernünftigen" Argumentationen, Erklärungen und Begründungen wie schlechthin beim Ausleben von Natur-, Wasser-, Bade- und Nacktheitsbedürfnissen selbst eine nicht zu unterschätzende Rolle.

Halb zog sie ihn, halb sank er hin

In die Erkenntnis der Moderne, die davon ausgeht, Natur zu objektivieren, diese als eine dem Menschen gegenüberstehende Spezies zu definieren und somit zu verfremden, um sie analysierbar, sezierbar, technisch und produktiv verwertbar zu machen, „. . . kann die unaufhebbare Angewiesenheit des Menschen auf Wasser ebensowenig eingehen wie die Tatsache, daß der Mensch niemals als souveränes Subjekt dem Stoff Wasser gegenübertritt. Vielmehr ist er als Körper zu einem überwiegenden Teil selbst Wasser und vielfältig in seinen leiblichen Vollzügen und Erfahrungen mit diesem verbunden."[17] Nur vordergründig erscheinen Akte des Badens, Schwimmens, Sichwaschens, Trinkens, Fischens oder Bootfahrens als gewissermaßen geschichtslose Elemente individuellen und kollektiven Tuns. „Zivilisationshistorisch zeigt sich eher, daß das Wasser für die Enkulturation der Individuen wie für die Entwicklung der Kulturen eine überragende Bedeutung hat."[18]

Nicht von ungefähr entstanden Zentren sozialen Lebens entlang Flüssen, Seen oder Meeren, die Menschen gleichermaßen zur Was-

16 *Gebser,* Ursprung und Gegenwart, 1. Teil, 1973, S. 311.

17 *Böhme,* Kulturgeschichte des Wassers, 1988, S. 11.

18 *Böhme,* Kulturgeschichte des Wassers, 1988, S. 11.

serversorgung, als „Nahrungsreservoir“[19], als Schutz gegen Feinde wie als Handels- und Verkehrswege dienten. Dieses Angewiesensein menschlicher Siedlungen auf Gewässernähe barg zugleich vielfältige Gefahren in sich. Hochwasser bedeuteten über lange Zeit unabwendbare Naturkatastrophen, vor denen einzig die Flucht als Rettung blieb. (Effizienter Hochwasserschutz ist eine noch relativ „junge“ Errungenschaft des späten 19. Jahrhunderts.) Schwimmkenntnisse innerhalb der Bevölkerung waren gering. Lediglich jene, die unmittelbar am Wasser lebten oder arbeiteten, und oft nicht einmal diese, wußten dem Ertrinken zu entgehen.

Neben der „... wahrhaft quellende[n] Fülle der Erscheinungen des Wassers selbst wie ... [der] ursprüngliche[n] Symbiose allen Lebens mit dem Wasser, ... [die] den Reichtum und die Geschichte der wasserbezogenen Symbole, Riten, Bilder, Denk- und Ausdrucksformen ...“[20] begründen, bot die ganz reale Bedrohung durch das Wasser, als einer unbändigen, ewig unberechenbaren und gefahrbringenden Macht, reichlich Stoff und Anreiz für die Bildung von Mythen, für das Erzählen von mythisch-magisch-abergläubischen Geschichten. Evident ist, daß „... der Glaube an Wassergeister in ganz Deutschland ... jedenfalls im vergangenen Jahrhundert, das den verarbeiteten Stoff im wesentlichen gesammelt hat, lebendig war. [...] Die Verteilung der Überlieferung ... ist nicht gleichmäßig. [...] Die lebendigste und reichste ... zeigt sich an der östlichen Slawengrenze, die dünnste im mittelrheinischen Gebiet.“[21]

Der Wiener Raum befindet sich in diesem südöstlichen Teil der deutschsprachigen Region Mitteleuropas und war dazumal mit seinen von Donauarmen durchflossenen Augebieten wie geschaffen für die Entstehung und Tradierung von Wassermythen, -sagen, -märchen

19 Die durch den ehemals großen Fischreichtum bis ins frühe 19. Jahrhundert florierende Flußfischerei in unmittelbarer Umgebung der Städte war nicht nur ein einträglicher Erwerbszweig, sondern auch eine wesentliche Komponente der Nahrungsversorgung urbaner Bevölkerung. Siehe dazu: *Eder,* Wiener Donaufische, in: *Chobot/Ehalt/Fischer* (Hg.), Wiener Donaubuch, 1987, S. 116 ff.

20 *Böhme,* Kulturgeschichte des Wassers, 1988, S. 11.

21 *Bächtold-Stäubli,* Handwörterbuch des deutschen Aberglaubens, Bd. IX, 1939/41, S. 187 f. Der/die geneigte Leser/in abstrahiere von der tendenziösen Diktion „östliche Slawengrenze“.

und -legenden.[22] Zu jener Zeit ist die Wiener Stromlandschaft der Ort, wo der Donaufürst, ein häßliches, abstoßendes Wesen mit Fischmaul, Glotzaugen, blauem Haar und Schwimmhäuten, sein gläsern-durchsichtiges Reich regiert und über seine Töchter, die Donauweibchen, ein strenges Regiment führt. Während dieser den Menschen nichts Gutes will, sie in die Tiefe reißt oder den Strom immer wieder nach den Seelen Ertrunkener absucht, sind jene Geschöpfe ganz anderer Art. Anmutig schön, von zarter Gestalt und meist mit langem Blondhaar, in das sie Wasserlilien flechten, zeigen sie sich dem Menschen zugetan, obwohl das ihnen väterlicherseits verboten wurde. Als Nixen an Land nur dadurch erkennbar, daß bei Anbruch des Morgens der Saum ihres Gewandes und ihr Haar feucht werden, betört ihr Liebreiz aber lediglich die Männerwelt; wohingegen eifersüchtige Menschenfrauen die Wasserschönheiten am liebsten auf dem Scheiterhaufen sähen.

Die erotische Beziehung des Menschenmannes zur zeitweise fischschuppigen Donaugeborenen ist durchaus ambivalent und verunsichernd. Das Objekt der Begierde wechselt die Gestalt, lebt im oder am Wasser, aus dem es bei Zeiten emporsteigt, um später darin wieder zu entschwinden. Stets stellt die Nixe eine potentielle Gefahr dar. Die Verlockung, ihr ins Wasser zu folgen, was unweigerlich das Leben kostet, ist groß.

> „Es ist nicht nur der körperliche Tod der vielen Fischer, die sich in Gedichten und Legenden an Wasserfrauen verloren; ebensogut könnte hier auf anderer Ebene der Tod als Strafe für die Tabuverletzung gesehen werden, die der realisierte Wunsch nach Vereinigung mit dem begehrten Wasserwesen darstellt. [. . .] Der schlangenartige Fischunterleib der Nixe ist also nur eine morphologische Andeutung der individuellen Gefahr, die von ihr ausgeht. Die wahre kollektive Gefahr jener poetischen Wasserfrauen lag in der Unspaltbarkeit ihres Doppelwesens, jenes Verschwimmens von Erotik und Sterben, von glückbringender Verführung und todbringender Schuld . . .“[23]

Beim Verweilen an, beim Schiffen auf oder beim Baden in freien Gewässern vereinen sich im Bild des verführerischen Geschöpfes, das halb Fisch, halb Mensch, Teil einer launischen, grausamen Natur ist, erotische Sehnsüchte, sexuelle Begierden und objektive Gefah-

22 Vgl. etwa *Stebich,* Donausagen, 1958.

23 *Bankier,* Erotik und Wasser, 1990, S. 125.

ren des Ertrinkens, denen sämtlich ab der absolutistischen Herrschaftsepoche systematisch per Gesetzestext und Polizeimaßnahmen begegnet wurde.

Durch Mythen geprägte Wahrnehmungen, Empfindungen, Eindrücke und Erlebnismomente von Wässern, Bächen, Flüssen und Donauarmen in Wiens Umgebung regten volkstümliche Märchen-, Sagen- und Legendenproduktion, Werke von Dichtern, Malern, Bildhauern, Komponisten und Chronisten an. Hervorragende Beispiele männlicher mythologischer Vorstellungen der Aura und des Fluidums von Wasser und Gewässern mit der psychischen Funktion einer Substitution oder „Ersatzbildung" für verbotene libidinöse Wünsche finden sich thematisch entsprechend aufbereitet, verarbeitet und umgesetzt in den Plastiken von Bildhauern. Der plastisch gestaltenden bildenden Kunst liegt die Allegorie nahe. „In der allegorisierenden Betrachtung ... werden die mythischen Erzählungen hauptsächlich als Gleichnisse und Personifikationen von Naturmächten aufgefaßt, welche die Folgen ... der allgemeinen Neigung der Menschen sind, das Unbegreifliche nach Menschenart zu deuten ... Im Grunde sind also die allegorischen Deutungen psychologisch."[24]

Die unberechenbare und zugleich verheißungsvolle Natur ist es, die im männlichen Kunstschaffen mit der Frau analogisiert wird. Dadurch erhalten unbewußte oder unterdrückte Wünsche einen kulturell-gesellschaftlich probaten Ausdruck. In figürlichen Skulpturen findet sich freies Gewässer ab dem 17. Jahrhundert in erotischen, Sexualität signalisierenden, begehrenswerten, gleichzeitig aber schwer faßbaren, unnahbaren jungen Frauen mit nackten, halb menschlichen, halb tierischen Körpern personifiziert. Bewußtsein, Empfindungen, Mentalität, Ästhetik, Wünsche, Träume, Hoffnungen, Bedürfnisse und Verhaltensweisen vieler Menschen wurden von solchen symbolträchtigen Werken beeinflußt und mitstrukturiert.

Wien ist ungewöhnlich reich an Denkmälern. Viele von ihnen stammen aus dem 18. Jahrhundert, in dem Adelige ganze Heerscharen von Gestalten aus der klassischen Mythologie in Auftrag gaben, um damit die Terrassen und Parkanlagen ihrer Palais zu bevölkern. Die städtebaulichen Maßnahmen einer „sich verbürgerlichenden" Gesellschaft des 19. Jahrhunderts schufen dann Platz für eine Viel-

24 *Hübner,* Wahrheit des Mythos, 1985, S. 50.

zahl weiterer figuraler Allegorien, mythischer Darstellungen und Standbilder. Eindrucksvolle, heute noch erhaltene Plastiken sind die Figuren des „Donnerbrunnens“ von Georg Rafael Donner (am Neuen Markt), „Die Donau“ von Karl Kundmann (vor dem Parlament), „Die Donau“ von Ludwig Schwanthaler (auf der Freyung), die Figuren des „Donauweibchen-Brunnens“ von Hans Gasser (im Stadtpark), die Figuren auf dem „Albrechts- oder Danubiusbrunnen“ von Johann Meixner (unterhalb der Augustinerbastei), die „Zürnenden Meeresgötter“ („Macht zu Lande, Macht zur See“) auf dem Michaelerplatz, die Nymphe des „Schönen Brunnens“ im Schloßpark Schönbrunn von Wilhelm Bayer, die Figuren des „Neptunbrunnens“ und die Wassernixen des „Najadenbrunnens“, beide gleichfalls im Schloßpark Schönbrunn.

Wenn eine Vielzahl der künstlerischen Artikulationen und Hervorbringungen bis in die Gegenwart die psychische Beziehung des Menschen zum freien Gewässer reflektieren, sind in ihnen vor allem männliche mythische Wunschbilder enthalten, die Inhalte, Symbole und Funktionen „männlicher Lust am Wasser“ demonstrieren. Sexualrepressive gesellschaftliche Bedingungen werden dadurch ebenso transparent wie Machtverhältnisse zwischen den Geschlechtern. Mindestens seit dem Minnesang des europäischen Mittelalters zielt männliche Wunschproduktion mehr oder weniger verklausuliert letztlich auf die Frau; sie bleibt in einer patriarchalisch-abendländischen Kultur für den Mann das einzige permanent stark libidinös besetzte Objekt. Aber es ist nicht eine einzelne, nicht eine konkrete Frau, denn „. . . das, was in der Wirklichkeit das gebärende und schrubbende Opfer der männlichen Überlegenheit und obendrein der Verachtung ist, wird in der Imagination zum funkelnden Edelstein, zum luxurierenden Kultgegenstand, zum Medium vielfältiger Vorstellungen, die sich auf ein . . . unzerstörtes Ganzes richten“.[25] Dieses „unzerstörte“, noch nicht entfremdete, nicht in Teile zerspaltene Ganze ist die (noch authentisch vorhanden gedachte) Natur, sind Luft, Licht, Sonne, Auwälder, frei fließende Gewässer ebenso wie der weibliche Körper.

Männliches Interesse an Natur besteht somit unter anderem aufgrund eines mittelbaren, verklärten, verklausulierten Wunsches nach

25 *Bowenschen,* Imaginierte Weiblichkeit, 1979, S. 36.

mythischer Weiblichkeit, denn der Mann ist als selbstdefiniertes und -empfundenes „Kulturwesen“ zerrissen, amputiert, fragmentiert, entfremdet und sehnt sich nach Einheit, Geschlossenheit, Ganzheit, nach natürlicher Ergänzung durch das „Naturwesen“ Frau. „Klotzig wird die auf das ... Naturschöne transponierte Geschlechterpolarität ... zur Funktion eines männlichen Sehnsuchts- und Ergänzungsstrebens degradiert.“[26] In diesem Denken und Empfinden, bei diesem Handeln und Verhalten gerät das Weibliche zum „Rohstoff“ der männlichen Phantasien, indem es mit mythischer Natur analogisiert wird.

„Im Angesicht dieser Tatsachen rückt nun das durch die Romantik geprägte Bild der erotischen Wasserfrau, das bis heute vielfach weiterwirkt, in greifbare Nähe. ... diese Wasserfrau hat maßgeblich mit fast narzistischer Selbstgenügsamkeit zu tun. Insofern ist die Verführung, die von ihr ausgeht, auch keine aktive Handlung, im Gegenteil; ihr einfaches Dasein genügt, ihr Wesen selbst ist Verführung. Die allermeisten Darstellungen von Wasserfrauen, gleichgültig ob in Wort oder Bild, verzichten auf breitangelegte Handlungsschilderungen. Oft genügt ein Stichwort, ein Schlüsselbild, um momentan die Evidenz und die Eindringlichkeit der hier hergestellten erotischen Sphäre zu verdeutlichen.“[27]

Als der Schriftsteller Christoph Kuffner des Badelebens der biedermeierlichen Wiener Damenschwimmschule im Ferdinand- und Marienbad am Donauarm Kaiserwasser (offenbar trotz Zutrittverbotes für Männer) gewärtig wurde, kippte sein Realitätsempfinden:

„Der erste Blick versetzt uns in eine solche Täuschung, daß wir entweder die Najaden der uralten Fabelwelt oder wenigstens die Donaunymphen der neueren Zeit in ganz moderner Gestalt und Tracht zu sehen glauben, denen jedoch auf jeden Fall selbst im neuesten Costüm ihr alter Zauberreiz und ihre alte Zaubermacht geblieben sind. Sollte ein armer Paris entscheiden müssen, ob der Preis der Schönheit den Schwimmenden oder den Zuschauerinnen gebühre, so würde er gewiß in keine geringe Verlegenheit geraten, da die Vorzüge der berühmten drei Göttinnen hier so freigiebig verteilt sind, daß selbst die einfach zierlichen Schwimmkleider mit dem Putze der schön geschmückten Göttinnen wetteifern.“[28]

---

26 *Bowenschen,* Imaginierte Weiblichkeit, 1979, S. 37.

27 *Bankier,* Erotik und Wasser, 1990, S. 125.

28 *Kuffner,* Erste Damenschwimmschule in Wien, in: Journal pittoresque, 1833, o. S.

Zugrundeliegende Wahrnehmungsdispositive, Wert- und Empfindungsmuster hatten sich allgemein – auch bei Frauen selbst – längst durchgesetzt und konstituierten Identitäten und Mentalitäten, die bis heute geeignet sind, von der Mehrheit der Bevölkerung unbemerkte benachteiligende und diskriminierende Machtverhältnisse und Herrschaftsstrukturen zu affirmieren und konservieren, anstelle diese zu dekuvrieren.

Verlorene Verbindlichkeit des Wassermythos

Bedient man sich Erklärungsmuster der Tiefenpsychologie, führt vor allem die „Hemmung von Wunschdurchsetzungen" zur Bildung von Mythen. Eine ehemals gesellschaftlich geduldete, dann verbotene und aufgegebene Erfüllung libidinöser Wünsche wird in Gestalt des Mythos zwar entstellt, aber doch teilweise wieder zum Bewußtsein zugelassen. „Dieser Auffassung zufolge liegt der Mythos auf halbem Weg zwischen Verdrängung und Wunscherfüllung. Er entläßt die Verdrängung durch Ersatzbildung in die Phantasie: in die mythischen Wunschbilder."[29]

In der psychoanalytischen Deutung des Mythos sieht die Geistesgeschichte einen Teil jener Entdeckung der Subjektivität, die die „Welt der Innerlichkeit" zutage gefördert hat. Darin „. . . reicht der Mythos in die tiefsten Wurzeln des Seelenlebens hinab und bestimmt dessen Wesen in einer über Heil und Unheil entscheidenden Weise für alle Zeiten".[30] Die Tiefenpsychologie verleiht dem Mythos ein neues und bisher unbekanntes Schwergewicht. Zwar beschränkt auch sie ihn auf den Umkreis des nur Subjektiven,

> „. . . aber indem sie ihn als eine lebenswichtige Form der Entlastung versteht und glaubt, dies mit wissenschaftlichen Methoden aus den Gesetzen des Seelenlebens ableiten zu können, erhält er für sie die Bedeutung von etwas schlechthin Notwendigem. Die verlorengegangene objektive Verbindlichkeit des Mythos wird so durch seine subjektive Zwangsläufigkeit ersetzt."[31]

Diese von Kurt Hübner formulierte Kritik an der psychoanalytischen

29 *Oppitz,* Notwendige Beziehungen, 1975, S. 193.
30 *Hübner,* Wahrheit des Mythos, 1985, S. 60.
31 *Hübner,* Wahrheit des Mythos, 1985, S. 60.

Mythentheorie, die unsere Denkgewohnheit und Erkenntnisevolution reflektiert und deren bisweilige Eindimensionalität in zustimmenswerter Weise problematisiert, bietet jedoch darüber hinaus keinerlei Handhabe, Einfluß, Wirkung und Konsequenz im Alltagshandeln der „verlorengegangenen objektiven Verbindlichkeit des Mythos" für historische Akteure zu bestimmen.

Noch für die Epoche der Aufklärung läßt sich eine Vielzahl mythisch affizierter und durchdrungener kultureller Manifestationen empirisch nachweisen. In säkularisierter und distanzierter Form hielt diese traditionelle mentale-praktische Wechselwirkung durchaus nicht nur bis in die Romantik, sondern im gesamten 19. Jahrhundert an. Dann wurde die naturphilosophische Überlieferung offenbar unterbrochen. Als seither weitgehend brachliegend beurteilt Hartmut Böhme, Herausgeber der ersten „Kulturgeschichte des Wassers", „. . . die Tradition einer Philosophie des Wassers, womit vor 2500 Jahren die europäische Philosophie überhaupt begonnen hatte"[32]. Böhme erinnert an den einstigen ungeheuren kulturellen Reichtum von Wassermythen, Wasserbildern und -symbolen in allen Kulturen. Später traten

„. . . in der Hierarchie sozialer Bedeutungen diejenigen Eliten an die Spitze, die entweder über ökonomische oder militärische Macht oder technisch verwendbares wissenschaftliches Wissen verfügten. Das in Kunst und Philosophie tradierte Wissen von Natur ebenso wie die vormodernen Praktiken des Naturumgangs erlitten einen tiefen Geltungsverlust. Dieser hing – vereinfachend gesprochen – mit der strukturellen Verschiebung der Position des Menschen in der Natur zusammen. Der Mensch wechselte von der Bedrängnis dessen, der aus einer schwachen Position heraus sich an eine mächtige Natur vorsichtig anzupassen hatte, in den selbstbewußten Stand, ‚Herr und Besitzer der Natur' (Descartes) zu werden – und zwar nicht nur theoretisch, sondern technisch-praktisch."[33]

Dennoch blieben Wassermythen dem Bewußtsein präsent. Seine Strukturen sind nach wie vor für mythisches Denken prädisponiert. Für die Gegenwart sollten wir darin eine Chance sehen, zu neuen ökologischen Handlungsorientierungen zu finden. Zu den traditionellen, in längst vergangenen Epochen entstandenen Mythen kom-

32 *Böhme*, Kulturgeschichte des Wassers, 1988, S. 10.

33 *Böhme*, Kulturgeschichte des Wassers, 1988, S. 10.

men stets weitere hinzu oder lösen diese ab. Die Produktion neuer und die Reproduktion und Modifizierung älterer Mythen ist tief in unserem Alltagsleben, -denken und -handeln verwurzelt. Darüber hinaus behauptet Roland Barthes:

„Es wäre höchst irrig, eine substantielle Unterscheidung zwischen den mythischen Objekten treffen zu wollen; da der Mythos eine Aussage ist, kann alles wovon ein Diskurs Rechenschaft ablegen kann, Mythos werden. (. . .) Alles kann also Mythos werden? Ich glaube, ja, denn das Universum ist unendlich suggestiv. Jeder Gegenstand der Welt kann von einer geschlossenen, stummen Existenz zu einem besprochenen, für die Aneigung durch die Gesellschaft offenen Zustand übergehen . . ."[34]

Auch dann, wenn unser Verstand zuweilen ihre Existenz leugnet, gibt es diese mythisch-psychischen Wirklichkeiten und damit also Kräfte, die an unserem Empfinden, Denken und Handeln vielleicht mehr Anteil haben, als uns beliebt zuzugeben. Für unser gegenwärtiges Denken ist es kein leichtes zu akzeptieren, daß eine weite Zone in uns und in unserer Alltagswelt von der Wirksamkeit dieser sich in Bildern, Vorurteilen und magischen Bezügen äußernden mythischen, das heißt Wunscherfüllung verheißenden und ebenso ängstigenden Begebnissen, Geschichten, Vorstellungen, Hoffnungen und Erwartungen nicht nur erfüllt ist, sondern geradezu beherrscht wird. Angesichts der Energetik und beeindruckenden Wirksamkeit der irrationalen Kraft der mythischen Vorurteile bieten wir unsere „. . . ganze vitale psychische und mentale Diszipliniertheit auf, um Distanz zu dieser Bilderwelt zu wahren . . ."[35] Hartmut Böhme fordert indessen auf, altehrwürdigen Wassermythen nicht jegliche Relevanz für unsere Existenz abzusprechen und endlich vom rein technologisch-ökonomischen Verwertungswahn aller ideeller und materieller Ressourcen dieser Welt Abschied zu nehmen.

„Es ist ein ängstliches Vorurteil zu meinen, daß die Aufhebung der Tabus, die über vormoderne Wassermythen und -poesien, über naturphilosophische Traditionen insgesamt verhängt sind, auf Blockierung des wissenschaftlichen Fortschrittes zielten. Im Gegenteil heißt Verdrängung ja, daß auf einer unbewußten, unkontrollierten Ebene das Vergangene virulent bleibt. In Wahrheit haben wir die mythopoetische Geschichte des Wassers nicht dadurch über-

34 *Barthes,* Mythen des Alltags, 1964, S. 85.

35 *Gebser,* Ursprung und Gegenwart, 1. Teil, 1973, S. 307.

wunden, daß sie aus dem, was als rationales Wissen in den Wasser-Disziplinen privilegiert ist, ausgeblendet wird. Vielmehr hat die Verdrängung der Symbolgeschichte des Wassers die blinde und rücksichtslose Ausbeutung, Verschwendung und Zerstörung dieses Naturreiches zur Kehrseite. Letztere zu ändern ist Ziel der Vergegenwärtigung des Vergangenen."[36]

Wasserängste

Streben nach Lust am Wasser ist begleitet von Ängsten, Befürchtungen, Abwehrreaktionen, Verdrängungsstrategien, Vermeidungsverhalten und Sicherheitsbedürfnissen. Im wesentlichen lassen sich im Untersuchungszusammenhang als lustreduzierende Faktoren ausmachen:

- mythologische Todesdrohungen, die von freien Gewässern ausgehen;
- Ängste, ins Wasser zu geraten und zu ertrinken (Untiefen, Strudeln, Stromschnellen, Sturzfluten);
- die Furcht vor Flur-, Haus-, Brücken- und Wegschäden bei Überschwemmungen, Eisstößen, Dauerregen;
- die Gewißheit der Gefährlichkeit des Wassers beim Baden, welches in den porösen Körper dringt und ihm jegliche Widerstandskraft raubt;
- soziale und/oder polizeiliche Sanktionen und Übertretung von Sittlichkeitsnormen, Sitten- und Verhaltensstandards und Sicherheitsverordnungen am Wasser und beim Baden im Freien.

Die mythologische Todesdrohung, im Falle mutwilliger körperlicher Selbstgefährdung und sinnlich-sexueller Wünsche, wird im Laufe der Neuzeit von der Furcht vor der Nichteinhaltung herrschender Bade-, Sauberkeits- und Hygienevorschriften, Gesundheits- und Körperstandards, gleichfalls aber von der Furcht vor Verstößen gegen Badeverbote, Gesetz, Polizei- und Sittenordnung abgelöst. Mit dem Machtzuwachs von Staat und Kirche und der Bedeutung, die Rechtssystem und aufgeklärt-rationalistisch-empiristische Denkungsart gewinnen, ist jedenfalls für Najaden, Nixen, Wassergeister, -dämonen und -nymphen kein Platz mehr, so daß sich diese teils

36 *Böhme,* Kulturgeschichte des Wassers, 1988, S. 15.

bedrohlichen, teils verheißungsvollen Wasser- und Naturmythologeme zunehmend überleben. An ihre Stelle treten neue Gepflogenheiten, Institutionen und Rechtsordnungen sowie ein neues Bild vom Körper und seinen physiologischen Abläufen, die körperdisziplinierende, frauenmystifizierende und sexualitätskontrollierende Funktionen übernehmen.

Baden und Wasserkontakt sind generell ab dem ausgehenden Mittelalter in Mitteleuropa mit Unbehagen verknüpft. Die Erinnerungen an unmittelbare Anlässe der Wasserangst – etwa Wasser der Badestuben als Überträger todbringender Krankheiten (man dachte in Kategorien einer „äußeren Vergiftung“[37]) oder Wasser als Aufenthaltsort übelwollender Fabelwesen oder Wassernähe als Aura (verbotener) „sexueller Ausschweifungen“ und „sittlicher Entgleisungen“ bei geselligen Zusammenkünften oder beim gemeinsamen Baden – verschwinden zwar aus dem kollektiven Bewußtsein, allein die Angst bleibt und mindert sich nur allmählich im Laufe von Jahrhunderten. Denn hat sich einmal in einer Gesellschaft, die wie die europäische Neuzeit einen bereits relativ hohen Standard der gleichbleibenden, feststehenden Erfahrungen und Verhaltensweisen aufweist, „. . . irgendein Objekt oder ein Verhalten mit Angst belegt, so kann es in der Tat unter Umständen eine ganze Zeit dauern, ehe diese Angst selbst ebenso wie ihre Symbole, die entsprechenden Verbote und Widerstände, wieder verebben. [. . .] Und wir finden im 17. Jahrhundert und selbst im 18. Jahrhundert dann immer noch Warnungen vor dem Gebrauch des Wassers . . .“[38], die sich erst im 19. Jahrhundert langsam verlieren.

Im 17. Jahrhundert nehmen herrschaftliche Verbotszirkulare, die konkret auf wildes Baden an freien Gewässern abzielen, ihren Anfang und erfahren in der Folge regelmäßige Wiederholung, Ausweitung, Präzisierung, Differenzierung und Verschärfung. Für ihr Zustandekommen ist neben ordnungs- und sicherheitspolitischen, religiösen, sittlichen und volkswirtschaftlichen Erwägungen die medizinische Erkenntnis der allgemeinen Gefährlichkeit des Wassers, als einer in den porösen Körper einsickernden, zersetzenden, auflö-

37 Siehe dazu *Vigarello,* Wasser und Seife, Puder und Parfüm, 1988, S. 17–20.

38 *Dunning/Elias,* Freizeit und Muße, in: Dies., Sport im Zivilisationsprozeß, 1983, S. 78.

senden Substanz, maßgeblich. Es herrscht die Meinung vor, daß der Organismus nach dem Baden weniger widerstandsfähig gegen Gifte aller Art sei, weil er durchs Baden durchlässig geworden ist. Sogar verseuchte Luft könne dann von allen Seiten in ihn diffundieren. „Von zentraler Bedeutung ist hier der Vergleich des menschlichen Organismus mit jenen Häusern, in die die Pest eindringt und darin ‚haust'. Hier gilt es die ‚Türen' zu verschließen."[39]

Im Zeitraum zwischen dem Einsetzen konsequenten und methodischen herrschaftlichen Vorgehens gegen Wildbadende und dem 19., ja frühen 20. Jahrhundert, so ließe sich vermuten, sind die Befriedigungschancen des ziel- und objektgerichteten wie des allgemeinen Bedürfnisses nach beruhigender Entspannung wie nach aufregenden, sinnlichen Erlebnissen in, an, neben, entlang bzw. im Nahbereich von freien Gewässern beständig durch die Angst zu ertrinken, durch eine virulente mythisch-traumatische Todesfurcht, eine internalisierte unspezifische „Wasserangst" und/oder durch die Angst, beim Baden gegen bestimmte Sittengesetze, Polizeiverbote und kodifiziertes Recht zu verstoßen, gemindert.

39 *Vigarello,* Wasser und Seife, Puder und Parfüm, 1988, S. 18.

BAINS D'HOMMES A 4 SOUS

Wildbaden[1]

Erste gesetzliche Verbote

Der Mensch, durch seine biologische Determiniertheit und physiologische Abhängigkeit wie durch ökonomische und kriegerische Vorteile zu einem Leben am/beim Wasser veranlaßt, versteht es, seiner Ertrinkungsgefahr zu begegnen. Auftrieb und Schwimmbewegungen sind bekannt, seitdem Menschen an Flüssen, Seen oder Meeren, ihren historisch bevorzugten Siedlungsgebieten, leben.[2] Wer sich vor Untiefen und Strömungen nicht mehr zu fürchten braucht, weil er auf irgendeine Weise schwimmen kann, entdeckt daran rasch auch Erquicklichkeiten und Freuden – schließlich konvergieren wesentliche Züge der conditio humana mit Wasser (siehe „Einleitung").

Bis ins 16. Jahrhundert ist in Mitteleuropa das Baden und Schwimmen in der warmen Jahreszeit sehr beliebt und weit verbreitet. Die Freude, die Alt und Jung, Arm und Reich dem nassen Element abgewinnen, ist zwar nicht ungetrübt (siehe Kap. „Wasserängste"), sie geht jedoch etwa aus den 1610 festgehaltenen Bemerkungen des steirischen Arztes Hypolyt Guarinonius folgendermaßen hervor:

„Kein Wunder, dass alle Menschen-Alter, so sonsten in ihrer Natur und Begierden unterschiedlich, in diesem nicht anderst, als wir Teutschen im Wein trincken, fast all zusammen stimmen, und nichts geliebteres dann im Wasser schwimmen, baden, schwemmen, waten und waschen. Und gleich wie die newgeborenen Kindlein im Wasserbad alles ihres Leyds, Schmertzen und Heulens vergessen, also ist der ersten Jugend nichts annehmblichers, als im Wasser herumb zu schwimmen, und zu baden."[3]

---

1 Vgl. zu diesem Kapitel meinen Aufsatz: „Sich nackend zu baden erkünnen." Geschichte renitenter Körperlichkeit, in: Geschichte in Wissenschaft und Unterricht, Jg. 42, Heft 2, Feb. 1991, S. 92 ff.

2 *Bauhofer*, Geschichte der Lehrweise des Schwimmens, Diss. phil. 1944, S. 3.

3 Zitiert nach: *Hahn/Schönfels*, Heilkraft des Wassers, 1980, S. 184.

Einige Generationen zuvor verfaßt Nicolaus Wynmann das erste gedruckte Schwimmlehrbuch der Welt mit dem Titel „Colymbetes, Sive de Arte natandi", Ingolstadt 1538. Wynmann berichtet darin über eine Episode aus seinen Studentenjahren in Wien, die sich in einem stadtnahen Donauarm zutrug. Es neckte ein versierter Schwimmer (wahrscheinlich Wynmann selber), der regungslos, als sei er tot, im Strom trieb, die auf ihn aufmerksam gewordenen Fischer, die, ihn zu retten, hastig heranruderten. Als sie ihn fast erreicht hatten und ins Boot zerren wollten, wurde er plötzlich wieder „lebendig" und schwamm davon. Obwohl „Colymbetes" einige Verbreitung findet, geht in den darauffolgenden 250 Jahren die Schwimmpraxis zurück und geraten die publizierten Lehrmethoden in Vergessenheit.

Das 17. Jahrhundert markiert im Raum Wien den Beginn des unversehens zur Routine gewordenen Verhängens rigoroser, nachdrücklich herrschaftliche Entschlossenheit und Unnachgiebigkeit signalisierender Badeverbote. 1633 wird den Richtern in den Vorstädten von der niederösterreichischen Regierung der Auftrag erteilt, das freie, öffentliche Baden in der Donau abzustellen. Es handelt sich um den diesbezüglich ältesten in der Region noch vorhandenen Gesetzestext.

„Bey Ir khombe für dasz bey dieser zwar hiezigen Zeit, sowohl im untern Alsz obern werth, aine Zeit hero viel Junge Leith, so sich Irem fürwiz nach desz abkhielens vnnd Padens in der Thonau, woll auch in bezechter weisz gebrauchen, darüber vielleicht aus Iren dabey verübten mutwillen vnnd vunverschambtheit, durch den gerechten Zorn Gottes ertrünkhen, auch also ann Seel vnnd Leib verderben. Da aber die Regierung zumahl bey diesen Contagionszeiten [= Zeit der Seuchengefahr; Anm. d. Verf.] nicht wolle, dasz der Allmächtige Gott durch dergleichen Leichtfertigkeiten beleidigt, sondern vielmehr durch embsiges Gebet, auch Zucht und Ehrbarkeit wiederum zu Göttlicher Gnaden vnnd Barmherzigkeit bewogen werden solle, [befiehlt] die Regierung ernstlich . . . ihren nachgesagten Richtern in denen Vorstädten . . . dergleichen kaltes fräuntliches Paaden vnnd vornembende Ungebühr, gewiszlich einzustellen . . . vnnd die Ubertreter, oder Ungehorsambe sollen ihrer Verordnung gemäsz vnnd anderen zum Exempel ernstlich bestrafen vnnd mehreres Unheil verhüten.
Actum Wien den 23. Juli 1633"[4]

4 Hauptarchivsakte 11/1633, Wiener Stadt- und Landesarchiv.

Der vor- oder frühabsolutistische Staat zeigt offenbar noch wenig Interesse, das Leben einzelner Untertanen zu sichern und zu schützen. Im Gegenteil, der Tod durch Ertrinken sei die wünschenswerte und gerechte Strafe Gottes für leichtfertig und übermütig Badende. Allerdings haben die hemmungslosen körperlichen Entgrenzungen beim gemeinschaftlichen wilden Baden in den Augen der Recht setzenden und kodifizierenden Elite bereits etwas „Unverschämtes", also „Scham-loses", ergo Unsittliches an sich, sind somit als anarchische, subversive, renitente Verhaltensäußerungen klassifiziert, die jedenfalls eliminiert werden sollen, und zwar unter dem Hinweis, daß die dadurch gegebene Gottesbeleidigung nicht gerade dazu angetan wäre, Gott als allseits akzeptierte oberste sittliche Instanz dazu zu bewegen, die aktuell schwelende Seuchengefahr (die Pest grassierte wieder einmal in Mitteleuropa) zu bannen. Den deutlichen Anstieg der Bevölkerung im 16. Jahrhundert haben „. . . Kriege, Wirtschaftskrisen, partielle Hungersnöte und die letzten großen Pestepidemien . . . in der Folgezeit unterbrochen".[5] Zwischen 1620 und 1650 geht die Bevölkerung in Mitteleuropa um nahezu die Hälfte zurück.

Im Verlauf des 18. und 19. Jahrhunderts werden zum Thema „Wildes Baden" unzählige Erlässe, Dekrete, Verfügungen, Kundmachungen, Verordnungen etc. vom Bürgermeister, vom Magistrat, von der niederösterreichischen Regierung, von kirchlicher Grundherrschaft oder (ab Mitte des 19. Jahrhunderts) von der Polizei-Oberdirection publiziert. Sie alle argumentieren zwar variationsreich, aber grundsätzlich stereotyp damit, daß das Baden an freien Gewässern „schrecklich", „sündhaft", „ärgerlich", sittenwidrig", „ungebührlich", „übermütig", gefährlich", „krankmachend" und schließlich „lebensbedrohend" sei, und führen abschreckende Beispiele von Badeunfällen mit tödlichem Ausgang ins Treffen.

Anscheinend vergeblich. Mit grollendem Unterton beschwert sich der Wiener Bürgermeister Johann Lorenz Trunck von Guttenberg am 7. Juni 1715 in einem „Befehl":

„Obwohlen das oeffentliche Baaden in der Donau und Wien . . . zur Verhuettung aller Aergernussen und vernebende Exzesz zu unterlasen zum

5 *Mieck,* Europäische Geschichte der Neuzeit, 2. Aufl., 1977, S. 146.

oefftern anbefohlen worden, wie man mueszellig sehen muesz, thuet man solches Baaden ohne Scheuch aller orthen treiben."[6]

Sein Nachfolger, Doktor Josef Hartmann, der keine zwei Jahre später ebenfalls mit der weitverbreiteten Praxis des wilden Badens in der Donau nicht zu Rande kommt, erhält Schützenhilfe von der niederösterreichischen Regierung, die in einem „Rueff", einer mündlichen Verlautbarung an verschiedenen öffentlichen Orten der Stadt, von neuem das Einstellen des Badens „anbefiehlt".

„Baaden verbotten.
Auf einer hohen Lands-Fuerstlichen Regierung ergangene gnaedige Verordnung, wird hiermit allen und jeden kund und zu wissen gethan, welcher gestalten, ob schon das aergerliche und gefaehrliche Baden in der Donau und Wien oefters gemessen verboten worden, dessen ohnerachtet hierwider sehr straeflich dergestalt gehandelt werde, dasz inner drey Tagen sechs derley badende Persohnen in der Donau ertrunken seyn. [. . .] Zu diesem Ende, und zu Abwendung dieser Aergernisz, und aller Gefaehrlichkeit, eine Hohe Lands-Fuerstliche Obrigkeit alles Ernsts will anbefohlen haben, dasz niemand bey der nunmehro instehenden Sommers-Zeit, und anwachsender Hitze, oeffentlich in der Donau oder Wien nackend und aergerlich bade, auch dessen sich so gewiszlich enthalte, als im widrigen, und auf dessen Betreten, denen auf solche Weise und Art badenden Persohnen ihre Kleider hinweggenommen, und nach Beschaffenheit der Sachen, die Ubertreter sothanen Gebots mit hoher Straffe ohnausbleiblich belegt werden sollen."[7]

Wenn mehrere Menschen in der Donau oder in der Wien (= kleiner Nebenfluß der Donau quer durch die westliche Vorstadt) „nackend und aergerlich" baden und ertrinken, liegt aus Gründen der Unsittlichkeit des Unterfangens der gesetzlich strafbare Tatbestand der Verursachung von „Aergernisz" vor. (In der Folge der Säkularisierung wird daraus der Strafrechtsterminus „öffentliches Ärgernis".) Gott selber bleibt zwar in Hinkunft aus dem Spiel, als die im Alltag gebräuchliche Wortbedeutung von „Aergernisz" (oder „Aergernuß") hat sich jedoch die der christlichen Glaubenslehre erhalten. Diese fordert, einem vorgeblichen Wort Christus folgend, für den Täter/die Täterin eine fürchterliche Strafe.

6 Alte Registratur 80/1715, Wiener Stadt- und Landesarchiv.

7 Codices Austriaci. Sammlung Oesterreichischer Gesetze und Ordnungen. Supplementum Pars III, 18. 6. 1717, Leipzig 1748, S. 871 f.

„Aergernuß gibt derjenige, welcher durch seine Lehr oder Leben, boese Reden, oder uebels Exempel ein Ursach ist, daß ein frommer unschuldiger Mensch in Irrthum des Glaubens, oder in andere Suenden fallet. Dann Aergernis kommet her vom Wort Arg, und giebt also derselbe Aergernuß, welcher andere boes und Arg machet. Einem solchen Menschen sagt Christus, seye besser, daß ihm ein Muehlstein an den Hals gehenckt, und derselbe in die Tiefe des Meeres versencket werde, als daß er einen Unschuldigen aergere und zur Suend verleite.“[8]

Nacktheit als Strafe

Laut zitiertem „Rueff“ aus 1717 sollen die Kleider der Delinquenten nach Möglichkeit während der Straftat von Polizeiorganen konfisziert werden, um solcherart einerseits deren sträfliches Handeln eindeutig nachzuweisen, um andererseits diese zusätzlich v o r der eigentlichen Bestrafung durch „Bloßstellung“ (man beachte die semantische Affinität zu „Entblößen“) und Erniedrigung durch diskriminierende Nacktheit in aller Öffentlichkeit für ihr Vergehen (in der Rechtsterminologie der Zeit gar ein „politisches Verbrechen“[9]) büßen zu lassen. Sind dem Flußbadenden die Kleider, die er am Ufer zurückgelassen hat, entwendet worden, muß er sich, ertappt und verhaftet, in völlig nacktem Zustand abführen lassen, denn von Badebekleidung ist gemeinhin noch keine Rede; solche wird bishin bestenfalls in den Gemeinschaftsbassins mondäner Kurbadeanstalten, Thermal- und Wildbäder getragen.[10] Ein Konzert aus Hohn und Spott der Zuseher ist in jedem Falle sicher.

Hier spielt zweifellos eine über Jahrhunderte tradierte vor- und altchristliche Vorstellung eine Rolle. Im heidnisch-frühchristlichen Opferkult läßt sich nachweisen, daß „. . . demutsvolle Nacktheit, . . . [als] die sichtbare äußere Bescheidenheit und Niedrigkeit im Verzicht auf die ranggebende und schmückende Kleidung, rituell gefor-

8 *Geyer,* Christ-Katholische Gauß-Postill, 1753, S. 480.

9 Josephs des Zweiten, Römischen Kaisers, Gesetze und Verfassungen im Justizfache, 3. Fortsetzung, 1. Theil, Prag – Wien 1788, § 67, S. 58, und § 77, S. 59.

10 Indizien, Episoden, Quellen und profunde Aussagen zur Habitualisierung von Badebekleidung finden sich etwa bei: *Martin,* Deutsches Badewesen, 1906, S. 261–263.

dert wird“[11], demzufolge etwa bei einer christlichen Prozession 1589 in Paris „. . . viele Männer und Frauen ganz nackt waren, . . . in Deutschland früher Männer ganz nackt auf Wallfahrt gingen“[12] und „. . . Barfüßigkeit und das Lockern von Haar und Gewand bei Bußbräuchen aus dem jüdisch-christlichen Kulturkreis“[13] stammen. Die diskriminierende, sühnende, büßende, strafende Funktion der „Nacktheit“ war in den Strafvollzug eingebaut und dadurch im kollektiven Bewußtsein der Zeitgenossen verankert worden.

Seit Altertum und Mittelalter riß man dem Verurteilten sogleich nach der Urteilsverkündung die Kleider vom Körper, um ihn damit öffentlich auch der ranggebenden Ehrung und des Schmuckes eines unbescholtenen Menschen zu berauben wie ihn außerdem gegebenenfalls besser körperlich züchtigen zu können. So versuchte der Rat von Köln um ca. 1500, „. . . auch Männer und Frauen, Gesindel, Wegelagerer, Müßiggänger, die aus welschen, deutschen und anderen Landen nach Köln kamen, einer Arbeit zuzuführen; waren sie nicht [dazu] bereit . . . so sollten sie aus der Stadt gejagt werden und, wenn sie wieder zurückkämen, ins Halsband geschlossen, ausgezogen und nackt aus der Stadt gepeitscht werden“.[14]

Hans Peter Duerr behauptet, daß „. . . eine völlige Nacktheit bei den Schandstrafen . . . im Mittelalter und in der frühen Neuzeit indessen – insbesondere im Falle von Frauen – äußerst selten“[15] war. Häufig handelte es sich nur um das zwanghafte Entledigen von Oberbekleidung; seltener um das Abschneiden der Kleidung, wobei jedenfalls der Genitalbereich und die weibliche Brust bedeckt zu bleiben hatten.

Nacktheit war bis zum 16. Jahrhundert zwar noch nicht mit jener Schamangst belegt, wie sie späterhin aufgrund unbewußter Antizipation der Sanktionen auf Verstoß gegen das Sittengebot der korrekten Bedeckung des Körpers gegenüber sozial Höher- und Gleichstehenden bestand (was für die Verbannung der Nacktheit aus dem öffentli-

11 *Bächtold-Stäubli,* Handwörterbuch des deutschen Aberglaubens, Bd. VI, 1934/35, S. 826.

12 *Bächtold-Stäubli,* Handwörterbuch des deutschen Aberglaubens, Bd. VI, 1934/35, S. 870.

13 *Bächtold-Stäubli,* Handwörterbuch des deutschen Aberglaubens, Bd. VI, 1934/35, S. 914.

14 *Ennen,* Frauen im Mittelalter, 1984, S. 174.

15 *Duerr,* Nacktheit und Scham, Bd. 1, 2. Aufl., 1988, S. 279.

chen Leben maßgeblich wurde), aber, entgegen Norbert Elias' Annahmen[16], wohl auch nicht gerade eine ungehemmte Lebensäußerung bzw. unbefangene Wahrnehmung ohne irgendwelcher Peinlichkeitsgefühle. Nacktheit gilt zwar noch nicht ausschließlich und eindeutig als Negation und Desavonierung der Sexualnormen, längst aber als Erniedrigung, Buße, Demuts- oder Unterwerfungsgeste.[17] Da man nicht annehmen kann, daß Richter öffentlich an Unsittlichkeiten Vergnügen empfinden durften, ist zu folgern, daß das Herunterreißen der Kleidung als Entehrung, als ein Teil der Bestrafung und in diesem Kontext nicht als sittenwidriger Zustand begriffen wurde. Ebenso verhielt es sich etwa bei zahlreichen exzessiven, ritualisierten Hexenhinrichtungen, wobei alle diese demonstrativen „Macht-Spektakel" bei Opfern, Henkern, Richtern wie Zuschauern das perfide Gefühl hervorriefen, internalisierten und durch jahrhundertelangen Vollzug tief in der kollektiven Mentalität verankerten, daß körperliche Nacktheit entzogene Ehrhaftigkeit, also Ehrlosigkeit sei, somit „schuldig", „sündig", „ketzerisch" bedeute. Obwohl, oder gerade weil die christliche Kirche Nacktheit als „heidnisch" (= sündig) bekämpfte, mußte diese als Buße (Strafe, Entwürdigung) in dem Maße immer wirksamer werden, als sich das Nacktheitsverbot/Nacktheitstabu als herrschender Sittlichkeitsstandard durchsetzte. Nicht zuletzt deswegen dürfte der Strafritus des „Kleiderentzugs", des Erzwingens von Nacktheit bis weit in die Neuzeit hinein überlebt haben, auf Basis gewandelter Herrschaftsstrukturen, Machtverhältnisse und Sanktionsorganisation zwar in mehr oder weniger moderater und symbolischer Form angewandt, im Fall des wilden Badens in Donau und Wien zur Abschreckung und Bekämpfung renitenter, der öffentlichen Ordnung abträglicher Verhaltensweisen und Bedürfnisäußerung jedoch instrumentalisiert worden sein.

Zucht, Zuchthaus, Züchtigung

Eine am 7. Juli 1728 erlassene Verordnung der niederösterreichischen Regierung dokumentiert zum einen die fortdauernden Ver-

16 *Elias,* Prozeß der Zivilisation, Bd. 1, 2. Aufl., 1969, S. 224.

17 *Duerr,* Traumzeit, 1983, S. 68.

botsübertretungen, zum anderen das steigende herrschaftliche Interesse an der Einschränkung, Eindämmung und Reglementierung libidinöser Entgrenzungen, an der Verhinderung des Strebens nach Lust am freien Wasser.

„Es gebe die mehrmalige Erfahrenheit: was gestalten, ohnerachtet sovieler gemessener Befehle dannoch verschiedene Leute beederley Geschlechts in der Donau, und besonders zwar in der Spittelau bei den Altahnischen Garten, wie auch unter denen Weißgerbern, und derley Orten, dann in der Wien, fast täglich bis 10. Uhr Nachts mit groeßter Aergerniß und Lebens-Gefahr zu baden sich unterstehen . . . [. . .] Wann nun aber hochbedacht Nieder-Oesterreichische Regierung diesen aergerlich- und suendhaften, auch Lebens-gefaehrlichen Mißbrauch des Baadens keinerdings gestatten, sondern mit allem Ernst abgestellt wissen will. [. . .] Als im widrigen der Ubertreter . . . in das Zucht-Haus ueberbracht, und all darinnen eine Zeit lang abgestraffet werden solle."[18]

Wer es weiterhin wagte, in oder in der Nähe der Stadt diesen „aergerlich- und suendhaften, auch Lebens-gefaehrlichen Mißbrauch des Baadens" zu treiben, hatte wohl mit allerhand Kalamitäten zu rechnen. Statt wüster, aber relativ nachdrucksloser herrschaftlicher Drohgebärden greifen zunehmend wohldurchdachte, überlegt gesetzte, mit einigem Glück und Geschick auch tatsächlich exekutierbare Strafen bzw. Strafrituale Platz. Auf Mißachtung des Badeverbots steht jetzt ganz konkret Zuchthausstrafe.

Dem zugrunde liegen nicht nur geänderte juridische Bewertungsgrundlagen im Hinblick auf die Beträchtlichkeit des Straftatbestandes, sondern ebenso materielle bauliche Gegebenheiten, die im allgemeinen Zusammenhang mit der Tendenz zur Aus- und Absonderung Kriminalisierter und von der gesellschaftlichen Norm Abweichender in geschlossene Erziehungs-, Straf- und Besserungsanstalten stehen.[19] Das seit dem 15. Jahrhundert genannte städtische Hauptgefängnis in der Inneren Stadt, das „Malefiz-Spitzbubenhaus", war zwischen 1722 und 1724 abgerissen und mit wesentlich höherer Kapazität wiedererrichtet worden, so daß dort sämtliche der bisher im Territorium der Stadt in verschiedenen kleineren Gefängnissen eingekerkerten Schwerverbrecher zusammengezogen werden konn-

18 Codices Austriaci. Sammlung Oesterreichischer Gesetze und Ordnungen. Supplementum Pars II, 7. 7. 1728, Wien 1752, S. 497.

19 Siehe dazu: *Stekl*, Österreichs Zucht- und Arbeitshäuser, 1978.

ten. Vom seit 1671 in der Vorstadt Leopoldstadt bestehenden „Zucht-Haus“ wurden jene ab 1724 ins Hauptgefängnis umquartiert. Das „Zucht-Haus“ verfügte somit einige Jahrzehnte hindurch über eine ansehnliche Haftplatzkapazität für mindere Delikte und Kleindelinquenz. Es konnte tatsächlich daran gedacht werden, beim verbotenen Baden Aufgegriffene hinter Schloß und Riegel zu bringen.

Zur Zeit Kaiserin Maria Theresias beschäftigt sich die Regierung wieder einmal mit dem verbotenen Donaubaden. Es sei der k. k. Hofkommission verläßlich angezeigt worden, so wird im Dekret vom 31. Juli 1752 unbeirrt mitgeteilt, daß verschiedene

„. . . erwachsene Manns- und Weibs-Personen sowohl in der Rossau als an mehrern nächst der Donau gelegenen Orthen sich nackend zu baden erkünnen, andurch aber denen Vorbeygehenden, insbesondere auch der Jugend, zu nicht geringer Ärgernus Anlaß gebeten. Weill man aber ein derart sträfliches Unternehmen keinerdingen gestatten könne, so hat die Stadtobrigkeit überall, wo solch unverschämte Leuthe zu baden Gelegenheit finden, hölzerne Pfähle zu errichten, mit einer Warnungstafel, derzufolge die Übertreter des Verbotes . . . auf das schärffeste nicht nur allein abgestraffet, sondern auch ohne Ansehung der Persohnen auf geraume Zeit in das Zucht-Haus verschaffet, allenfalls auch nachdrucksamer gezüchtigt würden.“[20]

Gefängnisstrafe schien den Gesetzesschreibern in den gesetzgebenden Organen der k. k. Hofkanzlei als loyalen, ordnungsbeflissenen Agenten und Funktionären absolutistischer Macht und Herrschaft nicht mehr allein ausreichend gewesen zu sein. „Noch nachdrucksamer gezüchtigt“ meint zweifellos Prügelstrafen mittels Stock oder Peitsche, die noch lange nach ihrer offiziellen Abschaffung 1776 in den Kronländern der Habsburgermonarchie in Gefängnisanstalten gang und gäbe waren, in ihrer Brutalität nichts zu wünschen übrigließen und nicht selten mit Verkrüppelung oder Querschnittslähmung des gepeinigten Delinquenten ihren Ausgang nahmen.[21]

Im Dekret aus dem Jahr 1752 gewinnt die Sorge um die Sittlichkeit pädagogische Qualität. Und das nicht einmal sosehr wegen des gemischtgeschlechtlichen, öffentlichen nackten Badens, als vielmehr wegen der „Hemmungslosigkeit“ und „Pöbelhaftigkeit“, mit

20 Zitiert nach *Bibl,* Wiener Polizei, 1927, S. 9.

21 Siehe dazu die minutiöse Beschreibung aller Arten Prügelstrafen von: *Krohne,* Lehrbuch der Gefängniskunde, 1889, S. 384 f.

der der „zivilisierte Mensch“ konfrontiert und obendrein herrschaftliche Autorität untergraben wird. Die insistenten Erklärungen des traditionellen Alltagsvergnügens zur „Unart“ respektive zum „Unwert“ antizipierten jene sich später mit Vehemenz artikulierenden bürgerlichen Moralvorstellungen, die unter anderem dem sozialen Aufstieg der bürgerlichen Klasse im 19. Jahrhundert Selbstsicherheit verleihen und ethische Rechtfertigung bescheinigen sollen. „Unzivilisiertes“ nacktes Baden am freien Gewässer ist für Zuschauer, insbesondere für ahnungslos vorbeikommende Jugendliche, sittlich anstößig und verderblich geworden. Der Staat ist bemüht, die seit Jahrtausenden bestehende, traditionelle Alltagspraxis per Verbotstafeln, Arretierungen und körperliche Züchtigungen zunichte zu machen.

Lasche Richter und resolute Wäscherinnen

Das 18. Jahrhundert ist eine Zeit, in der Wildbadeverbote kumulieren. Allerorts. Besonders die niederösterreichische Regierung wird nicht müde, nahezu jährlich ausführliche Gesetzestexte zu verabschieden bzw. zu wiederholen. Sie sind entweder an den Wiener Magistrat oder an die Richter in den Vorstädten gerichtet, mit ungeduldigen Aufforderungen, den Diensten und Pflichten gefälligst ordnungsgemäß nachzukommen, die Exekutivorgane anzuweisen und zu beaufsichtigen und den Gesetzesvollzug von Verhaftung, Verurteilung und Bestrafung unverzüglich und korrekt einzuhalten, was anscheinend bei Verwaltungs- und Niedergerichtsbarkeit der Zeit selten der Fall ist. Gleichzeitig wird den Richtern selbst für die Unterlassung oder Unterdrückung von Amtshandlungen Bestrafung angedroht. Ein „Decret“ vom 16. Juli 1726 (das sich auf vorangegangene beruft und bereits wieder am 7. Juli 1728 erneuert wird) an die Bezirksgerichte „unter denen Weißgärbern“, „Laimgruben“, „an der Wienn“ und „zu Erdberg“ wendet sich an jeden einzelnen Richter, schärft ihm Unnachgiebigkeit ein und weist ihn zurecht:

„. . . also bespricht hiermit der nochmalig und ernstliche Befehl, daß Er auf derley in der Donau oder Wienn sich baadende durch die aufgestellten Wachter genaue Absicht tragen und die Betreffenden anhalten lasse . . . also gewiß ohnverzüglich thuen, also in widrigem der Richter selbst in scharfer

Verantwortung und nach der Sachen Beschaffenheit auch gar in würkliche Bestrafung ohnverschonet gezogen werden solle."[22]

Wenn im selben Dekret auffälligerweise weder das „öffentliche Ärgernis" des Flußbadens noch seine Gefährlichkeit bei mangelhaften Schwimmkenntnissen oder in alkoholisiertem Zustand Erwähnung finden, steht zu vermuten, daß es hier nur vordergründig um die Hintanhaltung unbeschwerter Badefreuden aus Sittlichkeits- oder Sicherheitsrücksichten geht. Vielmehr irritieren die Herrschenden gewisse Vorfälle in Zusammenhang mit dem Hofwaschhaus, das sich am stadtseitigen Beginn der Jägerzeile (heute Praterstraße), also unmittelbar am Wiener Arm (heute Donaukanal) in der Nähe der Schlagbrücke (heute Schwedenbrücke) befindet. Zum Schwemmen der Wäsche besitzt das Hofwaschhaus Waschzillen im Donaukanal[23], an denen sich „Lust am Wasser" respektlos vergreift, die sittliche Ordnung verlacht, mißachtet und stört, ihren rebellierenden Spaß, ihre aufregenden, erotischen, spannungsgeladenen Abenteuer hat.

„Es habe die Regierung abermals sehr mißfällig vernommen, daß bei jetziger warmer Zeit das verbotene Baden mit nicht geringer Ärgernis wieder sehr in Schwung gehe, in Sonderheit aber bei der Kaiserlichen Waschkuchl nächst der Schlag-Prükken in denen Wasch-Züllen von unterschiedlichen Geschlechtern Purschen, die sich allda zu baden anmaßen, große Ungelegenheit gemacht werde, also zwar, das dise nebst vielen unehrbaren Insolentien auch die Züllen lose machen ... wohingegen von denen Richter weder hierauf die Absicht bishero getragen noch die Übertritte einige Bestrafung vorgenommen worden sei."[24]

In den Augen der Herrschenden agieren die Richter in den Vorstädten allzu lasch, wodurch die Autorität herrschaftlicher Symbole und Zeichen in Frage gestellt wird, selbst die materialen Institutionen kaiserlicher Machtentfaltung auf dem Spiel stehen, attackiert und lächerlich gemacht werden.

Anarchischen Regungen und libidinösen Entgrenzungen menschlicher Körper zwecks Bewahrung von patriarchalem Nimbus und reibungslosem Funktionieren der Infrastruktur der Habsburgischen Machtzentrale in Form von bloßem Publizieren entsprechender Vorschriften entgegenwirken zu wollen, hat in jener Epoche kaum

22 Alte Registratur 59/1726, Wiener Stadt- und Landesarchiv.

23 *Grünn,* Wäschewaschen, 1978, S. 33.

24 Alte Registratur 59/1726, Wiener Stadt- und Landesarchiv.

Erfolgsaussichten. Die bürokratische Verselbständigung und Eigendynamik der gesetzgebenden Organe hat zur Folge, daß dies trotzdem unbeirrt versucht wird. Das Charakteristische an einem solchen als sogenanntes „Wiener Gesetz" apostrophierten Gesetzestext sind sein Nichtbeachtetwerden von Bevölkerung, Behörden und Richtern, die Unmöglichkeit seiner Exekutierbarkeit, seine ineffektiven Wiederholungen, aber gleichzeitig seine unglaubliche Perseveranz. Im genannten Fall ergeht an den Wiener Magistrat bereits wenige Jahre später eine neuerliche Aufforderung, die Beschädigung kaiserlichen Eigentums und das damit befürchtete Einhergehen von Prestige- und Imageverlusten durch lästige, freche, unverschämte Wildbadende ein für allemal zu unterbinden.

„Von der n. ö. Regierung wegen; denen von Wienn hiermit anzuzeigen: Demnach vorkommen: daß durch Mänge dieser Baadenden Leuthe an dem Kaiserlichen-Waschhauß in der Leopoldstadt viele Insolentien [Unverschämtheiten, kollektiver Übermut; Anm. d. Verf.] vorbeygehen, wodurch die Wäscherinnen gehindert, auch deren Gezeug und andere Brauchbarkeiten ruiniert und verlohren werden. Das würdet ihnen von Wienn hiermit anbefohlen; die weithere Verfügung an den Richter in der Leopoldstadt ergehen zu lassen, womit durch seine unterhabende Wächter vermelt Baadende Leuth aus denen Waschzillen abgetrieben werden.
Actum Wien den 21. Juni 1734.
Johannes Jacob Obergauert, Expeditor."[25]

Nimmt man die Formulierungen beim Wort, dienen die Ufer des an der Stadtmauer entlang fließenden Donauarms nahe der damals einzigen Brücke, die unmittelbar in die Stadt führt, der „Schlag-Brücke", als Wäscheschwemm-Institut des Wiener Hofes ebenso wie als sommerlicher Treff übermütiger Flußbade-Fans. Diese, meist männlichen Geschlechts, haben Spaß am Baden und provozieren bei der Gelegenheit gerne kaiserliche Wäscherinnen, die ihrerseits, resolut und selbstbewußt[26], nicht eben passiv oder devensiv bleiben, so daß mitunter anfängliche Neckereien zu ernsthaften Auseinandersetzungen mit dem Resultat von Personen- und Sachschäden eskaliert haben mögen.

---

25 Alte Registratur 37/1734, Wiener Stadt- und Landesarchiv.

26 Vgl. *Bolognese-Leuchtenmüller,* Die Wiener Wäschermadln, in: Wien wirklich, 1983, S. 155–161.

Subversive Selbstgefährdung

Die Verfolgung öffentlichen, wilden, nackten Badens, seine Statuierung als Unsittlichkeit, seine Stigmatisierung als etwas Unmoralisches bezieht sich bis ins frühe 19. Jahrhundert auf einen weitergefaßten, allgemeineren Kausalnexus als später. Später unterstellt die öffentliche Meinung einen solchen ausschließlich zwischen wildem Baden und vorsätzlicher oder wenigstens unbeabsichtigter Mißachtung herrschender Sexualnormen. Vorher ist das Verhängen von Badeverboten zu nicht geringem Anteil von einem Rechtsverständnis getragen, für das ein „unsittlicher Tatbestand" unter anderem darin besteht, sein eigenes Leben als untertäniger Staatsbürger ohne obrigkeitlichen Befehl oder wenigstens entsprechender „Erlaubnis" aufs Spiel zu setzen und sich darüber hinaus der Gefahr auszusetzen, möglicherweise dabei für ebendiesen Staat als Produktivkraft verlorenzugehen. Diese mehr an ökonomisch-volkswirtschaftlichen Theorien als an moralisch-ethischen Kategorien orientierte Begriffsauslegung bedeutet nicht die Abwesenheit engagierter, ernstgemeinter und grundlegender Besorgnis für den Mitmenschen. Diese nimmt in Anbetracht des genaueren (prä-statistischen) Registrierens der Häufigkeit der Ertrinkungsunfälle eher zu, was sich um 1800 in der breiten theoretischen Erörterung des Problemfeldes „Unfallverhütung" und am europaweiten Entstehen von philanthropischen Rettungs- und Hilfsgesellschaften niederschlägt.

Den Anstoß zu Freibadeverboten geben neben tragischen Unfällen, neben Sittlichkeits- und Sündhaftigkeitsbedenken vermehrt explizit und offensiv formulierte Forderungen nach allgemeinem Schutz von Gesundheit und Leben. Dies passiert gemäß Programm und Ideologie der politischen Ökonomie der aufgeklärt-absolutistischen Staatsapparate, die dahingehend lautet, unnötige Bevölkerungsabgänge durch Ertrinken beim unvorsichtigen Baden tunlichst zu vermeiden. „In England und auf dem Kontinent stellte sich die zentrale Frage: Welche Politik muß eine Regierung verfolgen, um den nationalen Wohlstand und die nationale Macht zu vergrößern? [. . .] . . . um nationalen Reichtum zu erzeugen . . . war jeder Verlust von Arbeitsproduktivität durch Krankheit oder Tod ein wichtiges wirtschaftliches Problem."[27]

27 *Rosen,* Entwicklung der sozialen Medizin, in: *Deppe/Regus* (Hg.), Seminar: Medizin, Gesellschaft, Geschichte, 1975, S. 78.

Dem Direktor des Ersten Allgemeinen Krankenhauses, Dr. Johann Peter Frank, gibt das auffallend häufige Ertrinken unterschichtiger Kinder und Jugendlicher in freien Gewässern zu denken, da es „. . . so dem Staat zu seinem enormen Verlust an Geld noch den an Bürgern – am meisten bedauerlich – hinzufügt“.[28] Er verlangt infolgedessen: „Wenn man wirklich den aufrichtigen Wunsch hat, überall die Zahl der Lebenden zu vermehren, so soll man veranlassen, Kinder und Ältere ihre Existenz zu sichern . . . “[29] Frank kennt die spezifischen Gefahrensituationen augenscheinlich aus eigener Anschauung und/oder Jugenderinnerung.

„Das Herumschiffen . . . sowie die Ergötzung des Fischfanges ersäuft jährlich, manchen unbehutsamen leichtsinnigen Jungen. An vielen Orten, wo große Flüsse vorbeirauschen, sieht man ganze Rotten von kleinen Wagehälsen, die sich um einen Dreier, oder aus blosem Muthwillen, über hohe Brücken, mit dem Kopfe voran, tief herabstürzen und ihre Geschicklichkeit im Wasser zeigen. Das gemeine Wesen [gemeint ist: Gemeinwesen, Öffentlichkeit, Gesellschaft; Anm. d. Verf.] kann von solchen bedenklichen Spielen nichts vorteilhaftes für die körperliche Beschaffenheit der Jugend hoffen und die Gefahren übersteigen lange allen Gewinn von so gesuchten Bewegungen. Die Polizey muß sich also mit dem Spiele der Jugend bevor diese sich solches wählen möge, wohl bekannt machen, und die Lehrer anweisen, so viel möglich Antheil an der gesünderen Verwendung freier Stunden zu nehmen.“[30]

Nach Franks Dafürhalten ist die Polizei in ihren Funktionen als einer das aufgeklärt-absolutistische Staatswesen konstituierenden inneren Ordnungskraft und als sittliche Instanz dafür zuständig, im Interesse des „gemeinen Wesens“ Gesundheit und Sicherheit vor allem der Jugend zu garantieren, somit übermütiges, unbedachtsames, gefährliches und gesundheitsschädigendes wildes Baden zu unterbinden. Den Wert des Badens und Schwimmens im freien Gewässer jedoch zu sichern, sei Aufgabe des Gymnastiklehrers.

„So nützlich nemlich die Schwimmkunst und das Baden für den Menschenstand ist: so hat doch die Polizey dafür Sorge zu tragen, daß vorher alle

28 *Frank,* Akademische Rede vom Volkselend (1790); zitiert nach *Deppe/Regus* (Hg.), Seminar: Medizin, Gesellschaft, Geschichte, 1975, S. 161.

29 *Frank,* Akademische Rede vom Volkselend (1790); zitiert nach *Deppe/Regus* (Hg.), Seminar: Medizin, Gesellschaft, Geschichte, 1975, S. 161.

30 *Frank,* Medicinische Polizey, Bd. 2, 1780, S. 628.

Gefahren davon beseitiget werden. Der Uebungslehrer hat vordersamst darauf zu sehen, daß kein Knabe oder Jüngling mit erhitztem Körper, oder wenn sein Blut noch in Wallung ist ins Bad steige: weßwegen auch das Baden ohne Aufsicht und an unbestimmten Orten mit Fuge allen jungen Leuten zu verbieten ist, die bei warmen Tagen, ohne alle Ueberlegung, zu Bächen und Flüssen eilen, um sich da, zum gewissen Nachtheil ihrer Gesundheit abzukühlen."[31]

An herrschaftlichen Anstrengungen, Maßnahmen und Einrichtungen, die allgegenwärtige Unfallgefahr abzuwenden oder wenigstens Überlebenschancen und Genesungsaussichten von Verunglückten zu maximieren, fehlt es durchaus nicht.

„Hatte die Kirche ihre Macht zum Teil darauf begründet, die Vorstellung vom Jenseits zu kontrollieren, so gewinnt der moderne Staat seine Macht dadurch, daß er das zum Überleben gewordene Leben schützt. Indem der Staat die Vorstellung aufrechterhält, das Leben seiner Bürger . . . zu schützen, stellt er die Loyalität seiner Bürger her. Mit ihrer Hilfe erfolgt eine Kontrolle und Unterwerfung der Menschen unter die Macht."[32]

Nicht von ungefähr will ein erstmals am 1. November 1769 von der königlichen Landesregierung im Erzherzogtum Österreich unter der Enns verfaßtes, bis ins Biedermeier mehrfach wiederholtes und modifiziertes Zirkular minutiöse Anleitungen und Richtlinien verbreiten,

„. . . auf welche Art den Ertrunkenen, Erhängten, oder vom Kohlendunste, durch Gärung des Mostes, oder auch bey Reinigung der etwa lang verschlossenen Brunnen Erstickten das Leben erhalten werden könne. . . . so hat man zu dem Ende einen eigenen Unterricht verfassen lassen, welcher hiermit zu jedermanns Belehrung kundgemacht wird. Wien den 22. Juny 1792.
Wenzel Graf Sauer von und zu Ankenstein, königlicher niederösterreichischer Regierungspräsident."[33]
[Nachfolgend im Zirkular eine Auflistung von für heutigen Wiederbelebungs- und Erste-Hilfe-Standard reichlich abstrus, wirr und widersprüchlich anmutenden Praktiken; Anm. d. Vrf.]

---

31 *Frank,* Medicinische Polizey, Bd. 2, 1780, S. 672.

32 *Wulf,* Körper und Tod, in: *Kamper/Wulf* (Hg.), Die Wiederkehr des Körpers, 1982, S. 266.

33 Circulare von der königlichen Landesregierung im Erzherzogthume Österreich unter der Enns fußend auf der Verordnung vom 1. 7. 1769, k. k. Polizei-Ober-Direktions-Akten, Karton Nr. 2, Niederösterreichisches Landesarchiv.

Seit 1803 besteht in Wien die Institution der „Rettungsanstalt für Scheintote", die zwar anfangs über keine eigene Lokalität verfügt, sich jedoch aus an verschiedenen Orten gelagerten Utensilien, Materialien und Instrumenten sowie behördlichen Auflagen und gesetzlichen Bestimmungen zusammensetzt. Alle angehenden Ärzte müssen in Erste Hilfe und Rettungspraxis Unterricht nehmen, gleichfalls alle jene, die am oder auf dem Wasser arbeiten und das Meisterpatent in ihrer Profession erwerben wollen, wie Fischer, Schiffer, Fährleute und Schwimmlehrer.[34] „Tafeln mit Instruktionen", „Rettungswerkzeuge", „Arzeneyen", „Nothkästen" und „Tragbahren" sind an wundärztlichen Officinen, in Häusern von Richtern und Polizeidirektoren der Vorstädte und an zehn verschiedenen Plätzen entlang der Donau (d. h. an ihren Wien tangierenden und die Vorstädte durchfließenden Armen) installiert. Man ist bemüht, eine geglückte Rettung plakativ als moralische „Spitzenleistung" zu feiern, dergleichen Ereignisse öffentlich zu honorieren und weithin publik zu machen: „Für eine wirkliche Wiederbelebung eines Scheintodten wird dem Retter eine Belohnung von 25 Gulden abgereicht; sein Name und die That werden insbesondere durch die Zeitungen mit Ehren bekannt gemacht."[35]

Machtstrategischer Paradigmenwechsel: Sichere Badeplätze

Nachdem hygienische, physiotherapeutische, bewegungs- und neurophysiologische, nicht zuletzt sexualpädagogische Einsichten (im Sinn der Möglichkeit zu einer asexuellen Konditionierung) der Aufklärer über den außerordentlichen Nutzen der kalten Flußbäder keinen Zweifel mehr übriggelassen hatten, Versuche der Ärzte Johann Peter Frank und Pascal Joseph Ferro, einen staatlichen Schwimmunterricht in eigens dafür eingerichteten Badeanstalten zu initiieren, um wenigstens die Ertrinkungsgefahr zu reduzieren, aber vorläufig gescheitert waren, verlegt sich herrschaftliche Autorität

34 Interessanterweise werden Wäscherinnen, die einen gut Teil ihrer Arbeit auf am Ufer vertäuten Flößen mit Wäscheschwemmen verrichten, nicht vom Gesetz erfaßt.

35 *Lichtenthal,* Ideen zu einer Diätetik, 1810, S. 23.

nach 1800 immerhin auf Zulassung des freien Badens – allerdings mit behördlicher Einschränkung, Überwachung, Kontrolle, Sicherung, zeitlicher und räumlicher Festlegung und Begrenzung. Der bloß rhetorische Charakter der sogenannten „Wiener Gesetze" findet im Zuge absolutistischer Machtakkumulation und innerstaatlicher Gewaltmonopolisierung durch den Aufbau eines schlagkräftigen Polizeiapparates ein Ende. Flußbadefreudige, die sich jedoch nicht gängeln lassen wollen, weichen in schwer überschaubare Regionen an die Peripherie der Stadt Wien, weit außerhalb der Stadtmauern und Linienwälle aus. Häufig ist auch das nicht mehr weit genug. Der Arm der Herrschenden – es gibt immerhin jetzt regelmäßig berittene Polizeipatrouillen in Vororte und Weichbild der Stadt[36] – reicht bis an diese Peripherien. Laut „Instruktion für die kaiserlich koeniglichen Polizey-Beamten" haben diese überall darüber zu wachen, „... daß Kinder niemals ohne Aufsicht, Erwachsene aber nie an solchen Stellen baden, die gefährlich, oder in der Nähe eines Spazierganges, oder eines anderen vielbesuchten Platzes gelegen sind. Daß überhaupt niemand bey Nacht bade."[37]

Hier zeichnet sich – und den Formulierungen der „Instruktion" ist dies implizit – nach rund 170 Jahren im wesentlichen erfolgloser herrschaftlicher Reglementierungs- und Unterdrückungsversuche körperlicher Kaltwasser- und Freiluftbadebedürfnisse just unter dem konservativen Franz I. eine abermalige Transformation der Machttechnik ab. Die neuen Bedürfnisse und das Streben nach ihrer Befriedigung sollen nun nicht mehr bloß gewährt, toleriert und zugestanden, sie sollen vielmehr gesteuert, kanalisiert, ja forciert Staat, Gesellschaft und Wirtschaft zunutze gemacht werden. Es besteht die berechtigte Hoffnung, die lebensreformerischen Ideen der Aufklärung und der frühromantischen Körperkulturbewegung für Glückseligkeit, Zufriedenheit, Sicherheit und Gesundheit von Staatsuntertanen zu verwerten, diesen somit Bejahung von und Identifikation mit Staat, Sozialordnung und den neuen urbanen und industriekapitalistischen Arbeits- und Lebensverhältnissen zu erleichtern. Erklärte Strategie ist

36 *Seliger/Ucakar,* Wien. Politische Geschichte, Teil 1, 1985, S. 70.

37 Instruktion für die kaiserl. königl. Polizey-Beamten, 1801, § 23, S. 38; k. k. Polizei-Ober-Direktions-Akten, Karton Nr. 2, Niederösterreichisches Landesarchiv.

es, systemstabilisierende Effekte durch harmlose, belanglose, unauffällige, aber gesundheitsförderliche Vergnügungen sowie durch kurzweilige, Lust bereitende, aber für das Establishment unschädliche und ungefährliche Aktivitäten der Bevölkrung zu erzielen. Allgemein lassen sich folgende machtstrategische Vorgangsweisen beobachten, ableiten und größtenteils rekonstruieren[38]:

- Einschränkung, Unterbindung und Funktionalisierung traditioneller Freizeitformen;
- im Zweifelsfall bei Nichteinschränkbarkeit dieser: „repressive Toleranz" mit dem Ziel der Sozialpazifizierung;
- Anpassung volkstümlicher Kulturelemente an die neuen Anforderungen der Stadthygiene, Verkehrsformen, Arbeitsverhältnisse und Marktökonomie;
- Kontrolle der nur schwer durch Gesetze abzustellenden „unvernünftigen Ausschweifungen";
- Einrichtung neuer, der Vernunft der Aufklärung verpflichteter populärer, durchaus volksbelustigender Veranstaltungen, Unternehmungen und Institutionen („stimulierende Kontrolle").

„Das Baden in den Flüssen ging den Weg vieler Volksvergnügungen: Aktive staatliche Freizeitpolitik sollte die vergeblichen Verhinderungsversuche ersetzen und gleichzeitig die Kontrolle verschärfen."[39] Entsprechend wird zwar

> „. . . das bestehende Verbot des unsittlichen und gefährlichen Badens an öffentlichen Orten und in der Donau . . . erneuert, . . . [jedoch sind] in den Flüssen und Bächen . . . eigene Plätze auszusuchen zu lassen, wo auf eine gefahrlose und anständige Art gebadet werden kann; diese Plätze sind durch eigene Pfähle zu bezeichnen und mit Seilen zu versichern, damit den Badenden jederzeit eine Warnung vor Augen stehe, wo und wie weit sie sich ohne Gefahr ins Wasser wagen können".[40]

Neben gesicherten (manchmal beaufsichtigten) Badestellen entstehen nach zaghaften Anfängen in der Josephinischen Epoche im

38 Siehe dazu ausführlicher: *Greif,* „Freizeit" und Alltagskultur, phil. Dipl.-Arb. 1988.

39 *Tanzer,* „In Wienn zu seyn . . .", phil. Diss. 1988, S. 476.

40 Niederösterreichische Regierungsverordnung, 8. 8. 1807, Z. 36384, erneuert am 21. 4. 1822 und 21. 8. 1839, Z. 47552; zitiert nach: *Hämmerle,* Handbuch über die Polizei-Gesetze und Verordnungen, 1865, S. 724.

Vormärz im Zuge von Turn-, Gymnastik-, früher Lebensreform- und Körperkulturbewegung, neuen bourgeoisen Freizeitbedürfnissen, kommunaler wie staatlicher Hygiene- und Gesundheitspolitik, militärischen Interessen an Wehrertüchtigung und einer Renaissance der physiotherapeutischen Ausrichtung der Medizin in Mitteleuropa zahlreiche Kaltwasserbäder und Schwimmschulen an und auf freien Gewässern. Wildes Baden außerhalb dieser deklarierten Areale bleibt im gesamten 19. Jahrhundert ungeduldet und illegal. Wer seinem Körper die Wohltat des Wassers, bald auch die von Luft, Licht und Sonne nicht vorenthalten will, muß sich dafür streng definierter, abgegrenzter, sanktionierter Räume bedienen, damit vor allem „Sitte und Anstand" gewahrt bleibe. Der Versuch etlicher Anhänger der aufkommenden explizit lebensreformerischen Kaltwasser-, Freiluftbade- und Schwimmkultur weiterhin herrschaftsfreie, wenig oder schwer kontrollierbare Räume am Rande der Stadt für unreglementierte, libidinöse Entgrenzungen, für die „Lust am Wasser" zu nutzen, stößt dementsprechend auf staatlich-behördlichen Widerstand. Von der Wiener Polizei wird jedes Jahr aufs neue „. . . der Kampf gegen das freie Baden . . . aufgenommen, manchmal mit mehr, manchmal mit weniger, niemals aber mit einem ganzen Erfolge".[41]

Historische Kontinuität widersetzlicher Alltagspraxis

Vorläufig läßt sich festhalten: Die ab 1633 einsetzenden, mit steigender Häufigkeit verhängten herrschaftlichen Verbote, in Donauarmen, Donaukanal, Wienfluß und anderen freien Gewässern in der Umgebung Wiens wild zu baden, sind deutliches Signal und Indiz dafür, daß der an Konzentration fortgeschrittene, in seinen Strukturen effizienter gewordene und verdichtete absolutistische Machtapparat zunehmend gewillt (und bald auch imstande) war, „profane" Bedürfnisse zu reglementieren, wenn diese der Sittlichkeit, Sicherheit und gesellschaftlichen Ordnung zuwiderliefen. Gleichzeitig galt unteren sozialen Schichten das Baden an freien Gewässern aber seit eh und je als eine – wenn auch durch mythologische Vorurteile im spontanen, unbedarften Lusterleben geminderte – Selbstverständlichkeit

41 *Oberhummer,* Wiener Polizei, Bd. 1, 1937, S. 157.

des Alltagslebens, die diese sich nicht einfach verbieten lassen wollten. Wenn sich weiterhin in den Sommermonaten Fuhrknechte beim Pferdeschwemmen im Wienfluß, Donaukanal oder in einem der anderen Donauarme auszogen und selbst in den Fluß warfen, oder wenn jugendliche Bäckergesellen während des Ausliefern des Gebäcks, übermütige städtische Jugendliche sogar des Nachts badeten, dann wohl nicht nur, um sich abzukühlen oder zu waschen, sondern auch aus Trotz angesichts der neuen restriktiven Verordnungen, um die Bewahrer von Macht und Herrschaft (und somit deren höchste Vertreter selbst) gehörig zu provozieren und weil Lust und Spaß und das Bedürfnis nach erregenden Spannungen einen Moment lang stärker waren als die Angst vor Strafen, emotional wichtiger waren als das Lob für gute Dienste und Arbeit.

Die relative Unwirksamkeit der Badeverbote bis in die Zeit des Biedermeier erklärt sich zum Teil auch daraus, daß es sich dabei wenigstens bis zum Ende des 18. Jahrhunderts um besagte „Wiener Gesetze" handelte, deren Eigentümlichkeit darin lag, zwar erlassen, aber nicht befolgt zu werden, woran selbst angedrohte, immer drastischere Sanktionen wenig ändern konnten. Obzwar die Verhängung herrschaftlicher Badeverbote auch im 19. Jahrhundert nicht abreißen und ihre polizeiliche Überwachung und Exekution mit unglaublicher bürokratischer Beharrlichkeit und steigender Effizienz betrieben werden sollte, „... entfremdete sich doch [wenigstens] die Jugend zu keiner Zeit den Flußbädern"[42] und galt es ihr „... vom Rhein bis zur Donau stets als Hochgenuß ... sich während der warmen Jahreszeit im kühlenden Wogengischt tummeln zu dürfen".[43]

In gesetzestextlichen Formulierungen enthaltenen Deskriptionen dessen, was per Gesetz und seinen impliziten Imperativen, Mandaten oder Verboten bekämpft, abgestellt, verhindert werden sollte, kann Anspruch auf historische Wahrheit und Wirklichkeit erheben, denn Voraussetzung, Motivation und letztlicher Anstoß für Verbotsformulierungen sind selten rein theoretisch-präventiver Natur. Gesetzestexte beziehen sich im Beobachtungszeitraum meist auf konkrete Vorfälle, die sie nicht selten ausführlich erwähnen und beschreiben,

42 *Zappert,* Über das Badewesen, 1858, S. 3.
43 *Martin,* Deutsches Badewesen, 1906, S. 39.

wodurch die Argumentation des Verbotes Plausibilität gewinnen soll. Erst im späten 19. Jahrhundert figurieren Badeverbote ausschließlich in der Qualität kategorischer Normative, was dem allgemeinen Stand der fortgeschrittenen Formalisierung und Verrechtlichung der Herrschafts- und Sozialbeziehungen entspricht. Verbote des Wildbadens an freien Gewässern lassen sich jedenfalls durch Jahrhunderte als Daten erheben. Bis weit ins 19. Jahrhundert hinein haben sie „empirischen" Charakter. Sie stellen gleichzeitig Abstraktion und Induktionsresultat der historisch kontinuierlichen Praxis ihrer Nichtbefolgung und Übertretung dar, sind daher Nachweis für spontan-renitente, ungezähmte (vielleicht unzähmbare), unberechenbare, anarchische, subversive, perseverante Ausdrucksweisen hedonistischer Körperlichkeit im Alltagsleben.

290 h.D.

Das neue Baden und die neuen Bäder

Naturmenschentum und Freimaurerei

„Trefflich gedeihet der Mensch bey günstigem Clima im kunstlosen Stande der Natur und ohne Mühe realisiert sich in ihm der uralte pädagogische Wunsch, daß ein gesunder Geist in einem gesunden Körper wohne. Viel körperliche Kraft, viel Gewandtheit der Glieder, viel Muth, ein hoher Grad der Sinnesschärfe, freudiges Gefühl voller Gesundheit und viel gesunder Verstand, das ist es, was den rohen Sohn der Natur beglückt. [. . .] Nicht so der verfeinerte Mensch. Die Cultur seines Geistes . . . schwächt Kraft, Gesundheit, Ausdauer, Muth und Sinnenschärfe . . ."[1]

– schreibt Johann Christoph Friedrich Guts-Muths, der auch das erste deutsche Schwimmlehrbuch verfaßt[2], und preist hiermit Angehörige überseeischer rezenter Stammeskulturen als authentische, originäre, urwüchsige „Naturmenschen", denen es in Europa wieder gleichzutun gelte. Johann Peter Frank, besagter Krankenhausdirektor in Wien, stößt ins gleiche Horn, wobei er auf die hygienischen Aspekte nichtchristlicher Religionen verweist.

„. . . Indianer, sind darin den Muhammedanern gleich: daß der vornehmste Theil ihrer Religion in der Reinigung des Leibes besteht. Kein Indianer läßt einen Tag vorbeigehen, ohne sich zu waschen. Die mehrsten lassen dieses ihre erste Sorge bei frühem Morgen, vor Aufgange der Sonne seyn."[3]

„In diesem neuen Naturbegriff, der mit der neuen Praxis einherkam, griff man also nach fremden Kulturen aus, in denen man Natur zu finden hoffte."[4] Ihren vorbehaltlos als positiv definierten Sozial- und individuellen Verhaltensformen soll der „zivilisierte" Mensch wenigstens in der Freizeit nacheifern, wenn ihn schon Erwerbszwänge und hektische Betriebsamkeiten in den übrigen Bereichen seines Lebens daran hindern. Was aber bei entsprechenden Versuchen herauskommt,

---

1 *Guts-Muths,* Gymnastik für die Jugend (1793), Neuaufl. 1970, S. 7 f.

2 *Guts-Muths,* Kleines Lehrbuch der Schwimmkunst, 1798.

3 *Frank,* Medizinische Polizey, Bd. 3, 1783, S. 998.

4 *Eichberg,* Die historische Relativität der Sachen, 1984, S. 136.

ist fast erwartungsgemäß nicht eine korrekte Übernahme, nicht einmal eine geglückte Imitation einer bestimmten Stammeskultur, sondern es finden willkürliche Vermischungen von damals bekannten Verhaltenselementen exotischer Naturvölker statt, die, zudem meist aus dem Lebenszusammenhang gerissen, idealisiert und mystifiziert werden. Lebensformen und Alltagspraktiken nordamerikanischer Steppenindianer, auch südamerikanischer Dschungelindianer und Südseeinsulaner sind besonders beliebt. Seit den Schriften Jean-Jacques Rousseaus und den Reiseberichten Reinhold und Georg Forsters besteht dieses wohlwollende Vorurteil, „. . . das jene gegenüber dem wilden Naturkind ferner Weltgegenden geweckt hatten“.[5]

„Zahlreiche europäische Gelehrte . . . denen wenig an genauer völkerkundlicher Information, viel indessen an zivilisationskritischen Utopien liegen mochte, formten sich im Geist den Südseeinsulaner zum Idealbild höheren Menschentums. War es nicht dieser ferne Inselbewohner, in dem die naturgewollten Bezüge zwischen Außen und Innen, Erscheinung und sittlichem Charakter, Körper und Seele am reinsten und unverhülltesten sich offenbarten? Hatte sich in ihm nicht jene ursprüngliche Schönheit noch bewahrt, welche das Privileg des paradiesischen Urzustandes gewesen war?“[6]

Vertreter des bürgerlichen Wiens der Aufklärung wie Johann Pezzl, Pascal Joseph Ferro und Johann Peter Frank, die – das Leben vorhochkultureller Stammesvölker als Vorbild – mit ihren Aktivitäten und Schriften die Idee des Badens und Schwimmens in freien Gewässern zu verbreiten suchen, sind nicht zufällig Mitglieder von Freimaurerlogen. Es besteht „. . . Affinität zwischen Freimaurerei und dem Consensus von Anschauungen, den man als europäische Aufklärung bezeichnen kann, und als dessen Träger sich die Aufklärer verstanden“.[7]

„. . . bis zur Mitte des Josephinischen Jahrzehnts scheinen fast alle sich als ‚Aufklärer‘ betrachtenden Autoren zugleich auch der einen oder anderen Freimaurerorganisation angehört zu haben. [. . .] In der Donaumonarchie leisteten die Logen einen wichtigen Beitrag zur Verbreitung der Aufklärungsphilosophie, selbst wenn sie deren Ideen nur in etwas verwässerter, popularisierter Form kolportierten.“[8]

5 *Bitterli,* Die „Wilden“ und die „Zivilisierten“, 1982, S. 361.

6 *Bitterli,* Die „Wilden“ und die „Zivilisierten“, 1982, S. 363.

7 *Vierhaus,* Aufklärung und Freimaurerei, in: Das Vergangene und die Geschichte, 1973, S. 24.

8 *Bodi,* Tauwetter in Wien, 1977, S. 78.

Über die Logen finden aufklärerische Inhalte, Vorstellungen und Werte Eingang in hohe staatliche Entscheidungsgremien, ja höchste Regierungskreise. Denn es läßt sich feststellen,

„. . . daß alle wichtigen Reformpolitiker, die meisten hohen Adeligen, Militärs und Beamten in zentralen Positionen einer Loge angehörten. [. . .] Jedoch konnte die Entfaltung einer kritischen bürgerlichen Öffentlichkeit in den Logen den staatlichen Intentionen letztlich nicht mehr entsprechen. Joseph II. befahl daher in seinem Freimaurerpatent von 1785 eine Zusammenlegung und zahlenmäßige Reduktion der Logen, genauso wie eine Öffnung für eine gewisse polizeiliche Kontrolle. Damit war die Hochblüte der Freimaurerei vorüber.“[9]

Manche der von Freimaurern diskutierten und propagierten Ideen leben jedoch fort, wenngleich es unter Umständen Jahrzehnte dauern soll, bis die einen oder anderen, oft unter wesentlich geänderten Gegebenheiten, Zusammenhängen, gesellschaftlichen Machtverhältnissen und Herrschaftsstrukturen wiederaufgegriffen, mitunter tatsächlich praktisch umgesetzt werden.

„Sicher brachte die Freimaurerei nicht nur eine enorme Verbreitung aufklärerischer Inhalte, sondern . . . auch einen gehörigen Schuß an früher Romantik mit sich.“[10] Die Kritik an der „dekadenten“, verzärtelten Lebensart, die die zivilisatorische Entwicklung mit sich gebracht hätte, legt gleichzeitig nahe, nach „idealen Vorbildern“ Ausschau zu halten, von denen angenommen wird, daß sie höheres Menschentum verkörpern. Volle Gesundheit, körperliche Robustheit, Gewandtheit, Beweglichkeit und unschuldige unbelastete Sozial- und Wirtschaftsverhältnisse glauben Bewohner der europäischen Metropolen längst unwiederbringlich verloren zu haben. Da die sozialen und ökonomischen Zwänge des modernen Lebens kaum die Rückkehr zur verklärten Stammeskultur zulassen, gilt es immerhin Methoden zu entwickeln, geeignete affine, äquivalente oder der eigenen Kultur inhärente Praktiken und Verhaltensweisen zu verfeinern, „zu kultivieren“ und zu forcieren sowie dafür neue geographische Räume zu erschließen oder zu okkupieren, um dem favorisierten Menschenbild gerecht zu werden.

9 *Bruckmüller,* Sozialgeschichte Österreichs, 1985, S. 335 f.

10 *Bruckmüller,* Sozialgeschichte Österreichs, 1985, S. 336.

Kaltes Wasser „erfrischt das Geblüt, stärkt die Nerven, macht gelenkig und hurtig“

Nach Lust am freien Wasser zu streben, als volkskulturelles Verhaltenselement im Sinn einer Mischung aus Brauchtum, Körperspiel und der Lebenserhaltung dienenden Fertigkeit, wird im Verlaufe der Neuzeit drastisch zurückgedrängt, in einigen Herrschaftsräumen überhaupt liquidiert. „... die Gründe für diesen Rückgang liegen in geistesgeschichtlichen und materiellen Einflüssen ... Der Rückgang fängt mit dem ausgehenden Mittelalter an, steigert sich am Anfang der Neuzeit und dauert bis gegen 1800 [...] Erst die gegen 1800 einsetzende Freiluft- und Sportbewegung scheint einem neuen Höhepunkt zuzustreben.“[11]

Ende des 18. Jahrhunderts beginnen sich Teile der vom lebensreformerischen Geist der Aufklärung beseelten gebildeten Wiener Bevölkerung explizit und methodisch gezielt für das Baden in umliegenden freien Gewässern der Donau zu interessieren. Anstatt sich weiterhin abergläubisch vor Wasserdämonen zu fürchten, wollen sie die gesundheitsförderliche, heilsame, physisch-psychisch rekreierende und seelisch reinigende Wirkung des kalten Wassers nützen, manche sogar schwimmen lernen.

> „Ich denke mir diese Art des Bades (des kühlen und kalten von den warmen Tagen des Frühlings bis in den Herbst hinein), indem ich als Pädagoge schreibe, nie anders als mit Schwimmen verbunden, weil dadurch der Nutzen desselben ungemein gesteigert wird. Ein solches Bad hat seinen entschiedenen, großen Nutzen für gesunde Knaben und Jünglinge. Für gesunde, sage ich, denn nur diesen bestimme ich die ganze Gymnastik.“[12]

Die proklamierte und bald praktizierte neue asketische Körperkultur und Lebensreform versteht sich als bürgerliche Provokation und Antithese zur gut 250 Jahre währenden aristokratischen Badeabstinenz und Wasserverachtung.

Zwar begeben sich seit der Mitte des 18. Jahrhunderts Angehörige der adeligen Schicht wieder vereinzelt zögerlich ins heiße Badewasser, sie „... sind aber nicht dieselben, die ein oder zwei Jahrzehnte

11 *Mehl,* Schwimmen ein Hauptstück der Erziehung, in: *Wießner,* Natürlicher Schwimmunterricht, 1950, S. 16.

12 *Guts-Muths,* Gymnastik für die Jugend (1793), Neuaufl. 1970, S. 121.

später die Tugenden des kalten Wassers entdecken“.[13] Aus der Verwendung von heißem oder kaltem Wasser für das Bad entwickelt sich ein Antagonismus – zwischen dem, was den Körper erschlaffen läßt, und dem, was ihn abhärtet. Dieser Gegensatz schiebt sich symbolhaft zwischen das Wertemuster des niedergehenden Ancien régime und das der bürgerlichen Gesellschaft.

Von der Vorstellung ausgehend, daß kaltes Wasser eine Kontraktion des Körpers bewirke und auf die Körpersäfte einen therapeutischen Effekt ausübe, ist das Kaltwasserbad in der zweiten Hälfte des 18. Jahrhunderts Teil des revolutionären Gedankengutes. Der Propagierung des kalten Bades im bewußten Gegensatz zum überfeinerten und verweichlichenden heißen Bad des Adels kommt durchaus eine politische Dimension zu. Schon bei Montesquieu klingen die Unterschiede zwischen warmem und kaltem Wasser durch; bei Rousseau und anderen Vertretern der aufgeklärten Bourgeoisie kommt die Ablehnung von wohligen Temperaturen als Zeichen der Entartung deutlich zum Ausdruck.[14]

„Unsere Kinder vor der Geburt schon durch die Verweichlichung der Eltern verweichlicht, kommen schon so schwächlich auf die Welt, daß man sie nicht gleich allen Belastungen aussetzen darf, die sie wieder kräftigen sollen ... Wascht die Kinder oft, ihre Unsauberkeit macht dies notwendig ... Vermindert die Wärme des Wassers, bis ihr sie sommers wie winters mit kaltem, ja eisigem Wasser wascht.“[15]

Der Zeitgeist manifestiert sich in der Wassertemperatur: „Das kalte Wasser verheißt in erster Linie Zucht, die Praktik des kalten Badens hat vor allem asketischen Charakter“[16], vermerkt Vigarello und ortet in dieser Praktik eine soziokulturelle Funktion: „Sie bewirkt eine Festigung sowohl moralischer als auch physischer Art.“[17]

„Um das Baden geht es hier nur vordergründig, denn dieses hat vor allem Einfluß auf das Imaginäre: Auf diese Weise werden Träume von deutlich wahrnehmbaren und greifbaren Kräftepotentialen suggeriert und die Gemüter durch die Verherrlichung bestimmter Vorbilder in Bann gezogen. Häufig

13 *Vigarello,* Wasser und Seife, 1988, S. 116–196.
14 *Zöhrer-Vogt,* Vom Wasser, unveröffent. Manus., 1991, S. 3.
15 *Rousseau,* Emile (1762), 1989, S. 31.
16 *Vigarello,* Wasser und Seife, 1988, S. 143.
17 *Vigarello,* Wasser und Seife, 1988, S. 143.

bleiben diese Überzeugungen völlig theoretisch, denn das kalte Bad wird nicht von heute auf morgen zu einer in der Bourgeoisie üblichen Praktik: In den meisten Fällen bietet es zwar Gesprächsstoff, bleibt ansonsten aber abstrakte Regel und Vernunftargument."[18]

Selbst wenn dahingestellt bleiben muß, wie sehr dem kalten Bad tatsächlich gefrönt wird, allein das enorme Interesse daran ist Anzeichen dafür, „... was hier eigentlich zählt, [es] ist der Umsturz aller Vorstellungen über den Körper und die Moral. Im Grunde genommen wandeln sich die als sozial distinktiv erachteten Eigenschaften."[19]

Der von Wasser umfangene Körper schlüpft von einer passiven in eine aktive Rolle: Die Haut, die früher von Hand präpariert wurde, wird jetzt durch das Wasser angeregt, die dem Körper innewohnenden Energien freizulegen und zu fördern. „Anstatt von außen schützend einzugreifen, vertraut man nun auf innere Kräfte, anstatt eine träge Masse zu behandeln, stimuliert man nun den lebendigen Körper"[20], streicht Vigarello den Unterschied heraus.

„Der Verlust der Kräfte des Körpers wird verhindert, und wird ersetzt durch das Baden im kalten, fliessenden Wasser. Einzig ist dies Mittel in [solcheiner] stärkenden Kraft. [...] Das kalte Wasser ... berührt den ganzen Körper, zieht jedes Körperfieber enger zusammen ... theilt seine Kraft allen Theilen des Körpers mit gleicher Stärke aus ..."[21]

Dieser Glaube an eine autonome, dem Körper innewohnende Kraft entspringt dem Denken der Aufklärung, des Empirismus und Rationalismus. Man setzt auf die eigenen geistigen und physischen Kräfte, baut auf die eigene Lebenstüchtigkeit und ist versucht, bevormundende Abhängigkeiten (z. B. aufgrund Standeszugehörigkeit) abzuschütteln.[22]

Namhafte Mitglieder des Wiener Bürgertums, etwa die führenden Ärzte Dr. Pascal Joseph Ferro (Erster Stadtphysikus) und Dr. Johann Peter Frank (Direktor des Ersten Allgemeinen Krankenhauses), beide selbstredend Freimaurer, plädieren für das Baden und Schwimmen in freien Gewässern. In der Folge wird eine Verhaltenstradition,

18 *Vigarello,* Wasser und Seife, 1988, S. 147.
19 *Vigarello,* Wasser und Seife, 1988, S. 147.
20 *Vigarello,* Wasser und Seife, 1988, S. 157.
21 *Ferro,* Vom Gebrauch des kalten Bades, 1780, S. 4.
22 *Zöhrer-Vogt,* Vom Wasser, unveröffent. Manus., 1991, S. 3.

die sich für Unterschichten „von selbst“ versteht, von mittleren und höheren Ständen jedoch im Laufe der Neuzeit sukzessive als „ärgerlich“, „vulgär“, „geschmacklos“, „unschicklich“ und „unzivilisiert“ diskreditiert worden war, gemäß der bevölkerungspolitischen Doktrinen des Reformabsolutismus zum Nutzen für den Staat adaptiert und letztlich sogar für die „elegante Gesellschaft“ salonfähig.

Wie außergewöhnlich, fremdartig und sensationell die Körpertechnik des Schwimmens noch im ausgehenden 18. Jahrhundert für den Großteil urbaner Bevölkerung sein muß, läßt folgende Einleitung zu einem Erlebnisbericht über eine Schwimmvorführung im Donauarm Fahnenstangenwasser, nahe der Taborbrücke bei Wien, erkennen:

> „Wer hätte sich jemals einfallen lassen, daß sogar Leute von Profeßion ins Wasser gehen – ja wahrhaftig sich sogar auf Handwerk oder Kunst . . . der Schwimmerey verlegen, um dadurch einem verehrungswürdigen Publikum ein neues Vergnügen, besonders dem Frauenvolke zu verschaffen . . .
> Ja da sprach alles von dem neu angekommenen kunstreichen schwimmenden Tiroler; und siehe da, was nur Füße hatte, lief was es laufen konnte, um diesen politischen [gemeint ist: von dieser Welt stammenden, profan menschlichen; Anm. d. Verf.] Wassermann zu sehen und gaben ihm mit Freuden, ja wenn ers auch doppelt verlangt hätte, das Geld hin, und jeder wartete mit großer Begierde auf den Anfang dieser Wunderstücke.“[23]

Indes der Tiroler „Schwimmkünstler“ ließ sich geraume Zeit bitten. Als er dann endlich doch am Tabor erschien und abkassierte, verkündete er der geduldig wartenden Menge rundheraus, heute nicht mehr „vorschwimmen“ zu können, man möge morgen wieder kommen. Er entschuldigte sich damit, daß er wegen der sommerlichen Hitze einiges über den Durst getrunken hätte. Die Absage wirkte vernünftig, die Leute waren sogar einigermaßen zufriedengestellt. Am nächsten Tag vielleicht doch noch einen im Fluß frei schwimmenden Menschen sehen zu können, zogen sie jedenfalls der Möglichkeit vor, ihn auf der Stelle davonzujagen.[24]

Aufgeklärte Wiener Dichter, Denker und Intellektuelle übernehmen die von England, Frankreich, der Schweiz und Deutschland diffundierenden Ideen, Wahrnehmungs- und Erfahrungszusammen-

23 Der Schwimmer aus Tyrol beym Tabor, 1781, S. 2.

24 Der Schwimmer aus Tyrol beym Tabor, 1781, S. 3 ff.

hänge, Ansichten, Meinungen, Bewertungen und sich daraus ableitenden neuen Bedürfnisse nicht unreflektiert und kritiklos. Mit der den Österreichern eigenen Mentalität der Reserviertheit und mißtrauischen Distanz gegenüber Neuem und Radikalem wird auch der in gerade zaghafter Entfaltung und Verbreitung begriffenen Kaltwasser-, Freiluftbade- und Schwimmkultur begegnet. Es spöttelt der Schriftsteller, Journalist, Stadtbeschreiber, Kulturkritiker und Sittenhistoriograph des josephinischen Wien, Johann Pezzl:

„Man kennt die Träume des Franzosen De Maillet. Er studierte während seiner Konsulschaft in Ägypten durch fleißige Beschauung der Meeresbewegung die Hypothese aus, daß die ganze Erde ehedem ein Meer gewesen und wir Menschen in unserem ersten natürlichen Zustande die Gestalt gehabt, wie man die Tritonen und die Sirenen malt: oben Mensch, unten doppelschwänziger Fisch. Darum empfiehlt er uns das Element dieser Tiere vorzüglich und sagt: im Wasser leben sei das wahre Atmen unserer angeborenen Luft. De Maillet übertreibt die Sache, das ist gewiß . . .“[25]

Die „Sache“ scheint nicht nur in „Hypothesen“ im westlichen Ausland gelegentlich zu weit getrieben worden zu sein. In Deutschland ließ man „. . . sich von dem herrschenden Vorurtheile hinreissen, als wäre das Rheinbad ein allgemeines untrügliches Mittel wider alle Uebel. Man bediente sich der Bäder, weil es ein neuer Gebrauch war. Einige glaubten ihre Gebrechen dadurch zu steuern; viele thaten es wegen der Reinlichkeit; die meisten aber badeten aus Wollust . . .“[26], kritisiert der Frankfurter Arzt K. A. Zwierlein und gibt die Schuld seinen von der physiotherapeutischen Kaltwasser-Idee allzusehr und uneingeschränkt begeisterten Kollegen. „Die einladenden Versprechungen der Aerzte von den so vielfältig nützlichen Wirkungen der Flußbäder lockten viele Liebhaber an; Alles wollte baden, Gesunde, um auf allezeit gesund zu bleiben, und Kranke, um im Nu aller Kränklichkeit los zu werden.“[27]

Hierzulande bleiben manche skurrile und extreme Auswüchse bestenfalls Episoden von kurzer Dauer (etwa das aus England kommende, dort häufig praktizierte, mitunter jedoch gesundheitsgefähr-

25 *Pezzl,* Skizze von Wien, 1923 (1. Aufl. 1787), S. 377.
26 *Zwierlein,* Ueber die neuesten Badeanstalten, 1803, S. 21.
27 *Zwierlein,* Ueber die neuesten Badeanstalten, 1803, S. 17.

dende Plongier- oder Sturzbad ins eiskalte Wasser[28]). Gemäßigte, nichts desto wesentliche und zentrale Vorstellungen sowie daran geknüpfte Vorhaben des neuen Badens können im Lauf der kommenden Jahrzehnte durchaus verwirklicht werden, sobald dies der ökonomische, technologische und soziokulturelle Entwicklungsstand zuläßt. Was die Situation in Österreich betrifft, setzen sich die entsprechenden, durch die europäische Aufklärung ausgelösten Trends meist erst im Biedermeier durch, verändern dann jedoch Bedürfnismuster, Hygiene- und Gesundheitsstandards wie Freizeitverhalten der Menschen nachhaltig.

Freilich sind sich Wiener Aufklärer und Freimaurer bereits zur Zeit Josephs II. darin ziemlich einig, daß sie und ihre Mitmenschen „gar zu wenig im Wasser leben“, und unter diesem Gesichtspunkt betrachtet, lobt Pezzl

„... den Pseudo-Propheten Mohammed, daß er seine Muselmänner durch die Religion zum Baden verpflichtet hat ... Eine übertriebene Keuschheits- und Züchtigkeitssorge hat bei uns das Baden, Schwimmen und dergleichen Leibesübungen im Wasser beinahe gänzlich verdrängt und zu einer Art von Sünde gemacht, da es doch augenscheinlich ist, daß in unseren Kinder-, Jünglings- und Männerjahren wenig Übungen dem Körper so heilsam sind, als Baden, Schwimmen usw. Es erfrischt das Geblüt, reinigt die Oberhaut, stärkt die Nerven, macht gelenkig und hurtig und gibt überhaupt unserer ganzen Maschine Festigkeit.“[29]

In der Hoffnung auf Erfüllung der durch aufgeklärtes Ideengut hervorgerufenen Wünsche nach persönlicher Freiheit, Lebensreform, Körperkultur und individueller Bedürfnisentfaltung appellieren loyale Staatsbürger – nicht ohne schlaue Berechnung – zuerst an den Staat, sich Erkenntnisse, Funktionen, Mechanismen und Wirkungsweisen der Kaltwasser-, Freiluftbade- und Schwimmkultur zunutze zu machen. Nicht von ungefähr. Neben Volkswirtschaft, Erziehungswesen und Militär ist es ganz allgemein die Herrschaftsstrategie der Modellierung eines willfährigen „Disziplinarindividuums“ zum Zweck der Aufrechterhaltung bestehender absolutistischer Machtverhältnisse, die durchaus von gesteigerten Hygiene-, Fitneß-, Abhärtungs-, Gesundheits-, psychischen und physischen Leistungsstandards profitie-

28 *Martin,* Deutsches Badewesen, 1906, S. 48 f.

29 *Pezzl,* Skizze von Wien, 1923 (1. Aufl. 1787), S. 377.

ren kann. Der Staat muß demnach tatsächlich fundamentales Interesse an der Förderung der neuen Badekultur haben. Er „... sollte sich's angelegen sein lassen, durch die Wundärzte und Pfarrer auf dem Lande den Gebrauch des Wassers allgemein anzuempfehlen und einzuführen. Eine Predigt über die Vortrefflichkeit des Badens und Schwimmens wäre nützlicher als eine über die Wichtigkeit des Portiunkula-Ablasses ...“[30] rät Johann Pezzl und ereifert sich, daß gerade Wienerinnen und Wiener es nötig hätten,

> „... ihre Leiber fleißig ins Wasser zu tauchen, weil der ewige Staub und der schwere, dampfige Dunstkreis dieser Stadt ihre Einwohner auch vorzüglich beschmutzen. Sie baden sich zwar, aber lange nicht genug. Man hat vor einigen Jahren des vermeintlichen Ärgernisses und der Ersäufungsgefahr wegen das Baden in der Donau verboten. Zum Ersatz dafür sind ein halbes Dutzend Badhäuser für Wien, das heißt, ein wahres Nichts für eine so große Stadt. Der kleinste Preis für eine Person in diesen Bädern ist siebzehn Kreuzer, ungefähr soviel, als sich der gemeine Mann einen Tag verdient, folglich nicht auf das Bad verwenden kann. Der Staat sollte irgendeine Anstalt treffen, daß besonders die Kinder der niedrigeren Volksklassen oft gebadet werden könnten.“[31]

Behörden und Repräsentanten staatlicher Macht zeigen sich zwar bisher an Erneuerungsideen durchaus interessiert, bleiben jedoch gegenüber derart vorgetragener sozialhygienischer Kritik vorläufig distanziert, abwartend und reagieren auf an sie herangetragene Wünsche, an sie gestellte Ansprüche und in sie gesetzte Erwartungen unschlüssig, kaum, oder gar nicht.

Das Engagement der Ärzte Pascal Joseph Ferro und Johann Peter Frank

In den späten Jahren des 18. Jahrhunderts war in den deutschen Staaten offenkundig ein System administrativer Denk- und Verhaltensweisen entstanden, „... das alle Aktivitäten zum Wohl des absoluten Staates als der Norm in Beziehung setzte. Diese politische und administrative Entwicklung fand ihre Parallele in dem gleichermaßen

---

30 *Pezzl,* Skizze von Wien, 1923 (1. Aufl. 1787), S. 378.

31 *Pezzl,* Skizze von Wien, 1923 (1. Aufl. 1787), S. 378.

bedeutsamen Interesse von Medizinern an den Beziehungen von Gesundheitsproblemen zur Gesellschaft und im besonderen zum Staat.“[32] Einer jener Mediziner ist der bereits erwähnte, an Sozialmedizin und Volksgesundheit höchst interessierte, aus Köln stammende Pascal Joseph Ferro, der mit seinen Ambitionen und Aktivitäten als ein wesentlicher Vordenker und Vorkämpfer der Wiener Kaltwasser-, Flußbade- und Schwimmkultur mit hydrotherapeutischen und sozialhygienischen Implikationen bezeichnet werden kann.

> „Angegriffen von der Kälte des Wassers, schrumpft jede Fiber der Haut zusammen, neues Leben, ungefühlt so lange durch die matte Schlappigkeit, dringt durch den ganzen Körper. [. . .] Schwache Kinder, deren ganzer Körper kaum einige Pfund wog, hab ich auf diese Art stark und gesund gemacht, indem ich sie täglich in kaltes Wasser setzen ließ . . . Dies ist das kräftigste und beste Mittel . . . starke gesunde Menschen dem Staat zu erziehen.“[33]

Mit seiner Schrift über den Gebrauch der kalten Bäder zieht Ferro wie viele Vertreter der Kaltwasserbehandlung unter dem Eindruck Rousseauschen Gedankengutes (wie es dann später auch wieder bei J. P. Frank anklingen sollte) gegen die Verweichlichung und Entkräftigung zu Felde, die das Stadtleben mit sich bringe. „Alle ‚Unordnungen‘ der Lebensart seiner Zeit lassen sich nach Ferro auf 2 Hauptpunkte konzentrieren: ‚zu viel Gebrauch der Seele und zu wenig Gebrauch des Körpers‘.“[34] Auf sein Betreiben hin wird noch unter Joseph II. dem neuentstandenen bourgeoisen Bedürfnis durch Aufrichtung eines öffentlich zugänglichen Flußbades Rechnung getragen. Allerdings muß Ferro dieses „Kaltbad“ im Donauarm Fahnenstangenwasser am Rande des nördlichen Augartens selber finanzieren.

Angeblich besucht es der Kaiser, der ja während der Sommermonate in unmittelbarer Nähe in seinem Gartenhaus, dem „Josephstöckl“, zu wohnen und zu arbeiten pflegt[35], hin und wieder unauffällig. Trotz heftiger Polemiken und Anfeindungen der kaiserlichen Leibärzte ist dessen Sympathie für das Badeprojekt unverkennbar. Um den im

---

32 *Rosen,* Entwicklung der sozialen Medizin, in: *Deppe/Regus* (Hg.), Seminar: Medizin, Gesellschaft, Geschichte, 1975, S. 84.

33 *Ferro,* Gebrauch des kalten Bades, 1780, S. 49 f.

34 *Schäfer,* Physikalische Heilmethoden in der Ersten Wiener Medizinischen Schule, 1967, S. 207.

35 *Reisinger,* Geschichte des Augartens, in: Augarten-Festschrift, 1990, S. 27 f.

öffentlichen Park „Augarten" Spazierenden das Flußbaden schmackhaft zu machen, wird auf seinen Befehl „. . . zu einem bequemeren Besuch des Bades die hintere Tür des Augartens gegen die Brigittenau ständig offengehalten".[36] Es mag wohl der Versuch einer herrschaftstechnischen Synthese gewesen sein, das deutlich vorhandene (wenn auch sublimierte) Streben nach Lust am Wasser mit dem diesem entgegenstehenden absolutistischen Interesse der öffentlichen Ordnung, das wilde Baden, manchmal sogar den bloßen Aufenthalt an freien Gewässern zu unterbinden, zu vereinbaren.

Der Berliner Journalist Friedrich Nicolai beschreibt das Ferrosche Badeschiff, das nahe der Mautstelle an der Tabor-Linie liegt, in seinen Reiseerinnerungen als „Wiener Merkwürdigkeit".

„Hinter dem Augarten sind die 1780 [Hier irrt sich Nicolai. Richtig ist 1781. Anm. d. Verf.] von Herrn Doktor Ferro angelegten Bäder in der Donau eine sehr nützliche Anstalt. Es sind zwischen zwei großen Kähnen, die vor Anker liegen, etwa acht verschlossene Zellen, von Brettern gebaut. In denselben findet sich ein Kanapee, Spiegel, Anziehtisch, leinerner Schlafrock und so weiter. Man steigt in das Bad auf Stufen hinunter. Es besteht aus einem breiten Boden, auf welchem man steht oder sitzt, und das nach der Höhe der Donau höher und tiefer gemacht werden kann. An den Seiten ist alles rund herum vergittert, so daß die Donau hindurchrauscht. Die Zellen sind so angelegt, daß das Wasser aus einem Bade nicht auf das andere schießen kann. Ein Bad kostet 40 Kreuzer."[37]

Vorerst ein skurriler Luxus, eine extravagante Attitüde der gesellschaftlichen Elite also, bedenkt man, daß laut Pezzl (siehe voriges Kapitel) die überwiegende Mehrheit der Bevölkerung nicht die Hälfte des Badetarifes an einem Arbeitstag verdient, so sie überhaupt monetär entlohnte Erwerbsarbeit vorfindet.

Der innovative praktische Arzt Ferro, nachmaliger Erster Stadtphysikus und Regierungsrat, erhält am 25. September 1780 das kaiserliche Privileg, auf zwanzig Jahre in allen Erbländern als erster und einziger Flußbadeanstalten einrichten zu dürfen. Im Sommer darauf eröffnet er das mit Eigenkapital erbaute Flußbadeschiff im Fahnenstangenwasser in der Wiener Vorstadt Leopoldstadt. Der anfangs bemerkenswert rege Zuspruch seitens bürgerlicher Kreise

---

36 *Martin,* Deutsches Badewesen, 1906, S. 47.

37 *Nicolai,* Beschreibung einer Reise, Bd. III, 1783–1796, S. 16 f.

verleitet ihn vorschnell und euphorisch einem kommenden Zeitalter der Hygiene, Gesundheit und Krankheitsprophylaxe durch die sich durchsetzende Vernunft der Aufklärung, gepaart mit progressiven, aber bewährten Praktiken der Hydrotherapie entgegenzusehen.

„Das Gedränge des Volks sich dieses heilsamen Instituts zu bedienen, das Frohlocken der Ärzte, die itzt endlich einmal ein Mittel gebrauchen konnten, womit sie die überall eingerissenen Nervenschwäche, die eben so sehr den Artzt als den Kranken quält, Einhalt zu thun im Stande waren – dieß sind offenbare Beweise, daß itzt nicht mehr Verzärtlung, nicht Eigensinn, nicht Dummheit, sondern bloß der Mangel an Gelegenheit die Schuld des Aufschubs gewesen war."[38]

Indes nachdem die erste Neugierde des Publikums gestillt ist, dürfte das „Gedränge des Volkes" rasch nachgelassen haben, so daß Ferros Badeunternehmen mit wirtschaftlichen Schwierigkeiten zu kämpfen bekommt.

In der Josephinischen Zeit existieren in Wien wenige Jahre hindurch sogenannte „Sturzbäder". Das vom Stadtkommandanten Fürst v. Liechtenstein errichtete „... kalte Sturzbad im Liechtensteingarten Nr. 38, erhielt anfangs häufige Besuche ..."[39] Auch das Ferrosche Badeschiff verfügt in einem extragroßen Badekasten, in dem auch geschwommen wird, über eine Stürzeinrichtung, das heißt Seil und Winde mittels deren jemand, der sich eben ins Wasser gestürzt hat, rasch wieder herausgezogen wird. Dieser Vorgang soll so oft als möglich bei kältstem Wasser wiederholt werden.[40]

„Die Geschwindigkeit, womit man beim Stürzen die Unannehmlichkeiten der Kälte überstand, machte viele entschloßen, daßelbe dem allmähligen Hineingehen vorzuziehen. Nun kam noch die Meinung hinzu, daß das Blut beim gewöhnlichen Kaltbaden in den Kopf stiege; man wählte daher das Gegenteil ... und so wurde das Stürzen nun überall als die beßte Art, das kalte Bad zu gebrauchen, angenommen."[41]

Ferro ist hier wiederholt zu optimistisch, denn „... nach einiger Zeit schon aber kam ... das ‚Stürzen' vielleicht nicht unbegründet außer Mode."[42]

38 *Ferro,* Gebrauch des kalten Bades, 2. Aufl., 1790, S. 183.
39 *Hofbauer,* Die Rossau, 2. Aufl., 1866, S. 153.
40 Vgl. dazu *Martin,* Deutsches Badewesen, 1906, S. 48 f.
41 *Ferro,* Gebrauch des kalten Bades, 2. Aufl., 1790, S. 155.
42 *Hofbauer,* Die Rossau, 2. Aufl., 1866, S. 153.

1784 wird sein Bad wegen Eis- und Hochwasserschäden vom nördlichen Augarten in der Brigittenau an den sichereren Tabor verlegt, was erneut Publikum kostet.[43] Er verkauft es schließlich. Nachfolgende Besitzer und Pächter können sich ebenfalls nicht lange halten und wechseln mehrfach. 1799 wird das Flußbad zur Gänze von der öffentlichen Hand unter der Bezeichnung „Armenbäder" übernommen und neu gebaut.[44]

Das von Ferro, für den sich die Karriere als Stadtphysikus anbahnt, vielleicht verfrüht aufgegebene „Kalt-Bad" ist noch lange Jahre darüber hinaus unter der Bezeichnung „Ferro-Bad" stadtbekannt. Gegen Ende des 18. Jahrhunderts wird es im „Almanach für Ärzte und Nichtärzte" in einer Weise präsentiert, die, verglichen mit der frühen Schilderung Friedrich Nicolais, zur Annahme Anlaß gibt, daß seit seinem Entstehen 1781 kaum wesentliche Veränderungen vorgenommen worden sind.

„Die Badezimmer stehen auf einem großen und festgezimmerten, quer über dem Flusse stehenden Floße ... sie sind geräumig und helle und haben Fenster und Fliegengatter ... in jedem Zimmer ist auf der einen Seite des Bodens eine Öffnung gemacht, in Form eines länglichen Viereckes, durch welche man mittels einer bequemen Stiege in einem geräumigen, am Boden des Zimmers befestigten Kasten hinausgeht, um sich ins fliessende Wasser zu begeben. Je nachdem die Person groß oder klein ist, lässt man auch den Kasten bald tiefer, bald seichter in das Wasser."[45]

Diese Kästen werden jeden Abend herausgehoben und von Schlamm gereinigt. Ein Kasten mißt 5 Fuß Länge (1,57 m), 3 Fuß Breite (0,94 m) und 4$^{1}/_{2}$ Fuß Tiefe (1,41 m). „Unten hat jeder Kasten einen festen Boden, der aber doch durchlöchert sein muß. Die Seitenwände derselben bestehen aus nicht zu dicken, in Form eines Gitters voneinander abstehenden Balken, durch welche das Wasser beständig aus und ein rinnen kann."[46] Es handelt sich also im Grunde – sieht man von der Wassertemperatur ab – um ein Wannenbädern ähnliches Baden bei allerdings ständigem Wasseraustausch und spürbarer Strö-

43 Vgl. *Bassenge,* Dr. Paskal Joseph v. Ferro, in: Berliner Klinische Wochenschriften, 1905, Nr. 42, Anm. 19.

44 *Wertheim,* Medicinische Topographie, 1810, S. 26.

45 Almanach für Ärzte und Nichtärzte, 1798, S. 45.

46 *Ferro,* Gebrauch des kalten Bades, 1780, S. 150.

mung. Diese Type Bäder wird auch als „englische Bäder“ bezeichnet.[47] Bei nachfolgenden Badeschiffskonstruktionen entstehen durch wesentliche Vergrößerung der Senkkästen kleine Schwimmbassins, die mehrere Menschen fassen.

Ein anderer sozialmedizinisch engagierter Wegbereiter des neuen Badens ist der 1795 einem Ruf nach Wien als Direktor des Ersten Allgemeinen Krankenhauses und ordentlicher Professor an der Medizinischen Fakultät der Universität Wien gefolgte, bald zum k. k. Hofrat avancierte Johann Peter Frank. Er entwickelt eine bis zu seinem Tode (1821) währende überaus reiche Tätigkeit. Unter anderem plädiert er beharrlich für eine staatlich-behördliche Förderung der Kaltwasser-, Freiluftbade- und Schwimmkultur.

„Was die besondere Kunst des zu erlernenden Schwimmens betrifft: so wird niemand in Abrede stellen, daß es nicht eine für sehr viele Menschen höchst wichtige Sache seye, und daß Tausende ihr Leben noch würden gerettet haben, wenn nicht dieser Teil der physischen Erziehung an vielen Orten ganz ausser Acht gekommen wäre. Das Einzige, was sich hier vorschlagen läßt, wären . . . Schwimmschulen: diese Stiftung würde dem Staat nicht hoch zu stehen kommen, und die Menschen würden sich durch Schwimmen noch zu retten wissen, wenn sie das Unglück hätten, ins Wasser zu fallen: vorausgesetzt, daß sie von Jugend an im Schwimmen unterrichtet worden wären. Aber auch die Gesundheit selbst gewinnet durch die Wirkung eines kalten Bades, . . . sowie durch die kraftvolle Bewegung des Körpers während dem Schwimmen, ungemein vieles.“[48]

Frank kennt Ferro natürlich persönlich. In seinen Schriften anerkennt er dessen Badeprojekt ausdrücklich und empfiehlt es dem Leser.[49] (Auch Ferro plädiert für das Schwimmenlernen und hat sogar eine Unterrichtsmethode ausgearbeitet.) Sosehr Frank Ferros Bad auch schätzt, meldet er sittliche wie quasibakteriologische Bedenken an, die er allerdings im gleichen Atemzug mit der Forderung nach entsprechenden polizeilichen Maßnahmen zu zerstreuen trachtet.

„Wenn nun die Polizey dafür sorget, daß (wie sonst leicht zutreffen dürfte) dergleichen Badehäuser nicht zum Sammelplatz ausschweifender Menschen

47 *Bassenge,* Dr. Paskal Joseph v. Ferro, in: Berliner Klinische Wochenschriften, Jg. 1905, Nr. 42, Anm. 19.

48 *Frank,* Medicinische Polizey, Bd. 2, 1780, S. 641.

49 *Frank,* Medicinische Polizey, Bd. 3, 1783, S. 1003 f.

und folglich zur Quelle der Erschöpfung und wechselseitigen Ansteckung mit einem die Zeugungstheile angreifenden, und durch kein fließendes Wasser . . . abzuspülenden Gifte, wie man sich vielleicht einzubilden versucht sein möchte, ausarten, . . . so sind dergleichen Gelegenheiten zur öfteren Abwaschung des Körpers und zur Stärkung seiner Nerven und Fasern durch die unnachahmliche Wirkung kalter Bäder, gewiß eine der größten und natürlichsten Mittel zur Wiederherstellung aller der Vorzüge deutscher Mannhaftigkeit und Spannkraft . . . "[50]

Hier sind bereits Gedanken, Vorstellungen, Meinungen und Überzeugungen formuliert, die jenen Diskurs des 19. und frühen 20. Jahrhunderts vorbereiten, der sich im deutschen Faschismus verdichtet und katastrophale politische und praktische Konsequenzen zur Folge hat. In diesem Diskurs „. . . organisiert ‚Gesundheit' eine rassistische Gesellschaft von Erziehung, Sport, Hygiene, Sexualmoral, Kleiderordnung, Kriegstauglichkeit, Religiosität usw. Umgekehrt bildet ‚Krankheit' eine entsprechende Gegengesellschaft, in der Feindpopanz, Versager und Widerstand verkettet sind."[51]

Ganz im Geist von Merkantilismus und Kameralistik sowie der Ideenwelt und Herrschaftsmaximen des Reformabsolutismus ist es Franks Bestreben, Einrichtungen zu unterstützen bzw. Institutionen zu schaffen, durch die das Naturgeschehen so geregelt werden kann, daß die Bevölkerung vor Gefahren, Unfällen, Krankheiten, Arbeitsunfähigkeit, physischen und psychischen Schäden, Unfruchtbarkeit und frühzeitigem Ableben wirksam geschützt ist.[52]

„Konkret hat sich die Macht zum Leben seit dem 17. Jahrhundert in zwei Hauptformen entwickelt, die keine Gegensätze bilden, sondern eher zwei durch ein Bündel von Zwischenbeziehungen verbundene Pole. [. . .] Die Disziplinen des Körpers und die Regulierungen der Bevölkerung bilden die beiden Pole, um die herum sich die Macht zum Leben organisiert hat. Die Installierung dieser großen . . . Technologie charakterisiert eine Macht, deren höchste Funktion nicht mehr das Töten, sondern die vollständige Durchsetzung des Lebens ist. Die alte Mächtigkeit des Todes, in der sich die Souveränität symbolisierte, wird nun überdeckt durch die sorgfältige Verwaltung der Körper und die rechnerische Planung des Lebens."[53]

---

50 *Frank,* Medicinische Polizey, Bd. 3, 1783, S. 1003.

51 *Haug,* Die Faschisierung des bürgerlichen Subjekts, 1986, S. 22.

52 *Biach,* Johann Peter Frank, 1962, S. 38.

53 *Foucault,* Der Wille zum Wissen, 3. Aufl. 1989, S. 166.

Wo menschliches Dasein durch staatliche Vorkehrungen gewährleistet, gesichert und verbessert wird, erhöht sich zugleich sowohl die Chance auf individuelles Glücks- und Freiheitsstreben als auch auf wirtschaftliche, politische, militärische etc. Stärkung des Staates selbst. „Was vielleicht zunächst wie Metaphorik ohne reale Bedeutung erscheint, die Artikulation von [. . .] Gesundheit mit Herrschaft, ist für den Zusammenhalt der bürgerlichen Gesellschaft und ihres Staats . . . von großer Bedeutung.“[54]

Frank ist sich mit jenen fortschrittlichen Zeitgenossen und Standeskollegen völlig einig, die den diesbezüglich multifunktionalen Nutzenaspekt der kalten Bäder hervorheben. »Sie reinigen die Haut, sie befördern ungemein die Ausdünstung, sie erhalten die schöne Harmonie unserer festen und flüssigen Theile, von welcher unsere Gesundheit und Glückseligkeit zunächst abhängt, und heben ein großes Heer von Krankheiten.“[55] Die Unreinlichkeit sei eine der ersten Ursachen der Volkskrankheiten und besser durch Polizeiverfügungen und -maßnahmen als durch Ärzte zu heilen. Im Abschnitt über die „Reinlichkeit der Privatmenschen“ seiner sechsbändigen „Medicinischen Polizey“ äußert Frank:

„Es wäre zu wünschen, daß man, um die Bürger einer großen Stadt zu mehrerer Reinhaltung ihres Körpers zu bewegen, die Gelegenheit zu kalten Bädern vermehrte und in Zeiten die Jugend in kaltem Wasser, so wie unsere Voreltern thaten, abhärtet.“[56]

Bis hin ins Biedermeier werden wieder wesentliche Elemente der im Laufe der Neuzeit desavouierten Volkstradition für viele Menschen unter anderen Vorzeichen, bei methodischer Strukturierung und disziplinhafter Durchdringung und innerhalb institutionalisierter Rahmenbedingungen auf die eine oder andere Weise praktikabel. Sie entsprechen durchaus den aufgeklärt-absolutistischen Vorstellungen von der Kräftigung, Gesundung und Abhärtung der Bevölkerung, der wertvollsten staatlichen Ressource, und tragen nicht unerheblich zur qualitativen und quantitativen Erweiterung der Reproduktionsmöglichkeit und des Freizeitverhaltensspektrums aller Schichten bei.

---

54 *Haug,* Die Faschisierung des bürgerlichen Subjekts, 1986, S. 19.
55 *Lichtenthal,* Ideen zu einer Diätetik, 1810, S. 109.
56 *Frank,* Medicinische Polizey, Bd. 3, 1783, S. 925.

Saubere Körper – reine Seelen

Im Gegensatz zum Zivilisationsprozeß der beispielsweise von Buddhismus oder Schintoismus beeinflußten Kulturen kommt es im christlich-abendländischen zur Entkoppelung vom ursprünglich engen Konnex zwischen mythisch-religiösem Reinigungsritus und physisch-mechanischem Säuberungsverhalten. Die Bedeutung der kultischen Reinigung variiert offensichtlich zwischen den verschiedenen Religionen beträchtlich. „Der religionsspezifische Reinigungsritus ist durch unterschiedliche Grade der symbolischen Reduktion gekennzeichnet; er erreicht im Christentum einen hohen Grad der Vereinfachung, Konzentration und Vergeistigung.“[57] Hier wird die „Reinwaschung“ von der Erbsünde, ursprünglich vollzogen durch mehrmaliges Untertauchen unter der Anleitung des Apostels Johannes beim Vorgang des Taufens im Jordan, zunehmend auf eine rituelle Besprengung reduziert. „Diese Symbolfunktion des Wassers im Christentum, also die fehlende Alltagsbedeutung, führt in Verbindung mit dem negativen Selbstverständnis des Körperlichkeitsproblems zweifellos dazu, daß zunächst einmal intensive, voluminöse und alltägliche Sauberkeitsriten nicht als Normvorgaben zur Ausbildung gelangen . . .“[58]. Entsprechende Anregungen fehlen und eine im Zeitablauf über Jahrhunderte mögliche Automatisierung im Sinn von internalisierten „selbstverständlichen“ Verhaltensweisen unterbleibt.

Gleichermaßen behindern uralte bedrohliche Wassermythen, die Rückdrängung und Diskreditierung der Körperlichkeit und Badekultur von seiten kirchlicher und weltlicher Macht seit dem frühen Mittelalter, frühbarocke Vorstellungen vom „porösen Körper“ und unspezifisches, allgemeines, seit der Renaissance fest in der Mentalität verankertes Unbehagen gegenüber dem Wasserkontakt die Fortsetzung und Fortentwicklung des auf Wasseranwendung basierenden Sauberkeitsverhaltens in Europa. Sauberkeitspostulate werden zwar im Verlauf der Neuzeit für gesellschaftliche Eliten immer wichtiger, maßgeblicher und zwingender – etwa sind „verlotterte Erscheinungsformen“ mit höfischem Leben inkompatibel –, es ist

57 *Bergler*, Sauberkeit, 1974, S. 37 f.

58 *Bergler*, Sauberkeit, 1974, S. 38.

aber eine vor allem auf Wäsche, Kleidung, Haartracht, Puder und auf die Anwendung von Schminke und Parfum gemünzte Sauberkeit. „Gegenstände werden . . . zum Beurteilungskriterium für Körperhygiene. Der Körper hat seine Stellvertreter."[59]

Im 18. Jahrhundert wandeln sich die bisher gültigen Zeichen sozialer Distinktion grundlegend. Sogar die Bedeutung des Wortes „Sauberkeit" ändert sich: Sauberkeit ist nicht mehr nur an der Kleidung ablesbar, sie ist nicht mehr nur etwas fürs Auge, sondern sie wendet ihre Aufmerksamkeit sachte dem Körper zu.

Im neuen Sauberkeitsverständnis gerät etwa das Parfum ins Schußfeld der Kritik: Man glaubt, daß es nur eine oberflächliche Wirkung habe und die Sinne trüge. Die Künstlichkeit des Parfums steht in krassem Widerspruch zur Werthaltung der sozial aufsteigenden gesellschaftlichen Formation, der Bourgeoisie. „All diese Substanzen reizen die Nerven und haben eine schwächende Wirkung. Ihre Verwendung ist wider die Natur . . ."[60], argwöhnen ihre Vertreter. Diese Art von Sauberkeit wird beschrieben als „falsche Schönheit", die einen abstoßenderen Effekt hat als die „abgrundtiefste Häßlichkeit". Außerdem ist das Parfum, das sich verdunstend verflüchtigt, Symbol für „Vergeudung" und steht in Widerspruch zur bürgerlichen Sparsamkeit und Produktionsmoral, zu Rationalitäts- und Akkumulationsbestrebungen.

Die Förderung jener Qualitäten, die das menschliche Subjekt schon von Natur aus in sich trägt, legt Kriterien einer unabhängig von Aufmachung und Körperhaltung existierenden Sauberkeit fest. Frische, Sauberkeit, Reinheit, sogar „strahlende Schönheit" werden als unmittelbare körperliche Eigenschaften empfunden. Die neu geschaffene Dichotomie, die auf Distanz zwischen Natürlichkeit und Künstlichkeit hinausläuft, verändert grundlegend die Vorstellungen über Sauberkeit. Sauberkeit wird – etwa von Rousseau – natürlicher Schönheit gleichgesetzt und bedeutet die Ablehnung von „gekünstelter Koketterie" und „eitler Affektiertheit". Mangelnde Hygiene vor allem der armen Bevölkerungsschichten wird hingegen nicht als „Mangel" gesehen. Das Streben nach Sauberkeit wendet sich vielmehr in erster Linie gegen die Oberflächlichkeit des äußeren Scheins

59 *Vigarello,* Wasser und Seife, Puder und Parfüm, 1988, S. 95.

60 *Vigarello,* Wasser und Seife, 1988, S. 166.

der aristokratischen Welt. „Auch wenn der hygienische und gesundheitliche Aspekt der Sauberkeit noch kaum Beachtung findet, markieren die Antagonismen zwischen Natürlichkeit und Künstlichkeit oder Einfachheit und Affektiertheit den langsamen Wandel der Sensibilität im Bereich der Sauberkeit.“[61]

Im Verlauf des abendländischen Hygienisierungsprozesses müssen Menschen ab dem 18. Jahrhundert die äußerlichen Wasseranwendungen zwecks Säuberung des Körpers, die Körperwaschung mit Wasser, das Reinigungsbad zu Hause, in einer Badeanstalt oder direkt im Fluß erst wieder mühsam akzeptieren und „erlernen“. Darin ist die Aufklärung treibende Kraft. Ihre Agitation ist Ausgangspunkt für die relativ rasche und auf breiter Basis erfolgende Durchsetzung von physikalisch-chemischer Ganz- und Teilkörperhygiene mittels Wasser, Lappen, Bürsten, verdünnter Aschenlauge (bei Armen) oder Seife (bei Wohlhabenden); von kalten, warmen und lauwarmen Teil- und Vollbädern in Schaff, Bottich, Badekufe oder Wanne; von Baden und Schwimmen in freien Gewässern. Die neuen Praktiken setzen im Laufe des 19. Jahrhunderts frühere Verhaltensstandards der Wasservermeidung und „wasserlosen Sauberkeit“ (diese erreichte ihren Höhepunkt im höfischen Barock) außer Kraft und heben überhaupt die gesamtgesellschaftlich weitverbreitete Irrelevanz von Körperhygiene auf.

Umfassende wie detaillierte, instruktive wie insistente, beschwörende, bohrende, an Demagogie grenzende Belehrungen, die häufig in minutiösen Anleitungen und Beschreibungen regelmäßiger Ganzkörperbäder münden, richten sich vorerst und in erster Linie an „bessere“ Schichten, an höhere Stände.

„Das Waschen ist unserm Körper sehr wohlthätig, am allerwohlthätigsten ist das Waschen des Kopfes mit reinem Wasser, woran man sich von Jugend auf gewöhnen soll . . . [. . .] Man suche ferners wöchentliche 2–3 Mahl den ganzen Körper zu waschen . . . [. . .] Man sollte sich . . . besonders im Sommer zum Gesetze machen, alle 3–4 Tage die Wäsche zu wechseln. [. . .] Unsere Frauen sollen sich's angelegen seyn lassen, ihre Unterröcke alle 14 Tage zu wechseln. Die allerwichtigste Hauptrubrik macht hier aber ganz sicher der fleißige Gebrauch der Bäder.“[62]

---

61 *Zöhrer-Vogt,* Vom Wasser, unveröff. Manus., 1991, S. 5.

62 *Lichtenthal,* Ideen zu einer Diätetik, 1810, S. 106–108.

Im Gegensatz zum Baden und Schwimmen im sich ständig erneuernden Flußwasser gilt das Wasserbad in den Wannen der Badehäuser als hygienisch nicht unbedenklich. Eine „Allgemeine Badordnung“ aus dem Jahr 1808 fordert Benutzer zu skeptischer Vorsicht auf, „. . . damit der Gebrauch der warmen Bäder ihrer Bestimmung, der Reinigung und Gesundheitspflege, näher gerückt werde“.[63]

„Jede Badewanne wird nach Gebrauch eines Bades ganz ausgeleert, und mit Bürsten gereinigt, ehe sie zu einem neuen Bad wieder angefüllt wird.
Jeder Badende kann bey der Füllung seines Bades gegenwärtig seyn, theils um sich von der Reinlichkeit des Bades zu überzeugen, theils um die Wärme seines Bades zu bestimmen. Sollte ein Badegast ein bereits gefülltes Bad erhalten, und gründlichen Zweifel haben, daß das Wasser wenn auch nur zum Theil vorher schon gebraucht worden sey, so steht es ihm frey, das Bad ganz auszuleeren, und es frisch anzufüllen.“[64]

Die Säuberung des Körpers von stoffwechsel-, arbeits- oder alltagsbedingten Verschmutzungen soll durch gewissenhafte Reinhaltung der Straßen, Wohnungen, Wäsche und Gebrauchsgegenstände, besonders im Hinblick auf die Eliminierung krankheitsübertragender Stoffe, Substanzen und Partikel, komplementiert werden. Beides ist dringend der Tagesordnung aller Wiener und Wienerinnen einzuschreiben. Denn wie, so fragt von Stand man schaudernd sich,

„. . . ist die Gesundheit und das Leben der Reichen und Vornehmen gesichert, wenn der Aermere und Unangesehenere, dessen Dienst und Umgang der erstere unmöglich entbehren kann, Krankheitsstoffe mit sich herumträgt, die ohne Rücksicht des gesellschaftlichen Ranges, von Menschen auf Menschen über zu gehen pflegen? [. . .] Was die Vorbeugung der . . . vor sich gehenden Ansteckung betrifft, so wäre zweckmäßige Sorge für Ordnung und Reinlichkeit . . . freylich das vorzüglichste Mittel zur Erreichung dieser Absicht. Da diese allgemein vermißt wird, und indem überhaupt bey dem gemeinen Volke von Wien die so liebenswürdige und heilsame Eigenschaft der Reinlichkeit, keineswegs eine der größten Tugenden ausmacht, sollte alles forciert werden, was der Reinlichkeit der menschlichen Körper und der alltäglichen Gebrauchsgegenstände zuträglich ist.“[65]

Wird in Hinkunft von Sauberkeit gesprochen, so ist damit neben dem

---

63 Allgemeine Badeordnung, 2. 5. 1808, Niederösterreichisches Landesarchiv.
64 Allgemeine Badeordnung, 2. 5. 1808, Niederösterreichisches Landesarchiv.
65 *Mühlibach,* Wien von seiner übelsten Seite betrachtet, 1815, S. 66 f.

Resultat regelmäßiger Körperpflege mittels Wasser und Seife auch das Ergebnis erfolgreichen Vorgehens gegen den „Gestank der Städte“ und gegen unkontrollierte Zusammenballungen menschlicher Körper im privaten und öffentlichen Raum gemeint. Maßnahmen der allgemeinen Gesundheitsvorsorge und öffentlichen Hygiene stoßen auf vermehrtes politisches Interesse. Nicht mehr ausschließlich die aristokratische Künstlichkeit wird nun angeprangert, sondern auch die „unsauberen“ Praktiken, die die breite Bevölkerung betreffen, werden zur Zielscheibe staatlicher Interventionspolitik. Zuerst nimmt man sich den öffentlichen Raum vor. Die Stadtentwicklung wird nicht unwesentlich dadurch mitbestimmt. Kommunalhygienische Maßnahmen betreffen Friedhöfe, Schlachthöfe, Gefängnisse, Spitäler, die allesamt als „gefährliche Abszesse“ empfunden werden.

“The penal regime . . . subjected incoming prisoners to a hygienic ritual of bathing, shaving, medical inspection and the donning of prison uniform. It combined explicit humiliation with rituals of symbolic purification, designed to initiate the inmates into a new moral order. But all this was not a simple case of ‘the language of social and moral condemnation veiled as the language of medicine’ . . . It was not medicine developing the scientific legitimacy for a general social and political offensive against the poor, the impetus for which came from the ‘class fear’.”[66]

Gleichsam als Nebeneffekt der Wahrung gesundheitlicher Klasseninteressen der herrschenden Gesellschaftsfraktionen kommen Forderungen, Standards und Errungenschaften der Alltags- und Körperhygiene nun auch unteren Schichten zugute. Etwa wird in Hospitälern mit Leibwäsche anders umgegangen als früher, die Kranken werden gewaschen und gebadet. Die Reform der Spitäler sieht vor allem eine Verbesserung der Belüftung, die Beseitigung von Abfällen, die Einführung von Einzelbetten und das öftere Wechseln der Bettwäsche vor. Der Zusammenhang von mangelnder Hygiene und Ansteckung wird expliziert.

„Zu den vorzüglichsten Bedingungen der Gesundheit des Menschen gehört die Reinlichkeit, durch Unreinlichkeit jeder Art werden allerley Krankheiten erweckt, und die bereits entwickelten arten unter ihrem schädlichem Einflusse aus, werden bösartig und ansteckend. Einfache, an sich gelinde Fieber, werden durch Unreinlichkeit des Körpers, der Leibwäsche, des Bettzeugs, der Ge-

66 *Mort,* Dangerous Sexualities, 1987, S. 24.

räthschaften, der Zimmerluft gefährlich und contagiös. Unter solchen Umständen häufen sich nämlich die von dem Kranken ausgestossenen schädlichen Stoffe allenthalben, und werden daher bei immer größerer Entartung durch die Haut und Lungen wechselweise eingesogen und ausgehaucht, wodurch die Säftemasse des kranken Körpers endlich ganz verdorben, zur Erzeugung eines eigenthümlichen animalischen Giftes, eines Ansteckungsstoffes (contagium) bestimmt, und der Dunstkreis des Kranken verpestet wird. Auf diese Weise entwickeln sich die ansteckenden Krankheiten ... Dagegen artet eine Krankheit, sie mag noch so heftig und gefährlich seyn, sofern sie nicht ursprünglich durch ein besonderes Contagium erweckt wurde, bei gehöriger Reinlichkeit höchst selten dahin aus, daß sie ansteckend würde."[67]

Die Angst vor Krankheitsübertragungen ist begreiflich groß, macht doch fast jeder in der Zeit des Vormärz lebende Mensch im eigenen Verwandten-, Freundes-, Bekannten- oder Verkehrskreis die mitunter traumatische Erfahrung einer epidemischen Ansteckung mit letalem Ausgang. „Der eigentliche Grund für diese verheerende Wirkung ... lag in den schlechten sanitären Verhältnissen und vor allem in den beengten und elenden Wohnbedingungen, denen ein Großteil der Bevölkerung, vor allem in den Vorstädten, ausgeliefert war."[68] Während Wien in der Zeit zwischen 1827 und 1847 um 42,5% (= ca. 123.000 Einwohner) wächst, erhöht sich der Wohnhaus- und Wohnungsbestand bloß um 5%.[69] Zwar hausen Unterschichten fernab der „feinen Gesellschaft" zusammengepfercht in Gettos an der Peripherie, doch verstärkt sich ihr Zuzug durch die anhaltende Landflucht von Jahr zu Jahr. Beträgt der Anteil der Ortsfremden an der städtischen Gesamtbevölkerung (Stadtzentrum inklusive Vorstädte und Vororte außerhalb der Linien) 1815 9,5%, steigt er bis 1840 auf 43%. Etwa 85% des Bevölkerungszuwachses von ca. 100.000 Menschen in den Jahren von 1830 bis 1848 gehen auf das Konto ländlicher Zuwanderung. Nur 15% stammen aus einem seit längerem erstmals in diesen Jahren feststellbaren Geburtenüberschuß der in Stadt und Vorstädten Lebenden. Das Wachstum ist fast ausschließlich ein Wachstum der wegen Deindustrialisierung des flachen Landes und

67 Anweisung, über das Geschäft der Reinigung bei ansteckenden pestartigen Krankheiten, 1830, Institut für Geschichte der Medizin, I 7082/1, D.

68 *Waissenberger,* Die Mentalität des Biedermeier, in: *Ders.* (Hg.), Bürgersinn und Aufbegehren, 1986, S. 62.

69 *Hann,* Unterschichten Wiens im Vormärz, phil. Diss. 1984, S. 53.

Niederganges des Handwerksgewerbes zugewanderten ländlichen Unterschichten[70] aus Böhmen, Niederösterreich, Mähren, Süddeutschland und den Alpenländern. Sie versuchen vorwiegend in den billigeren Vororten seßhaft zu werden, die, obwohl teilweise industrialisiert, verslumen. Peter Feldbauer und Hannes Stekl nennen Hintergründe und eindrucksvolle Zahlen der Verarmung.

„Im Gefolge des Überganges von extensiver zu intensiver Nutzung der Arbeitskraft, der sich im 19. Jahrhundert wesentlich rascher als während des Manufakturzeitalters vollzog, schieden immer größere Segmente der Bevölkerung, insbesondere Arme, verwaiste und verwahrloste Jugendliche sowie durch verschiedene persönliche Merkmale ‚Behinderte' aus dem bisher existenzsichernden Arbeitsverhältnis im Rahmen eines Haushalts aus. Auf dem . . . Weg zum armenpolitischen Laissez-faire wurde auf die Schaffung eines neuen sozialpolitischen Instrumentariums verzichtet. Dadurch blieben die Massen der Arbeitslosen und Armen mehr und mehr auf die eigenen dürftigen Ressourcen oder die ihrer besitzlosen Familien angewiesen. [. . .] Wenn . . . für Deutschland die am Rande des Existenzminimums lebenden und in Krisenzeiten besonders gefährdeten Menschen auf mehr als die Hälfte der Bevölkerung geschätzt wurden, so darf wohl auch für Österreich mit ähnlichen Dimensionen gerechnet werden. Amtliche Erhebungen für Wien ergaben im Jahr 1807 etwa 37.500 Almosenwerber, also nicht weniger als 18% der Gesamtbevölkerung (wobei die größere Gruppe der zeitweilig Arbeitslosen gar nicht berücksichtigt war). Eine für die Jahre 1810 bis 1814 durchgeführte Erhebung der Armen in Wien erbrachte im engeren Stadtgebiet die enorme Zahl von 8700 armen und verwahrlosten Kindern."[71]

In der Wiener Manufakturperiode zwischen 1780 und 1820 schaffen „. . . sowohl Hausindustrie als auch außerhäusliche Arbeitsmöglichkeiten für Personen beiderlei Geschlechts und verschiedener Altersstufen . . . vermehrte Abeitsmöglichkeiten, die gemeinsam mit besseren rechtlichen Voraussetzungen die ökonomischen Voraussetzungen für die Ausbreitung der Arbeiterfamilie begünstigen".[72] Als dies beides später nicht mehr der Fall ist, liegt die Geburtenziffer zur Jahrhundertmitte trotzdem weiterhin hoch, was die ungesicherten

70 *Ehmer,* Familienstruktur und Arbeitsorganisation, 1980, S. 96.

71 *Feldbauer/Stekl,* Wiens Armenwesen im Vormärz, in: *Banik-Schweitzer* u. a., Wien im Vormärz, 1980, S. 175.

72 *Ehmer,* Produktion und Reproduktion, in: *Banik-Schweitzer* u. a., Wien im Vormärz, 1980, S. 122.

und prekären Existenzbedingungen der Kinder in Obhut oft alleinerhaltender Mütter in einer Zeit ohne sozialer Absicherung noch verschlimmert. Mit signifikanter Häufigkeit nehmen Seuchen ihren Ausgang von Arbeiterquartieren, Elendsvierteln und Stadtrandslums, wo Menschen ihr Leben am und, im Fall der Arbeitslosigkeit oder Erwerbsunfähigkeit, unter dem Existenzminimum fristen. Mehr noch als vor „sozialrevolutionären Eruptionen" fühlt sich die Bourgeoisie in dieser Hinsicht von der „gefährlichen Armut" bedroht[73], „. . . because closed communities encouraged contamination of ‚the healthy, strong, vigorous and decently habited', by ‚the infirm, weak, feeble, filthy and naked'".[74]

Von den katastrophalen großstädtischen Gesundheits- und Hygieneverhältnissen in den ersten Jahrzehnten des 19. Jahrhunderts sind vor allem Alte, Kranke, Schwache und Kinder betroffen. Die hohe Kindersterblichkeit, die erst nach der Jahrhundertmitte einen deutlichen Rückgang erfährt, ist als Hauptursache dafür anzusehen, daß sehr lange kein Geburtenüberschuß in Wien entsteht. Die allgemeine Verschlechterung der Lebensverhältnisse für den überwiegenden Teil der frühindustriellen Bevölkerung, die ständig grassierende „Volksseuche" Tuberkulose, die Choleraepidemie 1831, der durch Kartoffelkrankheit und Mißernten verursachte Hungertyphus in den Jahren unmittelbar vor der Revolution sowie die generell hohe Mortalität vor allem der jungen, in Ausbildung stehenden Bevölkerung tragen das ihre dazu bei.[75] Im großen und ganzen steht der vormärzliche Staat der Zunahme der Armen und Arbeitslosenzahlen desinteressiert bis verständnislos und daher ohne nennenswertes Krisenmanagement und mit einem reichlich bescheidenen Interventionsinstrumentarium gegenüber. „Kennzeichnend für die Armenpflege . . . war das fortdauernde Nebeneinander von josephinischen Neuerungen, individuellem Almosengeben, vereinsmäßig organisierter privater Wohltätigkeit und eigenen kirchlichen Fürsorgeeinrichtungen bei insgesamt abnehmendem staatlichen Engagement."[76]

---

73 *Kuszynski,* Geschichte des Alltags, 1981, S. 163 f.

74 *Mort,* Dangerous Sexualities, 1987, S. 23.

75 Vgl. *Silber,* Sozialstruktur Wiens im Vormärz, 1977, S. 57 f. Sowie: *Hann,* Unterschichten Wiens im Vormärz, phil. Diss. 1984, S. 21 f.

76 *Feldbauer/Stekl,* Wiens Armenwesen im Vormärz, in: *Banik-Schweitzer* u. a., Wien im Vormärz, 1980, S. 183.

Vorwiegend als „gewissenberuhigende Reaktion" auf nicht abreißende ärztliche Warnungen vor dem die gesellschaftliche Elite selber bedrohenden gesundheitspolitischen Laissez-faire versucht der Vormärz halbherzig, an einen im Josephinismus unternommenen Vorstoß in Richtung Sozialhygiene und Volkswohlfahrt anzuknüpfen: an die Errichtung und Betreibung billiger oder kostenloser Flußbäder und Badestellen für Arme.

Die Schriften des berühmten Berliner Arztes Dr. Christoph Wilhelm Hufeland, Professor der Medizin, Staatsrat und Leibarzt des preußischen Königs Friedrich II., stehen in Wien hoch im Kurs, werden gerne gelesen und reichlich rezipiert. Wie viele Autoren seiner Zeit kommt auch Hufeland nicht umhin, einmal mehr den Mythos der angeblich den Flußbädern so verbundenen Germanen zu strapazieren.

„Die alten Teutschen, die Helden mit den blauen Augen und goldgelben Haaren, die durch ihre ungewöhnliche Größe, ihr körperliche Stärke und ihren Heldenmuth, die Bewunderung selbst der Römer auf sich zogen, liebten und schätzten das Baden über alles. Ihr erster Gang des Morgens war nach dem Flusse, wo sie, Männer und Weiber, sich erfrischten und zu den Geschäften des Tages stärkten."[77]

Als einer der prononciertesten Vertreter progressiver Sozialmedizin und Kommunalhygiene des späten 18. und frühen 19. Jahrhunderts im deutschen Sprachraum bemüht sich Hufeland gleichwohl um wissenschaftliche Begründung und Legitimation wie öffentliche Verbreitung neuer, den Körper betreffender Verhaltensstandards, Umgangssitten und Alltagsgepflogenheiten: Anständige Leute, gleich welchen Standes, sollen sich an Sauberkeit gewöhnen und wenigstens einmal die Woche baden.

Daß die edlen Germanen, die hehren Vorfahren des deutschen Volkes, die Tradition des Flußbades sogar täglich hingebungsvoll und voller Eifer pflegten, erachtet Hufeland als die wichtigste Voraussetzung für den „sauberen", moralischen, „teutschen" Charakter.

„Und gewiß, abgerechnet die Stärkung und Erhöhung, die hierdurch vom Körper auf die Seele übergeht, und sie zu schönen und edlen Gedanken stimmt, so liegt schon in dem Gedanken der äußeren Reinigung und Abwaschung etwas, was gewiß auch nach und nach auf moralische Reinigung und

77 *Hufeland,* Abhandlung über lauwarme Bäder, in: Ueber die lauwarmen Bäder zu Meidling, 1804, S. 10.

Besserung wirkt. Es ist kein Zweifel, daß ein Mensch, der Gefühl für körperliche Reinlichkeit hat, und sie nach allen Kräften kultiviert, auch gewiß einen freyeren, reineren und offeneren Sinn haben wird, als der, dem Schmutz und Unsauberkeit zur Gewohnheit geworden ist. Die unreinlichsten Nationen sind auch immer die dümmsten, verworfensten, unedelsten; und ich würde, wäre ich ein Reformator, ihre Kultur damit anfangen, sie an körperliche Reinigkeit zu gewöhnen."[78]

Typisch für den heraufdämmernden völkischen Rassismus des 19. Jahrhunderts besteht für die Zeit eine „... bemerkenswerte Übereinstimmung zwischen Argumenten der ‚Hygiene' und Argumenten der Moral, zur Unterstützung von Verhaltensstandards. Beide haben eine in hohem Maße allgemeine und ‚objektive', nicht auf spezifische soziale Situationen verweisende Tendenz."[79]

Um die Menschheit zusätzlich an der Eitelkeit und am Geltungsbedürfnis zu packen, wird im einschlägigen Schrifttum darauf hingewiesen, niemals

„... des Vorzuges einer schönen Haut teilhaftig werden [zu können], wenn man nicht einer gewissen Tugend in ihrem ganzen Umfange huldigt, die ihre Verehrer gewiß nie unbelohnt läßt, – der edlen Reinigkeit. Sie, diese beglückende Huldgöttin, zu der uns alle ein geheimer Instinkt zieht, die so nahe mit Wahrheit und Reinheit des Charakters verbunden ist, und ihren Verehrern das unverkennbare Gepräge der Anmuth und Liebenswürdigkeit aufdrückt, – sie ist es, die sich als ein vorzügliches Beförderungsmittel körperlicher Schönheit empfiehlt."[80]

Wer demnach nicht in der Lage ist, sich von seinem „geheimen Instinkt" zur „edlen Reinigkeit" hinziehen zu lassen, dem bleibt die Reinheit des Charakters unerreichbar.

Der englische Kulturanthropologe Frank Mort entwarf eine Theorie der „medical hegemony of the industrial bourgeoisie", die „a middleclass monopoly over the issues of moral, health and hygiene" manifestiert.

78 *Hufeland,* Abhandlung über lauwarme Bäder, in: Ueber die lauwarmen Bäder zu Meidling, 1804, S. 11.

79 *Goudsblom,* Zivilisation, Ansteckungsangst und Hygiene, in: Materialien zu N. Elias' Zivilisationstheorie, 2. Aufl., 1982, S. 221.

80 Wichtige Bemerkungen über die Schönheit und die Mittel selbe zu erhalten, Wien 1800, S. 23.

"This medico-moral discourse was not wholly new. Many of the issues . . . had their antecedents in earlier theories of social medicine. The 1830s and 1840s marked the crystallization of debates dating back a least half a century over medical and philanthropic perceptions of the poor. In the eighteenth century a system of hygienics, directed at the improvement of specific institutional populations (prisoners, workhouse inmates and hospital patients) was as much a moral as a medical crusade."[81]

Der „moralische Kreuzzug" verläuft in Richtung staatlich-herrschaftlicher Kontrolle und Disziplinierung wie Diskriminierung und Anprangerung von allem, was nicht ins Schema der politischen Ökonomie paßt.

Massiv einsetzende Körperpflege- und Hautreinigungsanleitungen wären nicht verständlich ohne die in noch nie dagewesener Weise wahrgenommenen, Ekel erregenden, Ablehnung hervorrufenden, verpönten und gefürchteten menschlichen Geruchsabsonderungen. „In dieser von der Angst vor Luftverderbnis und Miasmen geplagten Zeit ist die Aufmerksamkeit gegenüber dem anderen vornehmlich auf dessen Ausdünstungen, seinen Atem und seinen Körpergeruch gerichtet. [. . .] Die Wahrnehmung der Gefahr ‚sozialer Ausdünstungen' führt zu einem ungekannten Mißtrauen gegenüber der nach Fäulnis stinkenden Masse . . ."[82] Menschliche Gerüche wurden mit Akribie studiert, was maßgeblich zu einem diesbezüglich erhöhten Perzeptions- und Differenzierungsvermögen beiträgt. „Es wäre ermüdend, hier alle Autoren zu zitieren, die sich in Form endloser Kataloge mit der Semiotik des Geruchs befaßt haben."[83] Auf der Basis der Gewißheit vom Zusammenhang und der Parallelität von körperlicher Sauberkeit/Geruchlosigkeit und sittlicher Reinheit führt die neuerworbene Sensibilität (nicht unbeeinflußt von herrschenden sozialen Vorurteilen) zu Empfindlichkeiten, subjektiven Abneigungen, ja Abscheu gegenüber bestimmten Personen und Personengruppen.

„Beleidigend ist es im gewöhnlichen Leben, wenn man in Gesellschaften ungekämmt, schmutzig, unordentlich erscheint, und nicht mit Unrecht macht man von dieser äußern Nachläßigkeit, Gleichgültigkeit und sorglosen Unflätterey eben keinen empfehlenden Schluß auf die Reinheit des Gemüths

81 *Mort,* Dangerous Sexualities, 1987, S. 22.

82 *Corbin,* Pesthauch und Blütenduft, 1988, S. 68.

83 *Corbin,* Pesthauch und Blütenduft, 1988, S. 60.

eines solchen Menschen. [. . .] Nach relativen Umständen des Alters, Temperaments; nach der Lebensweise, Beschäftigung u. s. w. wird hier auch die Sorgfalt auf Reinlichkeit verschieden seyn müssen: so ist die Ausdünstung der Blonden gemeiniglich milder, als jene der schwarzäugigen Brünetten oder der goldgelockten Schönen. Kinder, schwächliche und alte Personen riechen säuerlich, noch schärfer schwarzhaarige Männer; – eine andere Atmosphäre um sich herum verbreitet die robuste Küchenmagd, als die empfindsame Romandichterin."[84]

Das Bild, das Menschen sich aufgrund eines bestimmten Niveaus von Wahrnehmungsformen, Empfindungen, Differenzierungsvermögen und Bewertungsprämissen von sich selber und von anderen machen, ist soziogen. Sein Bestand und Wandel korrespondiert mit Zusammensetzung und Strukturierung der sozialen Beziehungsfelder der Menschen. „Ihre Gedankenwelt und ihre Empfindungen, auch ihre Auffassungen . . . kann man erst begreifen, wenn man imstande ist, sich eine Vorstellung von den Figurationen zu machen, die sie miteinander bildeten und bilden."[85] Neue Regeln für Etikette und Konduite entsprechen neuen Machtverhältnissen zwischen sozial gleicher werdenden Staatsangehörigen während des Prozesses der Entfeudalisierung und der Auflösung ständisch-korporativer Sozialordnungen. Gleichzeitig haben sie die Funktion, nach wie vor asymmetrische Machtverhältnisse zu konsolidieren und fortdauern zu lassen. „Diese Umstände, diese Änderung im ganzen Netzwerk, das die Menschen miteinander bilden, erzwangen eine Unterdrükkung von Affekten, eine differenziertere Regulierung und Beherrschung von Impulsen, ‚verfeinerte' und ‚zivilisiertere' Umgangsformen . . . [. . .] Somit wird es klar, welche Bedeutung Figurationsänderungen für die Veränderungen auf dem Gebiet des Verhaltens der Affektregulierung und des Bewußtseins haben."[86]

Sauberkeits- und Reinlichkeitspostulate werden spätestens im 19. Jahrhundert für Erwachsene aller Schichten verbindlich. Sie zielen zu einem nicht geringen Maße auf eine lang ersehnte sittlich-

84 *Mekarski,* Notizen über Gymnastik, 1831, S. 60.

85 *Blok,* Hinter Kulissen, in: *Gleichmann/Goudsblom/Korte* (Hg.), Materialien zu N. Elias' Zivilisationstheorie, 2. Aufl., 1982, S. 186.

86 *Blok,* Hinter Kulissen, in: *Gleichmann/Goudsblom/Korte* (Hg.), Materialien zu N. Elias' Zivilisationstheorie, 2. Aufl., 1982, S. 191.

moralische Reinigung und Veredelung ab. Sie fungieren fortan bedeutsam mentalitäts- und charakterprägend. Die sittlich-moralische Reinigung und Veredelung des Charakters wird gleichsam als Nebeneffekt physischer Säuberung erwartet. Sauberkeit ist zum symbolträchtigen Signal geworden für: Sittlichkeit, Ehrlichkeit, Höflichkeit, Devotheit, Ordentlichkeit, Berechenbarkeit, Zivilisiertheit, Diszipliniertheit, Sparsamkeit, Ordnungssinn, Arbeitswilligkeit, Unbescholtenheit, politische Loyalität, soziale Unauffälligkeit, Integrationswilligkeit. Wasser kommt dabei als Medium in zweiheitlicher Hinsicht zentrale und überragende Bedeutung zu.

„Eine ganz besondere Weise, in der sich die duale Natur des Wassers zeigt, ist dessen Fähigkeit, sowohl zu reinigen als auch zu säubern. Wasser teilt seine Reinheit mit, indem es die Materie eines Gegenstandes berührt oder zum Leben erweckt; und es säubert, indem es Schmutz von dessen Oberfläche wäscht. [. . .] Die Unterscheidung zwischen Reinigung und Säuberung ist zwar offenbar, aber schwierig zu klären. Dies liegt daran, daß in der europäischen Tradition verschiedene Motive vermischt wurden: die späte archaische Umwandlung von Miasma in Griechenland, dann die gnostische Tradition und die Theologie der Taufe haben das reinigende Segnen und das säubernde Abschrubben unter dem Emblem von ‚Wasser' vermengt, und es ist dieses ‚Wasser', das die moderne Empfindungsweise bestimmt hat. [. . .] Im 20. Jahrhundert haben Psychologie und Religionswissenschaften diese verwirrende Tradition fortgesetzt . . ."[87]

Zöglinge des Militärkadettenhauses der k. k. Theresianischen Militärakademie in Wiener Neustadt bekommen laut Befehlsprotokoll den mythologischen, mystizistischen, im Sinn der Aufrechterhaltung militärischer und gesellschaftlicher Macht und Herrschaft sehr funktionalen Zusammenhang zwischen körperlicher Sauberkeit und seelischer Reinheit oder vice versa zwischen körperlicher Unsauberkeit und „charakterlicher Verkommenheit" folgendermaßen erklärt:

„Vernachlässigung im Anzug, in körperlicher Reinlichkeit, eigentlich Vergeßlichkeit hierüber, sind zwar noch keine Merkmale einer schmutzigen Seele; doch scheinen anhaltende Vernachlässigungen folglich nicht mehr Vergeßlichkeiten, gewohnte individuelle Unreinlichkeiten, immer Ueberbleibsel nicht genug angenommener guter Gewohnheiten in Erziehungsjahren [zu sein]. Unordentlicher Anzug aber, ungewaschener, ungesäuberter

---

87 *Illich,* H_2O und die Wasser des Vergessens, 1987, S. 50 f.

Körper solcher Leute welche 22 Stunden, vielleicht der ganze Tag nach Willkühr einzutheilen frei steht, verräth wenigstens oft den lüderlichen Menschen, wenn nicht die schmutzige Seele.“[88]

„Schmutzige Seele“ meint die verdorbene, sündige, unbeherrschte, unberechenbare, triebhafte Psyche. Herrschaftliche Bestrebungen neuen sozialen Formen, Strukturen und Figurationen, die der Triebkontrolle und Sexualrepression dienlich sind, zur Ausbildung zu verhelfen, machen sich Sauberkeitsnormen zunutze. Wer diesen nicht entspricht, wird der Unsittlichkeit verdächtigt, ja bezichtigt.

“Sexual immorality was defined through the significations of dirt, disease, squalor, corruption and the political and cultural threat of an urban working-class populace. [. . .] Filthy habits of live were never seperated from the moral filthiness for which they were the type and the representative.”[89]

Wer sich jedoch „ordnungsgemäß“ sauber verhält, hat mit großer Wahrscheinlichkeit auch eine wie immer restriktive Sexualmoral internalisiert. Offiziere der k. k. Österreichischen Armee sind instruiert, danach zu trachten, bei Ausbildung und Führung der Mannschaften diesen psychomentalen Prozeß zum „Nutzen für den Staat“ in Gang zu setzen. Als Präventivmaßnahme gegen „sittliche Ausschweifungen“ ist ihnen befohlen, Rekruten Beschäftigungstherapien in Form von Sauberkeitsprozeduren zu verabreichen. Die Dienstvorschrift erläutert, kommentiert und präzisiert die Sinnhaftigkeit dieser Unternehmung.

„Die Erhaltung der Gesundheit fordert sowohl äusserliche Reinlichkeit, als eine innerliche die nicht jedem ins Auge fällt. Den Mann folglich zur Reinlichkeit angehalten. Es beschäftigt ihn überdies. – Eine Hauptregel den Mann so viel wie möglich zu beschäftigen, um Ausschweifungen vorzukommen. [. . .] Das Baden hat Einfluß auf die Reinlichkeit, folglich auf die (moralisch-sittlich wie ebenso psychisch und physisch verstandene; Anm. d. Verf.) Gesundheit des Mannes. [. . .] Ist Nutzen für den Staat, folglich Pflicht – selbst von aller Menschenliebe und Moralität präscindiert [= vorgezogen; Anm. d. Verf.].“[90]

---

88 *Kinsky,* Vermischte Schriften, Supplementband, 1787, S. 9.

89 *Mort,* Dangerous Sexualities, 1987, S. 39.

90 *Kinsky,* Elementarbegriffe von Dienstsachen, 1. Theil, 1. Abschnitt, 1785, S. 2.

Um welchen Nebeneffekt der Körperreinigung es hier im besonderen geht, wenn es gilt, „Ausschweifungen vorzukommen", drückt unmißverständlich ein Militärstratege und Truppenausbildner aus Hamburg aus.

„Körper-Reinlichkeit ist eine der größten Soldatentugenden, sie steht in engster Verbindung mit der moralischen Reinheit der Seele und bewahrt ihn vor leidenschaftlichen Ausschweifungen mancher Art. Selbst das furchtbare Uebel, die Onanie, die so häufig unter der jungen Mannschaft in den Casernen grassiert und den Militair an Leib und Seele verdirbt, ihn zu einem Schwächling und Feigling stempelt, und in ihm jedes Gefühl für seinen König, für sein Vaterland und für jede Großthat erstickt, wird durch häufiges Baden gänzlich unterdrückt."[91]

Im Norden Deutschlands, wo der Sommer kürzer und kühler verläuft als im vom milderen pannonischen Klima erfaßten Wien, machen sich hygienebewußte Militärs rasch ernsthaft daran, in Kasernen primitive Duschen zu installieren. Mangels Fließwasserzufuhr sollten Regenwasserduschen eines Erfinders namens Schneider verwendet werden. Zwar gilt auch im Raum Hamburg für den Rekruten kein besseres Säuberungs- und Disziplinierungsmittel,

„. . . als daß man ihn in reinem Wasser baden lässt. Dies in Flüssen zu tun, dazu ist nicht überall eine passende Gelegenheit vorhanden, auch gestattet die Jahreszeit und die Witterung das Baden im Freien nicht zu allen Zeiten . . . Aber der einfache Schneider'sche Apparat, nur mit einer Regenbrause an der Wassercisterne versehen . . . würde ein zweckmässiges Aushülfsmittel abgeben . . ."[92]

Auch über das Jahr in der Österreichischen Armee hält die Klage über den Mangel an durchgängig benützbaren Bade- und Waschmöglichkeiten im Verlauf des 19. Jahrhunderts an:

„Einen Stoßseufzer verdiente auch die Abwesenheit der längst versprochenen Bade- und Waschlocalitäten . . . Denn es gibt kein besseres Mittel, die Reinlichkeitspflege auf die Höhe zu heben, welche die Militärsanität fordern muß, als die Errichtung wenigstens eines Badezimmers in jeder Kaserne, indem zu jeder Jahreszeit abwechselnd compagnieweise die Bäder genommen werden können."[93]

---

91 *Barrier's,* Sprudelbäder, 1830, S. 112.

92 *Barrier's,* Sprudelbäder, 1830, S. 112.

93 Die Militär-Gesundheitspflege, 1876, S. 24.

Vorläufig bleibt es für den österreichischen Soldaten bei der gelegentlichen Verwendung von Waschschüsseln in den Kasernen und Unterkünften und bei Körperreinigungen beim sommerlichen Baden und Schwimmen im Freien.

Soldaten, die gegen Wasch- und Reinlichkeitsdrill renitent sind, haben weder Mitgefühl, Verständnis, Skrupelhaftigkeit, Zurückhaltung oder gar Solidarität zu erwarten. Dienstvorschriften haben bedingungslos ausgeführt zu werden, auch wenn regelmäßiges Baden und Waschen des Körpers der Soldaten manchem Kommandierenden lächerlich, verweichlicht oder „weibisch« anmuten. Diese für Militärangehörige hiermit institutionalisierte drakonische Zwanghaftigkeit und Disziplinerfüllung wird über die Jahre zu hohem Grad verinnerlicht und bewerkstelligt im Verein mit anderen Disziplinarprozeduren letztendlich den Aufbau von gesellschaftlich nützlichen Persönlichkeitsstrukturen und Mechanismen des Selbstzwanges und der Selbstkontrolle sowie die Habitualisierung von konformistischen und autoritätsbeflissenen Attitüden, Empfindungs- und Verhaltensstandards.

Die Armenbäder am Tabor

Für die meisten Menschen sind seit dem Mittelalter öffentliche Bäder, ganz zu schweigen von privaten, rar und unerschwinglich teuer geworden. Die neuentdeckte, entmystifizierte, pädagogisierte und verwissenschaftlichte Kaltwasser-, Freiluftbade- und Schwimmkultur kommt hier wie gerufen. Ihren elitären Vertretern geht es neben Naturnähe, Schwimmenlernen, Hydrotherapie, Balneologie, Krankheitsprophylaxe, Abhärtung, Wassergymnastik und Erhöhung der Körperwasch- und Kleiderwechselfrequenz für die Angehörigen des eigenen sozialen Milieus auch um ein lückenloses gesamtgesellschaftliches Einlösen von Sauberkeitsstandards, vordringlich um eine präbakteriologische Hygiene für Arme. Kaltes Flußwasser erhält in diesem Programm die Funktion eines Mittels gegen die der „Sozialplage“ inhärenten Gefahren der sich unkontrollierbar und uneindämmbar ausbreitenden Masseninfektion[94] und

94 Siehe dazu: *Eder*, Antiseptikum kaltes Wasser, in: Historisches Museum der Stadt Wien, Das Bad, 1991, S. 31 ff.

bietet obendrein vorteilhafte physiotherapeutische, bewegungsphysiologische und allgemeine gesundheitliche Effekte.

„Selbst da, wo öffentliche Badehäuser in genugsamer Menge, und auch von Armen unentgeltlich zu benutzende bestehen, ist es sehr wichtig, in einem nahe fließenden Wasser eine, keine Gefahr drohende, Gelegenheit zum Baden möglich zu machen, indem Flußbäder immer einen entschiedenen Vorzug vor kühlen und kalten Wannenbädern behaupten. Nicht bloß, daß die in den Wannenbädern nicht zu genießenden Wellenschläge, und die dadurch hervorgebrachten elektrischen und magnetischen Strömungen diesen Vorzug ertheilen, es ertheilen ihn auch das, durch den Aufenthalt zahlloser organischer Wesen in dem fließenden erhöhenden, durch das Leben und Absterben in ihm erzeugten und, durch seinen Geruch sich ergebenden, seinen, animalischen und flüchtigen Stoffe; die durch das stete Abfließen möglich werdende Entfernung des vom Körper gesonderten Verdorbenen; die eigens modificirte Beschaffenheit der Luft über den Flüssen, die so viel wohlthuender empfunden wird, als die in Badezimmern eingesperrte; das Gleichbleiben der Temperatur des Wassers während des Bades, und die Möglichkeit, sich freyer, auch schwimmend in demselben bewegen zu können.“[95]

Noch in der Regierungszeit Kaiser Josephs II. scheinen nach einigen Jahren Kaltwasser- und Freiluftbadeeuphorie auf Doktor Ferros Flußbadeschiff im Fahnenstangenwasser die ehrgeizigen hydrotherapeutischen Ambitionen der Aufklärer wieder an Zugkraft verloren zu haben. Ferro trennt sich von seinem Verluste schreibenden Badeunternehmen. Mitte der 1790er Jahre muß der letzte Inhaber den Betrieb sogar vollends einstellen. Die tragende Schwimmkonstruktion und die darauf gezimmerten Badehütten verfallen. Da Ferros Nachfolgeunternehmen der überwiegenden Mehrheit der Interessenten zu teuer ist (wenigen aber auch nicht mehr komfortabel und elegant genug), Bedürfnisse der Bevölkerung nach „Genuß am Fluß“ zwar nicht gerade über die Maßen, so doch immerhin weiterhin bestehen, das staatliche Interesse an Gesundheits- und Hygienepolitik jedoch deutlich steigt, sollen neuerlich Flußbadeanstalten errichtet werden.

“The state promoted the health and hapiness of individuals, while at the same time delivering important moral and economic benefits to capital. Sickness

95 *Kahtlor,* Über die zweckmäßige Anwendung der Haus- und Flußbäder, 1822, S. 289 f.

was a costy thing, especially to the nation state, and hence public health administration needed to form a central plank of the art of government. Health reform would secure real commercial and industrial rewards. A clean, healthy and morally ordered workforce increased the efficiency of labour-power, reduced manufacturers' costs and so promoted a general increase in comfort and wealth for all classes of society."[96]

1799 ergreift die k. k. niederösterreichische Regierung erstmals eine sich bietende Gelegenheit zur Errichtung einer staatlichen Badeanstalt am freien Fluß. Die Finanzierung des Aufgebots patriotischer Freiwilliger gegen das 1797 siegreich und bedrohlich von Italien her vordringende Franzosenheer durch Geschenke des Großhandels hatte einen kleinen Kapitalüberschuß erbracht. Mit diesem werden die Kosten für Badehütten gedeckt, die im Fahnenstangenwasser in der Nähe der Taborbrücke (an nämlicher Stelle wie im Josephinischen Jahrzehnt Wiens erstes Flußbad von Doktor Ferro) auf mächtigen Flößen schwimmen. Betrieb und Wartung übernimmt der Staat. Im Gegensatz zu Ferros und seiner Nachfolger Bad, deren Eintrittspreise nur Bessersituierte zu leisten imstande waren, laden die neuen Badeflöße nun zum Gratis-Besuch ein.

„Um nun aber dem Volke eine gefahrlose und anständige Gelegenheit zu verschaffen, zur nothwendigen Reinigung und Pflege der Gesundheit, zu baden, hat man, nächst der Taborbrücke, zwey grosse Bäder, eines für das männliche, das andere für das weibliche Geschlecht, aus dem Fonde erbauen lassen, den der Edelmuth der hießgen Großhändler und Niederlags-Verwandten, bey Gelegenheit des allgemeinen Aufgebothes, für gemeinnützige Unternehmungen widmete.
Se. Maj. haben auch diese Anstalt allergnädigst zu genehmigen, und die Bezahlung der dabey nothwendigen Aufsicht aus dem Kammerale anzuweisen geruhet.
Von diesen Bädern ist Jedermann der unentgeltliche Gebrauch gestattet, und man verstehet sich, daß hierbey strenger Anstand beobachtet, Geschrey, Gedränge, und leichtsinniges Benehmen vermieden, und sich der zur Handhabung der Ordnung aufgestellten Aufsicht in allem werde willig gefüget werde.
Wien den 6. August 1799."[97]

96 *Mort,* Dangerous Sexualities, 1987, S. 35.

97 Bekanntmachung, in: Wiener Zeitung, Nr. 74, 14. Sept. 1799, S. 3099 (= Anhang zur Wiener Zeitung).

Ärzte begrüßen die Initiative der Regierung. Sie sind es, die Wien unermüdlich auf die hygienischen Chancen der nahen Donau aufmerksam machen, regelmäßige Körperpflege propagieren und für die neuartigen Kaltbäder ebenso wie für die bis in den Vormärz immer zahlreicher werdenden, von privaten Unternehmern betriebenen gemauerten Hausbadeanstalten werben, welche gleichwohl mit Flußwasser, das gefiltert und vorgewärmt wird, gespeist sind.

„Noch beträchtliche Vortheile, welche die Donau den Bewohnern Wiens verschaffet, sind das Baden, Waschen, Begiessen der nahegelegenen Gärten und die Unreinigkeiten der Stadt durch ihren schnellen Lauf wegzuführen, ohne daß ein Nachtheil für die Gesundheit entstehen kann. [. . .] Das Wasser der Donau ist weich, zum Kochen, Brauen und Waschen vorzüglich gut. Zum Baden brauchen es die Wiener häufig theils warm, theils kalt, wozu zu beiderley Gebrauch an dem Fluße selbst reinliche und bequeme Badhäuser, ohne der Gefahr zu ertrinken ausgesetzt zu seyn, angelegt sind.“[98]

Die offizielle Bezeichnung der staatlichen Einrichtung des Donau-Kaltbades lautet der Realität zwar entsprechend, der Zeit fortgeschrittener Individuation und steigenden Selbstbewußtseins der aus vorindustriellen Haus- und Gesellungsformen ausgeschiedenen freien Lohnarbeiter/innen aber unangemessen: „Armenbäder“. In einer zunehmend durch Leistung und Konkurrenz bestimmten, „erfolgreiche Individualität“ zu hohem Maß mit günstigen materiellen Einkommens- und Besitzverhältnissen assoziierenden frühindustriekapitalistischen Gesellschaft wird die altständische Sozialkategorie „Arme“ in ihrer Bedeutung als altruistischer Appell nicht bloß funktionslos und importun, sondern zeitigt zudem in der öffentlichen Meinung deklassierende, dequalifizierende und diskriminierende Wirkung. Niemand will mehr als „Armer“ gelten. Die Bezeichnung „Armenbäder“ wird im 19. Jahrhundert allseits als nicht gerade charmant empfunden. 1810 beschreibt sie ein sozial- und gesundheitspolitisch engagierter Wiener Arzt in der Hoffnung, ihnen zu höherer Publizität und Akzeptanz zu verhelfen, ausführlich:

98 *Bosing,* Medicinische Topographie von Wien, in: Medicinisches Archiv von Wien und Österreich, 1801, S. 214 f.

„Sie ruhen eigentlich auf einem aus runden dicken Balken zusammengesetzten Floß, der durch starke eiserne Ketten und Pfähle an dem Ufer befestigt ist, so daß er nie weichen, aber doch mit dem Wasser auf und nieder gehen kann, je nachdem es steigt oder fällt. Jede der beyden Hütten aus welchen das Gebäude bestehet, enthält nur 2 Zimmer, an deren Seiten Bänke zum Sitzen und zur Aufbewahrung der Kleidungsstücke sich befinden. In dem Boden eines jeden Zimmers sind 2 Oeffnungen in Gestalt eines Vierecks eingeschnitten, in denen die sogenannten Kasten oder Körbe, welche 20–25 Menschen fassen können, angebracht sind, deren Grund dicht, fest, und nur mit Absicht hie und da durchlöchert ist, die Seitenwände aber ein hölzernes Gitter formieren, durch welches das Wasser beständig ein und ausrinnen kann. Eine Treppe, die etwa 6–7 Stuffen zählt, führt in den Korb hinab, der nach Umständen seichter oder tiefer ins Wasser gelassen werden kann. Drey dieser Zimmer nun und somit 6 Körbe sind für das männliche Geschlecht, und eines mit zween Körben für das weibliche bestimmt. Ueber jedes Häuschen ist noch insbesondere ein Aufseher angestellt, in dessen Händen sich auch einige Wäsche zum Abtrocknen befindet, deren man sich ebenfalls unentgeldlich bedienen kann.“[99]

Die Badeschiffkonstruktion bewährt sich zwar in allen wasserbaulichen und technischen Belangen, gewährt an manchen hochsommerlichen Badetagen bis zu 1000 Menschen Erfrischung und Säuberung, ist jedoch noch nicht dafür geeignet, kontinuierlich ein Massenpublikum anzuziehen, obwohl Wien zu dieser Zeit einen enormen Zuzug armer Bevölkerungsteile aus agrarischen und kleinstädtischen Gebieten der Monarchie und Süddeutschlands zu verzeichnen hat. Aus einer 21 Jahre später gegebenen Beschreibung[100] ist ersichtlich, daß in diesem Zeitraum außer Ausbesserungs- und Wartungsarbeiten keine Veränderungen – etwa ein Ausbau im Hinblick auf eine Erhöhung der Besucherfrequenz oder Fassungskapazität – vorgenommen werden.

Allein es liegt nicht nur an mangelnder Attraktivität der Armenbäder am Tabor, am bescheidenen Komfort oder an der nicht unerheblichen Entfernung für Menschen, die dahin zu Fuß gelangen müssen. Verhaltensweisen und Bewußtseinsinhalte der plebejischen Bevölkerung funktionieren nach einer anderen Logik und Ratio als jener des bürgerlichen und später auch des industrie-proletarischen

99 *Wertheim,* Medicinische Topographie von Wien, 1810, S. 27.

100 *Mekarski,* Notizen über Gymnastik, 1831, S. 102.

Milieus. Sauberkeit, Körperhygiene, Krankheitsprophylaxe, Wassergymnastik haben für sie noch nicht den Charakter sittlicher Imperative, sie sieht darin keine gesundheitliche Notwendigkeit. Regelmäßiges, „anständiges“, ordnungsgemäßes, geplantes, methodisches, diszipliniertes Baden, Waschen oder Schwimmenlernen in geschlossenen, eigens dafür geschaffenen Einrichtungen ist ihr völlig fremd. Lust, Laune, Spaß, Anforderungen, Gegebenheiten und Gelegenheiten des Alltagslebens dominieren und determinieren ihr prä-rationales Bedürfnisgeflecht, stoßen aber seit geraumer Zeit auf Unverständnis und Ungeduld der Herrschenden, die zunächst ergebnislos an Vernunft, Anstand, Eigenverantwortung und Loyalität gegenüber dem Staat appellieren.

Staatliche Autorität sieht sich zudem ständig mißachtet und moniert Gesetzesverletzungen. Aus dem Josephinischen Jahrzehnt stammt eine „Oeffentliche Bekanntmachung“ wegen spontanen öffentlichen Waschens von Körperteilen und hemmungslosen libidinösen Entgrenzungen am Fluß. Im ärgerlichen Tonfall des Textes und in der Androhung drakonischer Züchtigungsstrafe kommt das Aufeinanderprallen zweierlei entgegengesetzter „Alltagslogiken“ zum Ausdruck.

„Obschon die dießfalls in vorigen Jahren ergangen so vielfältigen Verordnungen, wodurch dieß öffentliche Baden und Füßwaschen auf den Flößen [errichtet zum Anlegen der Boote, zum Wäschewaschen, zum Fischen; Anm. d. Verf.] auf das schärfeste verboten worden ist, niemanden aus dem Gedächtnisse entfallen seyn kann; Und obschon ferner jedem vernünftig und ehrbahren Menschen, die eigene Ueberlegung, die Erinnerung auf die allgemeinen Pflichten, von einer für den Badenden selbst so gefährlich und zugleich den öffentlichen Anstand so sehr verletzenden Unternehmung, ohne ein eigenes Gesetz, abhalten sollte: So sieht man sich doch in die Nothwendigkeit gesetzt, die ehemaligen Verordnungen hiemit ausdrücklich zu wiederholen, theils um aller Entschuldigung welche von der Unwissenheit oder Vergessenheit hergeholt werden möchte, vorzubeugen, theils um Frevler, und muthwillige Uebertretter, über welche die Liebe der Ehrbarkeit, des Anstands, der eigenen Sicherheit, selbst nichts vermögen, wenigstens durch Gewalt und Strengheit der Straffe zur Meidung einer Unanständigkeit zu zwingen, die sich in keiner gesitteten Gemeinde gestaaten, und am allerwenigsten hier (wo es so viele eigens zum Baden und Füßwaschen zugerichtete Behältnissen und Badhütten giebt) nachsehen läßt. Dem zufolge wird hiemit . . . nochmal anbefohlen, daß niemand, wer er auch immer seyn möchte, unterstehen soll, in den Flüssen der Donau und Wien, an irgend einem öffentlichen Orte, zu baden, oder auch nur sich auf die Donauflösse zu setzen, und die Füsse in das Wasser einzuhängen . . . "[101]

Der Widerstand der Armen vorerst „. . . stört, läßt sich nicht behandeln, das allgemeine Wohl wird abgelehnt, nicht mit Argumenten, sondern mit anderem Leben. [. . .] . . . der Widerstand der Armen will deren eigene Willkür erhalten, sie kümmern sich um keine ‚Universalverbesserung'."[102] Dagegen produzieren die beginnende Industrialisierung und die Institutionen der bürgerlichen Gesellschaft „. . . eine ‚Ordnung der Dinge', der gegenüber ein bloßes anderes Leben nicht mehr genügt. Die Traditionen der bisherigen Vagantenbevölkerung sind nicht mehr aufrechtzuerhalten, die Armen werden nicht nur in den Anstalten [Kaserne, Fabrik, Gefängnis, Krankenhaus; Anm. d. Verf.], sondern auch in den Städten vereinzelt."[103] Wie selten zuvor sorgen sich jedoch herrschende Gesellschaftsfraktionen und staatliche Behörden jetzt unmittelbar und geradezu akribisch um die einzelnen plebejischen Körper in den billigen Vierteln. Ist der Weg zu den unentgeltlichen Flußbädern auch weit und nimmt viel Zeit in Anspruch, sollen sich die Menschen daran gewöhnen, regelmäßig dahin zum Waschen, Baden und Schwimmen zu pilgern.

Um die äußeren Rahmenbedingungen für häufiges Flußbaden zu optimieren, gilt es, Wegstrecke und Zeitaufwand, um ins Bad zu gelangen, möglichst gering zu halten.

„Vorzüglich sehe man . . . darauf, daß man sich des Flußbades, ohne weit gehen zu müssen, bedienen könne. Nicht bloß, daß eine zu weite Entfernung desselben vom Wohnorte, leicht zu einer nachtheiligen Erhitzung vor dem Baden Veranlassung werden kann, sie verhindert auch, daß man sich desselben so häufig bedienen kann, als man wohl wünschte, indem sie auf zu großen Aufwand an Zeit Ansprüche macht. Flußbäder sind ein vorzügliches Bedürfniß für Mittelleute und Arme, da es diesen schwer oder gar unmöglich fällt, wo noch nicht genug öffentliche Badehäuser bestehen, und die Preise der Wannenbäder zu hoch gehalten werden, sich dieser bedienen zu können. Muß eine bedeutende Zeit verwendet werden, um Flußbäder benutzen zu

101 Oeffentliche Bekanntmachung, in: Wiener Zeitung, Nr. 59, 25. Heumonat 1781, o. S.

102 *Dreßen,* Infame Körper, in: *Kamper/Wulf* (Hg.), Der andere Körper, 1984, S. 72.

103 *Dreßen,* Infame Körper, in: *Kamper/Wulf* (Hg.), Der andere Körper, 1984, S. 76.

können, so kommt ihr Gebrauch ebenfalls zu hoch zu stehen, als daß er oft gesucht werden könnte."[104]

Auf bequeme und rasche Erreichbarkeit der Badegelegenheit wird großer Wert gelegt, denn je stärker sich die Formel „Zeit ist Geld" in der frühindustriekapitalistischen Gesellschaft durchzusetzen vermag, als um so verletzender sehen es mehr oder weniger offizielle „Advokaten" des absolutistisch-kapitalistisch-bürgerlichen Staates an, wenn potentielle Produktivkräfte restliche, von der Arbeit übriggebliebene, dem ökonomischen Verwertungsinteresse noch nicht unterworfene Lebenszeit „nutzlos" verbringen. Arbeitsfreie Zeit soll ausschließlich der nach wissenschaftlichem Kenntnisstand durchrationalisierten physischen und psychischen Reproduktion dienen.

Das staatliche Projekt der Armenbäder ist die materiale Konsequenz und Objektivation von handlungsleitendem Wahrnehmungsdispositiv, Erkenntnisvermögen, Bewußtseinsstand und Bewertungskriterium einer gesellschaftlichen Elite. Seine Stagnation ist prolongiert, denn das Alltagsverhalten der im Übergang zur Industrialisierung stehenden Unterschichten Wiens kennt weder jene bürgerlichem Leben und Wirtschaften entsprechende Planung, Vernunft, Ästhetik, Sittlichkeit und Moral, noch kalkulierende (Vor-) Sorge um den eigenen Körper, selbsteinschränkende Diszipliniertheit oder „produktives" Verantwortungsbewußtsein gegenüber eigener physischer und psychischer Antriebskraft und Arbeitsfähigkeit. Bürgerlicher Gehorsam und Idealismus sind hier fremd. In der die Mentalität der Armen entrüstet kritiserenden und ablehnenden Sichtweise moralisierender Berichterstatter kommen gleichermaßen deren eigene schichtspezifische Wertmuster, Empfindungs- und Verhaltensstandards wie auch die die Bade-Postulate konterkarierende Realität trotzig-verzweifelter Renitenz entwurzelter, in die Stadt gespülter und dort vollends verelendeter, vormals unterbäuerlicher Milieus zum Ausdruck.[105]

---

104 *Kahtlor,* Über die zweckmäßige Anwendung der Haus- und Flußbäder, 1822, S. 228.

105 Siehe etwa: *Witlacil,* Verhältnisse der handarbeitenden Bevölkerung Wiens, in: Zeitschrift des Vereins für deutsche Statistik I, 1847, S. 178.

Auch eine in den späten 1820er Jahren von der Regierung eingerichtete „Zweigstelle“ der Armenbäder erfreut sich trotz extrem langer Öffnungszeiten nur mäßigen Zuspruchs.

„Um dem Publicum in der gegenwärtigen Jahreszeit hinreichende Gelegenheit zum Genusse des freien Bades in der Donau zu verschaffen, werden [neben einigen anderen Flußbadeanstalten, die noch ausführlich zur Sprache kommen; Anm. d. Verf.] nunmehr auch zwei Floßbäder im Wiener Donau-Canale oberhalb der Reiter-Caserne in der Leopoldstadt, vom 21. Julius d. J. an, aufgestellt.
Von diesen Floßbädern, deren jedes mit 2 Badekörben versehen ist, ist das eine für das weibliche, das andere für das männliche Geschlecht im Monat Julius von 4 Uhr Früh bis 9 Uhr abends (im Monat August von 5 Uhr früh bis 8 Uhr abends, im Monat September von 6 Uhr Früh bis 7 Uhr abends) zum unentgeltlichen Gebrauche gegen genaue Beobachtung des Anstandes, der Sittlichkeit und Achtung von der zur Erhaltung der Ordnung und Sicherheit dort aufgestellten Wache, eröffnet.“[106]

Es sollen Jahre vergehen, ehe die Gewalt der Ökonomie das bewerkstelligt, was den Sozialreformern durchzusetzen zu Beginn der Industrialisierung verwehrt bleibt: der breiten Masse die „fehlenden“ bürgerlich-kapitalistischen Wertvorstellungen einzupflanzen. Aber schließlich hegt auch diese das Ansinnen, die eigenen Reproduktionsbemühungen zu optimieren, sich regelmäßig gesittet und ordnungsgemäß zu waschen, zu baden, sie treibt Schwimm- und Körpersport – kurz: eine „Ratio der Hygiene und der Physis“ gemäß der „Logik des Kapitals“ setzt sich allgemein durch.

Das Frey-Bad am Fahnenstangenwasser

Im Biedermeier ist der Bedürfnisschub zur unvermittelten Natur als Kompensation und Entschädigung für entfremdende urbane, ökonomische, technologische und zivilisatorische Prozesse sowie für die politisch entmündigende, reaktionär-restaurative Entwicklung nicht zu übersehen. Man polemisiert schon rasch gegen geschlossene Flußbadeanlagen, plädiert für offene, freie, sonnige (!) Badeplätze

106 Circulare der k. k. Landesregierung in dem Erzherzogthume Oesterreich unter der Enns, 16. Juli 1829, Niederösterreichisches Landesarchiv.

mit Uferareal, um direkten, intensiveren und stärker individualisierten Naturkontakt und -genuß zu gewährleisten, um die Infektionsgefahr in der Enge des geschlossenen Raumes zu vermeiden (etwa beim Bad mehrerer Menschen in einem Senkkasten), um ein Mehr an Bewegungsfreiheit zu ermöglichen. Die Armenbäder an der Taborbrücke geraten in Mißkredit.

„Da weder das Wasser durch steten Zu- und Abfluß sich so schnell und vollkommen erneuern kann, wie bey einer offenen Badestelle, welche sich noch überdieß der belebenden, wohlthätig einwirkenden Sonnenstrahlen erfreut, der beengte Spielraum bey einer größeren Menge der Badenden die so wohlthätige Leibesbewegung beschränkt, dabey die Berührung mit der Atmosphäre der Mitbadenden oder der unmittelbare Contact mit oft unreinen, angesteckten nachbarlichen Körpern unvermeidlich, die Entfernung von der Stadt beträchtlicher ist, so leuchtet schon aus dieser kurzen Bemerkung hervor, daß diese mit dem offenen Frey-Bade verglichen, mit Recht hintangesetzt werden.“[107]

Das hier sogenannte „offene Frey-Bad“ hat die „k. k. niederösterreichische Landesregierung im Erzherzogthume Österreich unter der Enns“ bereits im Frühsommer 1810 als Strandbad anlegen lassen. Es befindet sich ursprünglich unweit der beiden schwimmenden staatlichen Armenbäder und bleibt im Prinzip bis zum Ersten Weltkrieg an der frei fließenden Donau (wenn auch ab den 1830er Jahren und nach der großen Donauregulierung von 1870–1875 jeweils an anderer Stelle) bestehen.

„Um dem Publicum den Vortheil zu verschaffen, in der dermahligen Jahreszeit zum Behufe der Reinlichkeit und der Gesundheit baden zu können, war die Regierung bedacht, einen abgelegenen und doch nicht zu weit von der Stadt entfernten Ort auszuwählen, wo dieses Bedürfnis auf eine für das Leben der Badenden gefahrlose Art befriediget werden kann.“[108]

Der nur dem männlichen Geschlecht zugängliche, kostenlose Körperreinigungs-, Bade- und Schwimmplatz indessen liegt für die Blicke aller offen. Dieser Umstand bedeutet für das Sittlichkeitsempfinden der tonangebenden Kreise eine Provokation und drastische Verunsicherungen. Also muß das Frey-Bad „abgelegen“ sein und

107 *Mekarski,* Notizen über Gymnastik, 1831, S. 103.

108 Circulare der k. k. n. ö. Landesregierung, Wien den 17. Julius 1810, k. k. Polizei-Ober-Direktions-Akten, Karton Nr. 5, Niederösterreichisches Landesarchiv.

darf sonst nirgendwo anders wild gebadet werden, denn die im Prater gerne herumkutschierenden „besseren Leute" nähmen sonst Anstoß daran. Sie hätten sich darüber empört, armen Männern bei intimen Verrichtungen zusehen zu müssen. Ein geeigneter Ort ist demgemäß

„. . . in dem Fahnenstangenwasser in der Brigittenau oberhalb den Wirthshäusern bestimmt worden, wo ein mit Pfählen bezeichneter und mit Seilen versicherter Platz zum Baden bereitet worden ist. [. . .] Jedermann soll sich dabey nach den Regeln des Wohlstandes und der Sittlichkeit benehmen, und der zur Erhaltung der Ordnung und Sicherheit alldort aufgestellten Polizey-Wache die gehörige Folge leisten. [. . .] Wer an einer andern als an der ausgezeichneten Stelle badet, oder an dieser die Ordnung und Sittlichkeit verletzet, oder der aufgestellten Wache den schuldigen Gehorsam verweigert, wird von der Wache angehalten, in das Polizeyhaus geführt, und ohne Schonung bestraft werden.
Wien den 17. Julius 1810. Franz Graf von Saurau, Statthalter."[109]

Der in diesem Zirkular unterzeichnende, der österreichischen Hocharistokratie angehörende Graf von Saurau ist der Kaltwasser-, Freiluftbade- und Schwimmkultur durchaus gewogen, hatte er doch bereits als Freimaurer im Kreis mit fortschrittlich gesinnten Ärzten Bekanntschaft mit ihren Ideen gemacht. Gleich Johann Peter Frank gehörte Saurau der Loge „Zur Wahren Eintracht" an.[110] Als Statthalter von Wien erweist er sich als Förderer von Flußbadeprojekten.

Das staatliche Frey-Bad erfreut sich Jahr für Jahr ständig steigender Beliebtheit – allerdings nicht unbedingt gerade der laut sozialhygienischer Intention definierten Zielgruppe. Es sind eher Männer aus bürgerlichen und kleinbürgerlichen Milieus, deren Bedürfnissen oder wenigstens intuitives Streben nach natürlicher bzw. naturnäherer Lebensweise der Örtlichkeit und Art zu baden entsprechen. Manche bevorzugen diese wegen des freien Blicks auf Donauarm und ihn säumende Flora, manche wegen der wärmenden Sonnenstrahlen vor und nach dem Bad und manche, weil im Gegensatz zu Flußbadeschiffen für die Dauer ihrer Benützung kein Limit gesetzt ist, außer das der anbrechenden Nacht. Angetan von Zustand und Vorteilen der einzigen polizeilich beaufsichtigten, sicheren und ab-

109 Circulare der k. k. n. ö. Landesregierung, Wien den 17. Julius 1810, k. k. Polizei-Ober-Direktions-Akten, Karton Nr. 5, Niederösterreichisches Landesarchiv.

110 *Bruckmüller,* Sozialgeschichte Österreichs, 1985, S. 335.

gesicherten, regelmäßig gewarteten, von 5:00 Uhr bis 21:00 Uhr geöffneten und nicht zuletzt demzufolge rasch gut besuchten Strandbadestelle am freien stadtnahen Gewässer während des Biedermeier berichtet der Arzt Mekarski:

„Vom Innern der Stadt, durch die belebte Vorstadt Jägerzeil erreicht man von da an, längs des Dammes, zwischen den kühlenden Schatten von Buchen, Erlen, Linden, Castanienbäumen, Ahorn, Weiden, die Schwimmschule [gemeint ist die k. k. Militärschwimmschule; Anm. d. Verf.] vorüber, an dem rechten, von der üppigsten Vegetation prangenden Ufer der Donau, binnen einer halben Stunde die Öffentliche Bade-Anstalt [gemeint ist das Frey-Bad; Anm. d. Verf.], welche nunmehr jedem Alter des männlichen Geschlechts unentgeldlich die erwünschteste sicherste Gelegenheit zu diesem Entzwecke darbiethet. [. . .] Die Bade-Stelle ist also von der Stadt nicht zu entlegen für den Fußgänger nicht zu ermüdend, entfernt von Wohnplätzen, wo das Wasser verunreinigt werden könnte; der Platz zum Bade bestimmt offen, das ununterbrochen sich durch Zu- und Abfluß erneuernde Wasser von vorzüglicher Reinheit; vom Ufer aus mit niederen Bäumen beschattet, deren Ausdünstung auf den Körper der Badenden belebend einströmt, ohne darum den wohlthätigen Einfluß der Sonne im mindesten zu hemmen.“[111]

Die Wirkung der Sonne als vorteilhaft zu bewerten, ist für die Zeit insofern bemerkenswert, als es noch an die 100 Jahre dauern soll, ehe sich diese Ansicht allgemein durchsetzt und quantitativ gesellschaftlich relevante Verhaltensveränderungen bewirkt.

Die zumeist schwimmunkundigen Besucher des Frey-Bades ängstigen sich vor dem Ertrinken. Immerhin wird hier ohne schützendes Bassin in der Strömung des frei fließenden Donauarmes gebadet. Überdies verleihen Badeunfälle der argwöhnischen, kleinmütigen, konservativ-ablehnenden Kritik der Flußbadeprojekte mächtigen Auftrieb. Deshalb wird auf Sicherheitsvorkehrungen, Sicherungssystem, Schwimmenlernen, Disziplin und Publikumsinformation größtes Augenmerk gelegt.

„Sechs Reihen von Pfählen in einem Raum von 180 Fuß (ca. 57 m) der Länge nach, sind dazu bestimmt, beym Anschwellen, oder Fallen des Flußes dem Badenden die gehörige Gränze anzuweisen. Gewöhnlich ist die dritte Reihe von Pfählen mit einem starken Seile, welches nie überschritten werden darf, umspannt, also ein hinlänglicher Spielraum zu den mannigfaltigsten Kör-

111 *Mekarski,* Notizen über Gymnastik, 1831, S. 99 f.

perbewegungen während des Badens, besonders wenn man an Wochentagen die Frühstunden wählt. Am Seile gemeiniglich der tiefsten Stelle und wo die Strömung am stärksten ist, steigt das Wasserbett für einen Mann regelmäßiger Größe gegen einige Zoll ober die Herzgrube. Der Jugend sind die unteren Reihen der Pfähle angewiesen; den Andrang der Strömung mäßigen gegen diese Seite hin eine Reihe eingeschlagener Pflöcke mit Reisern verbunden. Der Grund ist gleich, aber steinicht, nur an den Ufern spühlt das Wasser Treibsand an. Der Badende darf also keine gähen Untiefen, Wirbel, oder andere gefährliche Stellen hier befürchten – Bey der Anstalt angeheftete Circulare der hohen Landesregierung eröffnen dem Unkundigen die nothwendigen zu beobachtenden Verhaltungsregeln. Vorsätzliche Überschreitung des Seils – jegliche Unanständigkeit oder Störung wird von der wachhabenden Polizey auf das strengste geahndet."[112]

Als das Frey-Bad unterhalb die k. k. Militärschwimmschule am Prater- oder Schwimmschuldamm auf die Höhe des Zusammenflusses von Fahnenstangen- und Kaiserwasser verlegt wird, ist während der 1830er Jahre durch die Initiative Herrn Karl Kauffs, der wenige Jahre später in der Nähe eine eigene Schiffbadeanstalt betreibt, für eine verhältnismäßig gut durchdachte und funktionierende Bade-, Freizeit- und Reproduktions-Infrastruktur gesorgt. Sie besteht aus einem

„. . . zierlichen Gebäude von Holz mit einer kleinen Gartenanlage . . . biethet also den Badegästen die willkommene Gelegenheit dar, hier vor dem Stich der Sonne geschützt auszuruhen, sich allmählich abzukühlen, die nöthige Wäsche sich zu verschaffen, seine Kleidungsstücke und andere Effecten im Sichern aufzubewahren. In dem Gebäude befinden sich 3 Abtheilungen. Jede derselben enthält unter den beyläufig 100 Sitzen eine gleiche Anzahl von Kästchen mit eigenen numerierten Schlüsseln. In jeder ist ein bestimmter Badewärter. Reinlichkeit und Bequemlichkeit empfehlen dieses Unternehmen. Man erhält Holzschuhe, um die Füße gegen zufällige Verwundung auf dem steinichten Grunde des Flußbades zu schützen, Strohhüte u. dgl. Ein daselbst befindlicher Thermometer zeigt auf das Genaueste den jedesmahlichen Wärmegrad des Wassers an. – Nebenan ladet eine kleine Traiterie im kühlen Schatten der Bäume zu Speise und Trank."[113]

All diese Annehmlichkeiten zu genießen, steht freilich nur jenen offen, die über einiges an Zahlungskraft verfügen. Die meisten Benützer haben sich wohl mit dem vorgeschriebenen Ausleihen der

112 *Mekarski,* Notizen über Gymnastik, 1831, S. 100.
113 *Mekarski,* Notizen über Gymnastik, 1831, S. 101.

Badehose (per zirkularischer Verordnung für Bedürftige umsonst[114]), dem Waschen, Abkühlen, Erfrischen, Baden und Schwimmen im träge dahinfließenden Donauarm zu begnügen. Mit nicht mehr und nicht weniger ist im Prinzip damit jedenfalls dem geforderten sittlichen, gesundheitspolitischen, sozialmedizinischen und kommunalhygienischen Standard entsprochen.

Das Frey-Bad ist bis zum Beginn der Donauregulierungsarbeiten 1870 das größte Freiluftbad Wiens (300 Kleiderkästchen schon in der Zeit des Vormärz!), wird nach Flutung des neuen Donaubetts knapp oberhalb der Kronprinz-Rudolfs-Brücke (heute Reichsbrücke) linksufrig wiederangelegt und bleibt bis zur Eröffnung des Gänsehäufels 1907 das einzige echte Strandbad im Wiener Donauraum.

Des Staates Leid – des Unternehmers Freud'

Obwohl die Gesundheitsbehörden des Vormärz auf weitere Errichtung öffentlicher Bäder in Ballungszentren drängen, erfüllt der für den eigentlichen Stadtbereich Wien (etwa den heutigen 1. Bezirk) und für die sogenannten „bürgerlichen Vorstädte“[115] zuständige Magistrat Wien diese Forderung anscheinend nur sehr zögerlich. „Als Grund wurde die schlechte finanzielle Lage der Gemeindefinanzen angegeben. Rund 100.000 fl. wurden von seiten der Gemeindeverwaltung insgesamt für das Gesundheitswesen jährlich ausgegeben, für Bäder scheinen nur in einigen Jahren geringe Beträge auf. Daß die Gemeindefinanzen einen Ausbau des Bäderwesens nicht zuließen, scheint daher zumindest zweifelhaft.“[116]

Nicht besser ist es um die der niederösterreichischen Verwaltungsbehörde unterstellten, direkt von der staatlichen Hofkammer finanzierten Donaubäder bestellt. Kommunale und staatliche Verwaltungsbehörden versuchen aufkommender Kritik von Verfechtern

114 Circulare der k. k. Landesregierung im Erzherzogthume Oesterreich unter der Enns, Wien den 21. April 1831, k. k. Poilzei-Ober-Direktions-Akten, Karton Nr. 17 (1–72.000), Niederösterreichisches Landesarchiv.

115 1843 besitzt die Gemeinde erst 66% des grundherrschaftlichen Grundes innerhalb der Linien. Siehe: *Seliger/Ucakar,* Wien. Politische Geschichte, Teil 1, 1985, S. 169.

116 *Seliger/Ucakar,* Wien. Politische Geschichte, Teil 1, 1985, S. 188.

einer Sozial- und Kommunalhygiene durch mehrfaches Herausstreichen und demonstratives Auflisten des jährlichen Betriebskostenzuwachses der bestehenden kostenlosen Badeanstalten zu begegnen. Etwa wird im Jahresbericht der k. k. Polizeihofstelle von 1833 betont, daß trotz eklatanter Verteuerung der von der öffentlichen Hand subventionierten Flußbäder in Donaukanal und Donauarmen seit 1819 für deren Weiterbestand Sorge getragen wird, indem das Ansuchen um Verpachtung erneuert und für Herstellung und Erhaltung den Pächtern von der Polizeihofstelle am 23. März 1833 ein Betrag von 2500 fl. C. M. (Gulden Konventionsmünze) angewiesen wurde.[117] 1816 waren dafür erst 1235 fl. 26¼ kr. C. M.[118], 1825 bereits insgesamt 1979 fl. 48¾ kr. C. M.[119] nötig gewesen. Anhand fragmentarisch erhalten gebliebener Verwaltungsberichte ist tatsächlich eine nahezu regelmäßige, zum Teil wegen hinzukommender Neuerrichtungen, zum Teil auch inflations- und geldwertverlustbedingte Ausgabensteigerung nachvollziehbar.

Im Zuge des allgemein vermehrten öffentlichen Sicherheitsbedürfnisses und des herrschaftlichen Kontroll- und Überwachungsinteresses bezüglich des sittlichen Lebenswandels der zwar staatsuntertänigen, per Gesetzeskodex nun aber zu rechtsgleichen „Staatsbürgern" gewordenen Menschen[120] fallen für das öffentliche Badewesen im Lauf des Biedermeier zusätzliche Mehrausgaben vor allem im Bereich der Exekutive an. „Man wußte und erzählte es sich jedenfalls, daß der Staat für das Polizeiwesen gewaltige Summen Geldes ausgab. Jedermann bescheinigte der Polizei, daß sie zwar gut, aber lästig war, weil sie sich um alles kümmerte."[121]

„Da die Benützung dieser Badeanstalten mit 1. des Monats Mai beginnt, so hat die Polizei-Ober-Direktion wegen Aufstellung der erforderlichen Wachen und des nötigen Aufsichtspersonals die geeigneten Verfügungen zu treffen, damit das Verbot des Badens an anderen Orten in der Donau überwacht, so wie jeder Unfug sogleich abgewendet werde, durch welche

117 G-Index „Polizeisachen" aus 1833, Niederösterreichisches Landesarchiv.

118 Polizei-Hofstelle, Zl. 9616 aus 1817, Allgemeines Verwaltungsarchiv.

119 Polizei-Hofstelle, Zl. 4487 aus 1826, Allgemeines Verwaltungsarchiv.

120 *Bruckmüller,* Sozialgeschichte Österreichs, 1985, S. 248.

121 *Waissenberger,* Mentalität des Biedermeier, in: *Ders.* (Hg.), Bürgersinn und Aufbegehren, 1986, S. 82.

irgendeine Gefahr für die badenden Personen herbeigeführt oder Anstand oder Sittlichkeit beleidigt werden könnten. [. . .]
. . . die Polizeydirection hat für die Aufrechterhaltung der Stundenordnung und auch dafür zu sorgen, daß wegen den bei diesen Badeplätzen eintretenden Laerme-Rücksichten, nach verflossener Abendstunde, die vorhandenen Rettungszillen immer gesperrt und daß der Schlüssel dem Linienamte am Tabor zur Aufbewahrung übergeben werde."[122]

Dieser Kommentar zum polizeilich behördlichen Amtsgebrauch eines Regierungs-Zirkulares betreffs der unentgeltlichen Donaubadeanstalten Frey-Bad, Armenbäder, im Donaukanal neu hinzugekommenen Floßbäder oberhalb der Reiterkaserne Leopoldstadt[123] und einem Strombad am Schüttel unterhalb der Franzensbrücke[124] hat, wie ersichtlich, Direktiven und Richtlinien zur Bewachung der Bäder, zur Ergreifung von Sicherheitsmaßnahmen für Badende sowie zur Vermeidung öffentlicher Sittlichkeitsverstöße zum Inhalt. Die Ausführung der getroffenen Anordnungen bedeutet für die k. k. Polizei-Ober-Direktion einen nicht unerheblichen Einsatz von Personal und Mitteln.

In der Folge stellt sich die in diesem polizeilichen Aktionsbereich konsequent ausgeübte Dienstpraxis als ein herrschaftsstrukturelles Nachziehverfahren entsprechend einem seit längerem absehbaren Zivilisationstrend heraus: Die Gesellschaft als Ganzes wie der einzelne Mensch selbst in seinem individuellen Aktionsfeld vermeinen, einen ständig höheren Überwachungs-, Sicherungs- und Sicherheitsaufwand betreiben zu müssen.

„Wie allgemein als Vortheil anerkannt sind nicht die Wirkungen des kalten Bades auf den menschlichen Körper! Welche Teilnahme hat die k. k. Militär-Schwimmschule seit ihrer Errichtung gefunden, wie werden unsere Freibäder [gemeint sind die unentgeltlichen Flußbadeanstalten „Armenbäder" und „Frey-Bad"; Anm. d. Verf.] besucht! Aber die Schwimmschule eignet sich nicht zum Baden für Frauen, Kranke, Schwache etc. – vor den Freibädern hat mancher Furcht oder Antipathie, überdies ist die Entfernung von der Stadt nicht die geringe."[125]

122 Kommentar zum Circulare vom 21. 4. 1831, Z. 20855, k. k. Polizei-Ober-Direktions-Akten, Karton Nr. 17, Niederösterreichisches Landesarchiv.

123 Circulare der k. k. Landesregierung im Erzherzogthume Oesterreich unter der Enns, 16. Juli 1829, Niederösterreichisches Landesarchiv.

124 Curgast Deutscher Kaltwasserheilanstalten, 1845, S. 218.

125 Allgemeine Theaterzeitung, Nr. 110, 1827, S. 450.

Angesichts dieser Umstände geht findiges Unternehmertum daran, jetzt differenzierter artikulierte Bedürfnisse profitabel zu vermarkten. Besonders in Veränderung begriffenen oder neu entstandenen Branchen gelingt es, sich mit neuen Waren/Produkten und neuen Diensten/Dienstleistungen rasch aus altzünftischen Fesseln zu befreien. Sie finden im Biedermeier am Dienstleistungssektor trotz gewerbepolizeilichen Repressionen und strenger Ordnungsstaatlichkeit günstige Erwerbsstrukturen vor und haben vorläufig wenig staatliche oder kommunale Konkurrenz zu fürchten.

1827 gibt es in Wien eine beachtliche Anzahl öffentlicher Wannen-, Reinigungs- und Kurbäder im Besitz Privater, die zwar keine schwimmenden Bäder im Fluß sind, aber immerhin mit Donauwasser (teilweise durch direkte Zuleitungen) gespeist werden, das je nach Wunsch kalt und mehr oder weniger vorgewärmt offeriert wird und je nach medizinischer Indikation bzw. ärztlicher Vorschreibung auch Mineral-, Meersalz- und Kräuteranreicherung erfährt:

- „Zum Schüttel", am Donaukanal unweit der Franzensbrücke (Vorstadt Jägerzeile)
- „Zwei Grenadier", Praterstraße 37 (Vorstadt Jägerzeile)
- „Diana", Donaustraße 9 (Vorstadt Leopoldstadt)
- „Zum scharfen Eck", Donaustraße 12 (Vorstadt Leopoldstadt)
- „Hollerstaude", Große Schiffgasse 37 (Vorstadt Leopoldstadt)
- „Grüner Baum", An der Gestätte 577 (Vorstadt Leopoldstadt)
- „Kaiserbad", Am Schanzel 22 (Vorstadt Roßau)
- „Zum Karpfen", Badgasse 84 (Vorstadt Weißgärbern).[126]

Seitdem das ursprüngliche Ferrosche Badeunternehmen Ende des 18. Jahrhunderts vom Staat übernommen werden mußte, dauert es gute drei Jahrzehnte, bis ein privater Unternehmer wieder Mut faßt, mit eigenem Kapital und Risiko ein Flußbadeschiff bauen und betreiben zu lassen. 1827 ist dies der Arzt Franz von Steinlein. Sein Flußbadeschiff liegt unweit der Sophienbrücke, der ersten Wiener „Kettenbrücke" (an der Stelle der heutigen Rotundenbrücke), im Donaukanal vor Anker und hat schlagartig Erfolg, da er neu entstandenen Freizeitverhaltensweisen, psychischen und physischen Re-

126 Wien's Öffentliche Gaerten, Baeder, Theater und sehenswerthesten Kunstausstellungen, 1828, S. 52.

produktionsbedürfnissen wie modischen Attitüden materiell bessergestellter Schichten, besonders der Damen, entgegenkommt.

„Der Badegast ist hier vor gähem Witterungswechsel im Sommer geschützt; schirmt zarte Constitutionen, schwächliche Personen, Kinder und die es auf Anordnung der Ärzte gebrauchen, gegen den schädlichen Einfluß starker Winde, Luftzug, bewahrt sie vor den Stichen der Sonne; es dient der bemittelten Classe des schönen Geschlechtes, welches sich wohl schwerlich zu den öffentlichen Armen-Bädern, wenn auch auf Zurathen sachkundiger Personen, entschließen würde, zu heilsamen Stärkung. Willkommen ist diese Anstalt dem Arzte, als er sich derselben bedienen kann, um auf eine zweckmäßige Art kalte Bäder als die wirksamsten Mittel in verschiedenen Krankheiten in Anwendung zu bringen – in welchem Falle offene Bäder schwerlich angerathen werden dürften."[127]

Steinleins Projekt trägt nicht zuletzt ästhetischem Empfinden, Komfortgewohnheiten und gehobenen Hygiene- und Sauberkeitsstandards Rechnung.

„Das Schiff, auf welchem das ganze Gebäude basirt ist, hat 28 Klafter Länge [ca. 53 Meter] und 5 Klafter und 3 Schuh Breite [ca. 10,5 Meter]. Das Gebäude selbst mißt in der Länge 24 Klafter und 4 Schuh in der Breite [ca. 46,8 Meter], in der Breite 4 Klafter und 2 Schuh [ca. 8,3 Meter]. [. . .] . . . das Ganze ist im dorischen Stile gehalten . . . Verzierungen basrelief. Das Dach mit Schindeln, welche aber täuschend wie Schiefer angestrichen sind . . . Die innere Einrichtung so bequem und reinlich . . ."[128]

Es werden sogar

„. . . durch zweckmäßige Vorrichtungen . . . mit den kalten Bädern jetzt auch warme in Verbindung gebracht, eine ehrenvolle Unternehmung des hiesigen verdienten, praktischen Arztes Steinlein."[129]

Der manirierte Text des Flugblattes, das 1827 die Eröffnung ankündigt, bestätigt in Stil und Satzbau die postulierte soziale Zusammensetzung des Publikums. Nur die kleine Gruppe der belesenen, intellektuellen, gebildeten Menschen kann durch so geartete Publikationen angesprochen werden.

127 *Mekarski,* Notizen über Gymnastik, 1831, S. 104 f.

128 Allgemeine Theaterzeitung, Nr. 110, 1827, S. 449.

129 *Mekarski,* Notizen über Gymnastik, 1831, S. 104 f.

„Oeffentliche Anzeige der großen, neu errichteten Schiffbade-Anstalt naechst der Kettenbrücke an der Prater Seite. Diese Donaufluß-Badeanstalt, wo Bequemlichkeit, Reinheit und Bedienung sich vor allem auszeichnet, wo gegenwärtig zwar nur kalte Bäder geoeffnet sind (neben deren Kraefte und Nuetzlichkeit in individueller Hinsicht nur eine Stimme waltet), wo aber später der hohe Adel und das Publicum in demselben Locale unter Aufsicht eines practischen Arztes im reinen Donauflusse kalt und warm baden kann, und welche zugleich mit den vorzüglichsten Mineral- und Kräuterbädern versehen ist, wurde schon lange von den ausgezeichnetsten Ärzten und von den Kenneraugen eines distinguierten Publicums gewünscht, daher mit Bewilligung der hohen Regierungs-Behörde die Eröffnung dieser wichtigen Anstalt zur Bequemlichkeit eines hohen Adels und des Publicums von Seiten der Direction dieser Badeanstalt hiermit bekannt gegeben wird."[130]

Aufgemuntert durch das Florieren der Donauwasserbäder in festen, gemauerten Badehäusern, die Erfolge der schwimmenden Flußbäder Steinleins, vor allem aber des Ferdinand- und Marien-Bades Gubas und Wieners, von dem später ausführlich die Rede sein soll, erwirbt Joseph Scherzer eine Gewerbekonzession, holt die behördliche Betriebsbewilligung ein und eröffnet 1835 ebenfalls im Kaiserwasser – eben dem reinsten Donauarm – unweit der Taborbrücke ein Badeschiff. „Es darf", schreibt damals die Allgemeine Theaterzeitung im zweiten Sommer seines Bestehens,

„. . . auch in Bezug auf die zweckmäßige innere Einrichtung den Schwimmlustigen und Kaltbadefreudigen mit Recht empfohlen werden. Die besuchte Localität hat verschiedene größere und kleinere Behältnisse aufzuweisen, bei welchen sämmtlich für Sicherheit, Ordnung, Wohlanständigkeit und Reinlichkeit Sorge getragen wurde. Zwei große Schwimmkörbe abgesondert für Damen und Herren bestimmt zeigen bei einer erforderlichen Tiefe eine Länge von 9 Klaftern [ca. 17 Meter], und eine Breite von 2 Klaftern 1 Schuh [ca. 4,1 Meter]. Die Schwimmfreunde haben den mäßigen Preis von 10 kr. C. S. [Kreuzer Konventionswährung] zu entrichten."[131]

Scherzer hat Ende der 1830er Jahre die Verwaltung über die drei innerhalb der Linien existierenden, von der öffentlichen Hand finanzierten kostenlosen Flußbäder (die Armenbäder im Fahnenstangenwasser nahe der Taborbrücke, das Frey-Bad im Kaiserwasser und ein

130 Oeffentliche Anzeige der großen, neu errichteten Schiffbade-Anstalt, Flugblatt 1827, Wiener Stadt- und Landesarchiv.

131 Allgemeine Theaterzeitung, Nr. 116, 1836, S. 464.

Strombad am Schüttel unterhalb der Franzensbrücke im Donaukanal) übernommen. Er erhält für ihren Betrieb von der niederösterreichischen Regierung eine jährliche Subvention von 1800 fl. C. M., die oft weit unter den tatsächlichen Betriebskosten liegt und mitunter nach Vorlage der Abrechnungen am Saisonende aus dem Hofkamerale gar verdoppelt werden muß. Neben seinem eigenen Schwimm- und Kaltbad im Kaiserwasser betreibt Scherzer auch bald ein zweites eigenes Zahlbad, das ebenfalls als Badeschiff im unterhalb der Stadt, auf der Höhe des Schüttels fließenden Donaukanal liegt. Es besticht mit Schwimmbassin und Duschausstattung.[132]

1838 macht sich ein ehemaliger Schwimmlehrer der Wiener k. k. Militärschwimmschule, unweit dieser, mit einer Unternehmung namens „Fahnenstangenbad“ selbständig. Es handelt sich wieder um die gängige Kombination von Kabinenbädern und Schwimmbassin für den getrenntgeschlechtlichen Bade- und Schwimmbetrieb.[133]

Außerhalb der Linien Wiens, diesmal nicht an der Donau, eröffnen 1838 drei Kaltwasserheil-, Bade- und Schwimmanstalten: die des Wundarztes Josef Schrankell in Hietzing, die des „bürgerlichen Seidenzeug-Fabrikanten“ Friedrich Petter in Gumpendorf und die eines Herrn Pfeiler in Grinzing. Letztere schließt einen mondänen „Lusthof“ und einen kleinen Park mit ein, was manchen Zeitgenossen zur Erwartung Anlaß gibt,

„. . . daß da und überhaupt noch an mehrern Lieblingsorten dieser ganzen paradiesischen Gegend, welche das Kahlengebirge an die lange Westsüdseite [?] von Wien gezaubert hat, sich bald noch zahlreichere Anstalten für Kaltbäder erheben werden, um dem geweckten Bedürfniß und dem Zudrange der Hunderttausende von Wien, denen das Donauufer nicht mehr genügt, vollkommen zu entsprechen. So würde das ganze Gebiet um Wien für seine naturfrische Bevölkerung Ein großer Gesundheitsgarten werden.“[134]

Wiederum am Fluß schwimmende, „gut eingerichtete Vollbäder“ bietet der vormalige Betreiber der Wäscheleih- und Serviceeinrichtung des staatlichen „Frey-Bades“, Karl Kauff, ab 1839 dem Publikum.[135] Sie liegen eine Viertelstunde Gehzeit von der Militär-

132 Curgast Deutscher Kaltwasserheilanstalten, 1845, S. 218.
133 Curgast Deutscher Kaltwasserheilanstalten, 1845, S. 217.
134 Curgast Deutscher Kaltwasserheilanstalten, 1845, S. 222.
135 *Schmidl,* Wien und seine nächsten Umgebungen, 7. Aufl., 1858, S. 207.

schwimmschule in Richtung „Großer Donau“ (Zusammenfluß sämtlicher Arme, außer dem Donaukanal). Die Unternehmung ist recht beliebt und wird gerne besucht, weil sie dem gesteigerten Säuberungsbedürfnis und Reinlichkeitsempfinden Rechnung trägt und zu für Bürgerliche moderaten Preisen auch als Körperwaschanstalt mit installierten Duschen fungiert.

Zur ersten gemauerten integrierten Körper- und Wäschewaschanstalt der Kommune bei einer für die Mehrheit erschwinglichen Taxe kommt es erst 1855 mit dem „Volks-“ oder „Leopoldstädter Bad“, einem kleinen Hallenschwimmbad in Verbindung mit einer öffentlichen Duschgelegenheit und Wäschewaschküche. (Diana- und Sophienbad sind aufgrund der Preisgestaltung ausschließlich den bürgerlichen und adeligen Schichten vorbehalten.) Eine auf effiziente, rasche, hygienische und billige Körperreinigung für die breite Masse der Arbeiterschaft spezialisierte Institution läßt geraume Zeit auf sich warten. Ein Schritt in diese Richtung gelingt der Stadtverwaltung, als das „Erste Wiener Volksbrausebad“ in der Mondscheingasse Nr. 9 am 22. Dezember 1887 seine Pforten öffnet, dem dann in rascher Folge weitere Volksbrausebäder in anderen Stadtbezirken folgen.

Vinzenz Prießnitz' Rehabilitierung

Wesentlich tragen zur Beförderung der Wiener gleichwie der österreichischen Bade-, Freiluft-, Schwimm- und Kaltwasserkultur bei:

- die philosophischen Theorien und gesundheitspolitischen Anschauungen Dr. Malfattis (tätig für die Aufnahme zur Thermalkur in Baden bei Wien und Bad Vöslau sowie ärztlicher Berater der habsburgischen Erzherzöge);
- die Öffentlichkeitswirksamkeit der epochemachenden Schrift von Dr. Wirer (Hofarzt in Wien und Badearzt in Bad Ischl) „Ischl und seine Solebäder“, Wien 1826;
- die dem Kaltwasserheiler Vinzenz Prießnitz von Dr. Türkheim (Spitzenbeamter des Gesundheitsressorts der Wiener Hofkanzlei) erwiesenen Referenzen.

Obendrein begünstigt im Biedermeier „... das zeitweilige Zurücktreten der ‚Schule‘ in der Wiener Medizin ... die Blüte der

Bäderkultur, aber die Niederlage Malfattis, Wirers und Türkheims gegenüber dem jungen Skoda [Dr. Joseph Skoda, Internist, seit 1846 Vorstand der Wiener Medizinischen Universitätsklinik; Anm. d. Verf.] zeigte . . . mit dem Ausklang dieser medizinischen Epoche auch eine tiefergreifende Veränderung der Kulturstruktur an".[136] Doch vorläufig ist es noch nicht soweit.

„Die Medizin lag damals, was die Therapie betraf, tatsächlich sehr im argen, neben den Purgationen, Aderlässen und Brechmitteln der alten Humoralpathologie therapierte man mit einer heroischen Giftküche aus Quecksilberpräparaten, Arsenikalien, Kupferoxyd, Zinkvitriol und brachte damit manchen Patienten um. Die verständliche Reaktion darauf hieß man ‚therapeutischen Nihilismus' . . . Was lag näher als nicht zu therapieren und auf schonendere, ‚natürlichere' Heilverfahren auszuweichen? An diesem therapeutischen Nihilismus lag es auch, daß die Hydrotherapie nicht allein zum Vehikel der Alternativmedizin, sondern auch von seiten der wissenschaftlichen Medizin beachtet wurde."[137]

1829 macht sich Ludwig Freiherr von Türkheim auf den Weg nach Gräfenberg bei Freiwaldau im österreichischen Schlesien, um für Staat und Wiener Medizin ein Gutachten über die Kaltwasserkuren des Laien-Hydrotherapeuten Vinzenz Prießnitz zu erstellen. Die Erfolge der von Prießnitz seit 1814 in seinem Bauernhaus unternommenen Heilversuche waren unübersehbar geworden. Die Nachfrage im In- und Ausland spricht für sich. Im wenig später zügig zur Kuranstalt mit 600 Plätzen ausgebauten Bauernhaus soll Prießnitz „. . . Zeit seines Wirkens insgesamt ca. 40.000 Patienten aus allen sozialen Schichten und Berufsgruppen aus aller Welt [behandelt haben], die Heilanstalt Gräfenberg wurde weltberühmt, er wurde Multimillionär wegen hoher Honorare und Geschenke der reichen Patienten. [. . .] Die Wassertherapie . . ., sein ideelles Vermächtnis, wurde selbst von der wissenschaftlichen Medizin übernommen und als sein Verdienst anerkannt."[138]

Die offizielle Anerkennung und behördliche Sanktionierung seines Heilverfahrens, beruhend auf kalten Wasserbädern, Wasseran-

---

136 *Lorenz,* Bäderkultur und Kulturgschichte, in: Archiv für österreichische Geschichte, Bd. 117, 1947, S. 238.

137 *Krauss,* Hydrotherapie, in: *Lachmayer/Mattl-Wurm/Gargerle* (Hg.), Das Bad, 1991, S. 186.

138 *Krabbe,* Gesellschaftsveränderung durch Lebensform, 1974, S. 89 f.

wendungen und „Naturduschen" in den Wäldern des Gräfenbergs verliefen hingegen nicht reibungslos. 1829, kurz vor des Regierungsbeauftragten Türkheim Ankunft, „. . . wurde er wegen Curpfuscherei angeklagt und zu einem mehrtägigen Arreste, mit Fasten verschärft, verurteilt. [. . .] Neue Klagen der Ärzte [die ihn als geschäftsstörenden Konkurrenten vom Halse haben wollten; Anm. d. Verf.] und die Anfrage der deutschen Regierung veranlaßte die österreichische Regierung den Dr. Baron Türkheim nach Gräfenberg bei Freiwaldau zu entsenden."[139] Der makrobiotischen Ideen aufgeschlossene „k. k. wirkliche Hofrath und Vice-Director der Wiener medicinisch-chirurgischen Studien" lernt Prießnitz entgegen allgemeiner Erwartungen als Mensch wie als Wasserheiler schätzen und wirbt, zurück in Wien, um dessen Rehabilitierung.

„Anspruchslos, niemals prahlend, immer bereitwillig, seinen Kranken Beistand zu leisten, unermüdet bei Tag und Nacht, gefällig, streng und konsequent in seinen Handlungen, hat mir Prießnitz Eigenschaften dargeboten, die keineswegs den Attributen der Charlatanerie beigezählt werden können. [. . .] Seine Kurmethode bleibt in ihren Details eine neue beachtenswerte Erscheinung im Gebiete der Heilkunst. Diese neue Erscheinung und dieser nicht alltägliche Mensch verdienen daher die volle Aufmerksamkeit der Staatsverwaltung."[140]

Türkheims Berichte, Darlegungen und positiven Atteste beeinflussen nicht zuletzt jene medizinisch-ministerielle Kommission, die sich durchaus auch Gedanken über die politische Dimension und Tragweite der Entscheidung für oder gegen Prießnitz zu machen hat, da das Kaltwasserprinzip längst die internationale Aufmerksamkeit erweckt. Türkheim berichtet darüber:

„Die Commission hat sich einstimmig gegen die Aufhebung der Curanstalt des Prießnitz erklärt, da sich dieselbe in vielen Beziehungen als heilsam bewiesen habe, schädliche Folgen nicht nachgewiesen seien, die wenigen Todesfälle bei dem Umstande, daß auch an anderen, unter ärztlicher Leitung stehenden Curanstalten das selbe stattfinde, keinen hinreichenden Grund zu einer solchen Maßregel darbieten, der stets zunehmende Ruf derselben im In- und Ausland und die öffentliche Meinung wegen des durch ihre Auflassung zu besorgenden üblen Eindruckes im Publicum volle Beachtung ver-

139 *Seliger,* Vincenz Prießnitz, 1852, S. 28.

140 Zitat von *Türkheim* nach: *Ebel,* Festschrift, 1912, S. 19.

diene und überhaupt Verbote von Heilmethoden theils schwer zu handhaben, theils auch die Möglichkeit ihrer Umgehung nur demoralisierend auf die Staatsbürger einwirken. Ich theile vollkommen die Ansicht der Commission und schließe mich ganz den von ihr gegen die Aufhebung der Gräfenberger Anstalt geltend gemachten Gründen an."[141]

Seit Prießnitz' Anerkennung und Rehabilitierung in Wien ist es für Ärzte – selbst in staatlich-administrativen oder politischen Funktionen – möglich geworden, positive Ansichten, Erfahrungen und Forschungen zur Kaltwasseranwendung und Einwirkung des Wassers auf den menschlichen Organismus freimütig und ausführlich zu publizieren. Etwa bringt das „Wiener Intelligenz-Blatt" vom 22. Dezember 1842 eine „Wichtige ärztliche Kundmachung" des Hof-Medicus Dr. von Fröhlichsthal:

„Schon seit vor ungefähr dreißig Jahren habe ich, nach vorausgegangenen vielen Erfahrungen, die Cur mit kaltem oder lauwarmem Wasser in verschiedenen schweren Krankheiten, namentlich im Scharlach-, typhösen Nerven-, Gall- und Faulfiebern, in Masern, Rothlauf und einigen langwierigen Krankheiten vorgeschlagen, und diese vortreffliche Heil-Methode einzuführen gesucht. Die früher übliche Heilart, so wie der Abscheu und Widerwille gegen das kalte Wasser unter dem Publico haben der allgemeinen Anwendung desselben Hindernisse in den Weg gelegt, sie verzögert. Da sie aber nun immer mehr Vertrauen zu gewinnen scheint, so glaube ich verpflichtet zu sein, die Bewohner Wiens und der sämtlichen Provinzen auf diese herrliche Heil-Methode wiederholt aufmerksam zu machen. Daß sie in den erwähnten Krankheitsformen sichere, auffallende, anhaltende, öfter bis zum Wunder schnelle Hülfe leistet, wie ich in meinen Abhandlungen und unzähligen practischen Fällen allhier an Krankenbetten bis zur Evidenz bewiesen habe, kann Niemand in Zweifel setzen."[142]

Die Andeutung „wunderbarer" Kaltwassererfolge durch ärztliche Autorität fällt auf fruchtbaren Boden. Noch das 18. Jahrhundert war voller Aber- und Wunderglauben[143], voller Überzeugung von der Heilkraft der Natur, die sich direkt oder vermittels Kirchenheiligen auswirken konnte. Die Gewißheit um die magische Reproduktions-

---

141 Zitat von *Türkheim* nach: *Wurzbach,* 23. Theil, 1872, S. 295.

142 Zitiert nach: Curgast Deutscher Kaltwasserheilanstalten, S. 226 f.

143 Siehe dazu etwa: *Kapner,* Auswirkungen der religiösen Bemühungen auf die Volksfrömmigkeit in Wien, in: *Ehalt* (Hg.), Volksfrömmigkeit, Bd. 1, 1989, S. 230.

qualität des Wassers von Brunnen, Quellen, Seen und Flüssen erweist sich als traditionell so stark verankert, daß sie bis ins 20. Jahrhundert hinein anzutreffen ist.[144] Der Kaltwasser-, Freiluftbade- und Schwimmkultur des Vormärz wird jedenfalls nicht zuletzt hierdurch ein beachtenswertes Interesse entgegengebracht.

Donauwasser-Rekreation für Elitepolizisten

Ist der vormärzlichen Polizei per Gesetz das staatliche Mandat zuteil, wildes, ungeregeltes, anarchisches, unsittliches Baden und Schwimmen in freien Gewässern zu unterbinden und zu ahnden, sollen ihrer eigenen Elite jedoch keinesfalls die Segnungen des nunmehr allseits anerkannten Heilmittels Donauwasser vorenthalten bleiben. Mannschaftsangehörigen der Wiener Zivil-Polizeiwache samt ihren Familien wird „gesittetes Donauwasserbaden“ zur Rekreation und Reproduktion nicht nur empfohlen, sondern durch Übernahme wesentlicher Teile der Kosten schmackhaft gemacht. Im Ansuchen an die „Hochlöbliche k. k. Oberste Polizey und Censur Hofstelle“ um Vergütung der Badetaxen in der mittlerweile ebenfalls in Joseph Scherzers Besitz übergegangenen Wannen- und Kurbadeanstalt „Zur Hollerstaude“ (Scherzer versteht es weiterhin, mit dem Staat vielfältige Geschäfte zu machen) heißt es:

„Wegen Sicherstellung der . . . Donaubäder für die Civil-Polizeiwachmannschaft, dann deren Weibern und Kindern eintretenden Sommer hindurch hat man mit dem Badhausinhaber Joseph Scherzer in der Leopoldstadt Nr. 37 ‚Zur Hollerstaude‘ welcher schon seit durch 2 Sommer diese Bäder an die Civilmannschaft verabfolgt hat; verhandelt, welcher sich ungeachteter wegen erhöhter Holzpreise einen höhern Betrag ansprechen wollte, Zeuge das hier mit folgenden Protokolles demnach herbeiließ die warmen Donaubäder an die Civil-Poizeiwachmannschaft, deren Weiber und Kinder auch den eintrettenden Sommer hindurch um die vorigen Jahre stipulierten Preise zu verabreichen, nämlich: ein warmes Donaubad ohne Wäsche um 9½ kr., ein warmes Donaubad um 11 kr., ein warmes Bad mit Schwefelleber ohne Wäsche um 17½ kr., ein warmes Donaubad mit Wäsche um 19 kr. C. M. Eure hohe Hofstelle dürfte sich dennoch geneigt finden diese billigen Preise

144 Siehe dazu: *Fink*, Bemerkungen zu einigen Wasserheiligen, in: *Dienes/Leitgeb* (Hg.), Wasser, 1990, S. 132 f.

umsomehr zu genehmigen, als selbst der Damenverein diese Bäder um höhere Preise vergütet.
Wien am 26. April 1844“[145]

Um etwaigen Einwänden der k. k. Hofstelle gegen die bislang regelmäßig des Sommers gewährte Finanzierung des Badegenusses für Elitepolizisten und ihre Familien vorzubeugen, wird in dem Ansuchen zu guter Letzt ein Hinweis auf den „Bürgerlichen Damenverein“ gegeben, welcher sich für seine Mitglieder gleichfalls Badeabonnements in Scherzers Badehaus zu noch kostspieligeren Bedingungen leistet. Gänzlich außer Diskussion steht jedenfalls eine Abweisung von Gesuchen der Bezirksdienststellen betreffs hydrotherapeutischen und rekreativen Donauwasserbädern für erkrankte oder chronisch leidende Zivilpolizeiwacheleute.

„An die Hochlöbliche kaiserliche königliche Oberste Polizey und Censur Hofstelle.
Die k. k. Pol.bez.dion in der Alservorstadt schreitet mit dem anliegenden Bericht um die Anweisung von 20 kalten Donaubädern für ihren Civilwachmeister Friedrich Ruprecht und 20 derley Bädern für den Civilwachegemeinen Markus Windirsch fürwortlich ein, welche dieselben nach beigebrachten ärztlichen Befunde, und zwar erster wegen chronischen Gichtleiden und Schwäche des linken Fußes, und letzterer wegen Leberleiden zur Wiedererlangung ihrer vollkommenen Gesundheit dringend benöthigen. Nachdem die Nothwendigkeit des Gebrauches dieser Bäder ärztlich nachgewiesen wird, wolle Eine h. Hofstelle die Ausfertigung der Anweisungen zur Verabreichung dieser Bäder zu bewilligen geruhen.
Wien, am 13. May 1844“[146]

Für die Mehrheit der Polizeiorgane gibt es kein Badeprivileg. Der umfassende polizeiliche Aufgabenbereich und alle damit unweigerlich zusammenhängenden Maßnahmen des Sicherheitsdienstes, beispielsweise die Exekution von Badeverboten, ruht größtenteils auf den Schultern der Militärpolizeiwache[147], die sich aus Polizeisoldaten, darunter unter anderem beim Militär untragbar gewordene Männer, rekrutiert. Denn das Militär ist „. . . keineswegs an der Abstellung von Elitesoldaten für diese polizeilichen Zwecke interessiert.

145 Polizei-Hofstelle, Zl. 314 aus 1844, Allgemeines Verwaltungsarchiv.
146 Polizei-Hofstelle, Zl. 771/228 aus 1844, Allgemeines Verwaltungsarchiv.
147 *Bibl,* Wiener Polizei, 1927, S. 314.

So kommt es vor, daß nicht nur alte und invalide Soldaten, sondern auch solche Personen den Militärwachen zugeordnet werden, die zuvor gerichtlich zum Militärdienst verurteilt worden sind“[148], diesem aber nicht entsprechen und ausgesondert werden. Unterbezahlt, schlecht ausgebildet, demotiviert, oft psychisch wie physisch ungeeignet, von der Bevölkerung verhöhnt, gemieden und angefeindet, leidet die Militärpolizeiwache unter ihren entwürdigenden Existenzbedingungen und genießt zudem das schlechteste Ansehen.

Die 1792 geschaffene, 1807 neu aufgestellte Zivil-Polizeiwache hingegen ist eine von staatlicher Macht gehätschelte, relativ kleine Abteilung für besondere Aufgaben: Acht Wachtmeister und 56 Gemeine (ab 1840: 83 Gemeine) sorgen im Raum Wien für Beschattung, Bespitzelung, Überwachung, Anzeige und Verhaftung von Staat, Ruhe, Ordnung, Sicherheit und Sittlichkeit gefährdenden „Subjekten“. Sie haben vor allem zyklisch an die „höchste Regierungsstelle“ die „augenblickliche Stimmung“ des Volkes zu melden.[149] „Da mehr oder weniger bekannt war, daß allerorten Ideale der Erneuerung bestanden, wenn sie auch, den Gegebenheiten entsprechend, im verborgenen wirkten, bedurfte es eines umfassenden Überwachungssystems, das immerfort tätig war, um die Staatsmacht von allen allenfalls auftretenden revolutionären oder subversiven Regungen der Bevölkerung in Kenntnis setzen zu können.“[150] An Effizienz und Erfolg der Arbeit der Zivil-Polizeiwache sind Nutznießer bestehender Machtverhältnisse und Herrschaftsstrukturen vital interessiert, denn nur deren Aufrechterhaltung garantiert ihnen den Fortbestand der Verteilung sozialer Positionen und Privilegien. In der Strategie der Macht ist der Zivil-Polizeiwache eine zentrale Funktion zugewiesen. Ihren aufwendig, zeit- und kostenintensiv eingeschulten, trainierten und spezialisierten Mitarbeitern soll denn auch in generös-großzügiger Weise beste Qualität psychischer und physischer Rekreations- und Reproduktionstechnik zugute kommen.

---

148 *Pilgram,* Kriminalität in Österreich, 1980, S. 54.

149 *Bibl,* Wiener Polizei, 1927, S. 314.

150 *Waissenberger,* Vorwort, in: *Ders.* (Hg.), Bürgersinn und Aufbegehren, 1986, S. 7.

„Mit dem anliegenden Bericht schreitet die k. k. Pol. Bez. Dion. Mariahilf für den ihr zur Dienstleistung zugewiesenen Civilwachegemeinen Franz Berndorfer dahin ein, daß ihm zur Linderung seiner Gebrechen 20 Donaubäder bewilligt werden sollen. Nachdem Berndorfer nach dem ärztlichen Zeugnis mit Gichtleiden und Haemorrhoidal Beschwerden behaftet zur Heilung 20 Donaubäder benöthiget, dürfte sich eine hohe Hofstelle geneigt finden, die Bewilligung zur Ausfolgung der hierzu nöthigen Anweisungen zu ertheilen.
Wien, 2. Juni 1844“[151]

151 Polizei-Hofstelle, Zl. 8503/282 aus 1844, Allgemeines Verwaltungsarchiv.

Schwimmen und Schwimmschulen

Vorbereitung auf den Krieg

Nicht bloß fortschrittlich gesinnte Ärzte, sondern auch Pädagogen, insbesondere der neue Berufsstand der Turn- und Gymnastiklehrer, votieren für körperliche Übungen und Ertüchtigung im Freien. Als einer der Begründer und profiliertesten Aktivisten der frühen deutschen Turnbewegung, Friedrich Ludwig Jahn, im Winter 1814/15 in Wien weilt und am Wiener Kongreß teilnimmt, richtet er ein Schreiben an den preußischen Staatskanzler, Fürst Hardenberg, in welchem er Regierungen die Verwendung von naturbelassenem Gelände mit Wiese, Wald, offenen Räumen, Dickicht und Gewässern für gymnastische Sommerübungen wie gleichermaßen den Ankauf geeigneter Gebäude für Winterübungen empfiehlt.[1] Zwar wird aus Mangel an finanziellen staatlichen Mitteln von der Anregung kein Gebrauch gemacht, darin enthaltene Gedanken und Ideen erfahren jedoch bereits zu diesem Zeitpunkt in individuellen Freizeitverhaltensformen oder beim Militär Verwirklichung. In Österreich sind Jahns Ambitionen ebenfalls bekannt, sie finden in politisch maßgeblichen Kreisen jedoch kein Gehör. Eine deutschtümelnde, nationalistische Turnerschaft ist den Herrschenden des Vielvölkerstaates Österreich äußerst suspekt. Jahn wird konsequenterweise während seines Kongreßaufenthaltes bespitzelt.

Da der Aufenthalt, das (Wett-)Spielen und Turnen am freien Gewässer, erst das Baden darin, die objektive Gefahr des Ertrinkens in sich trägt, sind Zeitgenossen bestrebt, entsprechende Körper- und Lebenstechniken jener zu übernehmen, die sich nach ihrer Einschätzung mit der Natur in höchstem Einklang befinden, deshalb auch am besten vor deren potentiellen Gefahren gewappnet sein müssen.

„Und noch heutigen Tages gehört Schwimmen, Jagen, Kriegführen bey den kraftvollen Indianern Amerikas zu den täglichen Beschäftigungen und Ver-

1 *Euler,* Handbuch Turnwesen, Bd. 1, 1884, S. 579.

gnügungen. [. . .] Gewiß sollte man bey uns, ehe man Tanz, Fechten usw. lernte, erst mit einem Elemente vertrauter werden, das mehr als 2/3 unserer Erdoberfläche einnimmt ... Bedächten wir besonders, daß uns die Schwimmkunst zu Rettern unseres und fremden Lebens machen kann, so müßte sie mehr als noch geschieht, mit vorzüglicher Liebe und Aufmerksamkeit gepflegt werden. [. . .] Und wenn durch dieses . . . die Verdienste eines deutschen Gelehrten [gemeint ist J. Ch. F. Guts-Muths; Anm. d. Verf.] in frisches Andenken gerufen werden, der das Feld der Gymnastik mit Ruhm bearbeitet, und auch die Schwimmkunst zum Gegenstand seiner Studien gemacht hat. [. . .] Nächst der Gymnastik vermag nichts so sehr den Körper stark und gewandt zu machen als die Schwimmkunst."[2]

Wird Schwimmen sowohl als gymnastische Betätigung, Geschicklichkeitsübung und Abhärtung, als auch zum Schutz des eigenen Lebens und der Gesundheit propagiert, fordern manche, dem nicht genug, seine Beherrschung als ethisch-moralische Pflicht gegenüber in Not geratener Mitmenschen, um jederzeit in der Lage zu sein, diesen beizustehen. Man orientiert sich einmal mehr an hehren Vorfahren sowie rezenten Kulturen.

„Von der Rettung. Hier zeigt sich die Schwimmkunst in ihrem schönsten Lichte, weil man durch dieselbe nicht nur sein eigenes Leben, sondern auch Andere aus der Gefahr zu ertrinken retten kann. Es ist daher die Pflicht eines Jeden, der die Gelegenheit dazu hat, diese so leichte Kunst zu erlernen. Es fehlt nicht an Beispielen, wo Menschen in Gegenwart hunderter Zuschauer ertrinken mußten, weil unter der zahlreichen Menge sich niemand hinzuschwimmen getraute. So was wäre bei den Völkern des Altertums gewiß nicht geschehen. [. . .] Die Südsee-Insulaner, und andere Völker der andern Welttheile, die wir Wilde nennen, würden sich keinen Augenblick besinnen, um einem Menschen, der sich in der Gefahr zu ertrinken befindet, Hülfe zu leisten. Die Reisebeschreiber liefern uns davon mehrere Beispiele."[3]

Für die praktische Umsetzung der in Ansätzen schon vor Jean-Jacques Rousseau vorhandenen (besonders jedoch durch ihn konkretisierten, profilierten, verstärkten und in ganz Europa popularisierten) neuen Ideen, Einschätzungen, Vorstellungen, Attitüden und Bedürfnisse[4] liegen schließlich im Biedermeier jene materiellen, ökonomischen, institutionellen, sozialen, ideellen und mentalen Be-

---

2 *Möller,* Vorwort, in: M. Roger's sicherer Schwimm-Meister, 1826, S. 4 f.

3 *Burian,* Nexeologie, 1841, S. 95.

4 *Vigarello,* Wasser und Seife, Puder und Parfüm, 1988, S. 138 ff.

dingungen vor, die erstmals einer breiteren Bevölkerung entsprechendes Handeln und Verhalten gestatten. Neben den gestiegenen Möglichkeiten, individuelle Frei(heits)räume zu expandieren wie Lebens- und Gesundheitschancen zu maximieren, ist gleichzeitig die Tendenz der Codierung, Vereinnahmung, funktionalen Verwertung und volkswirtschaftlichen Nutzbarmachung derartiger Ambitionen und Aktivitäten gemäß herrschaftlicher Interessen unverkennbar. Zugunsten staatlichen Machtzuwachses legalisiert, formalisiert, kanalisiert und normiert man die neue Praxis rasch.

Vaterländisch-völkisch-nationalistische Züge der im Entstehen begriffenen Kaltwasser-, Freiluftbade- und Schwimmkultur werden nach anfänglichen Adaptierungsproblemen sukzessive in die gesellschaftliche Herrschaftsstrategie und Machttecknik des vormärzlichen Absolutismus integriert. Von der mit den Karlsbader Beschlüssen von 1819 eingeleiteten „Demagogenverfolgung" und der daraufhin verhängten „Turnsperre" sind öffentliche Schwimmschulen, sportliche Wehrertüchtigung und Militärschwimmschulen nicht einmal mehr betroffen. Trotz gesetzlich angeordneter kategorischer Verdächtigung aller körperkultureller, turnerischer und gymnastischer Bestrebungen als potentielle Akte der Subversion reagieren staatliche Bürokratien, Kontroll- und Exekutivorgane sowie einzelne Machtträger auf Anregungen sozialmedizinisch, volksgesundheitlich und lebensreformerisch engagierter Ärzte und Pädagogen, die Bevölkerung zum Baden und Schwimmen zu bewegen, zusehends aufmerksamer und wohlwollender. Deren Engagement für Hebung der Gesundheit, Herstellung von Fitneß und Vermittlung körperlicher Fertigkeiten und Fähigkeiten (Körpertechniken, Leistung, Ausdauer, Robustheit, Belastbarkeit etc.) zielt vor allem auf junge wehrpflichtige Männer ab, was den strategischen (Ausbildungs-)Konzepten der Militärs samt und sonders entgegenkommt. Wehrertüchtigung, Körper- und Kasernenhygiene, Gefechtsfeldmobilität und Überlebenstechnik als Teil einer noch vor allem von körperlichen Qualitäten und Fähigkeiten abhängenden militärischen Gesamtstrategie hat die Stärkung des staatlichen Gewaltapparates zum Ziel und damit die Absicherung der Macht gegen innere und äußere Bedrohung.

Abhärtung, körperliche Bewegung und Beweglichkeit, Gymnastik, Sauberkeit, Körperpflege, Ausgleichsturnen (auch immer als

Teil einer allgemeinen Diätetik betont), Naturkontakt, Kaltwassertherapien und Bäderkuren als physische und psychische (zeitlich in der Reproduktionsphase der arbeitsfreien Zeit angesiedelte) Regeneration wie Stärkung von „Volk“, „Nation“ und „Rasse“, gleich mit dadurch Erhöhung von Glück, Wohlbefinden, Gesundheit und Arbeitsleistung jedes einzelnen staatsbürgerlichen Individuums liegen im Sinn der Aufrechterhaltung bestehender Ordnungs- und Herrschaftsverhältnisse. Über militärische außen- und innenpolitische Vorteile hinaus erwartet man sich ganz im Geist merkantilistischer Volkswirtschaftstheorie von der Erhöhung der Reproduktionsqualität der Freizeit eine umgehende Steigerung der gesamtstaatlichen Arbeitsproduktivität, damit Zuwachs an Stärke und Reichtum des Vaterlandes.

Nachdem der agitatorische Pädagoge und Erzieher Johann Bernhard Basedow gegen Ende des 18. Jahrhunderts den Schwimmunterricht in seiner progressiven Knabenerziehungsanstalt „Philantropin“ in Dessau (Fürstentum Anhalt) eingeführt hat und in ähnlicher Institution in Schnepfenthal bei Gotha (Thüringen) seit 1790 Schwimmen gelehrt wird (ab 1796 von J. Ch. F. Guts-Muths, dessen Lehrbuch der Schwimmkunst als grundlegend für die neue Schwimmtechnik und -lehrmethode gilt), wird 1811 in Preußen von staatlicher Seite das Schwimmen als die „vorzüglichste Leibesübung dringend empfohlen“.[5] Der Errichtung von Schwimmschulen soll nichts mehr in den Weg gelegt werden. Karl Friesen, ein Mitarbeiter des Berliner Turnpapstes Friedrich Ludwig Jahn, gründet daraufhin unweit des Unterbaumes an der Spree knapp außerhalb Berlins die legendäre „Schwimmhütte“, wofür er zwei Halloren, Schwimmeister aus Halle, die am besten ausgebildeten Schwimmlehrer der Zeit, verpflichtet.[6] Wenig später steht auch der Oberst der preußischen Armee, Ernst von Pfuel, nachmaliger Kriegsminister und preußischer Ministerpräsident, mit seiner Regierung in Vorverhandlungen zwecks baldiger Erbauung einer Militärschwimmschule nach Pariser Vorbild. Der Plan wird wegen sich verzögernder Kapitalaufbringung erst 1817 realisiert.

Dieser Entwicklung darf Habsburg-Österreich nicht nachstehen.

---

5 *Euler,* Handbuch Turnwesen, Bd. 2, 1895, S. 607.

6 *Bornemann,* Lehrbuch, 1814, S. 48.

Haben doch „... die letzten großen Kriege [vor allem jener gegen Napoleon I., insbesondere die Schlacht bei Aspern in der Lobau vor den Toren Wiens; Anm. d. Verf.] gezeigt, wie nützlich und nothwendig den Soldaten einige Fertigkeit im Schwimmen sey".[7] Analytiker der Kriegsgeschehen bewundern einerseits, „... daß während der Beschießung Wiens, den 11ten Mai 1809, französische Schwimmer vom linken Donauufer Schiffe herüberholten, auf denen einige Kompagnien Voltigeurs nach dem Prater übergesetzt werden konnten ..."[8], andererseits sind ihnen die katastrophalen Konsequenzen, die das geschlagene französische Heer beim Rückzug von den Schlachtfeldern beim Dorf Aspern/Lobau beinahe zu tragen gehabt hätte, nicht entgangen. Sie diskutieren die Schlacht von Aspern,

„... um den Nutzen zu zeigen, welchen das französische Heer gehabt haben würde, im Fall demselben auf der Lobau keine andere Wahl, als Gefangenschaft oder sich ins Wasser zu stürzen übriggeblieben wäre. Das französische Heer hätte dann nicht gerade aus Halloren, sondern aus ganz gewöhnlichen Schwimmern zu bestehen brauchen, um über die allerdings sehr breite und gewaltige Donau schwimmen zu können. Wer ersterer Meinung ist und die Gegend um Wien nicht kennt, wird ersucht einen Plan jener Gegend, ... zu besichtigen, wo Jedem klar werden wird, daß die vielen in der Donau daselbst hinter und nebeneinanderliegenden Inseln, Auen und Werder den Schwimmern drei, vier, fünf und mehrfache Ruhepunkte dargeboten haben würden. Und in solche kritische Lagen kann eine ganze Armee gar oft kommen!"[9]

Kritik wird laut, daß die Truppenausbildung weit davon entfernt sei, wenigstens die Mehrzahl der Soldaten zu befähigen (ein gewisser Prozentsatz „Kraftlose und Schwächlinge" wird ohnedies abgeschrieben), sich, wenn möglich mit Gewand, Waffen und Gepäck, schwimmend durch bedeutendere Gewässer zu bewegen. Es meint

„... ein durch seine Hypergenialität eben so bekannter, als berüchtigter Schriftsteller im Feldzug von 1800 – ‚die europäischen Armeen werden zu allem abgerichtet, nur nicht zum Kriege. Das Schwimmen wäre im Krieg weit nützlicher, als der ganze Paradetanz' – so wird ein jeder Unbefangene ein solches Urtheil, wenigstens dem erstern Theile nach, zwar für paradox

---

7 *Pezzl*, Beschreibung von Wien, 1822, S. 181.

8 Militair-Wochenblatt, Nr. 62, 1817, S. 278.

9 Militair-Wochenblatt, Nr. 68, 1817, S. 327.

und selbst für die damalige Periode zu hart und ungerecht empfinden – oder er müßte dann der sogenannten Elementartaktik, welche Andere Korporalskunst nennen, allen Werth absprechen wollen –, allein doch auch gestehen, daß bis jetzt für das dem Soldaten so nützliche Schwimmen in den verschiedenen Armeen noch zu wenig oder gar nichts gethan worden ist.“[10]

Weitere Gründe, welche für dringliche Einführung und Institutionalisierung von Bade- und Schwimmgelegenheiten für Soldaten sprechen, weiß der oberste Militärarzt der k. k. Österreichischen Armee, Johann Nepomuk Isfordink, anzuführen.

„Kehren die Truppen aus solchen Ländern wo die Pest einheimisch ist, wieder ins eigene Land zurück: so sollten dieselben, ehe sie über die Gränzen treten, durch zehn bis fünfzehn Tage einer Art Contumaz [Quarantäne; Anm. d. Verf.] unterworfen werden. [. . .] Vor allem wäre die Mannschaft anzuhalten, sich während dieser Zeit mehrmals am ganzen Körper mit Seifenwasser gut zu waschen. Erlauben es die Jahreszeit und Ortsgelegenheit: so könnten die Leute zum Baden in Flüsse oder Seen geführet werden. – Vom Tage des ersten Bades, oder der ersten Reinigung an, müsste man den Mann anhalten, sich mit frischer Leinenwäsche zu bekleiden, unterdessen die übrige ordentlich zu waschen wäre.“[11]

Letzteres erweist sich als vorläufig illusorisch. Für das immerhin praktikable Baden und Waschen im freien Gewässer werden jedenfalls genaue Sicherheitsvorkehrungen und Verhaltensmaßregeln ausgeklügelt.

„Die zur Sommerszeit vorgeschriebene Commandierung der Leute zum Baden in frischem Wasser trägt unendlich viel zur Erhaltung der Gesundheit bei. Die Vorsicht gebietet, dass ein eigener Platz hierzu ausgewählet, auch dessen Tiefe und Grund genau untersucht werde; wesswegen die unsicheren Gegenden und die Gränze dieser Badeplätze durch aufgerichtete Stangen zu bezeichnen sind. [. . .] Kommt die Mannschaft (in Begleitung eines Arztes) bei dem Badeplatze an: so ist ihr nicht zu gestatten, sich, noch erhitzet, schnell zu entkleiden und sogleich ins Wasser zu gehen, sie muss bis zu Abkühlung des Körpers warten, und angehalten werden, sich bevor sie in das Wasser tritt, den Kopf zu waschen, und die Brust zu besprengen.“[12]

10 Militair-Wochenblatt, Nr. 61, 1817, S. 268.

11 *Isfordink,* Militärische Gesundheits-Polizei, Bd. 2, 2. Aufl., 1827, S. 146 f.

12 *Isfordink,* Militärische Gesundheits-Polizei, Bd. 2, 2. Aufl., 1827, S. 224 f.

An die vor allem aus der Not mangelnder Truppenhygiene (die sich bei Ausbruch epidemischer Seuchen fürchterlich auswirkt) resultierenden kognitiven Wahrnehmungen und Erfahrungszusammenhänge knüpfen sich beharrliche sanitäre Zielsetzungen und Forderungen, die auch ungewöhnlich rasch, bereits 1804, ins „Reglement für die Infanterie der k. k. Oesterreichischen Armee" Eingang finden. Im Gegensatz zum Ganzkörperbad im Sommer macht die Tatsache der in den kälteren und kalten Monaten raren und ungenügenden Waschgelegenheiten in Kasernen detaillierte Erörterungen über die zwangsläufig fragmenthaften, partiellen Körperreinigungspraktiken nötig.

„In den übrigen 3 Jahrenszeiten ist es dem Manne nicht möglich, seinen Körper zu reinigen, weil ihm weder Mittel noch Möglichkeiten dazu gegeben sind, und ihn kein Befehl verbindlich machet ... [Daher besteht die] ... Forderung, daß ... ein eigenes heizbares Zimmer bestimmet werde, in welchem die Mannschaft nebst den nöthigen Gefässen mit lauwarmen Wasser auch Seife, Schwämme und Abtrocknungstücher fände. Zwei Mahl monatlich sollten in der Regel die Füsse gewaschen, dies aber so oft wiederholet werden, als ein Mann von einem Marsche bei der Compagnie einrücket. [...] ... wenn man auch darauf hält, dass sich der Mann Früh die Zähne und Augen mit frischem Wasser reinige, die Haare kämme und die Hände wasche: so bleibet dennoch für die Reinhaltung des ganzen Körpers noch sehr viel zu wünschen übrig. Nicht ohne trifftige medicinische Gründe wird nebst dem auch die tägliche Säuberung der Zunge, das Waschen im Genicke und hinter den Ohren empfohlen ..."[13]

Die Habitualisierung dessen, was hier verlangt wird, kann nicht von heute auf morgen geschehen. Die Institution Militär trägt allerdings ganz wesentlich zur Dynamisierung des Wandels der Körperwaschgepflogenheiten und Sauberkeitsstandards bei. Als sofort realisierbar erscheint, wenigstens nach Maßgabe von Klima, Witterung und örtlichen Gegebenheiten, das Waschen und Baden regelmäßig mit dem Schwimmen im freien Gewässer zu kombinieren.

„Es ist eine sehr löbliche Einrichtung, daß bei mehreren Regimentern und Bataillonen zur Erhaltung der Reinlichkeit die Soldaten compagnieweise zum Baden angehalten werden. [...] Warum aber nun nicht das Baden mit dem Schwimmen vereinen? Nichts ist doch wohl natürlicher, sind nur einige

13 *Isfordink,* Militärische Gesundheits-Polizei, Bd. 2, 2. Aufl., 1827, S. 225.

Lehrer vorhanden – welche aber nicht ex cathedra, sondern empirisch praktisch doziren müssen."[14]

An praktisch erfahrenen und theoretisch fundierten Schwimmlehrern fehlt es nicht. Da Preußen von den Herrschenden der österreichisch-ungarischen Monarchie in vielen staatlich-öffentlichen und vor allem militärischen Belangen als Schrittmacher und unverhohlenes Vorbild, mitunter als grimmiger Konkurrent angesehen wird, dem es gleichzukommen gilt, will der k. k. Major, Vorgesetzte des Lehrpersonals und Kommandant der 1813 hektisch in Betrieb genommenen „Ersten k. k. Militärschwimmschule in [genauer: bei] Wien", Carl Heinitz, in der Wahl der Schwimmmethode „. . . größtentheils den vortrefflichen Pfuelschen Grundsätzen [Ernst von Pfuel, Gründer der Prager und Proponent der Berliner Militärschwimmschule; Anm. d. Verf.] folgen".[15] Als Heinitz seine Erfahrungen, An- und Einsichten 1816 schriftlich niederlegt, dient er bereits 34 Jahre in der Armee, ist lange Zeit an diversen Fronten und Kriegsschauplätzen gewesen und hat zur Genüge des Schwimmens unkundige Soldaten gar jämmerlich ertrinken wie Schlacht- und Manövertaktik durch selbiges Unvermögen scheitern gesehen. Es liegt ihm daran, die allgemeinen Vorzüge, sicherheitlichen Aspekte und kriegstechnischen Vorteile amphibischen Vermögens soldatischer Körper für die über sie verfügende Staatsmacht publik zu machen.

„So entschieden das Schwimmen auf die Gesundheit des Körpers, und dadurch auf die Lebhaftigkeit des Geistes wirkt, und selbst das Wachsthum der Jugend ungemein befördert, eben so reichlich stattet es den Krieger mit Hülfsmitteln aus, im Felde der Armee und sich selbst die wichtigsten Dienste zu leisten. Überall ist der Erdboden mit Flüssen, Teichen, Canälen oder Seen durchschnitten, welche die Kriegskunst bald zur Defensive bald zur Offensive benützt. Welche Wunder von Kriegskunst können da nicht schwimmkundige Krieger ausführen? Bald erbeuten sie an der feindlichen Seite Kähne, bald schneiden sie den feindlichen Schiffen den Faden ab; bald erscheinen sie, mittels des Untertauchens, dort, wo der Feind sie am wenigsten ahnet. Bald bilden sie in einem reißenden Strome von einem Ufer zum anderen eine Kette, und verhüten jeden Unfall sogleich unter der Truppe, deren meiste Glieder als Nichtschwimmer durchwaten müssen; bald bilden sie kleine Flöße, worauf sie ihre Gewehre, Munition und Kleidungsstücke

---

14 Militair-Wochenblatt, Nr. 62, 1817, S. 280.

15 *Heinitz,* Unterricht in der Schwimmkunst, 1816, S. X.

übersetzen; diese Flöße werden von zwey der besten und stärksten Schwimmer durch einen, gleich einem Patrontaschenriemen umgehängten Strick, welcher auch aus zusammengedrehten Weidenästen bestehen kann, fortgezogen, und zwey andere Schwimmer folgen zur Unterstützung den ersten nach. Dadurch können sie bey einem Überfalle einen Trupp leicht übersetzen, und einer größern Masse den Weg bahnen. – Welcher Talisman ist nicht die Schwimmkunst für den Krieger, den feindliche Angriffe ins Wasser werfen? Dahin ist des Schwimmunkundigen Leben, und Tausende von braven Kriegern finden beym Übersetzen durch Flüsse und bei Rückzügen in den Fluthen ihr Grab. Der Schwimmer aber ist in seinem Elemente, er rettet sich und andere, und die Schwimmkunst erscheint dann in solchen Gelegenheiten, wo der Schwimmer Leben gibt und erhält, für seine Kriegspartei in unschätzbarstem Werthe."[16]

Von staatlicher Seite wird einige Jahrzehnte hindurch dem Schwimmenlernen, vorab des Militärs, größte Aufmerksamkeit geschenkt. Am 15. Juli 1812 kommt es durch den ersten kaiserlichen „Schwimmerlaß" zur Bestätigung des hohen Stellenwertes, den die österreichische Regierung diversen eingegangenen Anträgen von Militärs bezüglich Förderung der Schwimmausbildung beimißt.

„Ich genehmige diese Anträge und da die Fertigkeit im Schwimmen einen wesentlichen Bezug auf den Dienst der Pontonniere [Truppenteile, die auf den Bau von Behelfsbrücken spezialisiert sind; Anm. d. Verf.] hat und in vorkommenden Fällen ihnen das Leben schützen und retten muß, so wird der Hofkriegsrath dafür zu sorgen haben, daß der Unterricht in dieser Kunst, soviel es tunlich ist und ohne neue Kosten geschehen kann, sowohl bei den Pontonniers als auch bei den Tschaikisten [ungarische Pioniertruppen; Anm. d. Verf.] und den Pioniers verbreitet und durch geprüfte und verlässige Meister von diesen Corps den Unterricht im Schwimmen auf die Infantrie ausdehen können. Gutenbrunn, den 15ten Julius 1812. Franz."[17]

Zu Schwimmschulgründungen in Österreich kommt es: Prag 1810, Klosterneuburg 1811, Leitmeritz 1812, Wien 1813, Linz 1817, Budapest 1817, Lemberg 1820, Salzburg 1829, Graz 1839.[18]

16 *Heinitz,* Unterricht in der Schwimmkunst, 1816, S. 20 f.

17 Zitiert nach: *Mehl,* Ernst v. Pfuels schwimmerische Tätigkeit, in: Die Leibesübungen, 20. 3. 1930, S. 151.

18 Siehe dazu: *Eder,* Revolution des Schwimmens, in: Ehalt/Weiss (Hg.), Sport zwischen Disziplinierung und neuen sozialen Bewegungen, 1993.

Die k. k. Militärschwimmschule im Prater

Schon zu Zeiten Josephs II. plädieren und agitieren die Ärzte Frank und Ferro in Wiens Öffentlichkeit für staatliche Schwimmschulen. Ferro äußert sich methodisch zur Technik des Schwimmens und dürfte in seinem Flußbad Unterricht geben haben lassen. In der Theresianischen Militärakademie Wiener Neustadt erhalten Rekruten, Kadetten, Gemeine und sonstige Truppenangehörige seit Ende des 18. Jahrhunderts Schwimmunterricht in einem vom Kehrbach gespeisten Teich auf eigenem Gelände.[19] Dieses Exerzitium versteht sich als integraler Bestandteil von Ausbildung, militärischer Disziplin und Wehrertüchtigung.

Ein wichtiger Schritt zur vermehrten Anerkennung und stärkeren Institutionalisierung militärischer wie ziviler Schwimmausbildung im Kaisertum Österreich wird in Böhmen gesetzt. In Prag gründet der im österreichischen Regiment „Erzherzog Rainer" als Hauptmann dienende Ernst v. Pfuel[20] 1810 die erste Militärschwimmschule der Welt nach dem Muster der seit Ende des 18. Jahrhunderts mitten in Paris an der die Seine überspannenden Pont de la Tournelle gelegenen „Allgemeinen Schwimmschule", einer Nachfolgeinstitution des ersten Pariser Schwimmbades von Turquin aus 1785.[21]

„Wie er [v. Pfuel] selbst im Dezember 1811 bei seiner Vesetzung nach Wien schrieb, nahm die . . . Schwimmanstalt den glänzendsten Aufschwung. Er gab wöchentlich zwei große Produktionen, wobei er bis zu 150 Schwimmer manövrieren ließ. Dem Hofkriegsrate sandte er ein Prospekt ein, wonach er im folgenden Sommer 30.000 Schwimmer abrichten wolle."[22]

Wenig später kommt es dazu, daß „. . . Seine Majestät unser allergnädigster Landesvater bey ihrer dortigen Anwesenheit in Prag nebst Höchstdero Beyfall, auch den Werth einer ähnlichen Anstalt für die Residenzstadt Wien zu erkennen gaben".[23]

---

19 *Jobst,* Die Neustädter Burg und die k. und k. Theresianische Militärakademie, 1908, S. 285.

20 Mitteilungen des Vereins für die Geschichte Berlins, Nr. 5, 1911, S. 64.

21 *Vigarello,* Wasser und Seife, Puder und Parfüm, 1988, S. 152.

22 *Mehl,* Ernst v. Pfuels schwimmerische Tätigkeit, in: Die Leibesübungen, 5. 3. 1930, S. 114.

23 Vaterländische Blätter, Nr. 45, 1815, S. 275.

Um die Finanzierung einer Wiener Militärschwimmschule sicherzustellen, wird daraufhin beschlossen, eine Aktiengesellschaft ins Leben zu rufen. Vermögenden Kreisen macht man eine Beteiligung am Startkapital insofern schmackhaft, als Einnahmen aus der zusätzlichen Funktion der Institution als Dienstleistungsbetrieb, nämlich als Flußbade- und Schwimmlehranstalt für Zivilpersonen, ausschließlich an die Aktionäre zurückfließen sollen. Den privaten Geldgebern würden unter Garantie keine weiteren Kosten erwachsen, da Aufstellung, Abtragung, Pflege, Instandhaltung, Wachmannschaften, Schwimmlehrer, Betriebspersonal etc. die Wiener Garnison als Gegenleistung für die Zuerkennung ihres unentgeltlichen Gastrechtes[24] übernehmen muß.

„Liebhaber von Actien haben sich an den gräflich v. Hoyesschen Hauptcassier Herrn J. B. Klein unter den Tuchlauben Nro. 473 zu wenden, wo für die erlegten Beträge die eigens hierzuverfertigten Obligationen zu haben sind“[25], heißt es in einer Zeitungsannonce. Aktien werden zu à 500 fl. und zu à 250 fl. ausgegeben. Um mit gutem Beispiel voranzugehen und die Sache in Schwung zu bringen, „. . . geruhten Se. Majestät der Kaiser . . . sich zuerst für 2 Actien zu erklären, die durchlauchtigsten Erzherzöge nahmen deren, und bald wurde Graf Bentheim durch den Beytritt mehrerer Actionärs in den Stand gesetzet, das Locale . . . mit einem Aufwand von 16 bis 20.000 fl. so vorzurichten“[26], daß im Sommer 1813 der Schwimmbetrieb aufgenommen werden kann.

Am 24. Jänner 1813 hat der Kommandant der Prager Schwimmschule, Oberst Graf Bentheim-Steinfurth, der Polizeihofstelle einen Plan zur Errichtung der Wiener Schwimmschule überreicht[27], am 26. Februar 1813 ist der genaue Ort im Fahnenstangenwasser, dem längst bekannten Donauarm bei Wien am Praterufer, fixiert wor-

24 Dieses Gastrecht scheint zeit des Bestehens der Institution ein nicht eindeutig geklärtes Rechtsverhältnis gewesen zu sein, das Anlässe zu Auseinandersetzungen gab. Siehe dazu den vom Kriegsministerium angelegten Akt HKR. Abtg. 8-53-25/2, Kriegsarchiv.

25 Vaterländische Blätter, Nr. 45, 1815, S. 276,

26 Vaterländische Blätter, Nr. 62, 1813, S. 371.

27 „Polizeisachen“, G-Index aus 1813, Nr. 2370, Niederösterreichisches Landesarchiv.

den[28], gute drei Monate später erreicht die „k. k. Militär-Schwimm-Anstalt" ihre Vollendung und wird Sonntag, 6. Juni d. J. eröffnet. Der Zutritt ist anfangs bloß dem männlichen Geschlecht gestattet[29], wobei eine spezielle Stundeneinteilung zur Trennung von militärischem und zivilem Schwimmen getroffen wird. Zivilpersonen haben Gelegenheit, zwischen 9:00 und 13:00 Uhr sowie zwischen 16:00 und 20:00 Uhr Unterricht zu nehmen oder selbständig zu üben bzw. zu trainieren. Eine vollständige Ausbildung erstreckt sich auf 24 Lektionen zum Preis von 15 fl. C. W. (Gulden Konventionswährung). Einzelstunden kosten 48 kr. (Kreuzer), einmal Schwimmen ohne Unterweisung 30 kr., beliebig oft den ganzen Sommer hindurch 20 fl. Wer bloß zusehen will, zahlt 18 kr.[30] Kostenlos ist Schwimmen und Schwimmunterricht für Militärangehörige und Söhne gefallener Soldaten „. . . und also für diese Classe von doppeltem Werthe".[31]

Das Verbot der Anwesenheit schaulustiger Frauen ist nicht lange aufrechtzuerhalten, will man zum einen auf deren Eintrittsgelder auf Dauer nicht verzichten und besteht zum anderen die Hoffnung, mit der Demonstration von Schwimmkunst und Schwimmunterricht

> „. . . die allzuängstliche Mutter zu überzeugen, daß der kunstgemäße Unterricht alle Gefahren des Schwimmens durchaus beseitigt und daß ihre Söhne dadurch in den Stand gesetzt werden, nicht allein ungefährdet und sicher eine der ersprießlichen Leibesgewohnheiten zu üben, sondern auch im Wasser Verunglückte, deren Zahl so groß ist, schnell und verläßlich vom sonst unvermeidlichen Tode zu retten".[32]

Kraft eines Beschlusses der k. k. Polizeihofstelle ist ab der Schwimmsaison 1815 „. . . an allen Sonn- und Feiertagen auch dem weiblichen Geschlechte gestattet, gegen Eintrittsgebühr . . . dem Schwimmunterrichte beyzuwohnen"[33] wie darüber hinaus den besonderen Darbietungen sogenannter „Schwimmkünstler".

Schauschwimmen und Wettschwimmen finden traditionellerweise – auch später noch, als längst mehrere Schwimmanstalten zur

---

28 „Polizeisachen", G-Index aus 1813, Nr. 5693, Niederösterreichisches Landesarchiv.

29 Österreichischer Beobachter, Nr. 155, 1813, S. 796.

30 Vaterländische Blätter, Nr. 62, 1813, S. 372.

31 Vaterländische Blätter, Nr. 45, 1815, S. 276.

32 *Heinitz,* Unterricht in der Schwimmkunst, 1816, S. XII.

33 Vaterländische Blätter, Nr. 45, 1815, S. 276.

Verfügung stehen – in der k. k. Militärschwimmschule statt, außerdem deswegen, weil diese über die längste und größte zusammenhängende Wasserfläche verfügt.

„Außerordentliche Schwimmproduction!

Der Unterzeichnete gibt sich hiermit die Ehre, dem hohen Adel und dem geehrten Publicum ergebenst anzuzeigen, daß er sich mit hoher Bewilligung nächstens allhier zum Besten der Armee in sehr interessanten Schwimmkünsten producieren wird. Das Nähere am Ankündigungszettel.
J. Burian.“[34]

Zwischen Prag, Wien und Budapest gilt der ungarische Major Joseph Burian als „der ausgezeichnetste Europäische Schwimmer“[35], ist überdies konzessionierter Schwimmlehrer und Verfasser eines für die österreichische Turn- und Schwimmbewegung des restlichen 19. Jahrhunderts maßgeblichen Schul- und Übungsstandardwerkes.[36] Er gibt zuerst in der Wiener Militärschwimmschule, später in den eleganten, für weibliches und männliches Publikum getrennten Schwimmbassins des Ferdinand- und Marienbades im nahe gelegenen Kaiserwasser Unterricht und demonstriert gleichwohl bisweilen eigenes Können.

Lust, Bedürfnis und Bestreben bürgerlicher und progressiv-adeliger Kreise, sich die wiederentdeckte Körpertechnik anzueignen und gleichzeitig eine Kaltwasser- und Bewegungstherapie in der idealisierten freien Natur zu absolvieren, dürften nicht unerheblich sein, da gleich im ersten Sommer des Bestehens der Militärschwimmschule „... alle dem Civile bestimmten Stunden bereits, mit unter von höchstem Adel besetzt sind, und die Anstalt ... noch einmal so groß seyn hätte müssen, um alle Schwimmlustigen in Unterricht nehmen zu können“.[37] Die elitäre Kaltwasser-, Freiluft- und Schwimmbegeisterung des Biedermeier trägt außerordentlich zur Nachfrage nach der Unternehmung bei, die unversehens internatio-

---

34 Wiener Zeitung, Nr. 209, 12. 9. 1838, S. 1262.

35 Bildtext zu kolorierter Lithographie von F. *Kaiser* mit dem Titel: „Die Schwimmkünste Joseph Burians“, 1838, Historisches Museum der Stadt Wien, Inv. Nr. 57.808.

36 *Burian,* Nexeologie, 1841.

37 *Flammenstern,* Die Militär-Schwimm-Anstalt im Prater, in: Vaterländische Blätter, Nr. 63, 1813, S. 373.

nalen Ruf genießt. Eine zwecks Studium der Stadtentwicklung und Beobachtung der Stadtentwicklungspolitik nach Wien entsandte bayrisch-sächsische Delegation läßt sich ihre Besichtigung keineswegs entgehen und erstattet zu Hause darüber Bericht:

„Ganz vorzüglich gefiel uns die allgemeine Schwimmschule in einem Donauarme nächst dem Prater, worin die Militärpersonen während der Sommermonate sich regelmäßig üben müssen, und wo auch Jünglinge eines jeden anderen Standes von geprüften Schwimmmeistern gegen geringe Einlagen methodisch unterrichtet werden. Es hat uns sehr gefreut, unter den zahlreichen Listen der dieß- und vorjährigen Kandidaten auch junge Grafen und Fürsten zu finden, deren mancher einst noch zufällig General werden kann, und mit seinem ganzen Korps die Schwimmkunst ausüben kann.“[38]

Eine Ansicht der k. k. Militärschwimmschule im Fahnenstangenwasser aus den ersten Jahren ihres Bestehens, die es dem heutigen Betrachter erlaubt, sich ein anschauliches Bild biedermeierlicher Flußbade- und Schwimmrealität zu machen, stammt vom von Frankfurt am Main zugewanderten Landschaftsmaler Jacob Alt, Vater des später avancierten, 1892 nobilitierten Wiener Malers Rudolf von Alt. Zu sehen ist der schwimmende, im Donauarm fix verankerte gezimmerte Gebäudekomplex. Er hat die Form

„. . . eines länglichen Vierecks, das mit seinen Unterlagsbalken auf 16 Schiffen ruhet und einen Wasserspiegel . . . von 40 × 8 Klafter 2 Schuh [75,8 m × 15,8 m = 1198,3 m^2] einschließet. Die ganze Länge des Schwimmgebäudes beträgt 52 und die Breite 14 Klafter [98,6 m× 26,5 m]. [. . .] Um zu verhindern, damit niemand beim Schwimmen oder Tauchen unter die Schiffe gerathe, ist die ganze innere Seite . . . unten mit Netzen in senkrechter Richtung der Wassertiefe bespannt. [. . .] Überhaupt alles an diesem Gebäude ist so gut durch Kammern und Haken vorgerichtet, daß selbiges mit Leichtigkeit im Winter abgebrochen . . . werden kann.“[39]

Mit Anbruch der „toten Saison“ der kühlen und kalten Monate zerlegen aus Soldaten der Wiener Garnison gebildete Arbeitstrupps das Schwimmschulgebäude in seine Bestandteile und bringen diese am Donauufer vor Demontagen zwecks Holzdiebstahls, Einbrüchen (Geräte, Werkzeuge, Schwimmgurte, Matten, Stangen, Böcke, Seile etc.), mutwilligen Beschädigungen, aber auch vor des Winters zu

38 *Jaeck,* Wien und dessen Umgebung, 1822, S. 245.

39 Vaterländische Blätter, Nr. 62, 1813, S. 372.

erwartenden Eisstößen und im Frühjahr sich einstellenden Überschwemmungen in Sicherheit.

Die zeitgenössische Beschreibung der inneren Einrichtungen läßt vieles von deren (zumindest intendierten) Funktionszuschreibungen erkennen und gestattet darüber einige Einblicke in den Personenbetrieb.

„Im Vordertheile befinden sich an beyden Ecken zwey Zimmer für die Direction, zwischen denen eine Art Halle angebracht ist, welche sich gegen das Wasserbecken hin öffnet. Sie dient zu mannigfaltigen Übungen, zu vorläufigen Versuchen in Evolutionen, die die Schwimmer im Wasser auszuführen gedenken, zum Anlaufen, zum Fechten ec. Im Hintertheile sind gleichfalls zwey Eckzimmer, wie im Vordertheile, von denen eines für die Schwimmmeister, das andere für die Wache bestimmt ist; die Halle, die sich hier befindet und der vordern ganz gleich ist, kann zum Voltigieren benützt werden.“[40]

Jede der beiden „Art Hallen“ hat eine Grundfläche von ca. 10 × 15 Metern und steht wie erwähnt zum Bassin hin offen. Sie dienen als Turnplätze, zu Trockenschwimmübungen an Gurten oder auf Böken, aber vor allem für Ausbildung, Einübung und Training militärischer, kavaliershafter, distinguierter Körpertechniken der heranwachsenden männlichen Führungsschichten der Gesellschaft: dem Fechten (zu Fuß und vom hölzernen Pferd) und Voltigieren (Schwingübungen auf Pferdeattrappen; und sehr wichtig: das Auf- und Absitzen).

„Die kunstreichsten Sprünge und alle Voltigirkünste begünstigt das Wasser, und das schönste Schauspiel ist es für die Zuschauer, wenn sie Jünglinge und Männer im Spiegel des Wassers sich gruppiren sehen. Die Wassergymnastik hat vor der auf dem Pferde und auf dem Boden, beyde in der Atmosphäre, allein den Vorzug, daß sie zum Theil in einem doppelten Medium von sehr verschiedener Natur vor sich gehet, daß sie keinen Schweißtropfen kostet, und daß sie im Gegentheil die angenehmste Körper-Empfindung zur Folge hat, so, daß der Schwimmer in der stechendsten Sonnenhitze mehrere Stunden leicht und frey sich bewegt . . .“[41]

Von Sprungübungen auf und vom Pferd ist es nicht allzuweit zu wohlplazierten Sprüngen ins Wasser selbst, indem angekommen,

40 *Heinitz,* Unterricht in der Schwimmkunst, 1816, S. 81.

41 *Heinitz,* Unterricht in der Schwimmkunst, 1816, S. 28 f.

man es versteht, sich stilvoll und gewandt fortzubewegen. Diese höchste Körperbeherrschung und -technik erfordernden Bewegungsarten stellen eine geeignete, im Sommer höchst willkommene, weil erfrischende Möglichkeit dar, für diverse körperliche Kampftechniken wie gleichzeitig für elegante Ausdrucks- und Verhaltensweisen im Zivilleben (etwa dem souveränen Auf- und Absteigen vom standesgemäßen Fortbewegungsmittel Pferd) Mut, Praxis und Routine zu erlangen. Von England und Berlin beeinflußt[42], entwikkelt sich im Laufe des Vormärz daraus auch in Österreich eine bis heute spektakuläre Gymnastiksparte und Sportdisziplin: das Wasser-Kunstspringen.[43]

Entlang der Wasserfläche reihen sich an der Längsseite der k. k. Militärschwimmschule 102 sogenannte „Kabinette" oder „Kämmerchen". Das sind versperrbare Kästchen für Kleidung, Schuhe, Taschen etc. der Schwimmschüler bzw. der Schwimm- und Badegäste,

> ... und zwischen diesen [gibt es] in abgemessenen Räumen 8 kleinere Hallen ..., welche letztere als Stand- und Abrichtungsplätze für eben so viele Meister dienen. In diesen kleinen Hallen wird der erste Schwimmunterricht auf dem breiten Gurte gegeben. Zu beyden Seiten vor den Kämmerchen läuft eine 3 Schuh 9 Zoll breite [1,2 m], und 3 Schuh [0,95 m] über dem Wasserspiegel erhabene Gallerie, die mit Schranken versehen ist, welche in gleichen Entfernungen Öffnungen enthalten, durch welche der Schüler in das Wasser springt. Auf diese Schranken legen auch die Schwimmmeister ihre Stangen beym Unterrichte auf, um den Schüler im Wasser auf- und abzuführen."[44]

Gemäß der Pfuelschen Methode sollen Schwimmschüler „... zuerst außer dem Wasser die zweckmäßigen Bewegungen erlernen, durch öfteres Hineinspringen, Untertauchen u. d. gl. an den plötzlichen Temperaturwechsel des Wassers gewohnt und mit diesem Elemente mehr vertraut werden, den Unterricht an Stange und Gurt so lange fortführen ..., bis [sie] von selbst sich über das Wasser erhalten".[45] Vom fortgeschrittenen Schüler wird verlangt, sich auch außerhalb des Schwimmschul-Bassins im freien Donaustrom zu bewähren.

---

42 Siehe dazu: *Kluge,* Schwimm- und Sprung-Gymnastik, 2. Ausg., 1847.

43 Siehe dazu: *Eder/Treude,* Geschichte des Wassersports in Österreich, vorauss. in: Österreich in Geschichte und Literatur (mit Geographie), Wien 1996.

44 *Heinitz,* Unterricht in der Schwimmkunst, 1816, S. 81.

45 *Mekarski,* Notizen über Gymnastik, 1831, S. 161.

Dabei sind allerdings umfangreiche Sicherheitsmaßnahmen zu beachten.

„Neben dem Schüler schwimmt der Meister, der ihn fortwährend ermuntert, auf der andern Seite führt ein Kahn, den ein Schwimmmeister leitet, und an dessen vorderer Spitze ein anderer mit einer langen Stange stehet, um, im Fall der Noth, dem Lehrlinge beyzustehen. Beyde im Kahne folgende Schwimmer aber sind ausgezogen, damit sie sogleich ins Wasser springen können.“[46]

Um eine öffentliche Blamage der Schwimmschule zu vermeiden und die freilich fortbestehenden Zweifel an der Sinnhaftigkeit, Zuträglichkeit und Ungefährlichkeit des Schwimmens für den Menschen zu entkräften, gilt es vor der Zulassung zur Donauüberquerung einen Test im Bassin zu absolvieren.

„Die sicherste Probe, welche die Schüler in der hiesigen Schwimmanstalt zu machen angehalten sind, ehe sie über die sogenannte große Donau setzen dürfen, besteht darin, daß sie in der Anstalt 760 Klafter [1441 m] auf dem Bauche, ohne anzuhalten, durchschwimmen müssen; d. h., die müssen zehn Mahl die Länge des Bassins von 38 Klafter auf- und abschwimmen, was im Ganzen 50 bis 54 Minuten dauert. Dann erst wird es ihnen gestattet, an einem der folgenden Tage über die große Donau, welche den Zusammenfluß von vier Armen bildet, und ungefähr 144 Klafter [273 m] breit ist, ohne Unterbrechung hin und herüber zu setzen, mit Beobachtung der oben angedeuteten Vorsichtsmaßregeln. Die meisten, die in den vorigen Jahren [1813, 1814 und 1815; Anm. d. Verf.] diese große Probe ablegten, schwammen in 9 bis 12 Minuten hinüber, und in 8 bis 10 Minuten herüber.“[47]

Hinter dem idealistischen, kavaliershaften, ritterlichen, ästhetischen, dem männlichen Sozialcharakter gerecht werdenden Abfordern von Mut, Entschlossenheit, Ausdauer, Körpertechnik, Askese und Selbstdisziplin stehen die militärischen und ökonomischen Interessen der vormärzlichen Staatsgewalt. Dieser teils sublime, teils manifest gewaltförmige Zwang zu psychischer und physischer Anpassung und Ausrichtung körperlicher Fähigkeiten, Fertigkeiten und Möglichkeiten auf ein mit Kaltwasserbaden, Körperhygiene, Wehrertüchtigung und Schwimmdisziplin vorgegebenes Ziel leistet allerdings auch vermehrten Übertretungen des bestehenden kategorischen Badever-

46 *Heinitz,* Unterricht in der Schwimmkunst, 1816, S. 61.

47 *Heinitz,* Unterricht in der Schwimmkunst, 1816, S. 61.

bots an freien Gewässern außerhalb der Badeanstalten Vorschub. Leute wollen ihren „Flußbademut“, ihre erworbenen Schwimmkenntnisse und -fähigkeiten, ihren Spaß am Freiluftbaden jetzt auch in nicht institutionalisierter Weise, nach spontaner Lust und Laune, für persönliche, individuelle wie kollektive Bedürfnisbefriedigungen nützen. Dagegen wirksam einzuschreiten, haben die Polizeisoldaten und -wachen des System Metternich trotz gesetzlichem Auftrag wenig operationale Handhabe. Für die Verteidigung der bestehenden Verhältnisse und der sittlichen Ordnung gegen neue Optionen an körperlicher Freiheiten ist dem vorläufig noch unzureichenden, lückenhaft organisierten und vielerorts nicht funktionierenden ordnungsstaatlichen Sanktionsapparat zweitrangige Bedeutung beizumessen. Hierfür maßgeblicher erweist sich in jener Epoche die Realität des nicht geplanten, nicht voraussehbaren, nicht organisierten komplexen alltäglichen Macht-Panoptismus und seiner konstitutiven Elemente: herrschende Werte, Einstellung und Vorurteile, soziale Normen, geschlechtsspezifische Rollen, Identifikationsangebote, Vor- und Leitbilder, durch die gesellschaftliche Entwicklung nahegelegte und verbindlich gemachte neue körperliche Tugenden, Techniken und Disziplinarprozeduren.

Körpertechnik, -disziplin und -training

In urbanen Räumen Mittel- und Westeuropas ist die Zeit des Vormärz durch Voranschreiten der Industrialisierung und einen gewaltigen Schub an Erhöhung der materiellen Produktion gekennzeichnet. Das ältere System der manufakturellen Herstellung und Fertigung ist im Begriff durch die Einführung industrieller Produktionsweisen, Arbeitsorganisationen, Techniken und Technologien abgelöst zu werden. Die Folge sind enorme Produktivitätssteigerungen, die erhöhte Arbeitsqualifikationen und Fabriksdisziplinen voraussetzen bzw. erzwingen, was ihrerseits in der Folge erst recht den Einsatz von immer effizienteren und rationelleren Produktions-, Verarbeitungs- und Fertigungstechniken, Maschinen, Geräten, Kontrollinstrumenten, Steuerungsmechanismen etc. zuläßt.

Innerhalb des zivilisationsgeschichtlichen Phänomenkomplexes des Wandels der Techniken und der technologischen Dimensionen ist nicht nur an agrarische, manufakturelle oder industrielle Techniken der Produktion, an Verfeinerung und Perfektionierung von Werkzeugen, Geräten und Apparaturen, an Mechanisierung, Automatisierung und Computerisierung, zuletzt an Technisierung des gesamten materiellen menschlichen Lebensumfeldes zu denken, sondern auch an Nutzung und Veränderungen körperlicher Fähigkeiten, Fertigkeiten und Möglichkeiten. Dazu gehören spezifisch koordinierte körperliche Kräfte und Bewegungsabläufe, körpertechnische Konditionierungen, neue Geschicklichkeiten, Handhabungen und Praktiken in Alltagskultur, Produktions- und Reproduktionssphäre. Durch freiwillige oder erzwungene Aneignung neuer Körpertechniken werden viele Bereiche des menschlichen Daseins und Verhaltens beeinträchtigt, im zivilisatorischen Sinn modifiziert und fortentwickelt.

Gesagtes stützt sich auf Überlegungen des Kulturanthropologen Marcel Mauss, der in den 1930er Jahren vorschlug, Praxisformen auf die „Techniken des Körpers" zu beziehen. Mauss ging davon aus, daß „. . . der Körper (. . .) das erste und natürlichste Instrument des Menschen [sei] . . . Oder genauer gesagt, ohne von Instrument zu sprechen, das erste und natürlichste technische Objekt und gleichzeitig technische Mittel ist der Körper.[48] Techniken des Körpers, produktive und reproduktive Praktiken, soziales Verhalten und symbolische Handlungen setzen sich damit wechselseitig voraus. Es kann gezeigt werden, „. . . wie sich menschliche Kultur über eine solche Interaktion zwischen Menschen und den von ihnen geschaffenen, externalisierten Technologien, Symbolen und Institutionen wandeln."[49]

Analog zur interdependenten Veränderungsdynamik von materiellen Produktionsmitteln und Techologien auf der einen Seite und wohlausgebildeten, gutgeschulten, bestqualifizierten Arbeiter/innen und Ingenieuren auf der anderen Seite ändern sich Badekultur und Freizeitverhalten durch die Fertigkeit und Fähigkeit einer Vielzahl von Menschen, schwimmen zu können, gleichwie Bade- und Frei-

48 *Mauss,* Die Techniken des Körpers, in: Soziologie und Anthropologie, Bd. 2, 1989, S. 206.

49 *Tanner,* Körpererfahrung, in: Historische Anthropologie, Jg. 2, Heft 3, 1994, S. 501.

zeitkultur ihrerseits die neue Körpertechnik des Schwimmens nahelegt, abfordert, erzwingt, massenhaft verbreitet. Die Extension neuer Körpertechniken im 19. Jahrhundert, ihre Anwendung und ihr Einsatz bei Spiel, Gymnastik, Turnübungen, Sport, Physiotherapie, Körperhygiene oder Wehrertüchtigung und das Aufkommen der Kaltwasser-, Freiluftbade- und Schwimmkultur sind in engem Zusammenhang zu sehen. Spezielle Haut- und Körperpflege, Wassergymnastik und Kaltwassertherapien, Schwimm-, Wassersprung-, Tauch- und später weitere Wassersportdisziplinen, Überlebens- und Rettungsschwimmtechniken expandieren das menschliche Verhaltensrepertoire.

Körperliche Spiel- und Sporttechniken sind „. . . Ausweitungen des animalischen Organismus . . . Spiele wie Techniken sind Gegenreizmittel oder Möglichkeiten der Anpassung an den dauernden Druck der spezialisierten Handlungsweise, die in jeder Gemeinschaft üblich ist".[50] Die gesellschaftliche, technologische und ökonomische Entwicklung ruft im Biedermeier jene subjektiv und kollektiv empfundene Zwanghaftigkeit und kulturelle Entfremdung des Lebens aufgrund des erhöhten Druckes spezialisierter und disziplinierter Handlungsweisen und Anpassungsleistungen hervor, die die Menschen ins Freie strömen läßt, mit meist sehr vage umrissenen Vorstellungen von den für sie dadurch herstellbaren kompensatorischen, naturnahen, natürlichen, lustvollen und damit „zwangloseren" Lebensweisen. Dafür teilweise recht mühevoll die neuen Körpertechniken des Badens, Waschens, Schwimmens, Springens, Ruderns, Segelns usw. zu erlernen, sich voller Verachtung ins kalte, unsichere Wasser zu begeben, bisweilen sogar zu stürzen, scheint ihnen allemal bessere und längerfristigere Chancen zu bieten, individuelle Freiheiten dazuzugewinnen und vorhandene auszubauen, als darauf zu verzichten.

Diese harmlosen, unauffälligen, unscheinbaren, die soziale Ordnung in keiner Weise behelligenden physischen Rekreationspraktiken, Fertigkeiten, Fähigkeiten und Entgrenzungstechniken werden rasch von Macht und Herrschaft durchdrungen. Erst legen sittliche, kulturelle, dann pädagogische, sozialhygienische, militärische und zuletzt juridische (verwaltungsrechtliche) Instanzen nahe (wenn sie

---

50 *McLuhan,* Die magischen Kanäle, 1968, S. 255.

es nicht erzwingen), sich dem „disziplinaren Charakter“ des Badens und Schwimmens zu unterwerfen. Die neu entstandenen Disziplinen werden somit selber Mittel zum Zweck der Aufrechterhaltung der sozialen Ordnung, der Herrschaftsstrukturen und Machtverteilung in einer Epoche, in der körperliche Kräfte und Möglichkeiten mehr und mehr individuell und frei genutzt werden können. „Die Aufklärung, welche ... die Freiheiten entdeckt hat, hat auch die Disziplinen erfunden. Scheinbar sind Disziplinen nichts anderes als Subsysteme des Rechts. [. . .] Tatsächlich sind die Disziplinen eher als eine Art Gegenrecht zu betrachten. Sie haben nämlich die Aufgabe, unübersteigbare Asymmetrien einzuführen und Gegenseitigkeiten [einer auf einem ‚Gesellschaftsvertrag‘ basierenden Konvention; Anm. d. Verf.] auszuschließen.“[51]

Dialektische Analyse verhält zur unbedingten Berücksichtigung der herrschaftlichen Vereinnahmung(sversuche) der aufgrund von neuen Freiheiten und Möglichkeiten vermehrten, modifizierten und diversifizierten Verhaltensbereiche. Nicht zuletzt findet mit der Kaltwasser-, Freiluftbade- und Schwimmkultur die imposante Fortsetzung und Perfektion dessen statt, was im Lauf des 18. Jahrhunderts mit der „Entdeckung des Körpers als Gegenstand der Macht“ (M. Foucault) begonnen hat.

„Die Zeichen für jene große Aufmerksamkeit, die damals dem Körper geschenkt wurde, sind leicht zu finden. Die Aufmerksamkeit galt dem Körper, den man manipuliert, formiert und dressiert, der gehorcht, antwortet, gewandt wird und dessen Kräfte sich mehren. [. . .] Methoden, welche die peinliche Kontrolle der Körpertätigkeiten und die dauerhafte Unterwerfung ihrer Kräfte ermöglichen und sie gelehrig/nützlich machen, kann man die ‚Disziplinen‘ nennen. Gewiß gab es seit langem viele Disziplinarprozeduren – in den Klöstern, in den Armeen, auch in den Werkstätten. Aber im Lauf des 17. und 18. Jahrhunderts sind die Disziplinen zu allgemeinen Herrschaftsformen geworden.“[52]

Die Dialektik der Gegebenheiten des Körpers beim Baden, Waschen und Schwimmen manifestiert sich in der Chance, neue Bedürfnisse zu befriedigen und gegebenenfalls mehr Freiheit zu erlangen, bei synchronischer Chance der gesellschaftlichen Macht- und Herr-

51 *Foucault,* Überwachen und Strafen, 2. Aufl., 1977, S. 285.

52 *Foucault,* Überwachen und Strafen, 2. Aufl., 1977, S. 174 f.

schaftsmechanismen mit Hilfe der Methode „Disziplin" Einfluß, Kontrolle und Zugriff auf Körper und Körperlichkeit zu gewinnen, in einer Weise, die geeignet ist, bestehende soziale Positionen, Ordnungen und Privilegien zu stärken und die Machtstruktur und -morphologie dahingehend auszubauen. Foucault entlarvt Disziplinen als zentrale, direkt am Körper ansetzende Machttechniken, die den Rechtsstaat unterlaufen.

„Die unscheinbaren Disziplinen, die alltäglichen Panoptismen mögen unterhalb der großen politischen Kämpfe liegen: in der Genealogie der modernen Gesellschaft bilden sie zusammen mit der sie durchkreuzenden Klassenherrschaft das Gegenstück zu den Rechtsnormen der Machtverteilung. Zweifellos liegt hier der Grund dafür, . . . daß man behauptet, sie bilden die Grundlage für die Gesellschaft und ihr Gleichgewicht, wo ihre Mechanismen doch die Machtbeziehungen für immer und überall ins Ungleichgewicht bringen; und daß man sich hartnäckig darauf versteift, sie für die bescheidene, aber konkrete Form jeder Moral auszugeben, wo sie doch ein Bündel von physisch-politischen Techniken sind."[53]

Beispielsweise fördern Praktiken des Körperreinigens (gleichwie die Säuberung von Gewand, Straßen, Wohnungen, Alltagsgegenständen etc.) unzweifelhaft die Gesundheit und darüber sich einstellendes Wohlbefinden. Bei diesen sich im Sittenkanon durchsetzenden, rasch obligatorischen körperlichen Kompetenzen des Reinigens und Säuberns handelt es sich um jene oben apostrophierten „unscheinbaren Disziplinen". Anhand ihrer Wirkungs- und Funktionsweise wird eine Machttechnik sichtbar, mittels der sich gesellschaftliche Eliten vor dem Ausbrechen und Übergreifen epidemischer Krankheiten in erster Linie selber schützen wie aber gleichfalls den (ihren!) Staat vor Schwächung und die herrschende Gesellschaftsordnung vor Gefährdung durch unnütze Mortalitätsraten, Arbeitsausfälle, Siechtümer, Seuchen und Wehruntauglichkeiten bewahren wollen.

Das Ziel aller Schwimmausbildung besteht darin, Menschen Scheu und Furcht vor dem kalten, nassen, gefahrvollen Element zu nehmen und ihrem Körperbewußtsein ein Bedürfnis nach eigenständigen Schwimmunternehmungen in freien Gewässern einzupflanzen. Mehr noch: dabei auftretenden Unbilden oder Unbehaglichkeiten selbstverachtend kämpferisch zu trotzen, sich immer des hehren

53 *Foucault,* Überwachen und Strafen, 2. Aufl., 1977, S. 286.

Ziels gewahr zu sein, mit Hilfe derlei pein- und gefahrvollen Praktiken zum wahren, wahrhaften, guten, höheren Leben durchzustoßen. Um noch nicht von den Segnungen der neuen Körpertechnik Überzeugte zu bekehren, treten von missionarischem Eifer erfüllte Pioniere und Avantgardisten mit Erlebnisschilderungen an die Öffentlichkeit:

„Von meiner frühesten Jugend an kaltes Wasser und Schwimmen gewohnt, bin ich bey dem heftigsten Winde die große Donau von einem Ufer zu dem anderen hin- und zurückgeschwommen, ohne deshalb nur die geringsten üblen Folgen erfahren zu haben.“[54]

Ein anderer, der seine erste Schwimmerfahrung allerdings in den sicheren Senkkasten eines Badeschiffes verlegt hat, läßt verlauten:

„Da bin ich die Täg gar aufn Tabor hinauskommen, und dort hab ich Schiff und Hüttln gsehn, und da habn's mir gsagt, daß das 's kalte Bad ist, und da hab ich halt das Ding auch probirn woll, und da habn mir anfangs d' Zahn gkläppert vor Kältn, aber glei drauf is mir warm wordn, und wie ich ausser gstiegn bin, so bin ich wie neu geborn gwesen.“[55]

Das Interesse und die demonstrative Anteilnahme der aufgeklärten bürgerlichen Intelligenz des Biedermeier am heroischen, sublimativen, bisweilen nahezu masochistischen Kaltbaden und Flußschwimmen ist Indiz dafür, in welch ungeheurem Ausmaß sich Werte verschieben oder bereits verschoben haben, Vorstellungen, Anschauungen und Meinungen einer sich langsam mit Staat, Gesellschaft, Sozial- und Wirtschaftsordnung identifizierenden neuen aufsteigenden Klasse die Oberhand gewinnen. Diese vermag jetzt

„. . . dem Modell der Aristokratie eine eigene Kaft entgegenzusetzen. Sie tut dies, indem sie Energie und Dynamik fördert und ihre eigene Stärke aufbaut. Die Askese ist für sie unvereinbar mit dem anscheinend indolenten Verhalten der Aristokratie. Die durch das kalte Wasser symbolisierte Härte demonstriert ihre Überlegenheit angesichts der als zu leichtfertig erachteten Vergnügungen und bietet die Möglichkeit, die kulturellen und sozialen Unterschiede stärker zu betonen.“[56]

---

54 *Mekarski,* Notizen über Gymnastik, 1831, S. 123.

55 Briefe eines Eipeldauers, 21. Heft, 3. Brief, 1795, S. 21.

56 *Vigarello,* Wasser und Seife, Puder und Parfüm, 1988, S. 146.

Die Körperdisziplin des Schwimmens und die asketische Praxis des Kaltbadens stellen für relativ wenige Menschen Gelegenheiten dar, antifeudales Standesbewußtsein und „höheres Menschentum" an den Tag zu legen, erbringen für dieselben ein Mehr an persönlicher Verwirklichungsmöglichkeit, an Naturnähe, Geschicklichkeit, Beweglichkeit, kinästhetischem Genuß, Fitneß, Abhärtung, Gesundheit oder Genesungsaussicht, sind für die überwiegende Mehrheit der militärdienstpflichtigen, schwer handarbeitenden männlichen Bevölkerung jedoch in erster Linie Drill-, Kontroll-, Hygienisierungs- und Disziplinierungsmittel in der Hand von Agenten des autoritären frühindustriellen Staates.

Am besten sei es, so der Tenor aufgeklärter ziviler Pädagogen wie Militärstrategen, mit dem Anlernen der Körpertechnik des Schwimmens bereits in der Kindheit zu beginnen, sie der männlichen (bald aber auch der weiblichen) Erziehung angedeihen zu lassen, um spätere Katastrophen zu vermeiden.

„Das Erziehungsideal, das dem Katastrophentraining zugrunde liegt, ist der Salamander, von dem die Sage geht, er könne sogar im Feuer leben. Das Mittel, dessen sich der Erzieher bedient, um das Ideal zu erreichen, ist die Impfung, ihr vor- oder nachgebildet. Sie soll alle Katastrophen und Schicksalsschläge, die der Erzieher für das Kind fürchtet, dosiert vorwegnehmen und es auf diese Weise immunisieren. Eine Erziehung, die für eine unbekannte, aber drohende Zukunft trainieren will, ist willkürlich asketisch. [Allerdings:] Die Versagungen, die sie auferlegt, verschärfen die Zukunftsangst, die sie durch das Training überflüssig machen will; denn Freud zufolge entsteht bei Verdrängung der Triebe Angst, die sich als Erwartungsangst, Zukunftsangst oder Katastrophenangst äußert. Viel erwartet man von der Einwirkung kalten Wassers und frischer Luft. Das Leben unzivilisierter Wilder erscheint unter dem Gesichtspunkt ihrer Entbehrungs- und Leidensfähigkeit vorbildlich."[57]

Wenn auch die „verweichlichten" Eltern selber nie auf den Gedanken kämen, mit ihren Sprößlingen am freien Gewässer zu baden, ist es des Erziehers Pflicht, die Sache nicht zu vernachlässigen, nicht zuletzt im Interesse der Sicherheit der Kinder selber, das mit dem des Staates an Absicherung ihrer Körper als seinen wichtigsten Ressourcen kongruiert. Um den Kleinen den Anfang zu erleichtern, bringe

---

57 *Rutschky,* Schwarze Pädagogik, 1977, S. 248.

man sie in Gewässernähe und nütze ihr spielerisches Explorationspotential.

„Man darf sie an einen Orte, wo sich die Gelegenheit zum Baden anbietet, nur ihrem freien Willen überlassen, um sich zu überzeugen, mit welchem Reiz sie der natürliche Trieb ins Wasser lockt. Auf diese Art würde man wenigstens einigermassen dasjenige bewerkstelligen, was man an dem August rühmet, der seine Enkel selbst schwimmen lehrte, und die Fertigkeit im Schwimmen unter die nothwendigsten Gegenstände der Erziehung – aliaque rudimenta sagt Suetonius – zählte. [. . .] . . . das Kind, nachdem es grösser geworden, würde, wenn auch die weichlichen Aeltern sich nicht entschliessen könnten, es in einen Bach oder sonst ein Wasser, wo sandiger Boden ist, springen zu lassen, doch allzeit so viel gelernt haben, um sich im Nothfall zu helfen.“[58]

Die Phasen der Aufnahmeprozedur in den Militärstand spielen im Prozeß der Zerstörung der Identität des Jugendlichen und beim Aufbau einer neuen Persönlichkeitsstruktur im Sinn der militärischen Hierarchie eine wichtige Rolle. „Diese Aufnahmeverfahren bestanden aus einem schwer bestimmbaren Verhältnis von geplanten und ungeplanten Maßnahmen der Erniedrigung und Demütigung, die dem jungen Menschen einen Sturm gegensätzlicher Gefühle, wie Desorientierung, Verzweiflung, Hoffnung, Stolz, auslösen mußten.“[59] In der Kriegskaderschmiede der Habsburger, der in einer Nachfolgeinstitution noch heute existierenden k. k. Theresianischen Militärakademie in Wiener Neustadt, wird Kadetten bereits Ende des 18. Jahrhunderts so früh als möglich nicht nur körperliche Hygiene anerzogen und in nahe gelegenen Gewässern Schwimmen beigebracht, sondern durch Befehl, sich ins kalte, bedrohliche Wasser zu stürzen, der eigene Wille gründlich gebrochen – auch der, sich wenigstens zu scheuen, zu sträuben, zu verweigern und zu fürchten.

Anfänger nicht viele zugleich ins Baad gelassen, sie hindern einer den andern, und die sie schwimmen lehren, können sich nicht mit mehreren abgeben. [. . .] Von der dritten Klasse angefangen, müssen alle [!!] schon schwimmen können. Rekruten ausgenommen, im Schwimmen, wie überhaupt in Leibesübungen keine Entschuldigung ‚es sind noch Kinder‘. [. . .]

58 *Kinsky,* Vermischte Schriften, 3. Theil, 1. Theil, 1786, S. 9.

59 *Markmann,* Mit Gott für König und Vaterland, in: *Bergmann/Borries/Schneider* (Hg.), Kindheit in der Geschichte I, 1985, S. 116.

Warum auf's Schwimmen so gedrungen wird – eben, weil wahrzunehmen ist, daß hier ankommende Rekruten das Schwimmen, von allen eingeführten Uebungen am meisten scheuen – Schwimmen lernen also Hauptveranlassung ist, sich über Scheu und Furcht hinwegzusetzen."[60]

Die vom der Kadettenschule der Wiener Neustädter Militärakademie vorstehenden, staatstreuen aufgeklärten Vordenker Graf Franz Kinsky so unter militärischen Gesichtspunkten entwickelten und formulierten Grundsätze gehen in „Befehlsprotokolle" und „Reglements" der Truppenausbildung ein und zeitigen im wesentlichen unverändert bis in den Vormärz und darüber hinaus ihre Wirkung.

„Das militärische Erziehungsprogramm wurde von Normen des täglichen Dienstbetriebes und der militärischen Praxis geprägt. An erster Stelle stand als bestimmendes Prinzip hinter den Anforderungen des Alltags Gehorsam bis zur völligen Unterwerfung und Selbstaufgabe. Erbarmungslose Disziplin sowie ständig wiederholter Exerzierdrill sollte die Angst vor dem Töten und dem Getötetwerden überwinden helfen und die Soldaten zu wandelnden ‚Schießmaschinen' machen."[61]

Der Staat ist auf Erhalt und Zugewinn willfährigen, gesunden, körperlich robusten, gut trainierten, furchtlosen Soldatenmaterials bedacht.

Ernst von Pfuel gibt vom Vorgang der „Abrichtung" in der Prager Militärschwimmschule, die später immer mehr verfeinert und ausgebaut wird, folgenden Bericht.

„Wenn der Scolar völlig entkleidet war und Schwimmhosen angezogen hatte, ward ihm ein hanfener Gurt unterhalb der Brust befestigt, an welchen hinten auf dem Rücken ein 3 Klafter langer Strick geknüpft war, dessen freies Ende der Meister um die Hand wickelte. Nachdem man dem Schüler eine ungefähre Idee von der Bewegung der Füße beigebracht hatte, die er im Wasser zu machen haben würde, ward er an den Rand des Schiffes geführt, und ermahnt, einen kühnen Sprung in das 7 bis 8 Schuh tiefe Wasser zu thun. Hierbei gab es manchen Scherz. Denn so frisch weg in die Tiefe zu springen, die überflüssig zum Ertrinken eingerichtet war, schien den meisten eine etwas derbe Zumuthung. Viele verlegten sich auf's Kapituliren, um ein langsames Hineinlassen zu gewinnen, und den Kopf vor dem Untertauchen

---

60 *Kinsky,* Befehlsprotokolle, Supplementband, 1787, S. 223.

61 *Markmann,* Mit Gott für König und Vaterland, in: *Bergmann/Borries/Schneider* (Hg.), Kindheit in der Geschichte I, 1985, S. 112.

zu retten, andere sahen trübsinnig hinunter wie in's Grab, und wurden blaß und bläßer, so wie der Meister seine Aufmunterung steigerte; noch andern klopfte das Herz, daß der Gurt sich bewegte, und einer schlug sogar ein großes Kreuz über sich, um doch christlich zu enden. Doch die Vorschrift gebot, es mußte gesprungen sein, und so ging es denn endlich doch an's Springen, obwohl in sehr kläglicher, hilfloser, ganz resignirender Gestalt, und in der Regel mit geschlossenen Augen, um das nahe Unglück wenigstens nicht zu sehen. Für Spott und Redereien sorgten bei solchen Scenen die Kameraden, wogegen jedoch der Springer mehrentheils sehr unempflindlich war. Sobald der Sprung geschehn, ward der Schüler am Stricke sogleich heraus gezogen, und die Sache wiederholt."[62]

Die zwar ab 1808 auf 14 Jahre „verkürzte" Militärdienstpflicht, die von männlichen Staatsuntertanen, abgesehen von Zugehörigen einiger privilegierter Gruppen (Adelige, Gebildete, bäuerliche Hausherren), bedingungslos eingefordert wird, verurteilt den Soldaten in friedlichen Zeiten zu einem beträchtlichen Maß „Stehzeit". Diese soll nun, laut Reglement, ganz im Sinn bürgerlich-kapitalistischer Zeitökonomie „sinnvoll" zur Erlernung zusätzlicher kriegsdienlicher Fähigkeiten und Körpertechniken mit der Möglichkeit darüber hinaus, sich außergewöhnliche, hoch spezialisierte, strategisch begehrte Qualifikationen (Tauchen, Rettungsschwimmen, Nachtschwimmen etc.) anzueignen, genützt werden. Zwecks Truppenhygiene, Gymnastik, Wehrertüchtigung, Voltigieren und Schwimmen ist im Fahnenstangenwasser bei Wien besagte k. k. Militärschwimmschule installiert worden, in der „... während der Sommermonate die Militärpersonen sich regelmäßig üben müssen".[63]

„An Zeit fehlt es dem Soldaten im Sommer nicht, da der Unterricht jedem Einzelnen nur höchstens eine Stunde fortnehmen wird; wohl aber dürfte es manchem an Lust, ins Wasser zu gehen, mangeln; – eine Folge der Unweisheit der vorigen Generationen, welche dem sich badenden Knaben und Schüler dafür mit Ruthenstreichen lohnten! – jedoch Lust wird man dem Trägen schon einzuflößen wissen."[64]

Die Feststellung ist unüberhörbar bedrohlich. Auf Soldatenmaterial, das das befohlene Baden und Schwimmen im kalten Fluß, Teich oder

62 Zitiert nach: *Mehl,* Ernst v. Pfuels schwimmerische Tätigkeit, in: Die Leibesübungen, Heft 5, S. 115.

63 *Pezzl,* Beschreibung von Wien, 1822, S. 181.

64 Militair-Wochenblatt, Nr. 68, 1817, S. 328.

See trotz Strafandrohung verweigert oder gesundheitlich nicht verkraftet, sich deswegen auch nicht für den nächsten Krieg abrichten, abhärten und stählen läßt, wollen Hardliner keine Rücksicht nehmen, da es ohnehin für die kämpfende Truppe einen Risikofaktor darstellt.

„Einige Schwächlinge, verzogene Muttersöhnchen, Schneider- und Leinenweberburschen werden vielleicht des ungewohnten nassen Elements wegen, schier das Fieber bekommen. Thut nichts. Wenn der Körper bereits zu Hause durch kaltes Baden abgehärtet ist, wird es dafür im Felde desto weniger Fieberkranke geben.“[65]

„Denn nichts dient mehr, den Körper gegen Nässe, Wind und Kälte abzuhärten, als häufiges kaltes Baden, und dagegen sollte doch der Soldat am unempfindlichsten seyn, wenn nicht die Spitäler durch ihn bevölkert werden sollen. Diejenigen aber, welche meinen, daß der Soldat sich durch Baden und Schwimmen leicht Fieber zuziehe, könnte auch noch einen kleinen Schritt weitergehen und der Kavallerie das Reiten untersagen, damit sich nicht ja Jemand das Bein oder gar das Genick bräche.“[66]

Schlimmstenfalls bewirken mangelnde Schwimmkenntnisse immerhin eine natürlich Auslese im Sinn des „survival of the fittest“.

„Bei solchen Versuchen, wo sich ganze Armeen durch Schwimmen retten müssen, werden vielleicht einige Hundert Kraftlose und Schwächlinge ersaufen. Thut nichts. Sie würden ja ohnedies gefangen oder niedergemacht werden, also für ihre Armee moralisch oder physisch todt seyn.“[67]

Militärwaisenknaben werden gleichfalls ins kalte Donauwasser der Wiener Militärschwimmschule gezwungen; sie haben wöchentlich Schwimmstunden zu absolvieren. Den Direktor des k. k. Waisenhauses in der Alser Vorstadt, der Salzburger Pädagoge Franz Michael Vierthaler, interessiert allerdings weniger die eigentliche Schwimmausbildung als die präsumierte, erhoffte sexualdisziplinierende Funktion von Gymnastik, Sport und prickelndem kalten Flußwasser.

„Gymnastik ist ein Bedürfnis unseres Zeitalters. Es soll durch sie nicht nur physische Bildung bewirkt, sondern auch der Ausartung der Sinnlichkeit

65 Militair-Wochenblatt, Nr. 68, 1817, S. 328.
66 Militair-Wochenblatt, Nr. 62, 1817, S. 278.
67 Militair-Wochenblatt, Nr. 68, 1817, S. 327.

entgegen gewirkt werden. Die moralischen Rücksichten fordern uns beynahe noch dringender, als die physischen dazu auf."[68]

Gerade deswegen kann sich Vierthaler mit der erwähnten Neuerung, in der Schwimmschule Zuseherinnen zuzulassen, nicht anfreunden.

Wenn zu den jugendlichen Uebungen dem Publicum und insbesondere den Mädchen und Frauen der Zutritt offen steht, so wird sich der reine Zweck davon bald verlieren."[69]

Frauen und Mädchen steht „zum reinen Zweck" vorerst nur der Zutritt zu den zum Teil für Unbemittelte kostenlosen Flußbädern mit für sie reservierten Abteilungen, Schwimmflächen und Badezeiten offen. Die strikte Trennung der Geschlechter beim Freiluftbade- und Schwimmbetrieb auf der Donau (die sonn- und feiertäglichen Zuseherinnen in der Militärschwimmschule sind die einzige, nicht selten kritisierte Ausnahme) hat ihre punktuelle und temporäre sexualdisziplinierende Wirkung. Es gelten Körperübung, -training, -hygiene und -abhärtung durch öffentliche und staatliche Erziehungs-, Schul- und Ausbildungsinstitutionen als hervorragende Mittel, besonders jugendliche Sexualität und sich davon ableitende Aktivitäten und Verhaltensweisen zu unterdrücken. Sie werden gezielt eingesetzt. Was indessen nicht gesehen wird oder nicht gesehen werden will: Sexuelle Gefühle, Sehnsüchte und Begehren werden oftmals durch derlei offensive, drakonische, öffentliche Strategien geradezu implantiert, stimuliert und provoziert.

„Sprechen wir unsere allgemeine Arbeitshypothese aus. Die Gesellschaft, die sich im 18. Jahrhundert entwickelt – man mag sie bürgerlich, kapitalistisch oder industriell nennen –, hat dem Sex nicht eine fundamentale Erkenntnisverweigerung entgegengesetzt. Sie hat im Gegenteil einen ganzen Apparat in Gang gebracht, um wahre Diskurse über ihn zu produzieren. Sie ... ist angetreten, seine geregelte Wahrheit zu formulieren."[70]

Gesteigerte Aufmerksamkeiten, Antisexualpädagogiken und Verhinderungsstrategien besonders gegenüber jugendlicher Sexualität markieren hier die Anfänge der „Sexualnot des Abendlandes". Zu betonen ist, daß sich die Angehörigen der kulturell dominierenden Eliten

68 *Vierthaler,* Entwurf zu pädagogischen Vorlesungen, 1824, S. 112.

69 *Vierthaler,* Entwurf zu pädagogischen Vorlesungen, 1824, S. 115.

70 *Foucault,* Sexualität und Wahrheit, Bd. 1, Der Wille zum Wissen, 1977, S. 88.

aus diesem Prozeß, der unter seinen medizinisch-moralischen Vorzeichen einem „Kreuzzug ins Innere der Gesellschaft“ gleicht, nicht heraushalten können und wollen, vielmehr sich dahingehend auch selbst radikal „missionieren“.

„Steht nicht die geschwätzige Aufmerksamkeit, die seit zwei oder drei Jahrhunderten ihren Lärm um den Sex macht, im Dienste des elementaren Bemühens, nämlich dem, das Bevölkerungswachstum zu sichern, Arbeitskraft zu produzieren, die Form der gesellschaftlichen Beziehungen aufrechtzuerhalten, kurz: im Dienst der Absicht, eine ökonomisch nützliche und politisch konservative Sexualität zu bilden?“[71]

Eine nicht geringzuschätzende gesellschaftliche Funktion der frühen Kaltwasser-, Freiluftbade- und Schwimmbewegung liegt darin, ihren Beitrag dazu zu leisten, Frauen, Männer, Jugendliche und Kinder als künftig klaglos funktionierende Arbeiter/innen, Dienstboten/innen oder Soldaten im Sinn der kulturellen, ästhetischen, hygienischen, ökonomischen, militärischen, politischen und demographischen Interessen des bürgerlich-industriellen-kapitalistischen Staates zu erziehen, zu- und abzurichten. Die schockartige, asketisch-disziplinierende, abhärtende wie säubernde Wirkung kalten Flußwassers kombiniert mit dem drakonischen Schwimmdrill in Militär- und Zivilschwimmschulen bar jeglicher sinnlicher Ablenkung scheint der Zeit jedenfalls hervorragend dafür geeignet.[72]

Die Damenschwimmschule im Ferdinand- und Marienbad

„Nicht ohne Ursache hat die Natur dem zarten, beweglicheren, für alle Schädlichkeiten der äußeren Einflüße mehr empfänglichen, weiblichen Geschlechte eine besondere Ängstlichkeit vor kalten Bädern eingepflanzt . . .“[73], behauptet der progressive Kaltwassertherapeut Mekarski. Er räumt allerdings ein, daß sich Frauen der „besseren Kreise“ bislang

71 *Foucault,* Sexualität und Wahrheit, Bd. 1, Der Wille zum Wissen, 1977, S. 50.

72 Vgl. dazu: *Eder,* Schwimmdisziplin, in: Österreichische Zeitschrift für Soziologie, 2/1990, S. 65 f.

73 *Mekarski,* Notizen über Gymnastik, 1831, S. 129.

„. . . des Flußwassers nur in beschränkten Räumen oder in Wannenbädern bedienen können, dabey den wohlthätig einwirkenden Einfluß der Sonnenstrahlen entbehren, und die Körperbewegungen bey nicht hinlangenden Raum nur sehr sparsam abgemessen seyn können, die Wirkungen der Kälte also auf den zarten, empfindlichen, ungewohnten, in Ruhe bleibenden Körper schneller und eindringender seyn müssen, und die furchtsamen Schönen, von solcheren Unannehmlichkeiten abgeschreckt, wohl schwerlich zu einen zweyten Versuch sich entschließen würden; – indeß, haben sie nur einmahl diese kleinen Unannehmlichkeiten überwunden, so wird ihr Körper . . . durch frische Kraft, Jugend, Anmuth, Schönheit belohnt werden. [. . .] Matronen kann ich aber leider hiemit kein Verjüngungsmittel an die Hand geben, denn kaltes Wasser, und Kaltbaden verdichtet nur die Runzeln der Haut.“[74]

Um tunlichst zu vermeiden, allzubald in den selbst nicht mehr durch wunderbare Kaltwasserkuren reversiblen Alterungsprozeß und damit letztlich in den schier hoffnungslosen Zustand von „Matronen“ zu geraten, unansehnlich, dick und häßlich zu werden, sollen „Jungfrauen in der Stadt“ die körperliche Bewegung im Freien – am besten beim Schwimmen – nicht vernachlässigen und diese mehr „als bloß höchstens nach Mode und Bequemlichkeit betreiben“.[75] Nach B. W. Beck, einem selbsternannten Berliner Natur- und Wasserheilexperten, Autor mehrerer populärer Naturheilbücher, hätte eine Frau sonst mit Ungeheurem zu rechnen.

„Ihr Körper wird unförmlich, fett, verliert alle Grazie und Geschmeidigkeit, die Rosen verblühen auf ihren Wangen und eine kalte Blässe, das Ebenbild des Todes, breitet sich auf ihrem Gesichte aus. Ihre Glieder werden schwer, die Nervenkraft stumpf, und die Munterkeit des Geistes verliert sich. Das Blut, das zu wenig durch die Muskeln verarbeitet wird, wird dick und stockt in allen Haargefäßen; diese stockenden Säfte reizen Muskel und Nerven, erzeugen Schmerzen, Krämpfe und Spannungen und mancherlei Anhäufungen des Blutes, besonders in den schwächsten Theilen des Körpers. Kein Theil des Körpers ist von Beschwerden frei. Im Kopfe leidet dieses unglückliche Geschöpf an Schmerzen, Schwindel und Betäubung; es saust und braust vor ihren Ohren; vor ihren Augen tanzen Funken, Sterne und Feuerflammen herum. Ihr Herz klopft ängstlich, und ihre Brust ist so beklommen, als wenn die ganze Welt auf ihr läge. Die Speisen geben ihr kein Vergnügen,

74 *Mekarski,* Notizen über Gymnastik, 1831, S. 129 f.

75 *Fleckles,* Die herrschenden Krankheiten des schönen Geschlechts, 1832, S. 44.

keine Stärkung. Sie leidet nach Tische an Krämpfen und Unverdaulichkeiten. Ihr schwacher Trieb des Blutes kann die äußersten Theile des Körpers, Nase, Ohren, Hände und Füße nicht gehörig erwärmen. Ihr Schlaf wird von ängstlichen Träumen beunruhigt, und ihre Seele ist so finster, daß sie alle Freuden des Lebens verscheucht."[76]

Derart durch männliche Kompetenz, Expertise und Fachautorität beeindruckt, vorgewarnt, verunsichert, geängstigt, eingeschüchtert, in Panik versetzt und überwältigt, steht Bürgerinnen und Aristokratinnen eigentlich nur mehr der Ausweg offen, endlich auch dem „modernen Drang der Zeit" nachzugeben und sich zum Baden und Schwimmen in die Natur hinaus zu bemühen, sich allenfalls von Stellwägen oder Fiakern spazieren und anschließend jedenfalls ins Flußbad fahren zu lassen, dieses als wichtigen Bestandteil weiblicher Kosmetik zu akzeptieren. Freilich gilt es hierbei gewichtige Ratschläge, distinktive Sittennuancen und minutiöse Verhaltensvorschriften zu beachten, manierlich und diszipliniert zu befolgen.

Da nichts weniger geringgeschätzt wird, als eine durch Einflüsse von Licht oder Sonne gerötete, gebräunte oder gar unregelmäßig pigmentierte Haut, ist es nützlich zu beherzigen, wie

„. . . man sich wider das Verbrennen von der Sonne präserviren soll: Man nimmt eine beliebige Menge Ochsengalle, thut zu jedem Pfund ein Quent römischen Alaun, eine halbe Unze Steinsalz, eine Unze Zuckercand, zwey Quent Borax, und ein Quent Campher; mischet alles wohl untereinander, und rühret es eine Viertelstunde lang um; alsdann läßt man es ruhig stehen; thut dieses drey bis vier Mahl des Tages, und zwar vierzehn Tage hintereinander, d. i. so lange, bis die Galle so klar wie Wasser geworden ist; sodann läßt man sie durch Löschpapier laufen, und hebet sie zum Gebrauche auf. Man bedienet sich derselben, . . . [. . .] Man kann sich damit das Gesicht und den Hals reiben, wenn man genöthiget ist, sich der Sonne auszusetzen. – Einge thun zu diesem Wasser etwas Ziegengalle, Alaun und Limoniensaft, und behaupten, daß dies Wasser unfehlbar alle Flecken wegnehme, wenn man sie des Abends beym Schlafengehen reibet."[77]

Für den eigentlichen Vorgang des Badens im freien Gewässer werden Damen je nach Auffassung der Fachleute und „physiotherapeu-

76 Zitiert nach *Fleckles,* Die herrschenden Krankheiten des schönen Geschlechts, 1832, S. 44.

77 Die Schönheitsapotheke, 1802, S. 37.

tischen Schule“ umfassende Kataloge von Sicherheitsregeln und Handlungsabläufen erstellt.

„Will man sich nun wirklich baden, so verrichte man den Spaziergang bis an den Badeort so langsam als möglich, um starkes Aufwallen des Blutes, und verstärkte Ausdünstung und Schweiß zu vermeiden. [. . .] Man kleide sich ganz langsam und so aus, daß man den Kopf und die Brust zuerst entblößet, und kühle sich nun so allmählich ferner ab. Ist man kühl genug, so wasche man sich zuerst den ganzen Kopf, dann die Brust mit kaltem Wasser ab, und tauche sich dann auf einmahl mit dem ganzen Körper ins Wasser unter.“[78]

Asketen, Moralisten und Sittlichkeitsapostel, die dem Kaltbad unbedingte sinnlichkeitshemmende, sexualdisziplinierende, moralisch und rassisch veredelnde Funtkionen und Aufgaben zuschreiben, bemänteln Aversion und Mißtrauen gegen längeres lustvolles Verweilen im kühlenden Naß mit physiologischen Scheinargumenten.

„Will man im Wasser schwimmen, so halte man nicht so lange damit an; weil dieß schon mehr Kraftaufwand erfordert, und durch den Druck des Wassers die Brust zusammen gepreßt, und das Athemholen beschwerlich wird. Man bleibe nicht länger als höchstens sechs bis acht Minuten im Bade. Diese sind genug, um alle Zwecke des Badens, wozu das wollüstige Herumwälzen im Wasser um der Behaglichkeit willen gewiß nicht gehört, zu erreichen.“[79]

Kaum ist der Wert von Körpersäuberung und Hautpflege durch regelmäßiges Baden, Waschen und Schwimmen im freien Gewässer in der bürgerlichen Öffentlichkeit einigermaßen anerkannt, geht die Agitation von Hygienikern bereits einen Schritt weiter. Die Einwirkung des bloßen Flußwassers auf den Körper scheint ihnen zu gering. Die Verwendung von Seife soll die Säuberungs- und Hygieneeffekte steigern.

„Das Abwaschen mit Seife hält man gemeiniglich nicht für so nützlich und nothwendigt, als es wirklich ist. Durch sie werden die klebrigen, zähen Feuchtigkeiten, womit die Haut überzogen ist, die sich durch bloßes Wasser allein nicht auflösen und wegbringen lassen, vortrefflich zertheilt, und zum Abspülen geschickt gemacht.“[80]

---

78 Die Schönheitsapotheke, 1802, S. 387.

79 Die Schönheitsapotheke, 1802, S. 37.

80 Die Schönheitsapotheke, 1802, S. 37.

Letzthin überzeugt, motiviert und bis ins Detail instruiert, bedarf die „bemittelte Classe“ der Wiener Frauen jetzt eigentlich nur mehr einer geeigneten Gelegenheit, sich der „Vortheile des Badens im Freyen und des Schwimmens, bey allen nur möglichen Vorsichtsmaßregeln und Sittlichkeitsrücksichten“[81] zu bedienen. Eine solche besteht bislang nicht. In der k. k. Militärschwimmschule und im plebejischen Frey-Bad ist Frauen offiziell der Zutritt als Badegast verwehrt, in den übrigen Flußbadeschiffen gibt es keine geräumigen Bassins, die ein richtiges Schwimmen erlaubt hätten. Sich auf eigene Faust illegal im Fluß zu laben oder gar einer „Schwimmgesellschaft“ (siehe Kapitel „Die Stromlandschaft bevölkert sich“) anzuschließen, kommt für sie aus Gründen der Schicklichkeit, des Herausfallens aus der Geschlechterrolle, eines drohenden Statusverlustes oder einer noch schmerzhafteren Sanktionierung des Versuchs, den bestehenden weiblichen Sozialcharakter zu transzendieren, nicht in Frage.

Kaum deutet sich im Jahr 1831 das Ende des Winters und damit die wärmere Jahreszeit an, fiebern gewisse Kreise dem 12. Mai entgegen, an dem die lange Zeit diskutierte, das umständliche bürokratische Abwägen alles Für und Wider endlich überstandene und bewilligte größte private „Schwimm-, Floß- und Badeanstalt bey Wien“, das Ferdinand- und Marienbad, fertig gebaut sein und eröffnet werden soll.

„Gewiß wurde seit Jahren kein lebhafteres Bedürfniß, als das der Errichtung einer solchen Anstalt in Wien gefühlt. [. . .] In dem sogenannten Frey-Bade fanden sich Viele durch das Herbeyströmen von einer Masse Menschen aus den verschiedensten Classen denn doch geniert; und in der Schwimmschule [gemeint ist die k. k. Militärschwimmschule im nahen Fahnenstangenwasser; Anm. d. Verf.] wird nur Denjenigen Gelegenheit zum Bade gegeben, welche zugleich das Schwimmen erlernen wollen und können. [. . .] So hat daher eine hohe Landesstelle, stets geneigt, gemeinnützige öffentliche Anstalten auf das kräftigste zu unterstützen, auf die im verflossenen Herbste angesuchte Bewilligung zur Herstellung eines Floßbades im Kaiserwasser am Augarten, in Verbindung mit der schon früher gutgeheißenen Damenschwimmanstalt, bereits am 24. December v. J. die Errichtung derselben unter den gewöhnlichen Polizey- und Sanitätsvorschriften zu genehmigen geruht. [. . .] Die Anstalt selbst hat eigentlich einen dreyfachen Zweck; sie

81 *Mekarski,* Notizen über Gymnastik, 1831, S. 130.

besteht nämlich aus der Damenschwimmschule, dann aus größeren und kleineren Badeabtheilungen für das weibliche, und solchen für das männliche Geschlecht.“[82]

Ihre Attraktivität für ein breiteres anspruchsvolles Publikum wurde nicht zuletzt damit, daß sie „. . . in der anmuthigsten Gegend Wiens, im reinsten Donauwasser am Rücken des so beliebten Augartens“[83] liegt, kalkuliert.

Bau und Betrieb der vom Großhändler Ignaz von Mayer finanzierten und von Elisabeth Wiener geführten Damenschwimmschule werden bereits im Sommer 1830 endgültig genehmigt, wobei das ausführliche und detaillierte Konzessionszertifikat nicht mit langatmiger Auflistung sämtlicher Freiheiten, Rechte und Pflichten geizt. Der Schluß liegt nahe, daß der gewerberechtliche und sanitätsgesetzliche Status dergleichen Unternehmen bis dato noch kaum genau definiert, allenfalls umrissen ist.

„Die Schwimmschule für das weibliche Geschlecht erscheint als Privatunternehmung, worauf die Behörden nur insofern Einfluß nehmen, daß die Sicherheit des Lebens der Schwimmenden dadurch nicht gefährdet und die Gesetze des Schicklichen und Anständigen nicht verletzet werden. [. . .]
[Die] . . . Unternehmerin wird wegen genauer Beobachtung derselben verantwortlich und aufmerksam gemacht, daß dafür Sorge getragen werden muß, geeignete, dem Bau des weiblichen Körpers anpassende Gurten, an welchem die Schwimmlehrlinge festgehalten werden müssen, in Anwendung zu bringen. [. . .]
Als Schwimmmeister dürfen keine anderen als höchst verlässige, womöglich verheurathete, in der Schwimmkunst vollständig unterrichtete Männer zugelassen werden, weswegen sich jene, welche als Schwimmmeister aufgenommen werden wollen mit den entsprechenden Zeugnissen über ihre Moralität, und über ihre Geschicklichkeit und Befähigung, als Schwimmmeister zugelassen werden zu können, mit einem Zeugnisse der Direction der k. k. Militär-Schwimmanstalt auszuweisen haben. [. . .]
[Schülerinnen] ist sich mit einem Zeugnisse eines akkredierten Arztes ausweisen [zu lassen], und ohne solchem Zeugnis [ist] keine Schülerin zum Schwimmunterricht anzunehmen. Und damit auch bei sich ergebenden unangenehmen Zufällen sogleich Hülfe geleistet werden kann, wird aufgetragen, daß ein in seiner Kunst erfahrener Wundarzt gegenwärtig sey, sowie

82 Oesterreichische Gesundheitszeitung, Nr. 18, 1831, S. 69.
83 Oesterreichische Gesundheitszeitung, Nr. 18, 1831, S. 71.

daß die Schwimmschule für das weibliche Geschlecht mit einem Nothkasten versehen werde.“[84]

Eine Badeordnung, die die k. k. niederösterreichische Landesregierung erläßt, geht zuerst an die k. k. Polizei-Ober-Direction und wird von dort kopiert und mit diversen Instruktionen für die Praxis der polizeilichen Überwachung versehen an die zuständige Bezirks-Polizei-Direction Leopoldstadt weitergeleitet. Für soziale Kontrolle und disziplinierten Betrieb ist damit zumindestens statutarisch hinlänglich gesorgt. Im Gegensatz zur Militärschwimmschule liegt das Augenmerk eher weniger auf Durchsetzung von Körperdisziplin als auf Aufrechterhaltung der Sexualmoral: Männlichen Zusehern ist der Zutritt rigoros verwehrt, Schwimmlehrer, die ausgenommen sind, müssen Unbescholtenheit, ordentlichen Lebenswandel und Verehelichung nachweisen (damit hofft man, die sexuelle Attraktion zwischen ihnen und den spärlich bekleideten Schwimmerinnen gering zu halten), Schwimmkleidung wird „sittlichkeitsgenormt“ von der Badeanstalt zur Verfügung gestellt. Im zweiten Sommer des Bestehens der mit einer herkömmlichen Floßbade- und Waschanlage für Männer und Frauen kombinierten Damenschwimmschule kann die für skeptische und um den Verfall der Sitten bangende konservative Mitbürger sicherlich beruhigende Mitteilung gemacht werden, „. . . daß übrigens alles angewendet wurde, was zur größten Beruhigung und Sicherheit des Publikums nöthig ist . . ., [daß die] bekannte Weisheit und Vorsicht der höchsten Behörden der gültigste Bürge dafür sind; auch wurde für die völlige Absonderung der Geschlechter auf das genaueste gesorgt“.[85]

Für die Zukunft haben sich die genehmigenden Behörden definitiv rechtlich vorsorglichst abgesichert. „Die Leiterin dieser Anstalt wird auch fürderhin für die Beobachtung der vorgeschriebenen Ordnung in der weiblichen Schwimmschule und für das Benehmen der bey selber verwendeten Personen insbesondere auf das strengste verantwortlich gemacht.“[86] Die Sanktionierung der ersten Frauenba-

84 Verordnung der k. k. nö. Landesregierung vom 4. 8. 1830, Z. 38274, Karton Nr. 17, k. k. Polizei-Ober-Direktions-Akten, Niederösterreichisches Landesarchiv.

85 Allgemeine Theaterzeitung, Nr. 125, 1832, S. 500.

86 Verordnung der k. k. nö. Landesregierung vom 4. 8. 1830, Z. 38274, Karton

de- und -schwimmschule an der Wiener Donau gilt vor allem in sittlicher Hinsicht als umstritten, als „heikle Sache“ und darf dem offiziellen Staat keinesfalls zu einem „öffentlichen Ärgernis“, zu einem Risikofaktor für Ruhe, Sicherheit und Ordnung geraten. Mit der ersten Besitzerin und Betreiberin ist man immerhin zufrieden.

Die Schwimmschule für das weibliche Geschlecht kann immer nur der Aufsicht und Leitung einer ganz verläßigen Frau übertragen werden, und da gegen die Person der Elisabeth Wiener durchaus nichts zu erinnern ist, und ihren unbescholtenen Lebenswandel das beste Zeugnis gegeben wird, so wird sie auch von der Regierung als Unternehmerin und eigentliche verantwortliche Leiterin dieser Anstalt unbedenklich bestätiget.“[87]

In Anbetracht der vielfach geäußerten sittlichen Bedenken und sicherheitlichen Besorgtheit betreffs der spektakulären und an die äußersten Grenzen des „herrschenden Geschmacks“ und der sexualmoralischen Toleranz reichenden erstmaligen Etablierung einer öffentlichen Damenschwimmschule in der verrufenen, ja verruchten Praterau fühlen sich Verwaltungs- und Polizeibehörden veranlaßt, in diesem Zusammenhang wahre Schriftenkonvolute zu produzieren. Durch die bemerkenswerte Quantität des Aktenbestandes ist die Unternehmung im Vergleich zu anderen vergleichbaren, gleichwohl populären und erfolgreichen Bade- und Schwimmanstalten im Quellenfundus der Zeit überrepräsentiert. Die unverhältnismäßige Materialfülle hat für die heutige Rezeption allerdings den Vorteil, sich mittels Analogieschlüssen auch ein detailreiches Bild über Flußbäder des Biedermeier machen zu können, die nicht oder nicht ausreichend dokumentiert sind. Insgesamt wird erst damit die Institution „frühe Flußbadeschiffe an der Wiener Donau“ umfassend rekonstruierbar.

„Inbetreff des Winterhafens selbst soll derselbe nach dem vorgelegten Plane unmittelbar der Schwimm- und Badeanstalt in der Au am rechten Flußufer, und zwar in einer daselbst bestehenden natürlichen Vertiefung errichtet werden. Zu dem Hafen samt den ihn umschließenden Dämmen würde

Nr. 17, k. k. Polizei-Ober-Direktions-Akten, Niederösterreichisches Landesarchiv.

87 Verordnung der k. k. nö. Landesregierung vom 4. 8. 1830, Z. 38274, Karton Nr. 17, k. k. Polizei-Ober-Direktions-Akten, Niederösterreichisches Landesarchiv.

beynahe die area [Fläche, freier Platz; Anm. d. Verf.] eines Joches [1 niederösterr. Joch = 3033 m^2] erforderlich seyn.“[88]

Aus diesem „Kreisämtlichen Verhandlungsprotokoll“ über nach Ende der ersten Badesaison anstehende Fragen der Wintersicherung bzw. des Baues eines Winterhafens für das multifunktionale Ferdinand- und Marienbad geht hervor, daß zuerst nur dem Ansuchen Elisabeth Wieners um Aufstellung und Betriebserlaubnis einer Damenschwimmschule stattgegeben wurde. Erst im Laufe weiterer Verhandlungen, die die Herbst- und Wintermonate 1830 in Anspruch nehmen, kann auch das Vorhaben Jakob Gubas, eine eigene Floßbadeanlage für Männer und Frauen in funktioneller wie räumlicher Kombination mit der Damenschwimmschule zu betreiben, genehmigt werden. Während jener „Kreisämtlichen Verhandlung“ von 1831 weist Jakob Guba die

„... magistratischen Verordnungen vom 7. 1., 17. 5. und 2. 8. 1831, Z. 70867, 26104 und 41634 vor, woraus hervorgeht, daß ihm die Errichtung einer selbständigen Badeanstalt für Männer und Frauen bewilliget und deren Verbindung mit der weiblichen Schwimmanstalt der Frau Elisabeth Wiener gestattet worden ist. [...] ... und er bringt ferner die Kontrakte bey, die er aus Anlaß der ihm bewilligten Anstalt mit der Stiftsherrschaft Klosterneuburg als Grundherrn und der Frau Elisabeth Wiener geschlossen hat.“[89]

Geschäftsbewußt verschafft Guba dem gemeinsamen Unternehmen einen werbewirksamen Titel, indem er nachweist, „... die Bewilligung seiner Maj. des Königs von Ungarn und Kronprinzen erwirbt zu haben, seiner Anstalt die hohen Namen Ferdinands und Mariens beylegen zu dürfen“.[90] Das biedermeierliche Flußbade-Center im Kaiserwasser trägt daher seit seiner Geburtsstunde die offizielle Bezeichnung „Ferdinand- und Marien-Donaubade- und Schwimmanstalt“.

Mit dem Zimmermeister Jakob Guba dürfte sich die nachweislich seriöse, in Beachtung und Ausführung behördlicher Auflagen äu-

88 Kreisämtliches Verhandlungsprotokoll, 18. 10. 1831, k. k. Polizei-Ober-Direktions-Akten, Karton Nr. 17, Niederösterreichisches Landesarchiv.

89 Kreisämtliches Verhandlungsprotokoll, 18. 10. 1831, k. k. Polizei-Ober-Direktions-Akten, Karton Nr. 17, Niederösterreichisches Landesarchiv.

90 Kreisämtliches Verhandlungsprotokoll, 18. 10. 1831, k. k. Polizei-Ober-Direktions-Akten, Karton Nr. 17, Niederösterreichisches Landesarchiv.

ßerst beflissene Unternehmerin Elisabeth Wiener einen zwar geschäftstüchtigen und risikofreudigen, aber nicht unbedingt korrekten und integegren Kompagnon eingehandelt haben: Im von der k. k. niederösterreichischen Regierung am 24. 12. 1830 erlassenen Dekret zur Bewilligung der Koppelung Gubas Floßbades mit Wieners Damenschwimmschule wird die zuständige Behörde der Vorstadt Leopoldstadt aufgefordert, die Anbindung der kombinierten Flußbadeanlage an die Stadt zu verbessern, in Verlängerung der Taborstraße einen Weg sowie über das Fahnenstangenwasser eine Brücke zu bauen und für deren Erhaltung zu sorgen.[91] Die Vorstadtgemeinde hat es in der Folge nicht gerade eilig, diesen Anordnungen nachzukommen; es fehlt an Geld und Engagement. Im Monat der Eröffnung der Badeanstalt ist zum ersten Brückenpfeiler nicht einmal der Grundstein gelegt. Guba veranschlagt die Benachteiligung des Bädergeschäftes durch die fehlende Verkehrsinfrastruktur hoch und beginnt kurzerhand, unter Nichtbeachtung der gesetzlichen Bestimmung und ohne einen bewilligungspflichtigen Konstruktionsplan der Wasserbau-Direktion vorzulegen, den Brückenbau auf eigene Faust.

Die Einschätzung erheblichen Geschäftsentganges durch die fehlende Personen- und Wagenbrücke erweist sich zweifelsfrei als richtig. Gedeih und Verderb des Ferdinand- und Marienbades hängen zeit seines Bestehens von der störungsfreien, bequemen, raschen Verbindung zur Stadt ab, aus der nur dann zahlreiches wohlsituiertes Publikum zu erwarten ist, wenn sich der Badebesuch mit den neuen (Zeit-)Zwängen industriekapitalistischer wie bürgerlich-unternehmerischer Arbeits- und Erwerbssituationen vereinbaren läßt. Daß „. . . durch Stellwägen . . ., um dem Geschäftsmann weniger Zeit zu kürzen, die Kommunikation zwischen dem Badeplatz und der Stadt erhalten . . .“[92] werde, bedarf es eben der Brücke, die die direkte Zufahrt zum Bad gewährleistet.

Knapp zwei Monate nach dem raschen Entschluß Gubas zur Eigeninitiative ist das Bauwerk fast fertig, als es die Aufmerksamkeit von Beamten der k. k. Wasserbau-Direction, die einen Lokalaugen-

91 Dekret der nö. Landesregierung vom 24. 12. 1830, k. k. Polizei-Ober-Direktions-Akten, Karton Nr. 17, Niederösterreichisches Landesarchiv.

92 Der Humorist, Nr. 160, 1839, S. 638.

schein auf dem Ferdinand- und Marienbad machen, erregt. Aufgrund deren Anzeige kommt es zum Schuldspruch.

„. . . daß der Zimmermeister Guba den Bau der Brücke unternommen hat, ohne vorläufig den Plan der Wasserbau-Direction überreicht zu haben, somit durch den § 5 der Weisung vom 24. Dez. 1830, Z. 70867, entgegengehandelt hat, womit ausdrücklich zur Pflicht gemacht wird, erst dann zur Ausführung des Brückenbaues zu schreiten, wenn der Plan von der k. k. Wasserbau-Direction genehmigt ist, so wird Guba wegen eigenmächtigen Verfahrens zur Geldstrafe von 20 fl. W. W. (Gulden Wiener Währung) verurtheilt.“[93]

Geschickter verhält sich Guba in der Frage der Instandhaltung und Pflege von Zufahrtswegen und Parkanlagen in der näheren Umgebung der Badeanstalt, für die sich die Gemeinde Leopoldstadt (trotz „allerhöchster Anweisung“ vom 24. Dezember 1830) bis auf weiteres ebenfalls nicht ernsthaft zu verwenden scheint, gegenüber Bürokratie und Behörden. Nachdem die Wiener Vorstadt die von der k. k. niederösterreichischen Landesregierung ihrem Aufgaben- und Pflichtenbereich zugeschriebene Wegpflege auf dem Einspruchsweg vorläufig mit Erfolg zurückweisen kann, wird verfügt, „. . . daß der Unternehmer Guba den Vorplatz vor dem k. k. Augarten und eigentlich den Fahrweg zur Verhütung des Staubes insoweit es erforderlich ist, zu bespritzen [habe], und die Unreinlichkeiten wodurch das Zufahren der Wägen veranlaßt werden, beseitigen läßt“.[94] Guba findet sich jedoch nicht damit ab und stellt an die Polizei-Ober-Direction das Ansuchen, daß die diensttuenden Polizeisoldaten verpflichtet würden, die Wegpflege zu übernehmen. Mit der gleichen Bitte wendet er sich außerdem an die k. k. niederösterreichische Regierung, die daraufhin tatsächlich die Polizei-Ober-Direction beauftragt, dieses zu veranlassen, allerdings nur gesetzt den Fall, daß von den Polizeisoldaten eine Wegreinigung und -pflege ohne zusätzliche Entlohnung durchgeführt werden könne. Der Kompetenzstreit ist, wie sich denken läßt, hiermit kaum endgültig beigelegt. Durch das zunehmende öffentliche Interesse an der Kaltwasser-, Freiluftbade- und Schwimmkultur und das fortgesetzte Bemühen der Lan-

93 Verfügung der k. k. nö. Landesregierung vom 3. 7. 1831, Z. 35430, k. k. Polizei-Ober-Direktions-Akten, Karton Nr. 17, Niederösterreichisches Landesarchiv.

94 Verfügung der k. k. nö. Landesregierung vom 3. 7. 1831, Z. 35430, k. k. Polizei-Ober-Direktions-Akten, Karton Nr. 17, Niederösterreichisches Landesarchiv.

desregierung mit entsprechenden Weisungen, Dekreten oder Erlässen gemeinnützige Badeanstalten zu fördern, erscheint Gubas Verhandlungsbasis für die Zukunft durchaus gestärkt.

Verbreitung der distinguierenden „Wasserpraxis"

Die seit dem Mittelalter etablierte und renommierte Kur- und Thermalbadeanstalt Baden bei Wien versteht es, mit dem modischen Trend mitzuhalten, der im Ferdinand- und Marienbad verkörpert ist und dem sich in der raschen Folge alle größeren Bäder anschließen müssen. Im gleichen Jahr wie die Damenschwimmschule des Ferdinand- und Marienbades eröffnet 1831 auch in der Badener Badeanstalt eine Schwimmschule, die von Kurgästen und der angestammten Bevölkerung schnell überlaufen ist. Im zweiten Betriebsjahr lautet eine Ankündigung für die bevorstehenden Sommersaison:

> „Schwimm- und Badeanstalt in Baden.
> Diese im verflossenen Jahre zur Bequemlichkeit und zum Vergnügen des P. T. Publikums im Freyherrn von Dobblhoffschen Garten neu errichtete Anstalt wurde mit so allgemeinem Beyfall aufgenommen, daß sie auch heuer vom 1. Junius bis letzten September 1832 ins Leben tritt. [. . .] Zur größeren Bequemlichkeit der Schwimmlustigen sah sich die Direction genöthigt, noch einen zweyten geschickten Schwimmmeister aufzunehmen, da eine große Anzahl von Schülern und Schülerinnen im verflossenen Jahre nicht angenommen werden konnte."[95]

Baden im Freien und im besonderen damit verbundenes Schwimmenlernen ist bei jungen Menschen aus bürgerlichen wie aristokratischen Kreisen spätestens in den 1830er Jahren unerhört beliebt. „Die Kodifizierung kollektiver Gebräuche und die Entfaltung neuer, das soziale Schauspiel bestimmender Strategien der Distanzierung und der Auszeichnung gehen einher mit individuellen Selbstfindungspraktiken, die nicht nur andere Bewertungsschemata erkennen lassen, sondern auch neuartige Verhaltensmodelle erzeugen."[96] Private Badeunternehmer an der Donau sehen darin neue Chancen. Es investiert ein Herr Herbaczek in den 1840er Jahren stromabwärts der

95 Allgemeines Intelligenzblatt, Nr. 124, 1832, S. 619.
96 *Corbin,* Meereslust, 1990, S. 120.

Militärschwimmschule, im Fahnenstangenwasser in eine weitere Damenschwimmschule, in der erstmals Schwimmeisterinnen schwimmunkundigen Mädchen und Damen für 20 bis 30 fl. per Saison amphibisches Können vermitteln.[97]

Das Ferdinand- und Marienbad selbst wird 1839 nach acht florierenden Badesaisonen umgebaut, vergrößert und um eine Schwimmschule für Herren erweitert, als deren Leiter der bislang in der k. k. Militärschwimmschule beschäftigte Schau- und Kunstschwimmer Joseph Burian gewonnen werden kann.

„Die Unternehmung verdient umsomehr allseitige Anerkennung, als diese Anstalt ... einzig in ihrer Art genannt werden muß. Auf festen Piloten ruhend, umfaßt sie einen Raum von 2000 Quadrat-Klaftern [= 3792 m^2], schließt in ihrem linken Flügel zwei Schwimmschulen ein ... eine für Damen, die andere für Herrn ... Eine bedeutende Anzahl von Voll- und Extrabädern ... nebst besonderen Vorkehrungen für Douche-, Sturz- und Regenbäder. [...] Die Kommunikationsgänge sind so geräumig und weit, daß sie den Anwesenden einen angenehmen Konversations- und Schauplatz gewähren. [...] Vor den Bädern befindet sich eine von hohen Bäumen beschattete, große Rondelle mit Tischen und Sitzen versehen, wo wie in dem daranstossenden Gasthause, mit den besten Speisen und Getränken für die Bequemlichkeit der Badegäste gesorgt ist.“[98]

Beim neuen Ferdinand- und Marienbad handelt es sich um das im Biedermeier erfolgreichste, größte, modernste, eleganteste, komfortabelste und angebotsreichste Flußbadeetablissement Wiens, das der Bedürfnislage der jungen Oberschicht entspricht. Bis zu dem Zeitpunkt, an dem die außergewöhnliche Freizeit- und Rekreationsinstitution im Zuge der Revolutionsereignisse von 1848 in Flammen aufgehen soll, erntet sie regelmäßig und in mehrfacher Hinsicht höchstes Lob ihrer Besucherinnen und Besucher. Selbst nach der Zerstörung dauert es nur kurze Zeit bis zum Wiederaufbau und zur Wiedereröffnung. Gegenüber der Josephinischen Epoche hat im Biedermeier das Kaltwasser-, Freiluftbaden und Schwimmen in der stadtnahen Stromlandschaft für sozial privilegierte Personen und Gruppen als individuelle Freiheiten erweiternde und Distinktionen ermöglichende Freizeitverhaltenspraxis weiterhin an Attraktivität

97 *Schmidl,* Wien und seine nächsten Umgebungen, 7. Aufl., 1858, S. 205.

98 Der Humorist, Nr. 160, 1839, S. 638.

und Aktualität gewonnen. Wenngleich sich zusehends auch ein gegenläufiger Trend anzudeuten beginnt, begeistern sich Zeitgenossen des Sommers noch nahezu einhellig an der

„. . . Reinheit des Stromes . . . indem derselbe wegen seiner Entfernung von der Stadt keine Abzugscanäle aufnimmt. Die Ufergegend am Tabor gleicht einem schattenreichen Parke und der Weg dahin kann unter die angenehmen Spaziergänge gerechnet werden. [. . .] Die Wassergymnastik behauptet auf die körperliche und geistige Gesundheit des Menschen einen beachtenswerten Einfluß, daher gehört es zu den erfreulichsten Erscheinungen der Jetzt-Zeit, daß die Bade- und Schwimmanstalten allenthalben . . . in eine wohltätige Wirksamkeit treten.“[99]

Der Aufschwung der Dienstleistungs- und Freizeitunternehmen basiert als begleitender Nebeneffekt der anlaufenden Industrialisierung seit den späten zwanziger Jahren des 19. Jahrhunderts[100] auf einer – im Vergleich zur Zeit um 1800 – dynamischeren Einführung allgemeiner technologischer und organisatorischer Neuerungen. Der Technologieschub der industriellen Revolution findet auf der einen Seite in einem fortgeschrittenen Entwicklungsgrad der Kapitalakkumulation, auf der anderen Seite in industrieller Reservearmee, Pauperismus, Hungerlöhnen und 16-Stunden-Arbeitstag seine Voraussetzung. An Geld wie an Freizeit werden dadurch Reiche reicher und Arme ärmer. Kaum hat sich „Freizeit“als konkrete Sphäre des Alltagslebens herauskristallisiert, wird sie auch schon wieder knapp und luxuriös. Das Bad „. . . ist das Opfer, das die moderne Gesellschaft einer anderen (Zeit-)Ökonomie bringt, es ist symbolische Verschwendung und insofern . . . immer auch Luxuskonsum“.[101] Benachteiligung in Bildung und Ausbildung, geringere Chancen im Prozeß der ideellen und materiellen Aneignung, Deprivation und Besitzlosigkeit schließen die Mehrzahl der Menschen von distinguierenden, eleganten, mußevollen, kurzweiligen, rekreativen Spazier-

99 Allgemeine Theaterzeitung, Nr. 193, 1844, S. 799.

100 Von vielen Wirtschaftshistorikern wird der Anfang des anhaltenden Wirtschaftswachstums mit 1826/30 angesetzt. Eine Zusammenstellung div. Einschätzungen zur wirtschaftlichen Entwicklung der Habsburgermonarchie in der ersten Hälfte des 19. Jahrhunderts findet sich bei: *Good,* David F., Der wirtschaftliche Aufstieg des Habsburgerreiches 1750–1914, Wien – Köln – Graz 1986, S. 44 ff.

101 *Pirhofer/Reichert/Wurzacher,* Bäder für die Öffentlichkeit, in: *Lachmayer/Mattl-Wurm/Gargerle* (Hg.), Das Bad, 1991, S. 151.

gängen oder -fahrten zur „Wassergymnastik“ in den „erfreulichsten Erscheinungen der Jetzt-Zeit“[102] des Wiener Vormärz aus.

102 Allgemeine Theaterzeitung, Nr. 193, 1844, S. 799.

An den Grenzen des Sittlichen

Erregende Spannungen

Erholung, Muße, Müßiggang, Amüsement, entspannender wie er-, an- und aufregender Zeitvertreib waren in der alteuropäischen Gesellschaft neben produktiver Arbeit und reproduktiven Tätigkeiten durchaus integrale Bestandteile des Alltagslebens. Menschliche Handlungen und Verhaltensweisen im Rahmen der Badekultur zählten hierzu in besonderem Maße.

Im Mittelalter gab es in Wien Badestuben, die von der Bevölkerung eifrig frequentiert wurden, da ihr regelmäßiger (meist samstägiger) Besuch fest im Wochenrhythmus verankert war. Hier konnte man sich waschen, gesund und schlank schwitzen, vom Bader schröpfen und zur Ader lassen, Bart und Haare geschnitten sowie einen Kräuterumschlag gegen allerlei Beschwerden bekommen u. a. m. Der gemeinschaftliche Aufenthalt im Bad diente keineswegs der Körperreinigung, Schwitz- oder Schröpfkur allein. Da für Speis, Trank und Unterhaltung für die, die bezahlen konnten, bestens gesorgt war, stand einem ausgedehnten vergnüglichen Planschen im immer wieder von Badeknechten oder -mägden mit heißem Wasser nachgefüllten Holzzuber allein, zu zweit, zu mehreren nichts im Wege. Übergänge zwischen gewöhnlichen Badestuben und Badebordellen sind dem heutigen Betrachter nicht ohne weiteres ersichtlich. „Während die normalen Badestuben vor allem von Angehörigen der Unterschichten aufgesucht wurden – sie waren, wie es 1513 in der Kurpfalz heißt, für ‚dienende und arme Leut‘ eingerichtet worden, da die Wohlhabenden meist über Privatbäder verfügten –, dienten die Badebordelle vorwiegend den sexuellen Vergnügungen eines gehobeneren Publikums.“[1]

In Badebordellen hielt die Zeit vor 1500 gewöhnlich Geschlechtertrennung und Badebekleidung für überflüssig. Ein Bedürfnis nach

---

1 *Duerr,* Intimität, 1990, S. 273.

Intimität, Diskretion und Isolation während erotischer Genüsse und sexueller Aktivitäten, aber auch beim Baden und Waschen selber war kaum vorhanden. Neben sinnlich-lustvollen Wasser-, Dampf- und Wärmeerlebnissen (nur eine schmale Oberschicht konnte sich winters den Luxus durchgehend geheizter Wohnräume leisten), viel Kurzweil und Geselligkeiten boten diese Etablissements „wollüstige" Spiele, sexuelle Reize bis hin zur handfesten Prostitution recht umstandslos an.[2]

War die Frequenz der Badebesuche der Wiener und Wienerinnen im 14. Jahrhundert so hoch, daß für die geschätzten 30.000 bis 40.000 Stadtbewohner 29 öffentliche Badestuben[3] gerade ausreichten, muß die Badelust der nahezu zehnmal so vielen Einwohner gegen Ende des 18. Jahrhunderts vergleichsweise gering sein, denn sie finden mit nur sechs Badestuben mit unwesentlich höheren Fassungsvermögen und Kapazitäten ihr Auslangen.[4]

„Vom 16. Jahrhundert an werden die Bäder seltener und verschwinden schließlich fast ganz – angeblich wegen der gefürchteten Syphilis, sicher aber auf Betreiben der gegen Sittenverfall und Unzucht wetternden Priester. Badegewohnheiten und Körperhygiene [mittels Wasser; Anm. d. Verf.] erleben im Abendland zwischen dem 15. und 17. Jahrhundert einen geradezu unglaublichen Verfall. Aus der Allgemeinheit zugänglichen Einrichtungen werden im Westen vielfach geschlossene Häuser für reiche Kunden, während sich in Osteuropa die öffentlichen Bäder selbst auf dem Lande in mittelalterlicher Unschuld halten können."[5]

In Wien sind die meisten Bäder als „Orte des Sittenverfalls und der Unzucht", aus Angst vor dem den Körper porös und für Krankheitskeime empfänglich machenden Wasser, wegen nicht mehr der Zeit entsprechender Hygienestandards und wegen anerkannter potentieller Krankheitsübertragung beim engen Kontakt zwischen Mensch

---

2 Vgl. etwa: *Rossiaud,* Prostitution, Sexualität und Gesellschaft, in: *Ariès/Béjin/Foucault* u. a., Die Masken des Begehrens, 2. Aufl., 1984, S. 97 f. Oder: *Rossiaud,* Dame Venus, 1989.

3 *Damaschke,* Geschichte der Nationalökonomie, Bd. 1, 13. Aufl., 1922, S. 120.

4 Siehe übereinstimmend: *Pezzl,* Skizze von Wien, herausgeg. v. *Gugitz/Schlossar,* 1923, S. 378 und: *Realis,* Curiositäten, 1846, S. 136.

5 *Braudel,* Der Alltag, 1985, S. 352.

und Mensch längst geschlossen[6], als im aufklärerischen, lebensreformerischen Gegentrend die Kaltwasser-, Freiluftbade- und Schwimmbewegung an Gestalt gewinnt. Während der freudvolle und zugleich nützliche Badebesuch im Mittelalter wohl zumindest für Stadtbürger eine obligatorische Selbstverständlichkeit des Lebens im ständischen oder familialen Kollektiv zu sein schien, bedarf es nun der zunächst eher zaghaft und mühsam vorgenommenen individuellen Entscheidung, seine arbeitsfreie Zeit so zu disponieren, seine Freizeitsphäre so zu gestalten, daß darin der Besuch eines Donauflußbades oder einer Freiluftbadestelle seinen Platz findet. Obzwar sich der aufgeklärte bürgerliche und adelige Stand, in vermehrtem Ausmaß auch die Schicht der Dienstboten/innen, Heim-, Manufaktur- und Industriearbeiter/innen, den durch Integralismus und Totalität des vorindustriellen Alltagslebens genormten, ritualisierten, kultischen Formen, die arbeitsfreie Zeit hinzubringen, zunehmend zu entziehen wissen, ist die Eigeninitiative und selbständige Suche nach individuellen Verhaltensäußerungen und Ausdrucksweisen, etwa gemäß der neuen Kaltwasser-, Freiluftbade- und Schwimmkultur, ein langwieriger, aufwendiger, augenscheinlich schwieriger, von Zweifel und Selbstüberwindung gepflasterter Weg.

Der mit Ende des 18. Jahrhunderts als Kategorie des Alltagslebens entstandene Phänomenkomplex „Freizeit"[7] bedeutet für nichtadelige Schichten zum ersten Mal die Chance oder Möglichkeit, über ein bestimmtes, wenngleich bescheidenes Maß frei disponierbarer Zeit zu verfügen, die nach spontaner Lust und Laune verbracht wird. Bürgerlichem Sozialstatus und Selbstverständnis entspricht es nun, gemäß einer nunmehr „subjektdistanzierten Zeitvorstellung"[8] indi-

---

6 Siehe dazu die herrschaftlichen Verordnungen und Regierungsdekrete im Codex Austriacus:
6. Juni 1551 (unter Ferdinand I.)
24. Dezember 1569 (unter Maximilian II.)
20. Juli 1570 (unter Maximilian II.)
17. August 1575 (unter Maximilian II.)
20. Februar 1594 (unter Rudolf II.)
31. Juli 1645 (unter Ferdinand III.).

7 Vgl. dazu etwa: *Geissler,* Zeit leben, 2. Aufl., 1987, S. 35–46. Oder: *Huck* (Hg.), Sozialgeschichte der Freizeit, 2. Aufl., 1982, S. 13 f.

8 Vgl. *Luhmann,* Handlungstheorie und Systemtheorie, in: Kölner Zeitschrift für Soziologie und Sozialpsychologie, Heft 2, 1978, S. 211–227.

vidualisierte Stunden frei vom immer kontrollierender und disziplinierender werdenden Druck der Erwerbsarbeit nur für sich selbst zu reklamieren. Insgesamt gelockerte Affekt- und Emotionskontrolle in der Freizeit entsprechend einer auch von irrationalen und unbewußten Elementen durchsetzten Bedürfnislage sind das Resultat.

Dort allerdings, wo „. . . Arbeit die ganze Zeit und Kraft dessen, dem sie Brot gibt, verschlingt“[9], wo selbst eine Arbeitsstelle die Existenz nur knapp zu sichern vermag (was zweifelsfrei bei der überwiegenden Mehrheit der Bevölkerung zutrifft[10]), da muß die aufgeklärt-bürgerliche Forderung einer anstehenden „neuen“ privaten Bedürfniskultur abprallen.[11] Hier ist die arbeitsfreie Zeit zum einen zusätzliche Quelle der Subsistenzsicherung, zum anderen physisch und psychisch bitter benötigte anspruchslose Rekreation, in hohem Grad elementare Kompensation, kaum Zeit des selbstgenügsamen Vergnügens und individuellen Strebens nach elaborierter, artifizieller Lust am natürlichen, frei fließenden Wasser.

Freizeitverhalten zeichnet sich als informalisierte Alternative zum Leben nach strenger sozialer Norm und unter Bedingungen restriktiver Lebenserwerbsbeschäftigung durch die Möglichkeit aus, sich mehr oder weniger bewußt und selbstbestimmt angenehmen emotionalen Spannungen auszusetzen. „Fast alle Freizeittätigkeiten, die dem reinen Zeitvertreib dienen, erzeugen ‚angenehme Spannungen‘. Vor diesem kaum zu bestreitenden Tatbestand ist die Behauptung, Freizeit diene der Entspannung, zu hinterfragen.“[12] Nach Befunden Eric Dunnings und Norbert Elias' hält der Mensch „. . . in der Freizeit immer wieder nach erregenden Erlebnissen, Abenteuer, Aufregung und Spannung Ausschau. Menschliche Figurationen weisen

9 *Witlacil,* Verhältnisse der handarbeitenden Bevölkerung Wiens, in: Zeitschrift des Vereins für deutsche Statistik I, 1847, S. 174.

10 *Feldbauer/Stekl,* Wiens Armenwesen im Vormärz, in: *Banik-Schweitzer* u. a., Wien im Vormärz, 1980, S. 176.

11 Zur finanziell tristen und restringierten Freizeitsituation der Wiener Unterschichten im Vormärz siehe allgemein: *Greif,* Plebejische Kultur im Wiener Vormärz, phil. Dipl.-Arb. 1988.

12 *Dunning/Elias,* Freizeit und Muße, in: *Dies.,* Sport im Zivilisationsprozeß, 1983, S. 135.

immer ein beträchtliches Spannungs- und Konfliktniveau auf. Und die Menschen haben ein Bedürfnis danach . . ."[13]

Erregende Spannungen können entstehen, weil besonders in Freizeitaktivitäten die Aufhebung der (aufgrund repressiver Zwänge und Normen bestehenden) Reduktivität des Alltagslebens verpuppt ist und damit ein Widerstandspotential gegeben ist, das spontan und unerwartet aktuell werden kann.[14] Gerade im Rahmen der Badekultur im Freien sind die Grenzen des Sittlichen rasch überschritten und heißt es ständig von neuem gegen das Vorurteil rigider Sexualmoral in praxi zu bestehen. Es gilt ja der Ort draußen „. . . am grünen Anger zwischen einem Brunnen und einer Brücke, und durch seine Lage zwischen den Wassern . . . [für] ungebundenen Geschlechtsverkehr prädestiniert . . . Das freifließende Wasser symbolisierte zu allen Zeiten die Sphäre von Sexus und Eros."[15]

Sinnlich-erotische Verheißungen von Wasser-, Natur- und Nacktheitsmythen haben ihren Anteil daran. Ist es zum einen eine vage Erinnerung an eine vergangene mythisch-magisch-abergläubische Gedanken- und Empfindungswelt, aus der der aufgeklärt-rationalistische „Geistesmensch" jetzt zwar aussteigen will, der er sich jedoch nicht ganz zu entziehen weiß, ist es zum anderen die weitverbreitete vorurteilshafte Ablehnung, die jenen Attitüden unter Berufung auf herrschende Sittlichkeitspostulate entgegengebracht wird. Draußen am freien Gewässer verursacht beides, jedes auf seine Weise, bei sämtlichen Akteuren, Beteiligten, Zuschauern oder zufällig Anwesenden Aufregungen, Spannungen und Erregungen verschiedenster Art.

In den 1820er Jahren baden Max v. Hartmann und Max v. Spaun, beide aus dem Freundeskreis um Franz Schubert, einer schwärmerischen Laune nachgebend, nackt im Wiener Canal (heutiger Donaukanal). Als sie eben aus dem Wasser gestiegen sind, spazieren einige Damen des kaiserlichen Hofes vorüber. Die Freunde kommen nicht umhin, sich verlegen zu entschuldigen und hastig, in der Eile unge-

---

13 *Dunning/Elias,* Freizeit und Muße, in: *Dies.,* Sport im Zivilisationsprozeß, 1983, S. 135.

14 Vgl. *Leithäuser,* Kapital, Produktion und Vergesellschaftung des Alltags, in: *Leithäuser/Heinz* (Hg.), Produktion, Arbeit, Sozialisation, 1976, S. 51.

15 *Kühnel,* Normen und Sanktionen, in: *Ders.* (Hg.), Alltag im Spätmittelalter, 1984, S. 42.

wollt auf ihre Leibwäsche verzichtend, die Fräcke über die nackten, nassen Körper zu ziehen. Kaum damit fertig, tauchen mit argwöhnischer Miene zwei patrouillierende Polizeisoldaten auf. Hartmann und Spaun werden jedoch nicht angezeigt, sie sind noch einmal ungeschoren davongekommen. Moritz v. Schwind, gleichfalls zum Schubertkreis zählend, der die Szene beobachtet haben dürfte, malt ein Bild davon, welches er dann Hartmann schenkt. Leider ist es nicht erhalten geblieben; angeblich ging es irgendwann in der Hartmannschen Familie verloren.[16]

Ein nicht untypisches Beispiel für den Konflikt zwischen neuen lebensreformerischen Bedürfnissen und zunehmend „strenger“ werdenden, den Körper betreffenden Sittlichkeitscodes gleichwie für die Kollision spontaner Handlungen mit (sitten-)gesetzgemäßer Polizeipraxis vor dem Hintergrund des staatlichen Interesses an der Aufrechterhaltung bestehender Ordnung, Herrschaftsstrukturen und gesellschaftlicher Machtverhältnisse. Trotz unentgeltlicher Flußbäder, offizieller, markierter Badestellen an Ufern freier Gewässer und gleichzeitig bestehender genereller Wildbadeverbote bricht sich eine unvermittelt-spontane, körperlich-lustvolle, romantisch-schwärmerische, anarchisch-renitente, sittlich-freizügige, erregend-spannende Flußbadefreudigkeit Angehöriger unterer Schichten wie mittlerer und höherer Stände Bahn.[17]

Hierbei offenbart sich einmal aufs neue, daß kaum eine andere Situation des Alltagslebens als das Baden so nachdrücklich die Frage nach der gesellschaftlichen Bewertung und Akzeptanz der Nacktheit aufwirft. „Die Geschichte des Badens wird somit zum aussagekräftigsten Feld, an dem sich der Umgang mit der Nacktheit und die damit verbundenen moralischen Auseinandersetzungen darstellen lassen.“[18]

16 Nach: *Deutsch,* Alt-Wiener Veduten, 1986, S. 62.

17 Vgl. *Eder,* Fluß- und Freiluftbadelust, Zeitschrift für Volkskunde, Heft 2, 1989, S. 115–117.

18 *König,* Nacktheit, 1990, S. 76.

Nacktheit und Körperlichkeit, Scham und Peinlichkeit

Wie kommt es zur Errichtung eines Wert- und Normensystems restriktiver Sexualmoral, welches die Kontrolle und Beschränkung sexueller Triebäußerungen dem einzelnen überantwortet, gleichzeitig alles Erotische, Nackte und Leibliche tabuisiert, im Laufe des Vormärz alle gesellschaftlichen Schichten durchdringt und schließlich um die letzte Jahrhundertwende – und das keinesfalls nur in Wien – massive Kritik und entsprechende Gegenbewegungen auf den Plan ruft? In seiner breit angelegten kulturanthropologischen Studie über den Prozeß der abendländischen Zivilisation stellt Norbert Elias eine Theorie auf, wie und warum seit dem späten Mittelalter in der Art und Weise, wie Menschen miteinander umgehen, Veränderungen stattgefunden haben. Benehmen, bei dem man sich nachdrücklich an das „Tierische" im Menschen erinnert sah – und das war besonders bei eigener und fremder Nacktheit der Fall –, wurde stets mit mehr Scham- und Peinlichkeitsgefühlen belegt. Die relative Unbefangenheit, die man früher dem Körper gegenüber besaß, wich einer wachsenden Empfindlichkeit. Alles, was mit dem menschlichen Körper zu tun hatte oder was mit ihm in Kontakt kam, entwickelte sich zu einer Gefahrenzone. Durch die distinguierten Ausdrucks- und Verhaltensweisen, die von der Elite, den herrschenden Fraktionen ausgehen, wurden die „... peinlich gewordenen Lebenshandlungen ... allmählich aus dem gesellschaftlichen Verkehr verdrängt und in speziellen gesellschaftlich sanktionierten Enklaven abgesondert".[19]

Ahistorisch wiewohl „linear" gedacht wäre es freilich, sich den sogenannten Zivilisationsprozeß mit kontinuierlichen Entwicklungsläufen teleologisch in ein und dieselbe Richtung, auf einen imaginären Ziel- und eschatologischen Endpunkt hin vorzustellen. Entgegen Elias' theoretischen Implikationen vermeint Hans Peter Duerr „... das Verrutschen der Schamgrenzen, die wachsende Befangenheit gegenüber dem nackten Körper ... nicht in einen allgemeinen Prozeß der Zivilisierung"[20] einordnen zu können. Körper-

19 Blok, Hinter Kulissen, in: *Gleichmann/Goudsblom/Korte* (Hg.), Materialien zu Norbert Elias' Zivilisationstheorie, 2. Aufl., 1982, S. 187.

20 *Duerr,* Traumzeit, 1983, S. 68. Zur Auseinandersetzung *Duerrs* mit N. *Elias'* Zivilisationstheorie siehe: *Duerr,* Nacktheit und Scham, 2. Aufl., 1988, S. 9–12.

feindlichkeit zumindest von seiten der katholischen Kirche bereits in Altertum und Frühmittelalter einerseits, gegenwärtige Sexualliberalität und Enttabuisierung von Körperlichkeit und Nacktheit andererseits, scheinen ihm recht zu geben.

In den neuzeitlichen Gesellschaften Europas wurde die Nacktheit des Menschen von minderem Rang vor dem Höherstehenden oder auch die von Menschen gleichen Ranges voreinander als sittlicher Verstoß gebrandmarkt, dementsprechend mit Angst belegt und ab dem 18. Jahrhundert sogar strafrechtlich geahndet. Einer bestimmten Sexualmoral entsprechende Sittlichkeitsempfindungen und darauf basierende Verhaltensmuster haben mit gesellschaftlicher Struktur, Herrschaftsmechanismen, Machtverhältnissen, alltäglichen Zwängen, Abhängigkeiten und Unterordnungsformen zu tun. All dies ist mit dem sozialen und ökonomischen Wandel der Neuzeit in Veränderung begriffen. „Wenn die funktionelle Abhängigkeit aller von allen . . . stärker wird und alle Menschen in der Gesellschaft sozial um einige Stufen gleichwertiger werden, dann erst wird allmählich eine . . . Entblößung außerhalb bestimmter, enger Enklaven in Gegenwart jedes andern Menschen zu einem Verstoß . . .“[21] gegen sozialstrukturellen Veränderungen entsprechend neuformulierte soziale Normen.

Die Angst vor dem Fehlverhalten ist vorerst „fremderzwungen“, später wird sie meist ins Unbewußte verdrängt und internalisiert. Dies wirkt sich in Schamgefühlen bezüglich körperlicher Nacktheit aus, die Menschen als Gebote ihres eigenen Inneren, als Ausdruck ihres persönlichen Bewußtseins, ihrer Identität erleben. Das gleiche gilt von Peinlichkeitsgefühlen. Sie bilden ein unabtrennbares Gegenstück zu den Schamgefühlen, insofern sie immer dann auftreten, wenn jemand eines fremden Verhaltens gewahr wird, das seine eigene Schamgrenze durchbricht, sein sittliches Empfinden verletzt.

Die Verschiebung von Scham- und Peinlichkeitsgrenzen verändert nicht nur die menschliche Beziehung zum Körper, zu seinen Erscheinungsformen und Funktionen, sondern beeinflußt Werte, Normen, Umgangsformen und Habitus, erweitert im Fall des Nacktheitsverbotes die Reihe der sexualmoralischen Tabus. Der Erfahrung der sich wandelnden sozialen Bezüge – die Gesellschaft wird immer aufga-

21 *Elias,* Über den Prozeß der Zivilisation, Bd. 2, 2. Aufl. 1969, S. 403.

benteiliger und daher mehren sich die wechselseitigen Rücksichten, Zwängen und Abhängigkeiten – korrespondiert die Internalisierung neuer Gefühls- und Verhaltensstandards. Ein Verhalten gemäß einer körperliche Triebwünsche bzw. erotische Bedürfnisse desavouierenden Sexualmoral bedeutet, Zwängen unterworfen zu sein, die sich in unbewußten Ängsten vor der Übertretung aktuell geltender Sittlichkeitsvorschriften äußern. Weitverbreitete, prävalierende gleiche oder ähnliche Sittlichkeitsempfindungen und -vorstellungen sind die eigentlichen konstitutiven Elemente dessen, was als „herrschende Sexualmoral" gerne Erwähnung, selten jedoch in ihrem prozessualen, dynamischen Charakter ausreichend Berücksichtigung findet.

> „Im 18. Jahrhundert beginnt [. . .] der Ausbau personaler und sozialer Reflexivität die Ausgangspunkte für eine Analyse des Phänomens der Sexualität zu verändern; er löst sie aus der vorherrschenden religiösen und moralpolitischen Thematisierung heraus und ermöglicht eine offenere Behandlung des Phänomens. Die Schranken, die man für die Durchführung sexueller Beziehungen . . . errichtet hatte, fallen. Man knüpft an Aufwertung des Begriffs der (physischen) Natur an . . . [. . .] Dies ist zugleich einer der Bezugspunkte für einen Vergleich von religiösen, sexuellen und politischen Befreiungsbewegungen, die die Natur gegen zivilisatorische Bindungen ausspielen."[22]

Werden sich Menschen in kollektiven Lern- und Bewußtwerdungsprozessen ihrer „Scham- und Peinlichkeitsängste" beim Anblick körperlicher Nacktheiten bewußt, kann es zu normenkritischen Geistesströmungen und (sozialen) Protest- und Gegenbewegungen kommen und wenn auch beim unerlaubten Baden an freien Gewässern anfangs in völlig unprogrammatischer Form spontan-lustvoller, aber nichts desto weniger trotzig-provokanter, anarchisch-subversiver körperlicher Entgrenzungen. Diese knüpfen einerseits an altgewohntes Alltagsverhalten an und entsprechen andererseits neuen Bedürfnislagen.

Dekretierte Sexualmoral

Die Koppelung von Körperlichkeit und Nacktheit mit Sinnlichkeit, Erotik und sexuellem Verlangen mag in der triebhaften Komponente

---

22 *Luhmann,* Liebe als Passion, 4. Aufl., 1984, S. 141 f.

menschlicher Natur liegen[23], ist aber in verschiedenen Kulturen und Epochen spezifisch ausgeprägt, gestaltet, habitualisiert und ritualisiert, besonderen Regeln, Normen, Moralen, Traditionen, Konventionen, sozioökonomischen und gesellschaftlichen Rahmenbedingungen unterworfen. Vieles läßt sich dafür ins Treffen führen, daß es vor dem 18. Jahrhundert eine gesonderte Sexualität nicht gab, ebensowenig wie eine wesentliche Trennung zwischen Natur- und Sittengesetz.

„Für den Durchschnittsmenschen des 17. Jahrhunderts war die Welt somit ein Fluidum, in dem sich nicht klar abgrenzen ließ. [. . .] Solange die Individuation wenig fortgeschritten war, konnte man dem Individuum nur schwer verständlich machen, daß die Triebfeder für seine Taten und folglich auch die Verantwortlichkeit bei ihm selbst liege. [. . .] Der Mensch hatte nicht das Gefühl, daß Entschlüsse, Begierden und Bestrebungen ihren Ursprung in ihm selbst hätten. Er ist sexuell . . . es sei denn, man ist nicht ‚normal' . . . [. . .] In dieser Epoche der Präindividuation (oder des Präindividualismus . . .) war der Gegensatz zwischen Individuum und Gesellschaft nicht groß. Nicht der einzelne löste sein sexuelles Problem, er fand sich vielmehr ab mit den Lösungen, die ihm die Gesellschaft an die Hand gab."[24]

In Europa waren es in der Übergangszeit hin zum bürgerlich-industriellen Zeitalter während des Aufbrechens und Funktionsloswerdens alter, die Sexualität bisher ausreichend regulierender und kontrollierender Sozialformen (Familie, Handwerks-[25], Adels- oder Bauernhaus[26], Dorf, Stadtgemeinde, zünftische oder ständische Korporation u. a. m.) zunehmend gesellschaftsübergreifende Institutionen wie Staat und Kirche, über die in ihrer Machtfülle und ihren Privilegienpositionen bedrohte gesellschaftliche Gruppen versuchten, (Sexual-)Verhalten zu reglementieren. In ihrem Interesse lag es, eine auf fortgeschrittenen Scham- und Peinlichkeitsstandards basierende Sexualmoral zu etablieren, um dadurch gleichsam aus den sich auflösenden alten Sozialformen ausscheidende, „atomisierte" Indi-

23 Die triebhafte Komponente der menschlichen Natur zu reduzieren und zu institutionalisieren, ist Aufgabe und Funktion der Körperscham. Ob die Körperscham „genetisch fixiert" ist, kann gegenwärtig nicht entschieden werden. Siehe dazu: *Duerr,* Intimität, 1990, S. 256 ff.

24 *Ussel,* Sexualunterdrückung, 2. Aufl., 1977, S. 120.

25 Vgl. *Sieder,* Sozialgeschichte der Familie, 1987, S. 121.

26 Vgl. *Sieder,* Sozialgeschichte der Familie, 1987, S. 89.

viduen zu zwingen, sich herrschaftsgefährdende „Unsitten“ und „Unmoralen“ selbst zu verbieten. Die Allianz von staatlicher und kirchlicher Herrschaft zielte daraufhin ab, das allgemeine Sexualverhalten der Bevölkerung zu steuern, was gleichzeitig Beschneidung, Verhinderung, Oppression, Normierung, Codierung und Standardisierung diverser Verhaltensweisen in dessen Um- und Vorfeld bedeutete.

„Der Sieg der Christen und Barbaren hatte ... die Sexualkultur der alten Welt zunächst zerstört und das Sexualleben auf die Ebene des Tierischen heruntergebracht. Bei Fortdauer semantischer Abwertung und Repression entwickelten sich aber seit dem 16. Jahrhundert Tendenzen in Richtung auf eine stärkere Privatisierung und Intimisierung, zum Beispiel im Sinne zunehmender Scheu vor öffentlicher Präsentation des nackten Körpers. Entsprechend wurde in der Kommunikation Zurückhaltung und Indirektheit geboten ...“[27]

Im weiteren Verlauf der Neuzeit errichteten vorrückende Scham- und Peinlichkeitsgrenzen ein komplexes Kontrollsystem, bestehend aus Umgangssitten, Alltagsgepflogenheiten und Sexualmoral sowie daraus abgeleiteten wie darauf zurückwirkenden Rechtsverhältnissen und -verständnissen, Sittlichkeitsvorstellungen, Gesetzen, Verordnungen, Erlässen, Polizeiaktionen, Sanktionsmaßnahmen, neuen Einrichtungen und Institutionen (etwa geschlossenen Badeanstalten mit strenger Geschlechtertrennung). Freizügige Kleidermode; Prostitution und außereheliche Sexualität; öffentliche Nacktheit (beim Baden, bei Wallfahrten, bei Fruchtbarkeitsriten); für das Zeugen von Nachkommen nicht unmittelbar notwendige, wenn auch völlig private Nacktheit und Sexualität zwischen Verheirateten; Fruchtbarkeitskulte, die Anlaß zu „sinnlichen Ausschweifungen“ sein konnten (Kindeln, Freien, Scharlachrennen, Johannisfeste oder Fasching); kurz: alle öffentlichen wie privaten Verhaltensweisen, die nur im entferntesten mit Geschlechtlichkeit zu tun hatten oder haben konnten, wurden von kirchlicher wie staatlicher Seite bekämpft.

„Man kan nemlich auch in dem Ehe-Stand keusch seyn, und verbleiben, wann die Ehe-Leuth Treu und Glauben aneinander halten: wan sie nit wie das unvernuenftige Vieh aus blosser Wollust, sondern aus Liebe Kinder zu gewinnen, oder sich vor Unzucht zu bewahren, die Eheliche Pflicht abstat-

27 *Luhmann,* Liebe als Passion, 4. Aufl., 1984, S. 140.

ten. [. . .] Es muessen ihnen demnach die Ehe-Leuth nit einbilden, als ob ihnen in dem Ehe-Stand alles, was das Fleisch geluestet, erlaubet, und zugelassen seye, bloß allein nach ihren viehischen Geluesten und Begierlichkeiten der fleischlichen Lust zu geniessen.“[28]

„Sie können sich auch in ihrem Ehe-Stand durch unzulaessige Geluesten versuendigen, wann sie nemlich Gott, die Vernunft, und eine tugendsame Maeßigkeit auf die Seiten setzen, und wie das Vieh zusammenkriechen . . . [. . .] und dergestalt ihres Lusts pflegen, wie ein Roß und Maul-Thier, ueber diese hat der Teufel Gewalt.“[29]

Klerikale Kreise wetterten bereits seit dem frühen Mittelalter gegen „Sinnlichkeit und Fleischeslust“ provozierende Verhaltensweisen wie etwa öffentliche Nacktheit bei Riten, Festen und Bräuchen[30], nicht zuletzt beim gemeinsamen Baden.[31] In ihrem epochalen Werk „Dialektik der Aufklärung“ formulieren Max Horkheimer und Theodor W. Adorno drastisch: „Das Christentum hat die Arbeit gepriesen, dafür aber erst recht das Fleisch als Quelle allen Übels erniedrigt . . . Die Haßliebe gegen den Körper färbt alle neuere Kultur. Der Körper wird als Unterlegenes, Versklavtes noch einmal verhöhnt und gestoßen und zugleich als das Verbotene, Verdinglichte, Entfremdete begehrt.“[32]

Streng zieht die in Wien amtierende Herrschaft von Stift Melk, die in der Umgebung Wiens einige Dörfer und Märkte zu ihrem Besitz zählt, wo sie die Niedergerichtsbarkeit innehat, gegen das unkontrollierte gemeinsame Baden beider Geschlechter in freier Natur zu Felde. Die vom Melker Abt Gregor am 18. Dezember 1697 vom Wiener „Mölckerhoff“ aus erlassenen „Panhättungs-Articuln des Markht Weickendorff in Marchfelt“ lauten:

„Weillen das Baden der jungen Menscher und Bueben Sommerszeit sehr ärgerlich, und vill schlimbes nach sich ziehet; als wil hiemit solches die gnädige Grundobrigkeit dergestalten abgeschafft haben, daß wann künfftig wider diß und schon vorhero ergangene Verbott, etwan schon erwachsene

28 *Geyer,* Gauß-Postill, 1753, S. 449.

29 *Geyer,* Gauß-Postill, 1753, S. 95.

30 Siehe *Bächtold-Stäubli,* Handwörterbuch des deutschen Aberglaubens, Bd. VI, 1934/35, S. 867–870.

31 Vgl. *Hunger,* Zum Badewesen in byzantinischen Klöstern, in: Klösterliche Sachkultur des Spätmittelalters, 1980, S. 353 ff.

32 *Adorno/Horkheimer,* Dialektik der Aufklärung, 1988, S. 246 f.

Bueben oder Menscher gesehen solten werden, Sie jedesmall mit 1 fl. 30 kr. bestrafft werden sollen."[33]
[Das entspricht zu der Zeit einem guten Wochenlohn eines fleißigen Spinners.[34]]

Ein halbes Jahrhundert später braucht das Badeverbot vom Recht sprechenden Melker Abt Thomas anscheinend nicht einmal mehr argumentiert werden. Für die Pantaidinge aller Melker Grundherrschaften verfügt er kurz und bündig verschärfte Strafmaßnahmen.

„Welche Eltern ihren Kindern öffentliches Baaden zulüssen, sollen umb ein pfundt 4 ß gestraffet, die betroffen-erwachsene aber also gleich aufgehoben, und eingespöret werden.
Gegeben Wienn in unserem genannten Mölker Hof.
Den 1. Febr. 1748. Thomas Abbt zu Mölck."[35]

„Panhättung" oder „Pantaiding" heißt das für einen bestimmten Bezirk (Pan) an einem angekündigten oder herkömmlichen Tag abgehaltenen Gericht und ist Inbegriff jener Rechte und Gewohnheiten, nach welchen auf dem für einen definitorisch abgegrenzten Bezirk angesetzten Gerichtstag entschieden wird. Wollen alte Rechte und Gewohnheiten nicht mehr zu den ordnungsstabilisierenden „neuen" Sittenverbindlichkeiten passen, erläßt die Grundherrschaft kurzerhand passende Gesetzesnormen, nach denen Gerichte und der exekutierende Apparat des staatlichen Gewaltmonopols zu agieren hat. Das schmälert jedoch nicht die Eigenschaft der in den Pantaidingsbüchern enthaltenen kodifizierten Rechtsquellen als alltags- und mentalitätshistorische Dokumente. „Für die Sittengeschichte sind sie unstreitig die reichste Fundgrube . . . Die geselligen und religiösen Gebräuche, die vorherrschenden Neigungen und Leidenschaften, Tugenden und Laster, kurz alle Momente des Familien- und Gemeindelebens werden sich aus ihnen schildern lassen."[36] Bleibt hinzuzufügen, daß aus ihnen ebensogut wie wichtig die Geschichte von Macht, Ohnmacht, Herrschaft, Repression, Renitenz und subversiven Verhaltenselementen im alltäglichen Leben rekonstruierbar sind.

33 *Kaltenbeck* (Hg.), Die Pan- und Bergtaidingsbücher, 1846, S. 97.

34 Siehe *Sandgruber,* Einkommensverteilung, in: *Kropf* (Hg.), Arbeit, Mensch, Maschine, 1988, S. 214.

35 *Kaltenbeck* (Hg.), Die Pan- und Bergtaidingsbücher, 1846, S. XV.

36 *Kaltenbeck* (Hg.), Die Pan- und Bergtaidingsbücher, 1846, S. 104.

Weltliche Herrschaft verfolgt sämtliche Formen ungehemmter Körperlichkeit mindestens seit Ferdinand I., massiv aber, und somit den dirigistischen Kontroll- und Herrschaftsprinzipien des Absolutismus entsprechend, ab Karl VI. und Maria Theresia. Nacktheit wird mit herrschaftlichem Verbot belegt. Und zwar in noch nie dagewesener Schärfe und Konsequenz, die nicht zuletzt der Furcht vor Autoritätsverlust und schleichender Untergrabung der gesellschaftlichen Ordnung entspricht. Die unbedarfte Praxis traditioneller Volkskultur, das Baden an freien Gewässern, soll zunichte gemacht und das Bedürfnis danach restlos getilgt werden, denn die Renitenz plebejischen Alltagshandelns läuft den Moral- und Machtansprüchen der gesellschaftlichen Eliten und herrschenden Fraktionen zuwider. Unerträglich ist es für honorige Stadtbürger/innen geworden, mit ansehen zu müssen,

„. . . wie eß verschidene so wohl junge Kinder, als auch schon erwachsene gewissenlose Leuth beiderley Geschlechts sich nicht entfärben in dem Wiennfluß, und in dem Donau armb, wo sie etwa sonst eine Gelegenheit ersehen, fast mitten zwischen denen Häusern, an offener Strassen, und an solchen Orthen, wo augenblicklich die Leuth hin- und herzugehen pflegen, zu baaden, völlig entblöster zu ohnverantwortlicher ärgernus ieder maniglichen, sonderlich aber der ohnschuldigen Jugend mit schändlichen Gebähren herumbzugehen."[37]

Verstöße gegen die rigide Sexualmoral des neuzeitlichen Europas bestehen in jeder Mißachtung der Sittlichkeitsnormen, die die nackte körperliche Erscheinungsform als „unanständig", „sittlich entartet", „tierisch", „beleidigend" etc. abqualifizieren und zu vermeiden gebieten. Davon sind auch jene Verhaltensbereiche betroffen, bei denen es gezwungenermaßen zu (oft nur teilweisen) Entblößungen kommt, wie beim Waschen, Baden und Schwimmen, bei großer (etwa sommerlicher) Hitze, bei ärztlichen Untersuchungen, Behandlungen oder Operationen, bei schweißtreibenden körperlichen Arbeiten, Tätigkeiten und Verrichtungen, bei rituellen Wettkämpfen, gymnastischen Übungen und später sportlichen Aktivitäten. 1757 verlautet eine oberösterreichische Kammerverordnung, daß bei Wettläufen der jungen, ledigen Bauernschaft, dem „Ofenschüsselrennen", Beteiligte sich „. . . ungemein ärgerlich und sündhaft zu betragen pflegen, aller-

37 Patent Nr. 77, 5. 9. 1714, Patent 1710–19, Wiener Stadt- und Landesarchiv.

maßen deren verschiedene ohne Unterschied des Geschlechts bey sothanem Spiele sich zu nicht geringer Ärgerniß der Umstehenden fast völlig entblößen . . ."[38] Der Wettlauf wird zwar nicht verboten, aber er soll „sittsamer" durchgeführt werden. Gerade wo es sich um regelmäßig stattfindende, vielfach in der Öffentlichkeit durchgeführte Aktivitäten handelt und noch dazu wenn dabei Kinder und Jugendliche anwesend oder im Spiel sind, ist die Aufregung besonders groß.

Entsprechend der Maximen des aufgeklärten Absolutismus darf nicht auf die allmähliche „sittliche Einsicht" der Untertanen gewartet, sondern muß die neue Moral „von oben verordnet" werden.

> „Eine große Menge von Gegenständen muß, bei einem in der Cultur noch um vieles zurückstehenden Volke, anfänglich durch Gesetze befohlen werden, welche einmal eingeführte Gesetze auch nach nur einem Menschenalter von sich selbst als bloße Gebräuche, ohne daß von jenem mehr Meldung geschähe, beobachtet werden."[39]

Die Generalisierung dieses Grundsatzes für sämtliche Lebensbereiche und die Hoffnung, mit Gesetzen rasch verhaltensändernd zu wirken, steht in allgemeinem Zusammenhang mit dem Prozeß der Formalisierung und Vergesetzlichung des gesamten öffentlichen Lebens. Vorerst schießen manche der krampfhaften Bemühungen, die Sexualität der nunmehr alle gleichem Recht unterworfenen Staatsbürger/innen von herrschaftlicher Seite zu begrenzen und zu normieren, gehörig über das Ziel hinaus. Dem gesellschaftlichen Entwicklungsstand entsprechende neue Formen der Kontrolle und Reglementierung durch Polizei und Bürokratie sind zwar bereits in respektablen Ansätzen vorhanden, in ihren Funktionsweisen aber noch reichlich unbeholfen und ineffizient. So gibt es beispielsweise unter Maria Theresia „Geheime Polizeiaufseher", die den Auftrag haben, das Sexualleben der Untertanen auf seine Anständigkeit und Statthaftigkeit hin zu überprüfen. Dabei kommt es zu lächerlichen Pannen, über die sich „die ganze Welt" belustigt. Am 7. Jänner 1748 schreibt Graf Khevenhüller, der Obersthofmeister Maria Theresias, in sein Tagebuch:

> „Die Kaiserin ware so rigoros, das mann der geringsten Ungebuehr wegen die Mascheren nicht allein sogleich weggeschafft, sondern sogar in Arrest

---

38 Zitiert nach: *Töniz-Leitich,* Laster- und Unsittenverbote der frühen Neuzeit, in: Österreich in Geschichte und Literatur 1970, S. 184 f.

39 *Frank,* Medicinische Polizey, Bd. 3, 1783, S. XXVI.

legen lassen; wie dann selbe ueberhaupt in puncto sexti [gemeint ist das 6. Gebot Gottes; Anm. d. Verf.] sehr geschaerffte Ordres ausgehen lassen und eine besondere Commission nidergesetzt, welche lediglich darauf sehen muessen, damit alle heimliche Zusammenkuenfften verhindert und gestoehret wuerden, die mann nachhero, weillen die Commissarii in der That die Sach zu weit getriben und aus ungegruendetem Verdacht ein und andere unschuldige, darunter auch verheirathete Persohnen, zu beiderseitiger Aergernus und Prostitution via facti aufheben lassen, schertzweis nur ‚la Commission de chastete' genannt und sogar in auswaertigen Zeitungen oeffentlich darueber gespottet hat."[40]

Wer über Gesetze, Verbote und Sanktionen eine andere Sexualmoral durchsetzen möchte, spekuliert nicht zu Unrecht mit der sittenbildenden Kraft des Strafrechts. Tatsächlich sind auf diesem beruhende, teilweise demonstrative, publikumswirksamst inszenierte Polizeimaßnahmen (abgesehen von eben erwähnten Ungeschicklichkeiten) geeignet, das kollektive Rechts- und Unrechts-, Sittlichkeits- und Unsittlichkeitsempfinden bezüglich Körperlichkeit und Nacktheit zu beeinflussen. Als erste Anzeichen für eine geänderte sexualmoralische Sensibilität lassen denunziatorische Aktivitäten der Bevölkerung nicht lange auf sich warten. Es ist, wird in einem Dekret der k. k. Hofkommission vom 31. Juli 1752 festgestellt,

„. . . verläßlich angezeigt worden, daß verschiedene erwachsene Manns- und Weibs-Persohnen sowohl in der Rossau als an mehrern nächst der Donau gelegenen Orthen sich nackend zu baden erkünnen, andurch aber denen Vorbeygehenden, insbesondere auch der Jugend, zu nicht geringer Aergernus Anlaß gebeten".[41]

Aus der kategorischen Schlußfolgerung geht hervor, daß der herrschenden Elite die für die Enkulturation Heranwachsender außerordentlich maßgebliche, sittenprägende, Bedürfnismuster und Verhaltensweisen modellierende Funktion von Alltagskultur und Vorbildwirkungen im öffentlichen Raum geläufig sind. Daher drohen nicht nur dem gemischtgeschlechtlichen Nacktbaden, sondern auch unerheblicheren Entblößungen coram publico abschreckende Strafen.

Im Laufe des 18. Jahrhunderts ist es anscheinend modern und schick geworden, exzessive gesellige Fußbäder im Fluß zu nehmen.

---

40 Zitiert nach: *Podewils,* Friedrich der Große und Maria Theresia, 1937, S. 114.

41 Zitiert nach: *Bibl,* Wiener Polizei, 1927, S. 9.

Frauen, Männer, Jugendliche und Kinder sitzen auf Bänken und an Tischen, die auf uferseitig verankerten schwimmenden Flößen montiert sind, trinken, speisen, plaudern, spielen und tauchen dabei ihre Füße in die vorbeirauschende Donau.[42] Vorwand für diesen Spaß ist ihnen, „sich die Füße zu waschen". Die Polizei-Ober-Direktion informiert die Öffentlichkeit, daß die Exekutivorgane angewiesen sind, dagegen einzuschreiten.

„Es ist angezeigt worden . . . wie auch das Füßwaschen auf den Holzflößen neuerlich überhand nehme, und sich dieses Unfuges so, als ob gar kein Verbot bestünde, mit aller Freyheit angemasset werde. [. . .] Derjenige, welcher sich, dieß hiemit neuerlich bekannt gemachte Verbot zu übertretten, erfrechen möchte, wird von der Polizey- allenfalls von der Grundwache (welche hiernach bereits angewiesen ist, und zugleich über dergleichen badende Leute immer aufmerksam zu seyn den Befehl hat) ohne alle Nachsicht, oder Betrachtung seines Amts, Dienst, oder Standes, gleich auf der Stelle gefänglich angehalten, öffentlich in das Polizeystockhaus geführet, und daselbst durch 3 mal 24 Stunden angehalten, im mehrmaligen Betrettungsfalle aber, oder bey einem sonst mit unterwaltend bedenklichen Umstande, auch auf eine noch strengere Art vorgenommen werden."[43]

Josephs II. früher Entwurf der zum „Allgemeinen Bürgerlichen Gesetzbuch" führenden „Gesetze und Verfassungen im Justizfache" vom Jahr 1787 enthält einen zwar sehr allgemein formulierten, im wesentlichen aber gegen das Prostituiertenwesen gerichteten Passus, der dezitiert jegliche öffentliche Entblößung, Nacktheit und Sexualverhaltensäußerung verbietet:

„§ 67. Wer auf öffentlicher Strasse, oder an einem Orte, an welchen die Leute gewöhnlich hin und wieder zu gehen pflegen, sich aergerlich entblößt, oder Unzucht treibt . . . sei er maennlichen oder weiblichen Geschlechts ist eines politischen Verbrechens schuldig.
§ 68. Die Strafe ist zeitliches Gefaengnis, das nach Umstaenden gelindert, oder schaerfer bestimmt werden kann, immer aber mit Fasten zu verschaerfen ist. [. . .]
§ 72. Ist das Verbrechen so begangen worden, daß dasselbe oeffentliches Aergerniß erreget hat, so ist zur Strafe Zuechtigung mit Streichen, und zeitliche oeffentliche Arbeit bestimmt. Ist aber dasselbe nur wenigeren

---

42 *Tanzer,* „In Wienn zu seyn . . .", phil. Diss. 1988, S. 477.

43 Oeffentliche Bekanntmachung, in: Wiennerisches Diarium, Nr. 59, 25. Heumonat 1781, o. S.

bekannt geworden, so ist der Thaeter mit zeitlichem strengeren Gefaengnisse zu belegen ... Auch soll der Thaeter vor dem Orte, wo er oeffentliches Aergernis gegeben hat, abgestraft werden."[44]

1807 berichtet der „Eipeldauer" Joseph Richters von einem „wirklichen Skandal" in Meidling. „Dort baden sich Bubn und Madln untereinander in der Wien; und s' Ärgerniß ist um so größer, weil dort ein Hauptstrassen vorbey geht."[45] Hergang und Vorkommnisse gleichen bis ins Detail vielen früher gegebenen Beschreibungen. Ebenso altgewohnt vernimmt sich der moralisierende Kommentar. Vor dem Hintergrund des allerdings nunmehr bestehenden expliziten gesetzlichen Verbotes öffentlicher Nacktheit erhöht die Entrüstung des bürgerlichen Journalismus das Gewicht des moralisierenden Diskurses und den Nachdruck exekutorischer Sanktionsdrohnungen.

Während des Biedermeier setzen sich die im 18. Jahrhundert vorbereiteten Normvorgaben und Empfindungsstandards allmählich auf breiterer Basis durch und finden in das Sittlichkeitsverständnis der Öffentlichkeit Eingang. Nun kann pädagogisch-methodisch darangegangen werden, „Spezialprobleme der Unsittlichkeit" unter die Lupe zu nehmen und effizient entsprechend bestimmter Lösungsstrategien zu verfahren. Das betrifft etwa zur Unzucht führende Kindererziehung, zur Sünde verleitende Körperhygiene, neue Kleidermoden, wildes Baden, gemischtgeschlechtliches Baden und Baden ohne oder ohne ausreichende Badebekleidung, professionelle Bade- und Straßenprostitution oder berufs- und temperaturbedingten Verzicht auf vollständige Bekleidung. Für letzteres ein charakteristisches Beispiel: Es wird der Statthalter von Niederösterreich mit dem Erlaß der Obersten Polizeibehörde vom 4. August 1852, Z. 2390, bzw. dem niederösterreichischen Statthaltereidekret vom 14. August 1852, Z. 28086, beauftragt, den Willen des Gesetzgebers durchzusetzen, „... wornach Bäckersburschen, die mit halbentblößtem Leibe an öffentlichen Orten sich zeigen und in ihren Stellungen eine, allgemeines Aergerniß erregende Frechheit und Unverschamtheit an den Tag legen, strenge zu strafen sind".[46]

44 Josephs des Zweiten, Römischen Kaisers Gesetze und Verfassungen im Justizfache. Erster Theil, 1788, S. 58.

45 Briefe eines Eipeldauers, 10. Heft, 1. Brief, 1807, S. 256.

46 Zitiert nach: *Prucha,* Österreichische Polizeipraxis, 1877, S. 348.

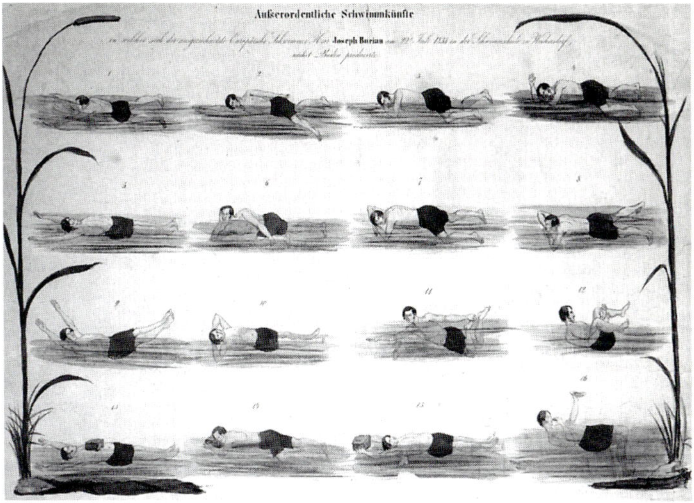

Abb. 1: Schwimmkünste Joseph Burians; Weickersdorf nächst Baden, Lithographie von F. Kaiser, 1838.

Abb. 2: Männliche Dorfjugend beim Wasserspringen und Schwimmen. Als Hilfsgeräte sind Tierblasen und Schilfbündel zu sehen. Im Vordergrund Rückenschwimmen und Rettung eines Ertrinkenden. Titelkupfer von Schellenberg, 1796.

Abb 3: Bei der Schlacht von Aspern 1809 in der Lobau bei Wien gelingt es den Österreichern, eine Pontonbrücke der napoleonischen Truppen zu zerstören. Viele der meist schwimmunkundigen Soldaten ertrinken dabei in der Donau.

Abb. 4: „Das Pflicht-Bad" in der k.u.k. Armee;
Ölgemälde von Viktor Petrin, 2. Hälfte des 19. Jahrhunderts.

Abb. 5: Warmwasser und Badewanne wurden gegen Bezahlung Haushalten zugestellt; Paris 1830.

Abb. 6: Die k.u.k. Militärschwimmschule im Prater; Lithographie von Jakob Alt, Wien 1813.

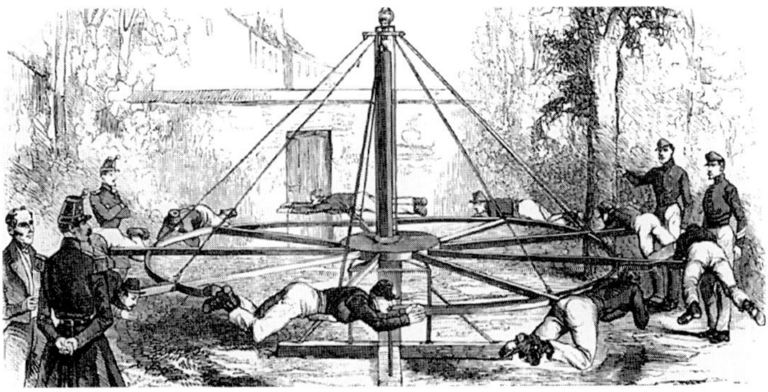

Abb. 7: Trockenschwimmübungen auf dem Drehgestell zählten zur Rekrutenausbildung in der französischen Armee; 1855.

Abb. 8: Das Freibad am Mühlschüttel (Mühlwasser); Wien um 1830.

Abb. 9: Die Schiffbadeanstalt am Donaukanal nächst der Sophienbrücke, gegründet von Dr. Wilhelm Steinlein; Wien um 1840.

Abb. 10 : Die Ferdinand- und Marien-Badeanstalt im Kaiserwasser (rechts im Hintergrund); Wien 1831.

Abb. 11: Schwimmhalle des Sophienbades; Wien 1846.

Abb. 12: Bade- und Waschanstalt in der Wiener Vorstadt Leopoldstadt; Wien 1855.

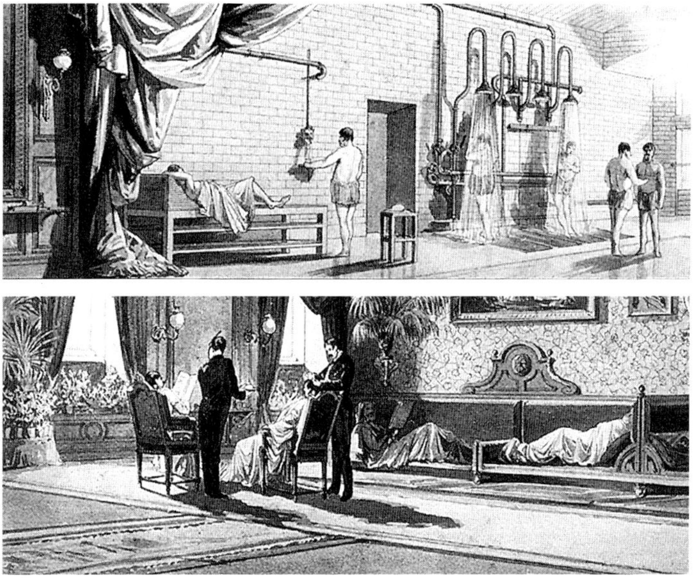

Abb. 13/14: Dusch- und Frottierraum der teuersten Badeklasse („Wasserkur") im Esterházybad; Wien 1852.

Abb. 15: „Männliche und weibliche Sommerfreuden anno 1822" (Schwimmen, Rudern, Spazieren) aus dem Erinnerungsbuch Baumann.

Abb. 16: Zum Fluß offene Schwimmschule; Wien im Vormärz.

Abb. 17: „Bain Public"; Photographie von Henri Le Secq; Paris um 1853.

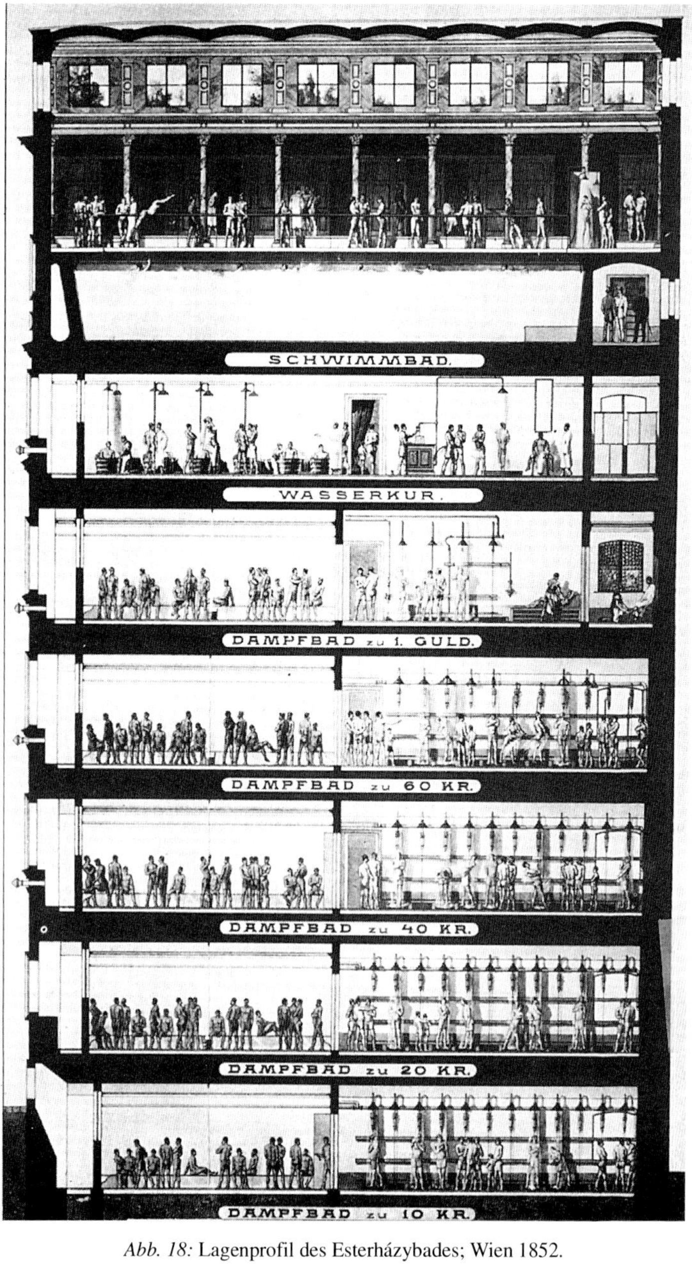

Abb. 18: Lagenprofil des Esterházybades; Wien 1852.

Aufzucht und Unzucht, Körperhygiene und Sünde

Die pädagogischen Bestrebungen und Leistungen der Aufklärung des 18. Jahrhunderts reichen weit über das eigentliche Schulwesen hinaus. Ihr pädagogischer Enthusiasmus hat nicht nur den Gedanken der „Volksbildung" voll entwickelt, sondern im Anschluß an Jean-Jacques Rousseau das Kind erstmals „als Kind" gesehen[47] und sich um eine kindgemäße Erziehung bemüht. „Zum erstenmal seit der Antike wurde jetzt die große Bedeutung der Hygiene, der körperlichen und der sexuellen Erziehung erkannt . . ."[48] Nacktheiten werden der Öffentlichkeit gleichzeitig zum Problem. Sie widersprechen dem nunmehr herrschenden Moralcodex.

Die gesellschaftliche Durchsetzung des Tabus der öffentlichen körperlichen Entblößung und Nacktheit durch Gesetz und Polizeiordnung zu flankieren und dadurch entsprechendes Schamverhalten und entsprechende Peinlichkeitsreaktionen über wenige Generationen hin zu habitualisieren, korrespondiert den Zielen und Methoden der neuen bürgerlich-aufgeklärten Kinder- und Jugendpädagogik. Der heranwachsende Mensch, so lautet deren Erkenntnis, könne daraufhin erzogen werden, Gefahren, Schande und Sanktionen der eigenen potentiellen Sitten-, Sexualnormen- und Gesetzesverstöße gedanklich zu antizipieren und ein solche Verstöße vermeidendes Verhalten an den Tag zu legen.

> „Dieser Modernisierungsprozeß, diese Verbürgerlichung war keine geplante Veränderung. Die Entwicklung der Prüderie ist ein Teil davon; auch sie war nicht beabsichtigt. Ebensowenig ist es so, daß die Kirchen Schrittmacher dieser Entwicklung waren; eher ist das Gegenteil richtig. Die Kirchen übernahmen langsam die Werte des Bürgertums als die ihren, nachdem dieser Stand mächtig geworden war, und so erst wurden sie zu typisch christlichen Werten. Die neue Haltung gegenüber der ‚Sexualität' bildet einen kleinen und wichtigen Teil einer Reihe von Tabus . . ."[49]

Die Kirche kann sich der bestechenden erziehungstheoretischen Einsicht der Jugendpädagogik nicht entziehen und ringt sich also nach 1800 im Vergleich zu vorangegangenen Jahrhunderten zu ei-

---

47 Siehe: *Ariès,* Geschichte der Kindheit, 1975, S. 92 ff.

48 *Reble,* Geschichte der Pädagogik, 12. Aufl., 1975, S. 164.

49 *Ussel,* Sexualunterdrückung, 2. Aufl., 1977, S. 51.

ner differenzierteren, partiell toleranten Haltung gegenüber dem Baden an freien Gewässern durch. Bisher hat sie ja an dessen pauschaler Verurteilung (mit oder ohne Badebekleidung, alleine oder zu mehreren) wegen gröblicher Verfehlung gegenüber „gottgefälliger Sittlichkeit" festgehalten. Das um so mehr, als im Fall der Mißachtung der Wildbadeverbote in den Territorien der eigenen Grundherrschaften obendrein in schmerzlicher Weise eigene Autorität und Machtansprüche untergraben worden waren. Jetzt wird der hygienische und gesundheitliche Nutzen der Sorge um den Körper, der Bestrebungen um Licht, Luft, Bewegung, Massage durch den Wasserdruck beim Schwimmen, Stoffwechselstimulanz und Abhärtung durch kaltes Wasser zwar akzeptiert, dennoch deponiert man Bedenken, offenbar in Erwartung unkontrolliert hervorbrechender unkeuscher Sinnlichkeit, wenn nicht gar hemmungsloser Sexualität.

„Nicht nur wegen der so wichtigen Reinigung des ganzen Körpers, sondern auch als Stärkungsmittel der Gesundheit, und als Vorbeugungsmittel gegen einzelne Krankheiten ist das Baden der Jugend sowohl in den früheren als auch in den späteren Jahren besonders zu empfehlen. [. . .] Das Baden in Flüssen, welches der Bewegung und der freyen Luft wegen vorzüglicher als das Baden im Zimmer ist, muß nur an ganz sicheren, genau untersuchten und anständigen Orten und unter Aufsicht geschehen."[50]

Ein wesentlicher Anstoß zur Verschiebung der Scham- und Peinlichkeitsschwelle bezüglich Körperlichkeit, Nacktheit und Sexualität wird neben der Strukturveränderung, der „Verbürgerlichung" der Gesellschaft (und der sich dadurch verlagernden zwischenmenschlichen Zwänge und Abhängigkeiten), durch die Transformation religiösen Empfindens gegeben. Dieses ist fortan mit bürgerlichen Werten durchsetzt. In Österreich bleibt es dennoch bei der sexualmoralischen Dominanz der Kirche. Sie basiert im wesentlichen auf dem jesuitischen Katholizismus, seiner „fast unumschränkten Herrschaft im Bildungssystem"[51] und seiner intensiven Verflechtung mit dem absolutistischen Regime. Norbert Elias weist auf den Zusammenhang des für die qualitative Veränderung von Religiosität maßgeblichen psychomentalen Wandels mit Veränderungen in kirchlichem

50 *Milde,* Lehrbuch der allgemeinen Erziehungskunde, Theil 1, 1811, S. 119 f.

51 *Bruckmüller,* Sozialgeschichte Österreichs, 1985, S. 320.

und weltlichem Herrschaftssystem, mit Staatsapparat und Gesellschaftsstruktur hin.

„. . . der Verinnerlichungs- und Rationalisierungsschub, der in den verschiedenen puritanisch-protestantischen Bewegungen zum Ausdruck kommt, steht offenbar mit bestimmten Veränderungen in der Lage und im Aufbau mittelständischer Schichten in engstem Zusammenhang. Die korrespondierende, zivilisatorische Transformation des Katholizismus, wie sie sich etwa in der Machtstellung des Jesuitenordens zeigt, scheint sich, begünstigt durch den hierarchisch-zentralistischen Aufbau der katholischen Kirche, in engerer Tuchfühlung mit den absolutistischen Zentralorganen zu vollziehen."[52]

Für herrschaftskonformes und -affines Verhalten zu sorgen, ist nicht allein Geschäft der Polizei. Auch die katholische Kirche gewinnt in diesem Programm nicht nur auf ideologischer Ebene erhebliches gesellschaftspolitisches Terrain gegenüber dem Josephinischen Jahrzehnt zurück[53], sondern ebenso auf der praktischen Ebene. Etwa sind Heiratserlaubnisse (die kirchliche Trauung gilt de jure als Ehevertrag) bei der Kirchenbehörde einzuholen – von dort aber nur unter Nachweis eines tadellosen, unbescholtenen, ehrenwerten Lebenswandels zu erhalten. In der „postaufgeklärten Erneuerung der Kirche" des 19. Jahrhunderts liegt der Versuch, sie als Ordnungsinstitution neu zu funktionalisieren. Im Vormärz intendiert die staatliche Unterstützung der Kirche weniger wie bisher die Herstellung des „rechten Glaubens", als der sozialen Frage Herr zu werden.[54]

Laut Überzeugung von Zeitgenossen ist zuvor jedoch ein wesentliches Problem zu lösen. Sie meinen, Armut stehe stets in engem Kausal- und Entstehungszusammenhang mit „Unzucht". Beide bedingen einander. Obzwar „. . . Unzucht nicht immer aus Armut entspringt . . . ist [diese] unstreitig eine der reichhaltigsten Quellen physischen und moralischen Verderbens . . . sie ist die erste Pest im Staate".[55] Und die Assoziation von „Unzucht" mit „Pest" ist hier

52 *Elias,* Prozeß der Zivilisation, Bd. 2, 2. Aufl., 1969, S. 402.

53 Vgl. *Blessing,* Reform, Restauration, Rezession, in: *Schieder* (Hg.), Volksreligiosität, 1987, S. 108.

54 Vgl. *Brunner,* Staat und Gesellschaft im vormärzlichen Österreich, in: *Schieder* (Hg.), Staat und Gesellschaft im deutschen Vormärz, 1978, S. 40.

55 *Fröhlich,* Die Gefährlichen Classen Wiens, 1851, S. 1.

keinesfalls nur metaphorisch gemeint. "Disease produced its own moral or immoral sequence. At the same time immorality was identified as an important factor in the breakdown of the body's resistance and in the subsequent production of contagion."[56]

Gerade auf dem Gebiet der Bekämpfung von Sittlichkeitsverstößen transzendierender Körperlichkeit tut sich die christliche Kirche seit geraumer Zeit, genauer besehen seit dem Mittelalter, hervor. Ihre akkumulierten Erfahrungen machen sich bezahlt. Versiert und kompetent „sorgen" sich nun Kirchenleute um Badebekleidung und örtliche Kontrolle der Freiluftbadelustigen.

„Das Baden in Gesellschaft mehrerer, besonders junger Leute fordert eine besondere Aufsicht, um jedem Unfuge, jedem physischen und moralischen Schaden vorzubeugen. In jedem Fall ist anständige Badebekleidung unumgänglich erforderlich."[57]

Der k. k. Hofkaplan und Professor der „Katechetik, Didactik und Erziehungslehre" an der Universität Wien, Vincenz Eduard Milde, rät in seinem „Lehrbuch der allgemeinen Erziehungskunde", das gesellschaftszersetzende Übel der Scham-, Sitten- und Respektlosigkeit hedonistischer körperlicher Entgrenzungen kurzerhand an den Wurzeln zu packen. Verantwortungsbewußte Erziehung heißt nach seiner Auffassung, Entblößungen, Nacktheit und mit Sexualität in Zusammenhang stehenden Verhaltensweisen von Kindern und Jugendlichen rechtzeitig entgegenzuwirken.

„[Es] ... wird die Frühreife des Geschlechtstriebes sehr oft unmittelbar bewirkt:
- Durch unvorsichtige Äußerungen oder Scherze über die Gegenstände des Triebes. [...]
- Durch schlüpfrige Schriftwerke ... [...]
- Durch anstößige Gemälde und Darstellungen: Schon die bloße Darstellung der Nacktheit ist bey uns, die wir gewisse Theile allezeit bedecken, für die reifere Jugend gefährlich ..."[58]

Katharina Rutschky äußerte die Vermutung, daß der Umstand, daß Kinder und Jugendliche der zur Norm erhobenen Asexualität in

56 *Mort,* Dangerous Sexualities, 1987, S. 23.

57 *Milde,* Lehrbuch der allgemeinen Erziehungskunde, Theil 1, 1811, S. 119 f.

58 *Milde,* Lehrbuch der allgemeinen Erziehungskunde, Theil 1, 1811, S. 533 f.

ihrem konkreten Verhalten so oft widersprechen, dem Erzieher Gelegenheit gibt, „. . . in der Auseinandersetzung mit dem Kind und dem Jugendlichen seinen eigenen Abwehrkampf erneut aufzunehmen und sich dabei zugleich die Aktualisierung der Phantasien zu gönnen, gegen die sich der Abwehrkampf richtet".[59]

Wie will der pastorale Pädagogikprofessor bei seinem Feldzug gegen Körperlichkeit, Nacktheit und Sexualität im einzelnen praktisch vorgehen? Wichtig ist ihm, konstantes Erzieher/innenverhalten anzuregen.

„. . . kann man doch durch Worte, Beyspiele und durch eine fortwährend gleiche Angewöhnung sehr leicht das Gefühl des Unanständigen erregen, das in späteren Jahren sich mit dem Gefühle des Unrechtes verbinden wird. Man dulde nicht, daß Kinder sich in Gegenwart anderer auch desselben Geschlechts entblößen, halb nackt im Hause herumgehen, unbedeckt im Bette liegen, sich in Gegenwart anderer gewisser Bedürfnisse entledigen. [. . .] Man sey selbst im höchsten Grade schamhaft, und fordere dieses strenge von allen das Kind umgebenden Personen . . ."[60]

Die Zauberformel gegen Nacktheit lautet: Anerziehung des Gefühls des Ekels, der Unanständigkeit und des Unrechts. Dem Kind, dem Jugendlichen soll unter allen Umständen Angst und Widerwillen vor eigener und fremder Körperlichkeit eingepflanzt werden. Aufgrund internalisierter Scham- und Peinlichkeitsempfindungen werden dann „eklige Dinge" ganz von alleine gemieden, „eklige Verhaltensweisen" rasch unterlassen.[61] Der Wunsch nach wildem, nacktem und gemischtgeschlechtlichem Freiluftbaden käme Kindern und Jugendlichen somit gänzlich aus dem Sinn. Gleichermaßen sei dadurch die beste Voraussetzung gegeben, auch im späteren Leben nicht mit den „guten Sitten" oder, schlimmer noch, mit Gesetz und Polizei in Konflikt zu geraten.

Ein Anonymus rät 1787 sogar zu folgenden drastischen Erziehungsmethoden bei der Anerziehung des Ekels vor Nacktheit:

---

59 *Rutschky* (Hg.), Schwarze Pädagogik, 1977, S. 299.

60 *Milde,* Lehrbuch der allgemeinen Erziehungskunde, Theil 1, 1811, S. 344.

61 Zur Internalisierung von Scham- und Peinlichkeitsgefühlen beim häuslichen Baden und Waschen im 19. Jahrhundert siehe: *Corbin,* Pesthauch und Blütenduft, 1988, S. 236. Und: *Vigarello,* Wasser und Seife, 1988, S. 208 f. Und: *Duerr,* Nacktheit und Scham, Bd. 1, 2. Aufl., 1988, S. 103.

„. . . würde ich vorschlagen, die Kinder alle 14 Tage oder vier Wochen von einem alten schmutzigen und häßlichen Weib, ohne Beisein anderer Zuschauer, vom Kopf zu Fuß reinigen zu lassen . . . Dieses Geschäft würde der Jugend als ekelhaft vorgestellt, und ihnen gesagt, daß eine solche alte Frau desfalls dafür bezahlt werden müßte, ein Geschäft zu übernehmen, welches der Gesundheit und Reinlichkeit wegen nötig, aber so ekelhaft wäre, daß kein anderer Mensch es übernehmen könne . . .“[62]

Jedoch die Rechnung kann nicht aufgehen. Der Irrtum Mildes und vieler Pädagogen des 19. und frühen 20. Jahrhunderts liegt in der Paradoxie der psychischen Funktionen des Ekels. „Als doppelte Herausforderung für Freiheit, Menschheit, Kultur, stellt der Ekel Anti-Natur, die ambivalente Erfahrung der grauenerregenden Verführung durch das Degoutante und den Genuß dar, eine Verführung, die eine Art universeller Reduktion auf die Stufe der Animalität und Körperlichkeit, auf die Stufe des Verdauungs- und Geschlechtsorgans vollzieht . . .“[63] Oder anders gesagt: Wer Ekel sät, wird animalische Begierde ernten.

Anknüpfend an Vorläufer in der Zeit des Reformabsolutismus greifen im Verlauf des 19. Jahrhunderts mehr und mehr pädagogische, medizinische, psychiatrische, militärische, korrektive und strafende Institutionen des Staates, der Kommunen und der Kirche dort in die Formung von Psyche, Habitus, Mentalität und Charakter ein, wo jene von den für die moderne Gesellschaft gültigen Normen abweichen. Die davon hinterlassenen Spuren „. . . lassen [immerhin] zugleich die Grenzen der Disziplinierung des Körpers erkennen, die die unterschiedlichen Vorstellungswelten von Männern und Frauen, Dorf- und Stadtbewohnern oder Angehörigen traditionell und sozial verschieden mental geprägter Klassen, Schichten, Konfessionen und Volksgruppen nicht zu nivellieren in der Lage war.“[64]

Der klerikale Pädagoge Milde erkennt bereits als äußerst geeignetes Sozialisationsmilieu die bürgerliche Familie, was heute durch Erkenntnisse von Entwicklungspsychologie, Kultursoziologie, Sozialanthropologie und Historischer Anthropologie Bestätigung findet. Entscheidend

62 Zit. nach: *Rutschky* (Hg.), Schwarze Pädagogik, 1977, S. 331 f.

63 *Bourdieu,* Die feinen Unterschiede, 1987, S. 762 f.

64 *Vanja,* Körper und Seele, in: *Dinzelbacher* (Hg.), Europäische Mentalitätsgeschichte, 1993, S. 183.

„. . . war die Umorganisierung der Beziehung zwischen Kindern und Erwachsenen, Eltern, Erziehern, war eine Intensivierung der innerfamiliären Beziehungen, war die Kindheit, die zum Einsatz geworden war, um den sich Eltern, Erziehungsanstalten und Instanzen der öffentlichen Hygiene stritten, war die Kindheit als Ziehgarten künftiger Generationen. Am Teffpunkt von Körper und Seele, Gesundheit und Moral, Erziehung und Zucht ist der Sex der Kinder gleichzeitig zur Zielscheibe und zum Instrument der Macht geworden. Man hat eine spezifische ‚Sexualität der Kinder' konstituiert, eine heikle, gefährliche und ständig zu überwachende Sache."[65]

Der soziale und ökonomische Wandel der Gesellschaft konstituiert die moderne bürgerliche Kleinfamilie als zentrale Sozialisationsagentur für Kinder. Dieser Prozeß befindet sich allerdings zu jener Zeit in einem noch anfänglichen Stadium. Damit ist die Effektivität ihrer schon von Milde postulierten mentalitätsprägenden Wirkungsweise noch vergleichsweise gering.

„Erst verhältnismäßig spät, wenn bürgerliche Schichten, also im Verhältnis zu früher Massenschichten mit relativ vielen, sozial Gleichstehenden, zur Oberschicht, zur herrschenden Schicht geworden sind, wird die Familie zur alleinigen oder genauer gesagt, zur primären und vorherrschenden Produktionsstätte des Triebverzichts; erst dann wird die gesellschaftliche Abhängigkeit des Kindes von den Eltern zur frühesten und zu einer besonders wichtigen, besonders intensiven Kraftquelle der gesellschaftlich notwendigen Affektregulierung und -modellierung."[66]

Im Verlauf des 19. Jahrhunderts bekommt der junge Mensch vermehrt bis endlich ausschließlich Hygiene- und Sauberkeitsverhalten in der Familie anerzogen. Diesem Vorgang wohnt gleichzeitig eine stark sexualdisziplinierende Wirkung inne, die sich im öffentlichen Raum in Form von strenger Geschlechtertrennung und absolutem Nacktheitstabu in sämtlichen Freiluftbädern konsequent fortsetzt. Immerhin bestehen seit dem ersten Drittel des 19. Jahrhunderts

„. . . innerhalb der Linien . . . in den Vorstädten mehrere Haus- und Flußbäder, zunächst für Diejenigen, welche dieselben warm zu gebrauchen wünschen und ihre Besitzer sind auch darauf eingerichtet, solche warme Donau-

---

65 *Foucault,* Das Abendland und die Wahrheit des Sex, in: Dispositive der Macht, 1978, S. 181.

66 *Elias,* Prozeß der Zivilisation, Bd. 1, 2. Aufl., 1969, S. 186.

bäder denen, die sich ihrer bedienen wollen, nebst der Wanne, mittels Fuhren, in die Wohnung zu schaffen".[67]

Manche besitzen selber eine Badewanne, „... meist aus Zink, es gibt sie aber auch aus Holz. Vor allem bei den Ärmeren stirbt der Holzzuber noch lange nicht aus. Vornehme Leute baden in kupferverkleideten Holzwannen, reine Kupferwannen sind Luxus. Zinkwannen besitzen nur die ganz Reichen."[68] Mit kleinen Waschschüsseln und selbstgewärmtem Brunnenwasser müssen sich in der Regel arme Leute begnügen, für Wannen sind ihre Wohnungen zu eng, für Warmwasserfuhren von den Donaubadeanstalten ihre Geldbeutel zu schmal. Trotzdem sollen sich Gesunde, Domestiken und Dienstboten auf gar keinen Fall verleiten lassen, etwa aus der Hinterlassenschaft herrschaftlichen Badevergnügens ein ihriges zu machen.

„Durchaus schädlich ist es, im nämlichen Wasser, worin schon Jemand gebadet hat, zu baden, welches Viele thun, besonders Kammerjungfern und Bediente, um die Kosten für das Bad zu ersparen. Ein solches schon gebrauchtes Badwasser ist von den Ausdünstungen des Badenden so angefüllt, daß man einen starken widrigen Geruch bald an dem selben wahrnimmt ... Diese Unreinigkeiten bekäme der Andere durch die einsaugenden Gefäße in seinen Körper."[69]

Selbst in bürgerlichen Haushalten wird man es jedoch noch im weiteren Verlauf des 19. Jahrhunderts mit der körperlichen Sauberkeit „nicht so genau" nehmen.

„In dieser Hinsicht war in der häuslichen Erziehung von Anfang an mancherlei vernachlässigt worden, wie man ja zu jener Zeit der Körperpflege im engeren und weiteren Sinn überhaupt noch nicht so viel Aufmerksamkeit zuwandte, als dies heute geschieht. Wie in den meisten, selbst neueren und eleganten Stadtwohnungen fehlte es, zum Beispiel auch in der unseren, so lange an einem Badezimmer, bis wir uns selbst eines einrichten ließen. Vorher wurde, wie in den meisten Mittelstandsfamilien, jede Woche einmal in irgendeinem Nebenraum durch die Diener einer Badeanstalt eine ungefüge Holzwanne geschafft und aus Fässern mit heißem Wasser gefüllt, in dem

67 Curgast Deutscher Kaltwasserheilanstalten, 1845, S. 219.

68 *Bernhard,* Das Biedermeier, 1983, S. 98.

69 *Zwierlein,* Ueber die neuesten Badeanstalten, 1803, S. 78.

sich's der Reihe nach Papa, Mama, die Kinder und endlich die Dienstboten, so gut es ging, behagen ließen."[70]

Hygieniker und Sozialmediziner sehen für die breite Bevölkerung vorläufig zum kostspieligen Bad per Hauszustellung und zur auf Dauer unzureichenden Benützung der Waschschüssel nur eine Alternative: billige, billigste, am besten kostenlose Flußbäder.

Hat sich der aufgeklärte Staat zum Ziel gesetzt, seine Staatsbürger rasch zu „zivilisieren", kommt er bei der Vermittlung hygienischer Einsichten, aufgrund derer adäquate Verhaltensänderungen erst wirklich gefestigt werden können, um eine Hebung des allgemeinen Bildungsniveaus nicht herum. Die vorurteilshaft ablehnende kirchliche Einstellung zu Nacktheit und Körperlichkeit behindert hingegen geraume Zeit die Durchsetzung neuen Wissens und damit neuer Hygienestandards. „Im Bereich der Universitätsbildung dominierten die Jesuiten, bei den ‚lateinischen' Schulen (Gymnasien) neben diesen die Piaristen; die ‚deutschen' Schulen waren fast zur Gänze Pfarrschulen."[71] Das ändert sich nicht bis zum Reichsvolksschulgesetz 1869. Gymnasien bleiben auch danach klerikal beherrscht.

Selbst unumgängliche Nacktheiten bei der Säuberung des Körpers stellen Kritikpunkte der repressiven Sexualmoral dar. „Bis zur erfolgreichen Einführung der Dusche, die den Vorgang der Toilette beschleunigt und der sich entwickelnden Selbstgefälligkeit Grenzen setzt, gilt das Bad als ein äußerst verdächtiger Ort. Die auf der Nacktheit lastenden Verbote stehen einer allgemeinen Verbreitung des Badezimmers entgegen."[72] Ein besonderes Problem stellt das Waschen und Abtrocknen der Geschlechtsorgane dar. Ebenso befürchtet man, daß durch das heiße Wasser „sexuelle Begierden" geweckt werden könnten.

„Das in der Badewanne mögliche Alleinsein mit sich selbst gibt Anlaß zur Beunruhigung. [. . .] Die Badewanne ist gefährlich, weil sie ‚sündige' Gedanken aufkommen läßt. Sie kann den Badenden verführen. Das Baden ist ein unmoralischer Brauch. Einige traurige Enthüllungen haben offenbart,

70 *Schnitzler,* Jugend in Wien, 1981, S. 138.

71 *Bruckmüller,* Sozialgeschichte Österreichs, 1985, S. 320.

72 *Corbin,* Pesthauch und Blütenduft, 1988, S. 236.

welch eine Gefahr es für die Sittlichkeit darstellt, wenn man eine Stunde lang nackt in einer Badewanne liegt.“[73]

Das Schamgefühl ist direkt betroffen, wenn es um das beim Waschen nötige Entkleiden und Berühren des Körpers geht. Alle Gesten und selbst Blicke sind hier suspekt. „Auf diese Auffassung gründet sich auch die im 19. Jahrhundert vor allem in Klöstern sehr häufig anzutreffende Gewohnheit, sich im Hemd zu waschen.“[74] So erklärt sich die ablehnende, verdächtigende Haltung, die man dem Baden, besonders dem öffentlichen Baden noch Ende des 19. Jahrhunderts in vielen Familien aller Schichten entgegenbringt.

„Käthe F., Jahrgang 1889, aus einer Arbeiterfamilie stammend, hat als Kind von ihren Eltern über das Sexuelle nie etwas erfahren. [. . .] Die körperlichen Unterschiede zwischen Jungen und Mädchen blieben ihr lange unklar; sie war die älteste von 13 Kindern. Beim Baden im Waschtrog wurden die Geschwister getrennt, und obwohl sie mit drei anderen Geschwistern in einem Bett schlafen mußte, sah sie nie etwas ‚Unzüchtiges‘, denn niemand durfte ohne Hose ins Bett.“[75]

Es sind längst nicht mehr nur bürgerliche Milieus, in denen regelmäßig Körperhygiene praktiziert und gleichzeitig der Sünde verdächtigt wird. Die Sexualaufklärung ist ungenügend – es sei denn, daß die elenden Wohnverhältnisse für brutale Information sorgen.

Hat sich der moderne Staat zum Ziel gesetzt, seine Staatsbürger rasch zu „zivilisieren“, kommt er bei der Vermittlung hygienischer Einsichten um eine Hebung des allgemeinen Bildungsniveaus nicht herum. Erst dadurch können adäquate Verhaltensänderungen wirklich gefestigt werden. Die vorurteilshaft ablehnende kirchliche und gesellschaftliche Einstellung zu Nacktheit und Körperlichkeit behindert hingegen geraume Zeit die Durchsetzung neuen Wissens und damit neuer Körperhygienestandards in Österreich. Im Vormärz erfüllt das legalisierte sommerliche Schwimmen und Baden im freien Fluß vorläufig die in moralischer und sittlicher Hinsicht einigermaßen akzeptierte Funktion einer kompletten Körperwäsche für einfache Leute. Um die Mitte des Jahrhunderts gehören Schüler, Waisenknaben oder Rekruten, die zu den Badeanstalten oder Frei-

---

73 *Vigarello,* Wasser und Seife, 1988, S. 207.

74 *Vigarello,* Wasser und Seife, 1988, S. 208.

75 *Glaser,* Maschinenwelt und Alltagsleben, 1981, S. 123.

luftbadeplätzen an die Donau geführt werden, zum alltäglichen Anblick. Im Frey-Bad im Fahnenstangenwasser waschen sich, baden und schwimmen abwechselnd ganze Bataillons.[76] Die staatliche Elite- und Kaderschule für Jungadelige und zukünftige Diplomaten, die k. k. Theresianische Akademie (Theresianum), unterhält seit 1848 sommersüber einen Bade- und Schwimmbetrieb im Freiluftbassin auf eigenem Gelände.[77]

Der Badebekleidungs- und Schwimmhosen-Diskurs

„Im Bademantel oder im Hemde zu baden, halte ich für überflüßig, denn hiedurch werden nur die unmittelbaren belebenden Einwirkungen des Wassers auf den Körper hindangehalten, die Aufsaugung desselben gehemmt . . . [. . .] Eingewöhnten, starken Personen würde ich rathen, stets bis an das Kinn unter dem Wasser zu bleiben, theils um die volle Wirkung eines offenen Flußbades zu genießen, theils um die Haut am obern Theile des Körpers nicht von den brennenden Strahlen der Sonne ohne Noth bräunen zu lassen.“[78]

„Wenn man ein kaltes Bad gebrauchen will, entblöße man zuerst den Kopf, entkleide dann langsam den übrigen Körper, und lasse den nackten Körper am Ufer erst einige Zeit von der Luft bestreichen, dann wasche man zuerst den Kopf mit Wasser, alsdann den Hals und die Brust, und dann eile man, sobald wie möglich mit dem ganzen Körper in das Wasser zu kommen. [. . .] So wenig in kalten als warmen Bädern darf man sich der Badekleider bedienen. Soll das Bad dem Körper zuträglich seyn, so muß derselbe durchaus im Wasser unbekleidet seyn, damit die Oberfläche des Körpers so viel als möglich immer vom frischen Wasser umgeben ist.“[79]

„Jene, welche hier in der Donau baden, können, wenn sie aus dem Flusse treten, bey reinem warmen Wetter und Sonnenschein, mit nacktem Körper gegen eine Viertelstunde auf- und abgehen, dabey sich zu gleicher Zeit frottiren; sie geniessen so zu sagen auf diese Art eines zweyten Bades, welches noch einigen dazu dient, um mehr Sauerstoff von der Luft einzuhauchen.“[80]

---

76 *Schmidl,* Wien und seine nächsten Umgebungen, 7. Aufl., 1858, S. 207.

77 *Schmidl,* Wien und seine nächsten Umgebungen, 7. Aufl., 1858, S. 66.

78 *Mekarski,* Notizen über Gymnastik, 1831, S. 137.

79 *Wildberg,* Hygiastik, 1826, S. 251, 253.

80 *Liechtenthal,* Ideen zu einer Diätetik für die Bewohner Wiens, 1810, S. 114 f.

Zitierte Puristen und Enthusiasten, die das Baden und Schwimmen im freien Gewässer als natürliche Krankheitsprophylaxe und physiotherapeutische Intervention besonders aufgrund des unverfälschten, unmittelbaren, direkten Kontakts mit Wasser, Luft, Licht und Sonne ansehen, können sich mit ihrer Ablehnung jeglicher Badebekleidung nicht durchsetzen. Selbst gemäßigte Befürworter des Freiluftbades, die nicht bis zur völligen Nacktheit gehen wollen, haben gehörige Mühe, müssen sich schon einiges einfallen lassen und kommen nicht umhin, das Unheil des Ertrinkens zu beschwören, um die weitverbreiteten „sittlichen Bedenken" gegen die neue Hygiene- und Reproduktionspraxis am Fluß zu zerstreuen.

„Man verbiethet das Baden im Freien, weil man es für unanständig und unsittlich hält. Dieß hat seine Richtigkeit, wenn man sich ganz nackend auf einem Platze, wo man den Augen des Publikums ausgesetzt ist, badet. Es ist aber nicht nothwendig, daß man sich beim Baden ganz entblößt, weil man sich auch in den Kleidern im Schwimmen üben kann. Unsere Kleidungsstükke bestehen meistens aus Stoffen, die spezifisch leichter als das Wasser sind. Man kann sich daher besondere Schwimm-Kleider anschaffen. [. . .] Sehet hin ihr strengen Moralisten, wie dort eine Unglückliche vor der Leiche ihres ertrunkenen Gatten, der ihre einzige Stütze war, da steht, . . . Blicket dorthin, ihr Engherzigen, wie da ein Vater um seinen ertrunkenen Sohn, der seine einzige Hoffnung war, die Hände verzweiflungsvoll ringet, . . . Wenn Eltern und Lehrer den Kindern das Baden nicht verbiethen, sondern dieselben an gefahrlose Badeplätze führen möchten, wo sie sich unter ihrer Aufsicht in Schwimm-Kleidern mit den verschiedenen Hülfsmitteln im Schwimmen üben könnten, so würden sie keine geheimen Oerter zum Baden suchen, und daher nicht verunglücken."[81]

Auf einer von Franz Wolf „nach der Natur gezeichneten" und sorgfältig mit der Hand kolorierten Kreidelithographie aus dem Jahre 1833 ist, wie kaum sonstwo, der biedermeierliche Damenschwimmbetrieb im vor neugierigen Blicken vollends abgeschirmten Freiluftbassin des Ferdinand- und Marienbades zu sehen. Laut behördlich sanktionierter Badeordnung ist dort das Schwimmen „. . . nur in einer Kleidung gestattet, wodurch der Körper vom Hals bis auf den halben Schenkel gänzlich bedeckt ist".[82] Schenkt man dem Realis-

81 *Burian,* Nexeologie, 1841, S. 90–92.

82 Ordnung in der Schwimmschule für das weibliche Geschlecht 1831, k. k. Polizei-Ober-Directions-Akten, Karton Nr. 17, Niederösterreichisches Landesarchiv.

musanspruch des Bildes Franz Wolfs Glauben, hält sich die zur Schau getragene Schwimmode der Frauen jedoch nicht gerade außergewöhnlich streng an die Satzungen. Es steht allerdings zu vermuten, daß das Kunstwerk nicht frei von einem gewissen Quantum sexueller Wunschprojektion ist. Eine kostümhistorische Beschreibung des subjektiven Blicks des Malers Franz Wolf auf das von der Außenwelt hermetisch abgeschlossene Badeleben in der legendären Wiener Damenschwimmschule liest sich wie folgt:

„In starkem Gegensatz heben sich von den alles verhüllenden Kleidern der Besucher/innen die geradezu einfachen und für jene Zeit daher freien Badeanzüge der Schwimmerinnen ab. Was beide verbindet, ist lediglich die Farbenpracht; der Badeanzug aber weist eine sehr reduzierte Stilisierung des Schnittes des Straßenkleides auf. Er ist vermutlich aus Baumwolle, mit Längs- oder Querstreifen, aber auch Karomustern, in der Taille durch ein Band wohl zweigeteilt, jedoch der natürlichen Linie ohne Korsettzwang angepaßt. Die enge, aber nicht anliegende Hose reicht knapp über das Knie uns ist dort von einem durchgezogenen Band festgehalten, so daß die nackte Wade sichtbar wird. Die Füße sind bloß, ohne Strümpfe und Badeschuhe. [. . .] Das Leibchen, das Schulter- und Brustpartien sehr weitherzig freigibt, ist ebenfalls mit einem Bändchen an seinem oberen Ende, das mit schmalen weißen Spitzen besetzt ist, gezogen. Die Ärmel sind sehr kurz und lassen fast den ganzen Arm frei . . . Verschiedenheiten im Schnitt sind auf dem Bilde nicht zu bemerken. Unterschiede bestehen nur im Muster und in der Farbe. Alle Schwimmerinnen tragen die gleiche Haube aus gelbem Stoff, die, mit einem Maschenbande versehen, die hohe Lockenfrisur schützt. Die Haube sitzt sehr hoch, so daß sie das ganze Gesicht mit dem in der Mitte geteilten Haaransatz freigibt. Die Haube bildet mit dem Badeanzug stilistisch eine Einheit . . .“[83]

Da sich über die Damenbadeanzüge der 1830er Jahre nichts in zeitgenössischen Modejournalen findet[84], kann angenommen werden, daß sie von der Badeanstalt zur Anfertigung in Auftrag gegeben und den Besucherinnen leihweise zur Verfügung gestellt werden. Darauf deutet auch die Einheitlichkeit des Schnittes hin. Die einzelnen Badekostüme, wie sie auf Wolfs Lithographie zu sehen sind, unterscheiden sich lediglich in Größe, Farbe und Dessin. Leider ist kein frühes Originalkostüm erhalten, wie Bademode selbst aus dem

83 *Kaut,* Modeblätter aus Wien, 1970, S. 74.
84 *Kaut,* Modeblätter aus Wien, 1970, S. 78.

späteren 19. Jahrhundert nur selten und sporadisch mit längeren zeitlichen Lücken überliefert ist.

Männer erlauben sich, in öffentlichen Flußbädern zur Zeit des Biedermeier noch eine kurze Schwimmhose ohne Trikot zu tragen, was allerdings im späteren Verlauf des Jahrhunderts unschicklich und „unsittlich" wird, obwohl ohnehin wie von Anfang an auch weiterhin natürlich nur getrenntgeschlechtlich gebadet werden darf. Jene Männer oder Burschen, die vorerst mehrheitlich wohl in Unbefangenheit, manche aber durchaus in provozierender Absicht, das sittliche Gebot der Zeit nach Badebekleidung mißachten, werden zunehmend vom Bademeister (noch nennt man ihn „Badediener") „zur Vernunft", und wenn dies nichts fruchtet, von der Polizei hinter Gitter gebracht.

Von der sich im späten 18. und frühen 19. Jahrhundert illegalerweise außerhalb offizieller Flußbäder im freien Gewässer erfrischenden und belustigenden Plebs denkt kaum noch jemand freiwillig und ernsthaft daran, sich extra Schwimmkostüme anzufertigen und zum Baden mitzubringen. Viele vermögen dies schon aus ökonomischen Gründen nicht. Anhand einer Fülle Quellenmaterials kann deutlich belegt werden, wie sich im Laufe der Neuzeit das Tragen von Badebekleidung erst sehr langsam, ausgehend von mondänen Kur-, Thermal- und Wildbädern, forciert von Kreisen der gesellschaftlichen Elite, schließlich durch Druck des Establishments, habitualisiert.[85]

In Berichten über Schwimmschulen und Bäder fällt auf, wie ausführlich und penibel über die vorgeschriebene Schwimmbekleidung berichtet wird. Wohl unter anderem deswegen, weil die mühsam erworbene Popularität der Flußbäder nicht wieder aufgrund der allgemein vorrückenden Scham- und Peinlichkeitsschwellen bezüglich Nacktheit und körperlicher Entblößung gefährdet werden soll. Erst „. . . wenn der Schüler nicht mehr entkleidet, bereits die Schwimmhosen angezogen hat (ohne welche hier niemand schwimmen darf, und die aus einem leinernen Beinkleid, das bis auf die halbe Lende reicht, bestehet), läßt ihn sein (Schwimm-)Meister ans Geländer treten . . ."[86], heißt es in Moralapostel beschwichtigender

85 Vgl. etwa: *Martin,* Deutsches Badewesen, 1906, S. 261 ff.

86 *Flammenstern,* Die Militär-Schwimm-Anstalt im Prater, in: Vaterländische Blätter, Nr. 63, 1813, S. 374.

Absicht in einer frühen Reportage über die k. k. Militärschwimmschule im Wiener Prater. Dortselbst erfahren (be)herrschende Sittlichkeitscodes der Zeit, die völlige Nacktheit beim kollektiven Baden und Schwimmen mit dem erklärten Ziel der Verhinderung von subversiven, „ordnungszersetzenden" Unsittlichkeiten kategorisch ausschließen, exakte Festschreibung. Verlangt wird

„... eine weite Schwimmhose, welche aus ungebleichtem Cannevaß verfertigt wird; sie reicht fast bis in die Mitte der Schenkel, und über die Hüften hinauf, wo sie gleich einer ungarischen Unterhose durch ein Band, welches in einem Zugsaum läuft, befestiget wird. Der Schlitz, der sich vorn befindet, darf nicht tiefer als 1 Zoll [ca. 3 cm] angebracht werden."[87]

Beim Frey-Bad, jener mit Pfählen und Seilen gesicherten, offenen, für die männliche Allgemeinheit kostenlos zugänglichen Badestelle donauabwärts der k. k. Militärschwimmschule am Praterdamm, existiert bald eine von der Niederösterreichischen Regierung eingerichtete Wäscheleihanstalt, die entsprechend zulässige Badehosen bereithält.

„In dieser Beziehung bleibt es zwar Jedermann frey gestellt, sich eigener Badehosen zu bedienen. Jenen aber welche diese nicht mitbringen, biethet die ... Wäsch-Leihanstalt die willkommene Gelegenheit dar, sich mit der nöthigen Badewäsche um den von dem Inhaber dieser Anstalt ohnehin in jedem Jahre bekannt gemachten Entgeld zu versehen."[88]

Dieses staatliche „Sittlichkeits-Service" müssen die meisten in Anspruch nehmen, denn das Publikum des Frey-Bades gehört zum überwiegenden Teil zu jener großen Mehrheit der Bevölkerung Wiens, die beständig hart am untersten Subsistenzniveau lebt und sich tatsächlich schwerlich eigene Badehosen leisten kann. Darunter gibt es stets etliche, die selbst die geringste Ausgabe scheuen müssen oder ganz einfach nicht zu tätigen in der Lage sind.

„Diejenigen Personen, welche keine eigenen Badehosen mitbringen, und den entgeldlichen Gebrauch einer solchen Hose nicht zu bestreiten vermögen, werden von dem Inhaber der erwähnten Wäsch-Leihanstalt innerhalb des für diesen Zweck zum Aus- und Anziehen eigens eingeplankten Raumes

87 *Heinitz,* Unterricht in der Schwimmkunst, 1816, S. 33.

88 Circulare vom 21. 4. 1831, k. k. Polizei-Ober-Directions-Akten, Karton Nr. 17 (1-72000), Niederösterreichisches Landesarchiv.

mit einer Badehose gegen ordnungsgemäße Zurückstellung unentgeldlich versehen werden.“[89]

Nicht nur in Form polizeilicher Überwachung, exekutorischer Maßnahmen, juridischer Verfahren und strafrechtlicher Ahndung bezüglich unerlaubter Nacktheiten, sondern auch in Form von für Unbemittelte kostenlosen „Badehosenzwangsbeglückungen“ lassen sich Staat und steuerzahlende Eliten die Aufrechterhaltung von Sittlichkeitsnormen, die Einhaltung von Bedeckungsvorschriften, die Prolongierung des Nacktheitstabus und die Verhinderung unkontrollierter körperlicher Entgrenzungen einiges kosten.

Durchsichtige Gewänder, enganliegende Beinkleider

Das Biedermeier liefert zur Genüge Beispiele vornehmlich durch rigide Sexualmoral hervorgerufener Lebensäußerungen, Attitüden, Alltagsgepflogenheiten und Reaktionsweisen, die gleichzeitig auch die Ambivalenz des Nacktheitstabus andeuten. Zunehmend an Aktualität gewinnt die dann im weiteren Verlauf des 19. Jahrhunderts bis zum Eklat getriebene, bis zur Hysterie gesteigerte Auseinandersetzung um Kleidermoden, um körperliche Bedeckung und Entblößung, um „Nacktheiten“ und um damit unweigerlich verbundene Fragen der sittlichen Akzeptanz der öffentlichen Freiluftbade- und Schwimmkultur.

Etwa bewerten DIE EINEN – ganz im Geist der Aufklärung – bestimmte neue Moden und Verhaltensweisen nach deren Beitrag und Funktionswert für die Realisierung einer natürlicheren Lebensweise:

„Im vorigen Sommer suchten sich zwei liebenswürdige Schwestern dem Zustande der Natur in dem Maße zu nähern, daß sie weiße leichte, durchschimmernde flordünne Kleider und darunter keine Hemden trugen: Und so ihre Straßenpromenade am hellen Mittag machten. Ganz Wien fast war entzückt über die Naivität der schönen Mädchen . . .“[90]

89 Circulare vom 21. 4. 1831, k. k. Polizei-Ober-Directions-Akten, Karton Nr. 17 (1-72000), Niederösterreichisches Landesarchiv.

90 Wien wie es ist, 1827, S. 319.

Das Entzücken kann sich allerdings nicht über die Schwellen der Polizeiwachstuben fortpflanzen, und die „Zwei Wiener Grazien" (wie sie genannt werden und wonach sogar ein neues Kleidermodengeschäft benannt wird) werden bald arretiert[91], wodurch sich DIE ANDEREN, die bereits gemäß spätromantischer Sittlichkeitsstandards empfinden, körperliche Freizügigkeiten kritisieren und sich offenbar zunehmend in der „moralischen Mehrheit" befinden, in ihrer Ablehnung bestätigt finden.

Gegen die „Unmoral" der (neo)klassizistischen Kleidermode führt bereits zu Beginn des 19. Jahrhunderts der Hofprediger Johann Donat Holzmann physiologische Scheinargumente ins Treffen.

„In einem so veränderlichen Klima als das unsrige ist, will man mit Gewalt den atmosphärischen Einwirkungen und der Witterung trotzen; will – wie man sagt, sich abhärten, und lebt und kleidet sich italiänisch in Wien, wo man nicht selten die Kälte von Petersburg zu ertragen hat! Die leichte – man darf sagen – die n a c k t e Kleidung, in welcher unter dem Namen der griechischen unsere Frauenzimmer einhergehen, kann unmöglich anders, als den Grund zu einer schwächlichen Generation legen, und zu spät wird man erkennen, daß die Begierde zu gefallen die Augen über die Gefahr der Mittel verblendete."[92]

Und noch einmal mehr strapaziert Holzmann das Vorbild der klugen und vorgeblich (jedenfalls laut Tacitus sehr subjektiv gefärbten Schilderungen) so außergewöhnlich keuschen Germanen.

„Die alten Deutschen, die man so gerne in der Festigkeit ihrer Gesundheit erreichen möchte, kleideten sich ihrem damals noch rauherem Klima gemäß, trugen die Häute der Bären, die sie selbst erlegt hatten, bis in den tiefen Sommer hinein, und legten ihre Wamse und Pelzmützen nur ab, um sie bey eintrettenden Herbste wieder zu ergreifen. – So wenig wir ihnen Aufklärung zutrauen, so viel mehr Klugheit besassen sie. Sie würden es für Thorheit gehalten haben, in einem Lande nackend herum zu laufen, in welchem die Natur selbst die Thiere im Winter mit einem doppelten Pelze bekleidet . . ."[93]

Zeitgenössische Ärzte schwanken zwischen dem Einstimmen in den Klagechor der Moralbeflissenen angesichts des „Sittenverfalls" und dem Versuch, sich mit medizinisch-physiologischer Beweisführung

91 Wien wie es ist, 1827, S. 319.

92 *Holzmann,* Der Wasserfreund, 1805, S. 76.

93 *Holzmann,* Der Wasserfreund, 1805, S. 77.

über die gesundheitliche Gefährdung Klarheit zu verschaffen. Manchen gelingt das Kunststück, beides auf argumentativer Ebene zu verknüpfen. Doktor Wertheim etwa fordert darüber hinaus die Erweiterung polizeilicher Befugnis und promptes polizeiliches Eingreifen. Es soll

„. . . die Gesundheits-Polizei berechtigt [sein] keine neuen Moden zu gestatten, oder doch wenigstens verpflichtet [sein], vor solchen öffentlich zu warnen, die entweder dem Klima nicht angemessen sind, oder mit der zu verdrängenden Mode in einem für die Gesundheit schädlichen Widerspruche stehen. Wie schädlich sind nicht jene Kleidertrachten, welche selbst die empfindlichsten Theile unseres Körpers gegen die Eindrücke der äußeren Luft nicht gehörig beschützen, oder ganz und gar entblößt lassen. Die auf solche Art gehinderte Ausdünstung der Füsse, z. B. des Bauchs, der Brüste, u. s. w. verursacht nicht selten Fieber, Entzündungen, Rheumatismen; etc. [. . .] Aber auch die Moralität, die in einer so volkreichen Stadt, wo das Sittenverderbnis ohnehin gewöhnlich einheimisch zu seyn pflegt, so sehr beachtet werden sollte, auch ihr sprechen manche unserer Kleidungsstücke Hohn; die ganz durchsichtigen Gewänder der Damen, und die an den Lenden fest anliegenden Beinkleider der Männer . . .“[94]

Auch um in erster Linie medizinisch-sachliche Argumente gegen körperliche Entblößungen bemühte Autoren können ihre moralische Entrüstung als Ursprung und Entstehungszusammenhang ihres Impetus zum publizistischen Feldzug gegen körperliche Nacktheit [vor allem der von Frauen] nicht ganz verhehlen.

„Abgerechnet . . . daß es für ein Frauenzimmer ebensowenig anständig ist, ihre Schulterblätter als ihre Brüste öffentlich zu entblößen, so muß doch das Entblößen des Rückens noch ungleich schädlicher seyn, als das der Brüste, denn gerade nach der Länge des Rückgrades dünstet der Mensch stark aus, und wird die Ausdünstung unterdrückt und durch kalte Luft zurückgedrängt, . . . wird die Entzündung durch Erkältung entstehen . . . Kein Wunder, daß man auf eine solche Erkältung einen schnellen Tod erfolgen sah.“[95]

Der zwischen polizeilichem Einschreiten, kollektivem Sittlichkeitsempfinden und der Novellierung von Straf- und Gesetzesrecht bestehende wechselseitige Einfluß dynamisiert sich in den darauffolgenden Dezennien so sehr, daß die Sexual- und Sittenmoral der

94 *Wertheim,* Medicinische Topographie von Wien, 1810, S. 113 f.

95 *Fleckles,* Die herrschenden Krankheiten des schönen Geschlechts, 1832, S. 106.

Gesellschaft bis zur Wende zum 20. Jahrhundert ausgesprochen repressiv und für alle Schichten gleichgeschaltet ist. Retrospektiv wird dann mit der Freizügigkeit der frühen Biedermeiermode hart ins Gericht gegangen.

„. . . die Tendenz, die die revolutionäre Frauenmode verfolgte, sich möglichst unverhüllt in aller Öffentlichkeit zeigen zu können, wurde vollständig erreicht. Nicht bloß in Kleidern nackt zeigte man sich, sondern seine Nacktheit überhaupt. Und zwar handelte es sich dabei um eine pointierte schamlose Nacktheit. [. . .] . . . indem man eben auf alles bis auf das Hemd verzichtete und dieses zu einem Mousselinüberwurf gestaltete. [. . .] . . . zu dem einzig übriggebliebenen Mousselinhemd verwendete man obendrein ein möglichst durchsichtiges Gewebe, so daß dadurch selbst die intimsten Reize der Neugier erkennbar waren. In der Art, wie man aber den nackten Körper noch außerdem schmückte, unterstrich man die erotische Wirkung dieser Reize. [. . .] Und so zeigte man sich . . . selbst auf der Straße. Derart entkleidet, ging man zur Augenweide aller Männer stundenlang auf den öffentlichen Promenaden spazieren.“[96]

Wie immer medizinisch-physiologisch, sexualmoralisch oder mit kulturellen Traditionen begründete Bekleidungssitten enthalten erhebliche gesellschaftsnormierende und soziokulturelle Aussage- und Zeichenkraft bezüglich des menschlichen Körpers. Routinemäßige Gewohnheiten und gesellschaftliche Normierung verleihen den öffentlichen Bekleidungs- und Bedeckungsgewohnheiten mehr oder weniger verbindlichen Charakter. Wer diese verletzt, vergeht sich gleichzeitig gegen die Wirklichkeitsbestimmungen seiner sozialen Umwelt, denn er greift damit jene umfassenden Bereiche der symbolischen Sinnwelt an, die menschliche Sexualität normieren und kontrollieren. Die Infragestellung oder Nichtbeachtung aktueller Wirklichkeitsbestimmungen hat empfindliche gesellschaftliche Sanktionen zur Folge.

Prostitution am Wasser

1812 will der Wiener Magistrat mit einer Verordnung der illegalen Badeprostitution zu Leibe rücken.

96 *Fuchs,* Illustrierte Sittengeschichte, 1912, S. 192–195.

„Badehäuser: Magistrat macht das Grundgericht aufmerksam, damit nicht verschiedene Geschlechter in einem Zimmer zugleich baden".[97]

In den Anfangszeiten der neuen Badegepflogenheiten draußen vor den Toren der Stadt schreibt man die Schuld für diverse dabei auftretende Unsittlichkeiten (vor allem die Überschreitung der Sexualnormen) gerne der Macht der geschlechtlichen Versuchung sowie den Animations- und Verführungskünsten geldgieriger Freizeitunternehmer zu.

„Pfiffige Wirthe waren . . . nicht müßig, und machten Spekulation auf die Beutel der Badegäste; sie veranstalten Bälle, halten anlockende reizende Mädchen; haben Erfrischungen aller Art . . .; es wird geschmauset, gespielt, gelärmt, geschwärmt und getanzt bis tief in die Nacht, und so endiget sich in vielen Städten bei den Badeanstalten auf den Flüssen fast jeder Tag."[98]

Bald wird indessen dem einzelnen Badegast ein gewisses Maß an Eigenverantwortlichkeit übertragen.

„Andere bleiben dann abends, durch Gesellschaft beredet, im Badehaus oder auf dem Badeschiffe beim Souppee, schwärmen, spielen, tanzen und schaden sich mehr, als sie durch das Bad gutgemacht haben, in welchen Fehler Jünglinge und andere lustige Brüder gern verfallen."[99]

In jedem Fall sähen die Kritiker die neuen Bäder lieber geschlossen. Sie registrieren mit Genugtuung jedes zu Fall gebrachte Flußbadeunternehmen.

„In einer Stadt wurden die Ausschweifungen unter den Badegästen so auffallend, daß sich die Geistlichkeit darein mischte und es dahin brachte, daß die Badeanstalt aufgehoben wurde."[100]

Libidinöses Streben nach Lust am Wasser beinhaltet sowohl trieb- als auch kulturbedingte Bedürfnisse nach erotischen, sexuellen Spannungen und Befriedigungen. Dieses Streben ist in Flußbädern und in den rings um sie wuchernden Donauauen an der Peripherie Wiens von den aktuell gültigen Verhaltens-, Umgangs- und Sittennormen und nicht zuletzt von Herrschaftsformen, -strategien und -techniken (sowie deren Mittel zur Machtdurchsetzung) geprägt.

97 Hauptregistratur Q 13, 20.858/1812, Wiener Stadt- u. Landesarchiv.
98 *Zwierlein,* Ueber die neuesten Badeanstalten in Deutschland, 1803, S. 18.
99 *Zwierlein,* Ueber die neuesten Badeanstalten in Deutschland, 1803, S. 21.
100 *Zwierlein,* Ueber die neuesten Badeanstalten in Deutschland, 1803, S. 21.

Was seine triebbedingte Komponente anbelangt, erweisen sich professionelle Prostitution und erotische, sexuelle Kontakte ohne deklariertes Geschäftsverhältnis als nicht immer scharf abgrenzbar. Am jährlichen mehrere Tage hindurch stattfindenden vormärzlichen „Sankt Brigitten-Kirchtag“ in der von Donauarmen, Bächen, Weiher, Tümpel und Rinnsalen durchsetzten Brigittenau, einem nordöstlich der Stadt gelegenen Augebiet, kommt es hierin mit großer Wahrscheinlichkeit zu fließenden Übergängen.

„Am Morgen des Festes selbst ziehen Scharen an Scharen . . . nach der Au . . . Kaum ist der Mittag vorüber, so sieht man das Publicum auf allen Straßen Wiens in Bewegung; zu Wagen, zu Pferde, zu Fuß drängt sich alles vorwärts nach der Lustau, sehr bald in einem dicken Staubnebel eingehüllt; dichtes Gedränge ist auf den Brücken über die Donau zu schauen, die Schiffe der Überfuhr sind beinahe mit Menschen überladen . . . mühsam drängen sich die Scharen . . . und bald zerstreuten sie sich in die weiten Ebenen . . . die Sczenen der Lust zu schauen . . . und selbst dicht an der ehrwürdigen Stätte der Capelle über den Pestgräbern bewegt sich das Volk im munteren Reigen . . .“[101]

Daß bei diesem Massenfest[102] der sexuelle Impetus des Eros an der Donau durchaus dominiert, läßt sich aus den Kommentaren der Wiener Weltreisenden Ida Pfeiffer erahnen, die „. . . ein Volksfest im Orient einem Volksfest in unseren noch so hoch gebildeten Staaten vorziehen . . .“ will, denn dorthin möchte sie „. . . jedes Mädchen führen, was [sie] aber in Wien zum sogenannten Brigitten-Kirchtag wohl unterlassen würde“.[103]

Die moralischen Bedenken sittenstrenger Bürger und Bürgerinnen beziehen sich nicht nur auf das Fest selbst, sondern schließen sein räumliches Umfeld, die Stromlandschaft, mit ein. Erbost registrieren sie, daß dort eine Dienstleistung besonderer Art verkauft und offenbar massenweise von zügel- und skrupellosen Männern nachgefragt wird.

„Wenn es abends dunkelt, sind sämtliche Alleen, das Glacis, die Ufer des schmutzigen Wienflusses, der Prater, die Brigittenau, der Strand der Do-

101 *Weschel,* Leopoldstadt bey Wien, 1824, S. 550.

102 Siehe etwa: *Groppenberger,* Geschichte des unteren Werd, 1812. Oder: *Weschel,* Leopoldstadt bey Wien, 1824. *Groppenberger* berichtet von 40.000 Besucher/innen.

103 *Pfeiffer,* Reise einer Wienerin, 1844, S. 249.

nau . . . mit diesem Ungeziefer förmlich bedeckt [Der Autor meint mit ‚Ungeziefer' denunzierend explizit männliche Unterschichten: Arbeiter, kleine Handwerker, Taglöhner, Dienstboten, Marktfahrer etc.; Anm. d. Verf.]; ihnen folgen Schwärme der gemeinsten Hetären, welche oft nur die vorübergehenden locken, um sie dann von einer Bande Strichbuben ausblündern zu lassen."[104]

Letzterer Umstand stellt sich für andere nicht ganz ob der Virilität ihrer Geschlechtsgenossen verständnislose Anwälte der Sittlichkeit als unerhörte kriminelle Täuschung verbunden mit ernsthafter physischer Gefährdung dar, wovon sie zu berichten und wovor sie eindringlich zu warnen sich verpflichtet fühlen.

„So wurden häufig in den fünfziger Jahren [des 19. Jahrhunderts; Anm. d. Verf.] in den Auen, die an den Prater angrenzen, und überhaupt in dem waldigen Theil der Umgebung Wiens Männer von jungen, oft kaum sechzehnjährigen Mädchen angelockt, in das Dickicht hineingezogen . . . Der Betreffende eilte ihr nach, aber in der Tiefe des Waldes harrten seiner zwei bis drei von den Strolchen, die ihn dann seiner Habseligkeiten beraubten."[105]

Mit fortschreitendem Jahrhundert nimmt in den Augen moralbeflissener Beobachter der allgemeine „Sittenverfall" sukzessive zu. Ihrer Meinung nach hat die Journalistik an der schändlichen Misere und Gefährdung der Gesellschaft maßgeblichen Anteil.

„Schafft sie bloß Material für die Neugierigen herbei, glaubt sie ihrer Aufgabe zu genügen, wenn sie ihren Lesern nur stets Futter vorwirft, sie mit Klatschereien versorgt, durch sogenannte pikante, das heißt frivole Artikel unterhält, nur das sagt, was dem gemeinen Haufen gefällt, . . . dann verdient sie den Vorwurf, . . . daß sie eine Versimpelungsanstalt des Volkes sei, dann hat sie sich von ihrer Höhe herabziehen lassen, dann ist sie höchstens ein mehr oder minder rentables Geschäft, als welches sie hie und da auch von gewissen Redacteuren betrachtet wird."[106]

Etwa empören Zeitungsannoncen wie die eines Badeunternehmers namens Pulchrin, der darin die sexuelle Verführungskraft des Bades andeutet.

---

104 *Tuvora,* Briefe aus Wien, Bd. II, 1844, S. 243.
105 *Schrank,* Die Prostitution in Wien, Bd. 1, 1886, S. 378.
106 *Reinhold,* Gefahren für die Sittlichkeit, 1868, S. 24.

„Namentlich müßte nach dieser Hinsicht eine größere Auswahl in der Aufnahme von Inseraten gefordert werden. Ein halbwegs anständiger Redacteur sollte es z. B. mit seiner Ehre für unverträglich halten, freche Inserate wie das des Pulchrin anzunehmen, das in zwei Zeichnungen eine Prostituierte im Bade zeigt, die nach dem Bade sogleich – mit Erfolg natürlich – Männer in ihre Netze zieht. Und dergleichen ist in vielen Zeitungen und an allen Straßenecken zu sehen."[107]

Beim verstärkt einsetzenden Kampf der Gesellschaft um Erhalt und Festigung der bestehenden Sittenordnung tut sich die Wiener Polizei hervor. Eindämmung, Kontrolle und Verhinderung der Prostitution in Wien und Umgebung sowie die damit zusammenhängende Überwachung der Bade- und Flußbadeanstalten in den relativ abgelegenen, dennoch stadtnahen Augebieten der Stromlandschaft werden zu einem wichtigen Anliegen. Gerade die Angst vor der schwer nachweisbaren und unschwer kaschier- und verdeckbaren Badeprostitution ist groß. Der im Interesse von Behörden und kommunalen Vertretungen um die Lösung der zum Ende des 19. Jahrhunderts in „vielen Großstädten Europas existierenden Prostitutionsfrage" bemühte „k. k. Polizeiärztliche Functionär, klinische Assistent etc." Dr. Josef Schrank stellt 1877 immerhin erleichtert fest, daß es den Hütern des Gesetzes immer besser gelinge, bislang gebräuchlichen, „viel zu lockeren Sitten und Ärgernis erregenden Verhaltensweisen" einen Riegel vorzuschieben.

„Die Benutzung der Badeanstalten für die Zwecke der Prostitution ist trotz der polizeilichen Überwachung dieser Anstalten eine zuweilen vorkommende Erscheinung in Wien. [. . .] Meist wird von einer oder mehreren in der Anstalt bediensteten Badedirnen, ohne Wissen des Badeinhabers, in den Cabinen mit den zum Baden kommenden Männern Prostitution getrieben. Seltener kommt es in Wien vor, dass Männer prostituierte Frauenzimmer mit sich in die Badeanstalt nehmen, solche dort für ihre Frauen ausgeben. Da in Wien die Polizei ein ganz besonderes Augenmerk auf die Bade-Anstalten richtet, dass dasselbst nicht vorkömmt, was gegen die Sitten verstösst, so finden solche Ausschreitungen gegen die Sittlichkeit äusserst selten statt."[108]

Prostitution und gegen Sexualnormen verstoßende körperliche und geschlechtliche Entgrenzungen in Wiens Donaulandschaft sind aber

107 *Reinhold,* Gefahren für die Sittlichkeit, 1868, S. 25.

108 *Schrank,* Die Prostitution in Wien, Bd. 1, 1886, S. 369.

trotz im Laufe des vorigen Jahrhunderts drastisch zunehmender „Sittenstrenge", herrschaftlicher Kontroll- und Überwachungsmöglichkeiten sowie äußerst erfindungsreicher Sexualdisziplinierungstechniken in Erziehung, Militär und Bildungseinrichtungen à la longue nicht so einfach per Gesetz und Vollzugsorgane gänzlich abzustellen. Im Gegenteil, sie mehren sich in dem Maße, als innerstädtisches öffentliches Terrain sukzessive zur absoluten Tabuzone für Nacktheit, Sexualität und Körperlichkeit wird und deren Abdrängung in die städtischen Randzonen einsetzt. Die Tradition unkontrollierter Sexualität in Wiens Donauauen ist sprichwörtlich, ihr subversiver Charakter hält an – er reicht bis in die Mitte unseres Jahrhunderts.

Die Öffnung des Raumes

Natur hautnah

„Das, was wir für Natur und natürlich halten, ist gesellschaftlich relativ und unterliegt historischer Veränderung. Die Forderung nach der Natur ist nicht zufällig, sondern sie entspricht verbreiteten Bedürfnissen, die in der modernen Gesellschaft seit 200 Jahren rhythmisch (regelhaft?) hervortraten.“[1] Ende des 18. Jahrhunderts erfaßt eine bestimmte, anfangs numerisch unbedeutende Gruppe der Wiener Bevölkerung emphatische, schwärmerische Natursehnsucht. Diese ist von mehreren Strömungen getragen und findet bis in den Vormärz erhebliche Verstärkung und Verbreitung. Anteil daran haben: die deutsche Naturphilosophie; die Agitation und Praxis von Ärzten, Wundärzten und Badern mit holistischen, makrobiotischen Anschauungen (bei gleichzeitiger allgemeiner Tendenz des Rückganges der „Schule“ in der Medizin); aufgeklärte, philanthropische Pädagogen, Schulmeister und Erzieher; Angehörige der Freimaurerlogen, die die Aufklärungsphilosophie popularisieren und verbreiten; Werke der Sturm- und Drangperiode der deutschen Literatur, die im „Wertherfieber“ (wovon auch Wien ergriffen ist) ihren höchsten Wirkungsgrad erreichen; nicht zuletzt die vaterländisch-patriotische Gymnastik- und Turnbewegung (in der sich völkischer Nationalismus Bahn zu brechen beginnt), die die einseitige „Verstandeskultur“ vorerst durch wilde Spiele und animalische Kraftübungen, bald durch gewitzteres Körpertraining außerhalb urbaner Ballungszentren inmitten von Wasser, Wiese, Wald und Feld zu überwinden trachtet.

Gemäß dem nicht selten eher sentimentalen und schwermütigen als freudigen und optimistischen Wunsch nach natürlicher Lebensweise tun Menschen erst Naheliegendes, nämlich sich dieser anzunähern, indem sie sich selber hinaus aus Stadt, Wohnung, Kanzlei,

---

1 *Eichberg*, Historische Relativität der Sachen, 1984, S. 144.

Kontor, Werkstatt, Manufaktur oder Fabrik in die naturbelassene Landschaft begeben.

„. . . die heiße Sehnsucht ins Freye, die alle Menschen, welche an eingesperrten Orten leben und arbeiten müssen, unaufhörlich treibt; all dies sind Fingerzeige der Natur, wodurch sie den Menschen zum Aufenthalt in der freyen reinen Luft auffordert . . .“[2]

Der Rekurs auf klassische Argumente der Aufklärung („Fingerzeige der Natur“) ist typisch für das Biedermeier. Aus mentalen Verarbeitungsformen der Wahrnehmungen, Eindrücke und Empfindungen von unbarmherzigen, entfremdenden, desorientierenden, bald sämtliche Sozialschichten erfassenden städtisch-industriellen Arbeits- und Lebensbedingungen erwachsen Sehnsüchte nach Ruhe, Überschaubarkeit, Einheit, Frieden, Sicherheit, aber auch nach Romantik entrückter Idyllen, nach phantastischer, mystischer Verzauberung, nach Spiritualität – nach unverfälschter, reiner Natur. Und unmittelbar in der nächsten Umgebung, gleich vor den Toren der Stadt will diese jetzt gefunden und sich angeeignet werden.

„Schon steht ihr am Eingang jenes Gartens
Den Kaisermacht urplötzlich hat geschaffen
Und Kaisersinn mild Allen hat geöffnet. [. . .]
Von hehrem Selbstgefühle durchgedrungen,
Des innern Werths sich deutlicher bewusst.
Lustwandelt ihr nun durch die hohe Pforte
Und aufgethan ist euch des Gartens Pracht. [. . .]
Führt ernst euch weiter zu dem lichten Ausgang,
Und nun liegt aufgethan vor eurem Blicke
Der bunten Au'n romantisches Gewimmel. [. . .]
Mit scheuem Staunen wandeln längs dem Damme
Die Freunde leise fort; denn ihrem Blick
Sind Wunder aufgethan, die nur in Träumen
Die rege Phantasie sonst pflegt zu gaukeln.
Die fernen Südsee wonnevolle Zauber,
Tahitis Edensflur scheint ausgebreitet
Dem trunknen Sinn wundervoll zu lächeln.“[3]

2 *Mekarski,* Notizen über Gymnastik, 1831, S. 62.

3 *Fröhlich,* Wiens Umgebungen, 1805, S. 15 f.

Die vom Erlebnis eines Spazierganges durch Augarten, Brigittenau und Prater längs des Fahnenstangenwassers inspirierten Zeilen eines in Vergessenheit geratenen Wiener Poeten bringen nahezu unverschlüsselt Emotionen, Gefühlslage und libidinöse Objektbesetzung sowie modische Attitüden zwar aufgeklärter, gleichermaßen jedoch romantisierender Zeitgenossen zum Ausdruck. Nicht zufällig schreibt etwa der junge Nikolaus Lenau zur Zeit seines Aufenthaltes in Stockerau zwischen 1818 und 1822 bei Wanderungen durch die ausgedehnten Donauauen seine erste Naturlyrik. „Naturschwärmereien, die unter anderen Umständen als sektiererhaft erschienen wären, konnten zeitweilig aufgrund einer verbreiteten Sensibilität gesamtgesellschaftlich Gehör finden . . .“[4], wenngleich sie in ihrer Funktion als Subkultur in anschließenden Phasen des Abschwunges mitunter gänzlich verschwinden oder in ein isoliertes Sektendasein zurücksinken.

Draußen in der Natur dominiert allmählich die Pragmatik unmittelbar physischer Bedürfnisbefriedigung.

„Schatten! Schatten! ist das wirklich heißersehnte Ziel der Städter, wenn sie im Hochsommer einen Spaziergang machen und sicher befriedigt keine Residenz dieses Bedürfnis ins so reichem Maß, als Wien. Vom Stadttore ist der Wiener binnen einer Viertelstunde an den ersten Bäumen eines Waldes der sich fast ununterbrochen zwei Stunden lang erstreckt. Es ist der Wald der Leopoldstadtinsel, welcher von der Spitze seiner oberen Hälfte, Nußdorf gegenüber, bis zur Leopoldstadt, ‚Brigittenau‘, abwärts aber bis zur Mündung des Donaukanals, ‚Prater‘ genannt wird. Beide haben, man kann sagen europäischen Ruf . . .“[5]

Dennoch bleiben für die entstandenen Freizeitverhaltensweisen libidinöse Entgrenzungs- und Natursehnsüchte ein zentraler Beweggrund. Sie erfahren im Biedermeier beträchtliche Ausweitung. „Einige [bereits im 18. Jahrhundert; Anm. d. Verf.] als ‚natürlich‘ neuentdeckte oder geschaffene Lebensformen wurden weitergeführt, verloren aber vielfach ihren subversiv-natürlichen Charakter, wurden formalisiert, verfestigt und zum Teil einer restaurativen Gesellschaftsstruktur.“[6]

---

4 *Eichberg,* Historische Relativität der Sachen, 1984, S. 135.

5 *Schmidl,* Wien's Umgebungen, Bd. 3, 1839, S. 68.

6 *Eichberg,* Historische Relativität der Sachen, 1984, S. 135.

„Ausflüge aller Art... waren beliebt, und die herrliche Umgebung der Stadt bot den Hintergrund heiterer Gelage, bei denen Wiener und Wienerinnen ihre beste Seite zeigten. [...] Nicht so elegant, jedoch ausgelassener, als es Watteau in Frankreich gemalt, trieben sich scharf getrennt, aber von gleichem Geiste beseelt, Adel und Bürgerschaft im Freien herum. Im Sommer zog wer konnte in einem Badeort. [...] Für die Badekonversation hatte man eigene Scherze, der preziöse Ton verlor seine Herrschaft und wie auf dem Lande konnte man sich freier bewegen."[7]

Die Mehrheit, für die ein Sommerfrische- oder Badeortaufenthalt aufgrund von Schichtzugehörigkeit, Besitz- und Einkommensverhältnissen zu den luxuriösen Unerschwinglichkeiten des Lebens zählt (1840 leben 70% der Wiener Bevölkerung beständig am oder unter dem Subsistenzminimum[8]), findet wenigstens in den Sphären der weniger streng normierten, reglementierten und sozial kontrollierten arbeitsfreien Zeit, etwa beim Kaltwasser-, Freiluftbaden und -schwimmen vor den Toren Wiens, Chancen vor, individuelle Freiräume auszuweiten und durch Naturerleben Bedürfnisbefriedigungen zu erlangen. Für die, „... deren Verhältnisse nicht gestatten, die Stadt zu verlassen, bleiben Prater und Brigittenau von unschätzbarem Werthe ..."[9]

Werden Aufenthalte in der freien Natur von vielen als Zuwachs psychischer (affektiver, emotionaler) und physischer (räumlicher, bewegungsbezogener) Entgrenzungsmöglichkeiten empfunden, erscheint manchen das Baden im Freien, das Schwimmen im urwüchsigen Gewässer gar als der unter den gegebenen Umständen höchstmögliche Grad der Realisierung von Naturnähe und -kontakt, wobei Körperhygiene, Gesundheitsvorsorge, Gymnastik, Lebensreform und psychische Reproduktion zusammenspielen.

„Wenn an heißen Sommertagen drückende schwüle Luft die Brust beklemmt, lästige Mattigkeit unsere Glieder erschlafft, übermäßige Hitze unsere Kraft zu verzehren droht, erwacht in uns der Trieb in offenen Flüßen unter freyem Himmel Kühlung und Erquickung zu finden, wo die Gelegenheit zu allen körperlichen Bewegungen sich mit dem wohlthätigen Einfluß einer reinen erfrischenden Luft gesellt, Leib und Seele erquickt wird. [...] Genuß der Natur im weitesten Umfang, das stete Einathmen der freyen Luft,

7 *Gleichen-Russwurm,* Das galante Europa, 1910, S. 267.
8 *Bruckmüller,* Sozialgeschichte Österreichs, 1985, S. 306.
9 *Schmidl,* Wien's Umgebungen, Bd. 3, 1839, S. 68.

die vernünftige Anwendung des erquickenden Bades, der bezaubernde Anblick der blühenden Vegetation, stärkt, begeistert, veredelt den Menschen. Das erste, einfachste und zweckdienlichste Hülfsmittel, die Haut-Cultur für die ungestörte Forterhaltung unseres Daseins zur gleichmäßigen Stärkung unsrer Lebenskräfte zu fördern, dadurch selbst drohenden Uebeln vorzubauen und zu begegnen, finden wir also im Baden, in jedem Wasserquell, klarem Strome, in dem Schooße der ewig jungen, ewig neu belebenden Natur. Das einfachste Flußbad ist hinreichend . . ."[10]

Seit dem 18. Jahrhundert gelten die der Gesundheit und dem Wohlbefinden förderlichen Aspekte des Freiluftbadens und Schwimmens in Regionen unberührter Gewässer in der aufgeklärten kultur- und zivilisationskritischen Agitation als beliebte Argumente.[11] Freie, naturbelassene Gewässer erhalten Symbolwert für Natur schlechthin. Gegen alle Formen der bestehenden, traditionellen häuslichen Warm- und Wannenbäder wird aus hygienischen, physio- und bewegungstherapeutischen wie sittlichen Gründen polemisiert. Um keinen Preis darf auf die Stufe der kontagiösen, ansteckenden, sinnlichen, frivolen, müßigen Badefreuden des Mittelalters zurückgefallen werden. Deswegen favorisieren progressive Autoren das Ganzkörperbad im kalten, strömenden, dahinschießenden Fluß, dem sie unverzichtbare Wirkungen zuschreiben: Es diene der Säuberung und Hautpflege; es sei physische Stimulanz, indem das bewegte Flußwasser einerseits als Massage wirke, andererseits zur Mühelosigkeit aller Bewegung verhelfe; es belebe gleichzeitig die Sinne, als es die überschießende, unzuträgliche Sexualität der jungen Leute dämpfe.

„Das Wasser, wie es uns die Natur zu diesem Entzweck zum Geschenk darboth, und gewöhnlich, in Quellen, Flüßen, Seen vorkömmt, als Wärme entziehendes medium den eingetauchten Körper allenthalben durch geraume Zeit mit gleichmäßiger Flut umgebend, hat nebst der Reinigung und der flüchtigen Einwirkung eines andern Wärmegrades eine ungleich wohlthätigere Wirkung nach sich, als das bloße Waschen mit kaltem Wasser. Eine der wichtigeren bleibt wohl die bedeutendere Gewichts-Abnahme und die daraus folgende große Leichtigkeit aller Bewegung; die fortwährende Wechselwirkung in einem dichteren, schweren gleichförmigeren medium, zwischen körperlicher Bewegung und dem stets sich erneuernden erschütternden Wellenschlag, welcher mehr oder weniger auf die verschiedenen Theile

10 *Mekarski,* Notizen über Gymnastik, 1831, S. 73 f.

11 *Vigarello,* Wasser und Seife, 1988, S. 138 ff.

des Körpers ausgeübt wird. Wie groß ist der Abstand zwischen Baden im Freyen, und dem ruhigen Sitzen in einem eingeengten Raume der Bade-Wanne, bey eingesperrter Luft, die von Wasserdämpfen gewiß nicht verbessert wird, und begleitet von langer Weile, die jungen Leuten in eben dem Maße unerträglich als nachtheilig ist. Unlust, Trägheit, eine Art widernatürlicher Empfindlichkeit sind die gewissesten Folgen."[12]

Kaltbaden direkt im Fluß ist kurzerhand en vogue geworden, Schwimmen können jedoch vorerst nur wenige, und entsprechend groß ist die Angst, zu ertrinken. Der Sicherheit halber bedienen sich Menschen diverser, in rascher Folge entstandener, gesicherter Freiluftbadestellen an Ufern und Stränden sowie im Strom befindlicher, verankerter Badeschiffe mit gegen Himmel offenen Bassins im Inneren. Wenngleich einem beherzten Journalisten der satirischen Zeitschrift „Briefe eines Eipeldauers" im Donauarm Fahnenstangenwasser zwar anfangs „d' Zahn gkläppern vor Kältn", fühlt er sich hernach wie neugeboren: „So ein Bad muß ja gsunder seyn, als d' warmen Bäder, wo man's Mark aus'n Beinern ausser schwitzt, und so matt drauf wird, wie ein abgstandener Fisch."[13] Medizinisch-physiologisch zu überzeugen, vermögen solche Behauptungen nicht unbedingt. Die hier wiedergegebenen Empfindungsweisen, Einstellungen, Bedürfnismuster, Erfahrungswerte und Alltagslogiken entsprechen allerdings dem damaligen Zeitgeist, der an die Existenz eines „... menschlichen Triebes, in offenen Flüssen unter freyem Himmel Kühlung und Erquickung zu finden",[14] glaubt.

Die Stromlandschaft bevölkert sich

Innerhalb des kulturanthropologischen Phänomenkomplexes des teilweise unbewußten, uneingestandenen und gesellschaftlich unterdrückten libidinösen Strebens nach Lust am Wasser läßt sich die Interdependenz von psychogenetischen, soziogenetischen und zivilisatorischen Vorgängen und Abläufen aufzeigen. Die Fähigkeit und Funktion der Libido in ihrer Eigenschaft als „Wunschproduktion des

12 *Mekarski,* Notizen über Gymnastik, 1831, S. 109.

13 Briefe eines Eipeldauers, 21. Heft, 3. Brief, 1795, S. 21.

14 *Mekarski,* Notizen über Gymnastik, 1831, S. 73.

Unbewußten“ ist es, ideelle, kulturelle, soziale, ökonomische, technologische, bisweilen deterritorialisierende Entwicklungen einzuleiten, „. . . indem sich ihre Ströme auf die noch nicht vergesellschaftete Materie, die ‚Natur‘, ergießen, um . . . dem Fließen der Wünsche gemäß zu produzieren, zu bevölkern, zu verändern“.[15]

Seit der gönnerhaften Öffnung der Privatparks der Habsburger, für die Allgemeinheit Prater (1766) und Augarten (1775), „bevölkert“ sich auch Wiens Stromlandschaft. Wege, Fahrstraßen, Promenaden, Bänke, Gärten, Lauben, Wirtshäuser, Kaffeehäuser, Feuerwerksplätze, Vergnügungsetablissements, Brücken, Flußbäder und Schwimmschulen werden produziert, gebaut, installiert. Nicht zuletzt greift man mit dem Anlegen eines Strandplatzes für das Frey-Bad[16] am Ufer des Kaiserwassers samt dazugehöriger Infrastruktur oder mit dem Bau eines Winterhafens für das Ferdinand- und Marienbad[17] in die Natur verändernd ein. An schönen Tagen ergießen sich „schwarze Ströme von Menschen“[18] deterritorialisierend und umfunktionierend in die Räume der alten Ordnung. Entgegen voreiligen und vorurteilshaften Befürchtungen ergeben sich daraus jedoch weder Chaos noch Anarchie, obwohl das Zeitalter des Kapitalismus

> „. . . jede ältere Ordnung veralten lassen, aufgelöst, umfunktioniert (hat); neue Welten erschlossen, neue Gebiete erreichbar gemacht, den menschlichen Körpern, den Gedanken, den Gefühlen der Menschen neue Möglichkeiten zum Ausschwärmen, sogar zur Flucht aus dem Bestehenden eröff-

---

15 *Theweleit,* Männerphantasien. 1., 1980, S. 280.

16 Zur Erinnerung: Das sogenannte „Frey-Bad“ ist eine 1810 von der k. k. niederösterreichischen Regierung errichtete, von der Polizei beaufsichtigte und kontrollierte, mit Pfählen und Seilen im Wasser gesicherte, kostenlos zugängliche Badestelle für die „unbemittelte Volksklasse“. Es existiert im wesentlichen bis zur großen Donauregulierung von 1870–1875 im Fahnenstangenwasser, später im neuen Donaubett oberhalb der Kronprinz-Rudolf-Brücke, und wird stark frequentiert.

17 Zur Erinnerung: Die auf Flößen schwimmende, nahe der Taborbrücke im Kaiserwasser vor Anker liegende „Donaubade- und Schwimmanstalt Ferdinand- und Marienbad“ besteht seit 1831 und beinhaltet neben den herkömmlichen Kabinen für diverse Kalt- und Warmwasserbäder ein großes Schwimmbassin für Frauen und Mädchen, später zusätzlich eines für Männer und Burschen. Es erfreut sich größter Beliebtheit bürgerlichen, auch adeligen Publikums.

18 *Stifter,* Der Prater, in: Stifters Werke, o. J., S. 980.

net . . . hat, bewältigen die . . . feudalistischen, dann bürgerlichen Kapitalisten und ihr Staat [. . .] die Aufgabe – wie alle Herrschenden, die Herrschende bleiben wollen –, die neuen Möglichkeiten zu behindern, ihr Dasein zu verwischen, sie zu fesseln oder ihre Ströme umzuleiten, sie in ihrem Interesse zu richten, sie in einer Weise zu ‚codieren', die ihnen selber nützlich, den Beherrschten immerhin die Illusion von neuer Freiheit . . ."[19]

läßt.

Das im Vormärz aus libidinöser Entgrenzungssehnsucht, neuen Vorstellungen, Ideen und Bedürfnissen, größeren sozialen, technologischen und ökonomischen Spielräumen entspringende Handeln und Verhalten in der arbeitsfreien Zeit wird dem entstehenden bürgerlich-kapitalistischen Staat dienstbar gemacht: Flußbaden zur Erringung neuer Gesundheits-, Schönheits- und Hygienestandards; Schwimmen, Rudern, Segeln und Reiten zur Körperertüchtigung, Geschicklichkeit und Abhärtung (nicht zuletzt in Hinblick auf eine schlagkräftige Armee); Wasser-Lustfahren, Spazierengehen und -fahren als kontemplative, rekreative und reproduktive Freizeitgestaltung. Insgesamt bildet sich ein Verhaltensensemble aus, das vor allem der Wiederherstellung von durch sozioökonomische und soziokulturelle Umwälzungen angeschlagener Physis und Psyche sowie der Erhöhung der Belastbarkeit zu dienen hat.

Die Aulandschaft mit ihren vielfältigen, sich Jahr für Jahr wandelnden Flußläufen und Altwässern bietet viele Gelegenheiten, entsprechend libidinöser Entgrenzungssehnsucht teilweise konkret definierten Inhalts und Ausdrucks der „Wunschproduktion des Unbewußten" der – wenn auch gesellschaftlich codierten, reglementierten und limitierten – Lust am Wasser zu frönen. Manche baden und schwimmen mit Genuß trotz abschreckender Verbote immer wieder außerhalb der offiziellen Badeanstalten und -plätze.[20] Andere finden sich zu „Schwimmgesellschaften" zusammen, deren ambitionierte Mitglieder gemeinsame Schwimmtouren donauabwärts unternehmen, von denen die ehrgeizigsten mitunter bis nach Preßburg

19 *Theweleit,* Männerphantasien. 1., 1980, S. 280.

20 Zum vormärzlichen Stand und zur neuzeitlichen Genealogie der Freiluftbadeverbote siehe: *Eder,* Ernst Gerhard, Baden an freien Gewässern. Zur Subgeschichte einer Bedürfnisbefriedigung im Raum Wien, in: Wiener Geschichtsblätter, 1988, Heft 3, S. 96 f., S. 99–103 und S. 106 f.

führen.[21] Langstreckenschwimmer lassen sich auf ihren Ausflügen von einfachen Ruderzillen begleiten, in denen Kleidung und Proviant mitgeführt werden.

„... bald hatte man eigene Zillen für kleinere Schwimmtouren in den herrlichen Donauarmen ... So waren ... bei den Badeanstalten, namentlich bei der Militär-Schwimmschule, beim Freibad und beim Ferdinand- und Marienbad ... förmliche Hafenplätze ... der einzelnen Schwimmgesellschaften errichtet, welche an schönen Sommernachmittagen die zahllosen Auen der alten Donau [gemeint ist die Stromlandschaft vor der großen Donauregulierung 1870–1875; Anm. d. Verf.] fröhlich belebten."[22]

Schwimmen und Rudern gehören in der Frühzeit der Freiluftbade- und Schimmkultur am natürlichen Gewässer eng zusammen. Das Rudern von Begleitbooten differenziert sich allerdings unversehens zur eigenständigen Körperdisziplin aus. Nach englischem Vorbild geht daraus auch hierzulande das Phänomen des Rudersports hervor. Als die Boote später bessere Austattung erhalten, da die sporttechnische Entwicklung dies erzwingt, und daher immer teurer werden, schließen sich weniger Begüterte zusammen, um trotz der hohen Anschaffungskosten weiterhin ihre Freude am freien Wasser, Spiel, Abenteuer und Körpertraining, an Bootstouren, Wettkämpfen und Geschicklichkeitsübungen zu haben. 1862 ist das Gründungsjahr der ersten losen Vereinigung von Ruderern in Österreich, die sich später offiziell und vereinsbehördlich gemeldet „Donauhort" nennt. In ihrem improvisierten Hafen liegt damals genau eine Zille. Der Klub existiert noch heute.[23]

Was ursprünglich nur zur Versorgung, Sicherung und für Notfälle gedacht ist, bisweilen sportliche, spielerische und abenteuerliche Komponenten enthält, wird zur distinguierten Attitüde: Bootsfahrten kommen bei Wohlhabenden in Mode. Ganze Bürgersfamilien samt Dienstboten finden sich an schönen Sonntagen zu diesem neuen Freizeitvergnügen. Sie lassen sich prächtig herausgeputzt – die Da-

21 *List,* Zur Geschichte des Wassersports auf der Donau, in: Alt-Wien, Nr. 10, 1894, S. 132.

22 *List,* Zur Geschichte des Wassersports auf der Donau, in: Alt-Wien, Nr. 10, 1894, S. 132.

23 Siehe dazu: *Eder/Treude,* Geschichte des Wassersports, vorauss. in: Österreich in Geschichte und Literatur, 1996.

men neckisch beschattet von seidenen Sonnenschirmchen, die Herren steif repräsentierend in Frack und Zylinder – mit Vorliebe durch den Prater rudern.

„Seit dem Jahr 1821 besteht in Wien . . . eine eigene Wasser-Lustfahrt, in das sogenannte Lusthaus im Prater. Die sehr zierlich gebauten Fahrzeuge dazu liegen unterhalb der Ferdinandsbrücke, zunächst an den Kaffeehäusern; die Fahrt beginnt mit dem eintretenden Frühlinge, und wird zu verschiedenen Stunden des Tags um die sehr mäßige Taxe, pr. 20 kr. C. M. (Kreuzer Konventionsmünze) für die Person wiederholt."[24]

Wem die gemütlichen „Wasser-Lustfahrten" zu langweilig sind, findet, sofern er das nötige Kleingeld dazu erübrigt (was bei rund 80% der Wiener Bevölkerung nicht der Fall ist), die Gelegenheit vor, sich im Segeln zu ertüchtigen. Ein Offizier der Wiener Garnison wagt im Sommer 1830, die Donau führt noch Hochwasser, und die Schrecken der katastrophalen Frühjahrsüberschwemmung sind kaum vergessen, den ersten Versuch – ein Ereignis, das mitzuerleben halb Wien auf die Beine bringt und nach Nußdorf, den Ort des Geschehens, eilen läßt.[25]

Neben Baden, Schwimmen, Rudern, kleinen Schiffspartien oder gar Segeln gehören Ausflüge ins Grüne, insbesondere das Spazierengehen, -reiten und -fahren zur Praxis gehobener Freizeitgestaltung. Letzteres hat sich aus den Bemühungen des Bürgertums um Standesangleichung an den Adel entwickelt, für den Spaziergänge und -ritte in weiten, herrschaftlichen Parks einen beliebten Zeitvertreib darstellen.[26] Naheliegend ist es, einen Besuch im Flußbad mit einem Spaziergang zu verbinden.

„Für Fußgänger ist am Ende des k. k. Augartens ein sehr angenehmer Weg bis zur Badeanstalt angelegt. Derselbe führt durch die baumbepflanzte Aue, ist mit Pappelbäumen und Strauchwerk besäumt, und mit Ruhebänken versehen. Über die schilfbewachsenen Donauweiher sind luftige Stege gebaut, von welchem Standpunkte die Umgebung das Ansehen eines genussvollen englischen Parks gewinnt . . ."[27]

---

24 *Pezzl,* Beschreibung von Wien, 7. Ausg., 1826, S. 644 f.

25 *List,* Zur Geschichte des Wassersports auf der Donau, in: Alt-Wien, Nr. 10, 1894, S. 132.

26 *Tanzer,* Spazierengehen, in: Beiträge zur historischen Sozialkunde, Nr. 2, 1982, S. 70.

27 Allgemeine Theaterzeitung, Nr. 140, 1833, S. 564.

Schon immer gerne in Zusammenhang mit der Lobpreisung der Bade- und Schwimmanstalten in den Donauarmen heben Autoren den günstigen Einfluß des Zufußgehens zum Bad auf den Körper und des visuellen, akustischen und olfaktorischen Erlebens von Wasser, Au- und Stromlandschaft auf das Gemüt hervor.

Schübe zum Grünen

Henning Eichberg konstatiert für Mitteleuropa in den letzten 200 Jahren „3 Schübe zum Grünen hin“: den ersten in Ansätzen im ausgehenden 18. Jahrhundert und in voller Ausformung und Intensität im späteren Verlauf des Vormärz, den zweiten zwischen 1900 und 1930, den dritten ab 1960/1965. „Die gemeinsame Konfiguration war ein ‚Befreien‘, ein Durchbrechen von Einengungen und Wänden, von Hüllen und Hallen, deren Begrenzungen jetzt als gesellschaftliche Zwänge erfahren wurden. Die grüne Natur wurde subversiv.“[28]

„Spazierwut“, Lustfahrten, Landpartien, Öffnung von Prater und Augarten, Anlegen von Badestellen, Errichtung von Strombädern und Schwimmschulen, von Bootshäusern, Biergärten, Milchausschanken, offenen Waldschenken und Praterkaffeehäusern signalisieren Bedürfnisse nach „natürlicheren“, naturnäheren Lebens- und Verhaltensweisen (als Antithese zu „zivilisierten“, sozialen, ökonomisch und urban angepaßten). Die „Bedürfnisschübe zum Grünen“ überraschen nicht in einer Situation, in der die libidinös besetzte räumliche und soziale Umwelt im restriktiven System Metternich durch Kontrolle von Wegen, Straßen, Plätzen, Wiesen, Wäldern, Feldern und Gewässern durch Militär und Polizei, durch Sittlichkeit und Schicklichkeitspostulate, nicht zuletzt durch Bürokratie, Verstädterung, entfremdende Produktions- und Lebensbedingungen eingeschränkt zu werden droht und der Spielraum der Libido, der umfassenden Lebenskraft des menschlichen Organismus, verengt wird.

Die Freizeitpraktiken und -aktivitäten in den Donauauen vor den Toren der Stadt sind Ausdruck und empirischer Befund eines Bereichs subversiver „Bewegungskonfiguration“ (H. Eichberg). Diese

28 *Eichberg*, Historische Relativität der Sachen, 1984, S. 139.

öffnet Menschen das räumliche Umfeld, ermöglicht Vorstöße in herrschaftsfreie Räume (in territorialer wie sozialer Hinsicht) und korrespondiert mit einer sich seit dem Josephinismus andeutenden revolutionären Aufbruchsstimmung, welche Forderungen nach mehr persönlicher Freiheit, freien individuellen Entfaltungsmöglichkeiten, politischer Partizipation, körperkulturellen und lebensreformerischen Aktivitäten, gesünderen Arbeits-, Lebens- und Reproduktionsbedingungen vereint.

Im Kontext lebensreformerischer Ambitionen und politischer Aufbruchsstimmung geht es immer auch um ein neues Verhältnis des Menschen zum Raum, um die Öffnung und den Vorstoß in (neue) Räume. „Schübe zum Grünen", „grüne Hoffnungen", „grüne Utopien", „grüne Revolutionen" äußern sich als Gegenreaktionen auf jene kulturelle Entfremdung, die sich mit dem sozioökonomischen Strukturwandel der industriellen Revolution und dem staatlichen Integrations- und Vergesellschaftungsprozeß hergestellt hat. Davon in besonderem Maße betroffen sind urbane Regionen, weil hier durch die Kumulation der Phänomene der höchste Wirkungsgrad des Entfremdungssyndroms gegeben ist.

„Der Umbruch betraf ganz unmittelbar den Körper des Menschen. Seit dem Ausgang des 18. Jahrhunderts begann man ein neues Bewegungsbedürfnis zu verspüren, das zu neuartigen gymnastischen Übungen hinaus in die freie Natur führte. Die philanthropischen Pädagogen entwickelten daraus, was sie antikisierend Gymnastik nannten . . . [. . .] Durch Wandern und Wettläufe, durch wilde Geländespiele und Schwimmen, durch eine neue einfachere Kleidung und in einem neuen Raum, in der freien Natur der Turnplätze und Badeanstalten."[29]

Alain Corbin erinnert daran, daß die englische Gentry gut 150 Jahre früher von ähnlichen Bedürfnissen ergriffen wird – mit allerdings eher kompensatorischem als subversivem Ergebnis, eher als Retirade und Resignation als als Formierung zu einer verändernden Kraft. In England wird schon damals

„. . . das Baden im Meer oder in Flüssen, bislang eine unmoralische Zerstreuung des sittenlosen Volkes, . . . gesellschaftsfähig . . . Die Aneignung der volkstümlichen Kraft und Fröhlichkeit ist Bestandteil einer Therapie, die auf soziale Zirkulation der Praktiken setzt. [. . .] . . . die englische Aristokra-

29 *Eichberg,* Historische Relativität der Sachen, 1984, S. 136.

tie [tritt], zutiefst in ihrer politischen und sozialen Macht bedroht, zwischen 1645 und 1660 eine regelrechte Landflucht an, um in der freien Natur die kompensatorischen Freuden des Rückzugs zu genießen."[30]

Die gesellschaftliche Auseinandersetzung um die seit dem Ausgang des 18. bis in die Mitte des 19. Jahrhunderts für Mitteleuropa signifikanten, nicht abreißenden Bedürfnisschübe nach der freien, ungegängelten Natur, oder besser dem, was man hierunter versteht, verhält sich analog zu (bzw. ist teilweise identisch mit) jener um das Streben nach Lust am freien Gewässer vor den Toren Wiens. Sie hinterläßt ihre Spuren in Stadtbild, Baulichkeiten und Landschaftsgestaltung der Vorstädte, in Macht- und Herrschaftsstrukturen, in Umschichtungen und Neubildungen sozialer Gruppen, im Wandel von Werten, Mentalitäten und Gewohnheiten, schließlich in der Alltagskultur der in Wien und Umgebung lebenden Menschen.

Bäder und Bedürfnisse um die Mitte des 19. Jahrhunderts

Wie sehr die neue Freizeitpraxis des Badens und Schwimmens draußen in der Au- und Stromlandschaft bereits gegen Mitte des 19. Jahrhunderts Verbreitung und Verankerung in der Mentalität (in vermehrtem Maße auch unterbürgerlicher Schichten) der Stadtbevölkerung gefunden haben muß, läßt sich an Berichten und Quellen über das entstandene privatunternehmerische wie staatlich organisierte Freizeit-Dienstleistungsgewerbe samt zugehöriger Infrastruktur ermessen. Dieses stellt die institutionellen und materiellen Rahmenbedingungen für die den neuen Bedürfnissen, Ansprüchen, Erwartungen, Erfordernissen und Notwendigkeiten genügende Rekreations- und Reproduktionssphäre bürgerlich-industrieller Gesellschaft her.

Hierzu zählt auch die Personentransportbranche zwecks leichterer Erreichbarkeit der teilweise in beträchtlicher Entfernung vom Stadtzentrum liegenden Bade-, Schwimm-, Wasserkur-, Körperreinigungs- und Waschanstalten, der Gärten, Schenken, Kaffee- und Wirtshäuser, Vergnügungszentren, Wasserrundfahrten und Boots-

30 *Corbin,* Meereslust, 1990, S. 85.

vermietungen. Zu festgesetzten Preisen und bestimmten Zeiten fahren schneller, eleganter und teurer: Fiaker und Einspänner; langsamer, ungefedert, die eingepferchten Mitfahrenden gehörig durchrüttelnd, aber billiger: Gesellschafts- oder Stellwägen vom Roten-Turm-Tor bei der Schlagbrücke[31] sowie vom Stephansplatz in der Inneren Stadt[32] zu den diversen Flußbädern. Laut der seit Beginn des 19. Jahrhunderts bestehenden „Polizeiordnung für Wiener Fiaker und Einspänner“ gilt „. . . bei Fahrten außer den Linien bis auf die Entfernung einer Stunde von denselben, dann in die Schwimmanstalten am Tabor und im Prater, wie auch zu den Feuerwerken und zu Spazierfahrten im Prater . . . die einfache Taxe, wenn der Wagen auch zur Rückfahrt benützt wird“.[33] (Um die Mitte des 19. Jahrhunderts bedeutet dies bei Einspännern 12 Kreuzer pro Viertelstunde, was immerhin die Hälfte eines durchschnittlichen Arbeiter-Taglohnes beträgt[34] und wohl kaum sowohl für eine Hin- als auch Retourfahrt gereicht haben dürfte.)

Neben dem steigenden Interesse der Privatunternehmerschaft am Bädergeschäft muß die Zeit des Vormärz als Auftakt gezielter, systematischer staatlicher Bäderpolitik angesehen werden. Über Finanzierung der k. k. niederösterreichischen Regierung kommen bis Ende der 1830er Jahre zu den Armenbädern im Kaiserwasser und dem Frey-Bad im Fahnenstangenwasser kostenlos zugängliche Strombäder im Donaukanal hinzu, je eines für Frauen und Männer oberhalb der Roßauer Reiterkaserne und vier ausschließlich für männliches Publikum oberhalb und unterhalb der Franzensbrücke.[35] Bis auf das Frey-Bad sind alle diese staatlichen, von der öffentlichen Hand, das heißt direkt von der Hofkammer finanzierten Flußbäder geschlossener Art. Das Baden darin findet in gedeckten Kabinen oder kabinettartigen Räumlichkeiten statt, wo man sich Wannen oder Senkkästen bedient. Zum gemeinsamen Schwimmen steht mitunter ein gegen den Himmel offenes kleines Bassin im Inneren des Badeschiffs zur Verfügung. Für den inneren Stadtbereich, den Ersten Bezirk, werden

31 Der Humorist, Nr. 160, 1839, S. 638.

32 Curgast Deutscher Kaltwasserheilanstalten, 1845, S. 219.

33 Wiener Fiaker und Einspännerordnung vom 31. 10. 1854, § 47 und § 48, k. k. Polizei-Ober-Direktions-Akten.

34 *Pribram,* Materialien zur Geschichte der Löhne und Preise, 1938, S. 93.

35 *Schmidl,* Wien wie es ist, 3. Aufl., 1840, S. 291.

dagegen von der Kommune Wien selbst vergleichsweise nur sehr geringe Beträge für Ausbau und Subvention öffentlicher Bäder bereitgestellt, die ja, um allgemein besucht zu werden, ebenfalls möglichst billig, am besten kostenlos zu sein hätten.

Beklagt Johann Pezzl im Regierungsjahrzehnt Josephs II. die ungenügende Versorgung der Stadt mit öffentlichen Bädern (er spricht von bloß „6 Badhäusern für Wien“[36]), gibt es gegen Ende des Biedermeier allein an privaten und von der öffentlichen Hand finanzierten Donauwasserbädern innerhalb der Linien 23[37], die nächste niederösterreichische Umgebung mit eingeschlossen sogar 34. Sie zeichnen sich allesamt darin aus, „entweder von Donauwasser oder von eigenen Brunnenquellen bereitet [zu] werden“.[38] Nahezu ein Drittel zählen zu den Flußbade-, Freiluftbade- und Schwimmanstalten in der Donaulandschaft, deren Fassungskapazitäten teilweise über 100 Personen betragen. Das Frey-Bad weist ab den 1830er Jahren sogar 300 Besucherkästen auf.

Epistemologisch kontrollierte Erfassungs- und Erkenntnisvorgänge bezüglich historischer Realitäten dürfen sich nicht im Registrieren und Aggregieren „harter Daten“, Fakten und Zahlen erschöpfen. Die subjektiven und emotional gefärbten Äußerungen der unmittelbar persönlich betroffenen, selber involvierten oder auch nur Geschehnisse observierenden Zeitgenossen ebenso einbezogen und ernst genommen, zeigt ein modifziertes, differenziertes, „buntes“, hermeneutisch nachvollziehbares Bild Wiener Flußbadefreuden. Klar erweist sich, daß die allgemeine Bedürfnis- und Interessenlage der Menschen bei weitem nicht einhellig und widerspruchslos ist, nicht linear verläuft, oftmals diakritisch verharrt, was dem typisierenden, kategorisierenden, resümierenden Blick auf ein phänomenologisch breiter gestecktes Feld des Handelns und der Verhaltensäußerungen und auf einen größeren historischen Zeitabschnitt notwendigerweise entgehen muß.

Obgleich sich „ethisch-vernünftige“ Erkenntnislogik und dialektische theoretische Konzeptionen vehement dagegen verwehren: Keine historisch-wissenschaftliche Untersuchung kommt ohne me-

36 *Pezzl,* Skizze von Wien, herausgeg. v. *Gugitz/Schlossar,* 1923, S. 378.

37 *Tschischka,* Geschichte der Stadt Wien, 1847, S. 438.

38 *Realis,* Curiositäten, Bd. 1, 1846, S. 136.

thodisch-pragmatischer Aufspaltung anthropologischer, sozialer, kultureller, ökonomischer oder politischer Wirklichkeiten aus. Der bei jeder analytischen Vorgehensweise unabdingbare erkenntnistheoretische Perspektivismus erzwingt Detaillierung und Diversifikation der an sich unendlich komplexen und umfassend interdependenten historischen Realität in Bereiche, Gebiete, Komplexe, Sphären, Dimensionen, Phasen und Typen räumlichen, zeitlichen und wissenschaftsdisziplinären Charakters. Sowohl historische Zeitläufe als auch die Gleichzeitigkeiten jedes Geschehens können nicht adäquat, sondern immer nur ausschnittweise, bruchstückhaft, schwerpunktkonzentriert und tendenziell dargestellt, der Realität eines kontinuierlichen oder abrupten Wandels bzw. Überganges also bestenfalls angenähert werden.

Mentalitätsgeschichtlich manifestiert sich mit den im Mittelpunkt der Untersuchung stehenden, prävalierenden Bedürfnismustern und Freizeitverhaltensweisen am Beginn der industriekapitalistischen Epoche der erste „Schub zum Grünen".[39] Im 20. Jahrhundert erneut aufgegriffen, werden die im 18. und frühen 19. Jahrhundert generierten Ideen die bestehenden Alltags- und Lebensformen nachhaltig verändern und weitere umfassendere „Schübe zu Natur und naturnäheren Lebensweisen" nach sich ziehen.

Die an quantifizierbaren empirischen Daten und dingfest gemachten materialen Institutionen ablesbare erfolgreiche Entwicklung der Kaltwasser-, Freiluftbade- und Schwimmkultur im Raum Wien erfährt zwar 1848 mit dem verheerenden Brand eines der renommiertesten Flußbadeetablissements der Zeit, dem Ferdinand- und Marienbad, und der Zerstörung einiger anderer Bäder aufgrund der Kampfgeschehen beim Einrücken der „konterrevolutionären" kaiserlichen Truppen über die Taborbrücke nach Wien[40] einen spürbaren Rückschlag. Kurz vor der großen Donauregulierung des 19. Jahrhunderts, dem bis heute größten und ökologisch bedenkenlosesten Eingriff in die natürliche Stromlandschaft, bestehen jedoch bereits wieder acht Flußbäder und Schwimmschulen.[41] Sie liegen sämtlich in der 1850 als 2. Bezirk eingemeindeten Vorstadt Leopoldstadt am

---

39 Vgl. *Eichberg*, Historische Relativität der Sachen, 1984, S. 127 und S. 138.

40 Die Leopoldstadt, 1937, S. 249.

41 *Klusacek/Stimmer*, Leopoldstadt, 1978, S. 207.

Donauarm Kaiserwasser, welcher allerdings mit den Donauregulierungsarbeiten ab 1870 trockengelegt und zugeschüttet wird. Das rasch nach dem Revolutionsjahr 1848 wiederaufgebaute Flußbade-Center Ferdinand- und Marienbad trägt bis dahin nur mehr den Namen „Marienbad“.

Im Raum Wien kommt es im Anschluß an die Epoche des Vormärz nach einem guten halben Jahrhundert geringen Zuwachses und relativer Stagnation erst wieder zu Beginn des 20. Jahrhunderts zu einer erheblichen quantitativen Erweiterung der Aktivistenbasis der Kaltwasser-, Freiluftbade- und Schwimmkultur – ein Faktum, das 1907 in der Errichtung des mehrere Jahre lang in Europa größten Freiluftstrandbades, des „Gänsehäufels“ an der Alten Donau, seine institutionelle Entsprechung findet.

Der Körper in der Enge

Domestizierung wilder Badefreuden

Der durch Aufbau und innere Dynamik des Machtapparates der vormärzlichen Gesellschaft hervorgerufene äußere Zwang zu Diszipliniertheit, Mut, Entschlossenheit, Ausdauer, Langsicht, Selbstüberwindung, Konzentration und Körpertechnik im Zusammenhang mit militärischer Wehrertüchtigung, Schwimmpflicht, Katastrophentraining, Schönheits-, Gesundheits- und Hygienepostulaten hat zur Folge, daß während der Sommer Hunderte junge Männer und Frauen schwimmen lernen. Nichts liegt ihnen näher, als ihre mühsam erworbenen Schwimmkenntnisse, -techniken und -fähigkeiten jetzt auch abseits der Badeanstalten nach spontaner Laune und Befindlichkeit für individuelle wie kollektive Freizeitgestaltungen, spannungsreichen und entspannenden Zeitvertreib, asketische Praktiken, ehrgeizige Physio- und Hydrotherapien, Spaß, Freude und Lust am Wasser, kleine Abenteuer und Mutproben, mit einem Wort: für diverse lebensreformerische, rekreative und reproduktive Bedürfnisse zu nützen. Umgekehrt kam

> „Körperbeherrschung und -bewußtsein . . . nur durch die Vereinnahmung des Körpers durch die Macht erworben werden: Gymnastik, Exerzitien, Muskelentwicklung, Nacktheit, das Preisen des schönen Körpers, all dies liegt auf der Linie, die durch unablässige, hartnäckige, sorgfältige Arbeit der Macht am Körper der Kinder, der Soldaten, am gesunden Körper, zum Wunsch nach dem eigenen Körper geführt hat.“[1]

Bald gibt es besagte „Schwimmgesellschaften“, deren Mitglieder offenbar allen polizeilichen Vorschriften und Verboten zum Hohn an schönen Sommertagen die zahllosen Auen und Gewässer der Donau „fröhlich beleben“ und mitunter beachtenswerte Distanzen donau-

---

1 Interview der Zeitschrift „Quel Corps?“ mit Michel *Foucault* (Ausgabe Sept.-Okt. 1975), in: *Kamper/Rittner,* Geschichte des Körpers, 1976, S. 131.

abwärts schwimmen.[2] Die Polizeisoldaten und -wachen des System Metternich müssen zu- oder besser gesagt: wegsehen. Noch fehlen ihnen Mittel und Handhabe, dem Wildbaden und Flußschwimmen etwas Wesentliches entgegenzusetzen.

Die vormärzliche Freiluft-, Flußschwimm- und Kaltbadebewegung als Ergebnis und empirischen Niederschlag des durch analytische Diskurse der Aufklärung und Instrumentalisierungsstrategien der Macht stimulierten „Wunsches nach dem eigenen Körper" sowie der Internalisierung von Askesegeboten, Körperdiszipliniertheit, Gesundheits- und Hygienestandards zu begreifen, reicht nicht aus. Sie wäre ohne das verstärkende Element volkskultureller Verhaltensmuster, für die ein neuer Boden bereitet worden ist, nicht vorstellbar. Der volkstümlichen Verhaltenstradition des Wildbadens und Flußschwimmens entspricht die Sehnsucht menschlicher Körper, sich in herrschaftsfreie, periphere Räume zu begeben, sich durchaus Gefahr und Risiko auszusetzen, nervliche Belastungen in Kauf zu nehmen, im Kampf gegen die Gewalten der Natur zu bestehen, sich atavistischem Naturerleben hinzugeben wie erotisch erregende Spannungen auszukosten.

„Rebellischen Rousseauismus, ‚Sturm und Drang'-Attitüde mag man von heute her geistesgeschichtlich diese Episode nennen. Genauer ist es die Entdeckung der Lust des badenden, schwimmenden, mit dem Element Wasser frei und erotisch verbundenen Leibes. Der nackte, erotische Körper und das Wasser, das ihn umrinnt, überstürzt, weich umspielt, erfrischt, leicht macht, erquickt ... Das ist gegen die moralische Enge der gesitteten, aufgeklärten, leibfeindlichen Lebensverhältnisse, denen die schäumenden Jünglinge entflohen sind, der Protest des erotischen Körpers im Namen der Antike."[3]

Bricht sich trotz unentgeltlicher Flußbäder, offizieller, mit Planken und Seilen abgegrenzter Freiluftbadestellen an Ufern freier Gewässer und gleichzeitig bestehendem generellen Wildbadeverbot die romantisch-schwärmerische, anarchisch-renitente, unvermitteltspontane Flußbadefreudigkeit (von der jetzt auch Angehörige mittlerer, sogar höherer Schichten der Bevölkerung erfaßt sind) dennoch

2 *List,* Geschichte des Wassersports, in: Alt-Wien, Nr. 10, 1894, S. 132.

3 *Böhme,* Eros und Tod im Wasser, in: Ders. (Hg.), Kulturgeschichte des Wassers, 1988, S. 208.

Bahn, so hat die herrschende Elite um den Bestand von Herrschaftsstrukturen und Machtverhältnissen und um das Funktionieren des staatlich organisierten Mechanismus der Privilegierung und Unterprivilegierung zu bangen. Denn, so lautet die allgemeine Einsicht, werden die Sitten (gemeint sind die von Staat und Gesetz sanktionierten Sitten, die sich seit dem Absolutismus von jenen der Volkskultur zusehends distanzieren) nicht mehr eingehalten, ist es zum Zusammenbruch der „guten Ordnung" nicht mehr weit.

Ein illustratives Beispiel dafür gibt Johann Wolfgang Goethe, wenn er retrospektiv über Sanktionen des Kantons Zürich gegen den Philosophen und Physiognomiker Johann Kaspar Lavater räsoniert, dessen Gastfreundschaft er 1775 mitsamt Freunden auf der jugendlich-übermütigen Reise in die Schweiz genoß. Die Sanktionen wurden deswegen verhängt, weil Goethe samt seinen Kumpanen, den Gebrüdern Stolberg, wild, laut und nackt in Sihl und Zürichsee gebadet hatte.

„Auf Lavater . . . erstreckten sich die unangenehmsten Folgen, daß er junge Leute von dieser Frechheit bei sich freundlich aufgenommen, . . . deren wildes unbändiges, unchristliches, ja heidnisches Naturell einen solchen Skandal in einer gesitteten, wohlgeregelten Gegend anrichte. [. . .] In dem Fragment von Werthers Reisen . . . habe ich diesen Gegensatz der schweizerischen löblichen Ordnung und gesetzlichen Beschränkung mit einem solchen im jugendlichen Wahn geforderten Naturell zu schildern gesucht."[4]

Vor den Toren der Stadt Wien verstärkt sich im Biedermeier das libidinöse Streben ans freie Gewässer[5], wird aber gleichzeitig mit steigender Intensität und Effektivität durch die „seelenlose" Zähigkeit und Verbissenheit des bürokratischen und administrativen Herrschaftsapparates und dessen verlängerten Arm, bestehend aus Polizeiwachen und selbsternannten Sittenwächtern, Saison für Saison aufs neue bekämpft. Um die polizeiliche Kontrolle zu flankieren, sind Warn- und Verbotsschilder aufgestellt worden. Des Lesens Mächtige sollen Analphabeten informieren. Gegen den, der dennoch badet, kann außerdem aufgrund der Instruktion, Ertrinkungsunfälle verhindern zu müssen, sofort eingeschritten werden.

---

4 *Goethe,* Aus meinem Leben, 4. Teil, 19. Buch, o. J., S. 760.

5 Vgl. zu diesem Konstrukt: *Eder/Spanlang,* Lust am Wasser, in: *Chobot/Ehalt/Fischer* (Hg.), Wiener Donaubuch, 1987, S. 62, 67–69.

„Die häufigen und von Jahr zu Jahr in vermehrter Anzahl wiederkehrenden Unglücksfälle, welche das verbotene Baden im Wiener Donaukanale zur Veranlassung haben, und der Andrang von Badelustigen, welcher nach seiner ganzen Länge nach stattfindet, machen es nothwendig, der polizeilichen Aufsicht dadurch zu Hilfe zu kommen, daß an denjenigen Stellen, die am häufigsten zu dem verbotenen Baden benützt werden, Warnungstafeln aufgestellt werden, deren Aufschrift sowohl Fremden als Einheimischen das Verbot des Badens im Wiener Donaukanale bei Androhung der gesetzlichen Strafe einschärfen und denselben auf diese Weise die immer vorgeschützte Ausflucht benehmen soll, daß man jenes Verbot nicht erkannt habe.“[6]

Aus der nicht grundlosen Befürchtung, bei Nichteinschreiten der Negation des Sittlichen Vorschub zu leisten, konspirative Treffen zu ermöglichen, gar Assoziationen oppositioneller Kräfte und nonkonformistischer Gruppen das Feld zu überlassen (man denke an die permanente „Revolutionsangst“ seit 1789), wird die Wildbadekultur einer systematischen Repression unterworfen. Dazu kommt das allgemeine Voranschreiten ökonomisch-technischer Nutzbarmachung und Verwertung menschlicher wie natürlicher Ressourcen im Zeitalter von Absolutismus und Industrialismus, das das hegemoniale Bestreben, soziale Beziehungen und psychisch-physische Bedürfnisse auch räumlich zu organisieren, zu kontrollieren, zu normieren und exterritoriale Gebiete strategisch zu durchdringen, forciert. „Es steht zu vermuten, daß mit dem Rückgang freier Flächen und der Ausbreitung einer bürgerlichen Freizeit-Atmosphäre, kombiniert mit staatlichen Kontrollen, auch auf dem Gebiet freier, unbeaufsichtigter Gemeinschaftsspiele der Freizeit der Unterschichten Schaden zugefügt wurde. Daß dies nicht lückenlos gelang, [ist] . . . am Beispiel des Schwimmens aufgezeigt.“[7]

Hand in Hand mit der Liquidierung der Bewegungs- und Kommunikationsfreiheit auf freien Flächen, Plätzen, Straßen, Wiesen, Flußufern, Böschungen und anderen öffentlich zugänglichen Orten in Stadt, Vorstadt oder Stadtnähe geht auch die Normierung und Restriktion vieler libidinöser Entgrenzungsbestrebungen sowie die Statuierung sexualmoralischer Tabus vom öffentlichen Raum

6 Dekret der niederösterreichischen Landesregierung vom 24. 12. 1840, Z. 68722, k. k. Polizei-Ober-Direktions-Akten, Karton Nr. 19, Niedrösterreichisches Landesarchiv.

7 *Tanzer,* „In Wienn zu seyn . . .“, phil. Diss. 1988, S. 478.

aus.[8] Sittlichkeits-, Gefühls- und Empfindungswerte werden hierdurch verschoben, neu formuliert. „Das Gefühlsleben der Menschen ist eine Funktion der Weise, in der sie räumlich und sozial organisiert sind.“[9] Der Reglementierung der Freiluftbadekultur korrespondiert die wachsende sittliche Empfindsamkeit für alles, was mit dem menschlichen Körper zu tun hat und das Enstehen entsprechender Tabus in bezug auf körperliche Beschaffenheit, Körperlichkeit, libidinöse Entgrenzungen und Sexualität. „. . . das peinlich Gewordene wird hinter die Kulissen des gesellschaftlichen Lebens verlegt.“[10] Als solche fungieren weit abgelegene, eingeplankte Badeplätze, Umkleidevorrichtungen, Einzelbadekabinen und geschlossene Schwimmanstalten am Fluß.

Gleichzeitig versuchen Unterschichtsangehörige, „Menschen aus dem Volk“ und nonkonformistische Lebensreform-Avantgardisten aus dem aufgeklärten Bürgertum an spontanen, lustbetonten, „urtümlichen“, „naturnahen“, atavistischen Verhaltensweisen festzuhalten. Gegen die geballte Macht- und Interessenallianz von Staat, Kirche und Wirtschaft stehen sie über kurz oder lang auf verlorenem Posten.

„Das Baden in den Flüssen, und an den Bächen, außer an den eigenen, hierzu von der Obrigkeit bestimmten Plätzen, wird auf das nachdrücklichste verboten. Ungeachtet der bestehenden vielfältigen Verordnungen, und zwar von den Jahren 1761, 1763, 1766, 1772, 1774, 1781, insbesondere aber vom 6. Aug. 1799; wodurch das theils unsittliche, theils gefährliche Baden an öffentlichen Orten und der Donau bey strenger Geld- und Arreststrafe verbothen wurde, so ist doch besonders im laufenden Jahre mißfälligst wahrgenommen worden, daß das Baden an solchen Orten, vorzüglich aber in der Donau wieder allgemeiner und hierbey nicht nur oft dem Wohlstand sehr beleidiget, und die Sittlichkeit und Ehrbarkeit verletzet werde, sondern daß sogar mehrere Menschen durch ihr unvorsichtiges, muthwilliges Benehmen, besonders in solchen Gegenden, wo der Lauf des Stromes zu heftig, oder auch das Flußbett zu große Tiefen darbiethet, das Leben verloren haben. Die öffentliche Verwaltung findet sich daher veranlaßt, das Verboth des unsittlichen, gefährlichen Badens mit der Erklärung zu erneuern: daß jedermann, der dagegen handelt, von der Wache angehalten, in das Polizeyhaus

8 Siehe dazu: *Eder,* Stadtstraßenleben, in: Sozialwissenschaftliche Rundschau, Heft IV, 1989, S. 562 f.

9 *Blok,* Hinter Kulissen, in: *Gleichmann/Goudsblom/Korte* (Hg.), Materialien zu Norbert Elias' Zivilisationstheorie, 2. Aufl., 1982, S. 173.

10 *Elias,* Über den Prozeß der Zivilisation, Bd. 1., 2. Aufl., 1969, S. 163.

gebracht, und nach Maßgabe des 93ten §. des 2ten Theils des Gesetzbuches über die schweren Polizey-Uebertretungen, als ein solcher Uebertreter behandelt und bestraft werden wird."[11]

Die Verordnung der niederösterreichischen Regierung gegen ungebührliche, gefährliche Wildbade-Umtriebe wird am 21. April 1822 wie ebenfalls am 21. August 1839, laut Kommentar wegen Kumulation von Badeunfällen, wiederholt[12], das gesetzliche Strafausmaß kontinuierlich verschärft, staatliche Penetration somit auch in auf den ersten Blick für das gesellschaftliche Leben marginalen Verhaltensbereichen unbeirrt vorangetrieben. In der Fassung der Verordnung von 1839 taucht explizit die repressiv-tolerante Forderung auf, „. . . in Flüssen und Bächen . . . eigene Plätze aussuchen zu lassen, wo auf eine gefahrlose und anständige Art gebadet werden kann . . ."[13]. Sobald solche Badeplätze existieren, haben „. . . die politischen Behörden . . . bei ihren Anzeigen über zufällig Ertrunkene jederzeit beizufügen, ob und wo ein solcher ausgemittelter Badeplatz am Ort der Verunglückung besteht".[14]

Ob die Zahl der tödlichen Badeunfälle wirklich jährlich dramatisch zunimmt oder nur das behördliche Registrieren immer genauer, penibler und lückenloser funktioniert, läßt sich nicht mit Sicherheit sagen. Einiges spricht allerdings dafür, für das Baden und Schwimmen eine steigende Mortalitätsrate anzunehmen, da Kaltwasser-, Freiluftbade- und Schwimmbedürfnisse Menschen zunächst um ein Mehrfaches schneller in für sie unsicheres Terrain vorpreschen lassen, als die Verbreitung ausreichender Schwimmkenntnisse dafür mithalten kann.

Wie Felsen in der Brandung der entarteten Welt

Korrelierend zum Vorgang des Ablegens der Furcht vor mystizistischen Wasserbedrohungen, bewirkt durch die machtvolle kirchlich-

11 Circulare der k. k. n. ö. Landesregierung, 8. 8. 1807, Niederösterreichisches Landesarchiv.

12 Zitiert nach: *Hämmerle,* Handbuch, 1865, S. 724.

13 Zitiert nach: *Hämmerle,* Handbuch, 1865, S. 724.

14 Zitiert nach: *Hämmerle,* Handbuch, 1865, S. 724.

christliche, staatlich-behördliche, industriell-kapitalistische, bürgerlich-aufgeklärte, rational-naturwissenschaftliche Zurückdrängung des Aberglaubens, ist die regressive Aktualisierung und Verbreitung eines älteren Mythos zu verzeichnen. Es handelt sich um die ab dem Ende des 18. Jahrhunderts (wieder) aufkommende Vorstellung, Wasser sei nicht nur als physisches, sondern auch als psychisch-seelisches „Reinigungsmittel" zur Erlangung keuscher, von „gesellschaftlichem Schmutz" und „sittlichen Verderbtheiten" befreiter (obgleich beim Baden „fast oder völlig nackter") Körper zu betrachten. Altchristliche Überlieferungen sind unverkennbar an diesem „Mythen-Comeback" beteiligt.

„Wer zur Gemeinde Christi gehört ... ist durch Taufe und Herrenmahl mit dem Herrn verbunden und ist, wenn er sich nicht unwürdig verhält, seiner Auferstehung zum Heil sicher. [...] ... die Eucharistie [ist] in der Tat ein mythischer Vorgang ... Das gleiche gilt für die Taufe. Auch hier wird ebenfalls etwas Stoffliches, nämlich Wasser, durch einen besonderen Ritus gewissermaßen numinos aufgeladen und dringt als mythische Substanz in den Getauften ein. Die durch Christi Heilstat von der Erbsünde erlöste Substanz des Menschen reinigt buchstäblich von derjenigen Adams."[15]

Herrschaftliche Bemühungen um neue Formen der Sexualkontrolle und -repression können sich den christlichen Katharsis-Mythos zunutze machen. Die Funktion des Wassers wird dabei die einer „... ideologischen wie praktischen Waffe gegen die historische Möglichkeit sich befreiender Sexualität".[16] Da alles Körperliche suspekt geworden und stigmatisiert ist, fungiert Wasser als Säuberungs- bzw. Abwehrmittel gegen für „schmutzig" und „sündig" erklärte Körperlichkeit.

„Die Sünde wird als materieller Schmutz gedacht; in vielen Sprachen bedeutet ein und dasselbe Wort Sünde und Schmutz. Dieser Schmutz wird getilgt durch das Wasser. Dieses ist an sich ein heiliges, seelenhaltiges Mittel, sein Mana ist stärker als das Tabu der Sünde, es wirkt als Gegenzauber. [...] Die moderne hygienische Theorie von der Desinfektion ist nur eine Weiterführung der primitiven zauberhaften Vorstellung von Reinigung."[17]

---

15 *Hübner,* Wahrheit des Mythos, 1985, S. 328 f.

16 *Theweleit,* Männerphantasien. 1., 1980, S. 437.

17 *Heiler,* Erscheinungsformen und Wesen der Religion, 1961, S. 186.

Im Hygienisierungsprozeß des bürgerlich-industriellen Zeitalters, der die Bedeutung des Wassers als Säuberungsmittel und Sauberkeitssymbol ungeheuer erhöht, bekommt die teilweise noch bis ins 20. Jahrhundert in konservativen Gesellschaftskreisen verpönte Verhaltensweise des Badens und Schwimmens in freien Gewässern immerhin hygienische, gesundheitliche, zivilisierende, disziplinierende und sittliche Bedeutung. Entfaltung und Extension der der Kaltwasser-, Freiluftbade- und Schwimmkultur förderlichen Wasser-, Körper-, Nacktheits- und Naturmythologeme sind durch geänderte Sozialstrukturen und gesellschaftliche Machtkonstellationen in ihrer Reaktualisierung unterstützt worden, weil sie sich hervorragend dazu eignen, die Funktionen der Selbstdisziplinierung und der Sublimierung sexueller Triebenergie und libidinöser Wünsche zu übernehmen. Sobald Mythos und Mythologeme in der Psychostruktur jedes einzelnen und im kollektiven Bewußtsein der Gesamtbevölkerung ausreichende Verankerung finden, tragen sie im Verein mit dem gesellschaftlich-sittlichen Zwang zur Selbstbeschränkung des Sinnlich-Triebhaften dazu bei, Machtverhältnisse und Herrschaftsstrukturen zu stabilisieren und zu zementieren.

„Um den Bewohnern Wiens und seiner Vorstädte den Vortheil eines unentgeldlichen Bades bey der eintretenden wärmeren Jahreszeit zu verschaffen, ist die unter der Schwimmschule am Prater-Damme befindliche durch Pfähle, bezeichnete und mit Seilen versicherte offene Badeanstalt [das Frey-Bad; Anm. d. Verf.], . . . zum öffentlichen Gebrauche hergestellt worden.“[18]

. . . wird seit 1810 jährlich der Wiener Bevölkerung angekündigt und auf die Öffnung des Freibadeplatzes hingewiesen. Längerfristig betrachtet mußte von herrschaftlicher Seite, „ . . . der schönste freie Stoff der Erde selbst, das frei fließende Wasser freigegeben werden“[19], um seine Entdeckung zur Erringung „keuscher“ und „sittlich reiner“ Lust am Wasser zu ermöglichen und gleichzeitig die Freiheit der „. . . Lustproduktion freier gleicher Körper miteinander zu verhindern“.[20]

---

18 Circulare der k. k. Landesregierung im Herzogthume Oesterreich unter der Enns, 21. Aprill 1831, k. k. Polizei-Ober-Directions-Akten, Karton Nr. 17 (1–72000), Niederösterreichisches Landesarchiv.

19 *Theweleit,* Männerphantasien, 1., 1980, S. 439.

20 *Theweleit,* Männerphantasien, 1., 1980, S. 439.

„Außerhalb dieser bezeichneten Stellen ist das Baden nirgends in der Donau, und auch an diesem Orte nur dem männlichen Geschlechte gestaatet. Jeder Badende hat sich einer Badehose zu bedienen, und es wird hiermit das Baden ohne Badehose aus Rücksichten für die Sittlichkeit und für den öffentlichen Anstand *strengstens* untersagt.“[21]

Die sittliche Forderung nach den nackten Körper hinreichend bedeckender Bekleidung und obligatorischer Geschlechtertrennung beim Baden (anfangs überhaupt nach Ausgrenzung der Frauen vom Schwimm- und Freiluftbadebetrieb) „. . . erscheint als neuer Code für den neuen Zustand der gegenseitigen Erschwerung des Zuganges zum Leib des anderen Geschlechts, der vorübergehend relativ erreichbar war. Das bisher Erreichte wird unzugänglich gemacht, da es Möglichkeiten neuer Freiheiten in sich barg.“[22]

Die „neuen Freiheiten“ beim kollektiven Freiluftbaden bestehen in den Chancen libidinöser Körperlichkeit, das „Korsett der Sittlichkeit“ unter Nichtbeachtung und Negation umfassender Bereiche der verbindlichen, symbolischen, herrschaftsstabilisierenden Sinnwelt zu sprengen.

„Die männliche Erregung, die der Schwimmer empfindet, ehe er sich ins Wasser stürzt, ähnelt einer Erektion, wobei die ungewöhnliche Nähe halbnackter Frauen, die den stürmischen Angriff beobachten könnten, ihre aufreizende Wirkung nicht verfehlt. [. . .] Dieses maskuline Modell des sog. ‚Schwimmbadens‘ . . . entspricht den Anfängen der auf dynamische Bewegung ausgerichteten Gymnastik, die den Körper als einziges Kräftefeld begreift.“[23]

Es verschafft dem Schwimmer, bald auch der Schwimmerin, jene spezifische Lust, die Bacherlard als „kinästhetische Lust der Gewalt“ bezeichnet hat.[24] Die davon induzierten Erwartungen und Befürchtungen einer „gesellschaftlichen Gefährdung“ erweisen sich indessen rasch als nicht gerechtfertigt.

---

21 Circulare der k. k. Landesregierung im Herzogthume Oesterreich unter der Enns, 21. Aprill 1831, k. k. Polizei-Ober-Directions-Akten, Karton Nr. 17 (1–72000), Niederösterreichisches Landesarchiv.

22 *Theweleit,* Männerphantasien, Bd. 1., 1980, S. 336.

23 *Theweleit,* Männerphantasien, 2., Männerkörper, 1980, S. 106 f.

24 *Bacherlard,* L’eau et les rêves, 1942, S. 242.

„Unter dem Eindruck der gemischten Gefühle der Lust und des schmerzlichen Erstickens beim Eintauchen in die Flut entsteht . . ., gedeckt durch das therapeutische Alibi, eine neue Ökonomie der Empfindungen. Den müßigen Klassen vorbehalten, entwickelt sich hier eine neue Art des Körpergefühls unter Ausschaltung aller störenden Regungen. In den Bädern . . . versucht man, die Ängste, die das städtische Leben durch den Kräfteschwund, die Bleichsucht, die Luftverderbnis und die Sittenlosigkeit hervorbringt, zu beruhigen. Doch paradoxerweise schließt diese tastende Suche nach einer Harmonie von Körper und Natur den Hedonismus aus."[25]

Das Wasser hilft einen Verzicht auf erotische Körperlichkeit, Sexualität und andere libidinöse Entgrenzungen leichter zu ertragen. Das Entstehen der neuen Freizeitverhaltensweisen gehört zu den Anstrengungen einer schärferen Selbstkontrolle und -disziplin. Außerdem sind die Bedürfnisse der Bevölkerung, im Freien zu baden, bereits in der ersten Hälfte des 19. Jahrhunderts soweit reglementierbar und kontrollierbar – man denke an den penetranten, zunehmend auch flächendeckenden vormärzlichen Polizei- und Überwachungsapparat –, daß es vielen Badelustigen kaum ratsam erscheint, außerhalb der in rascher Folge entstandenen öffentlichen Kaltwasserbade- und Schwimmanstalten oder behördlich zugelassenen Badeplätzen das Baden zu wagen. Diese offiziellen Badeangebote stehen unter Aufsicht von Bademeistern oder Polizeiwachleuten, die vor allem auf Einhaltung der aktuellen Sittlichkeitsnormen zu achten haben und erst in zweiter Hinsicht darauf, daß keinem gesundheitlicher Schaden widerfahre oder ein lebensgefährlicher Unfall beim Baden zustoße.

Als die Idee des Im-Freien-Badens und die neuen Hygiene- und Körperstandards, die häufiges Baden, Waschen und Schwimmen nahelegen, aufkommen und sich rascher Verbreitung erfreuen, sind die hastig-eifrige Bedachtnahme auf lokale Kontrolle, räumliche und zeitliche Limitierung, strenge Isolierung der Geschlechter und totale Tabuisierung der Nacktheit Strategien staatlich-gesellschaftlicher Unterdrückungs- und Beherrschungsapparaturen einer relativ neuen Qualität. Sie verfolgen mit einer Reihe von repressiv-toleranten Mitteln das Ziel, die Erfüllung erotischer Wünsche und die nun vorgefundenen Gelegenheiten menschlicher Körper, sich sinnlich-lustvoll zu entgrenzen, auszuschalten.

---

25 *Theweleit,* Männerphantasien, Bd. 2, 1980, S. 130.

„Körperliche Ertüchtigung und Abhärtung gelten als Bollwerk gegen die als gefährlich empfundenen sinnlichen Gelüste. [...] So wird zwar in den Erziehungsinstituten des 18. Jahrhunderts, die vor allem adelige Knaben aufnehmen, das Schwimmen eingeführt, gleichzeitig gilt es jedoch, die Jugendlichen zur äußersten Wachsamkeit anzuleiten, da gerade der Aufenthalt im Wasser viele sinnliche Versuchungen mit sich bringe. Straffe Disziplin und Zeitaufteilung sorgen dafür, daß keine gefährliche Muße eintritt. Der Schwimmunterricht für die männliche Jugend – Mädchen bleiben hiervon vorerst ausgespart – wird zu einem Drill- und Disziplinierungsmittel ... Die Bäder werden zu Schwimmbädern, und die Muße im Bad wird durch die Leistung beim Schwimmen abgelöst.“[26]

Ängstliche Verfechter rigider Sexualmoral halten körperliche Nacktheiten und den Aufenthalt in schwer kontrollierbaren, herrschaftsperipheren Regionen zum Baden, Schwimmen, Bootfahren, Spazierengehen und Feste feiern, etwa in den von Donauarmen durchflossenen Auwäldern bei Wien, schlechthin für untragbar. Den dabei potentiell bestehenden „sittlichen Gefahren“ und „unsittlichen Verlockungen“ aber gerade ins Auge zu sehen und heroisch zu trotzen, bedeutet für die in sozialer Aufwärts-Mobilität begriffenen gesellschaftlichen Gruppen und Milieus zur Erbringung des Beweises ihrer souveränen moralisch-sittlichen Gesinnung eine wesentliche Herausforderung. Sie erblicken darin eine Möglichkeit, ihre Partizipationsforderungen betreffs politischer und ökonomischer Macht zusätzlich zu legitimieren. Das demonstrative Bekenntnis zu den asketischen Praktiken und den antisexuellen Wirkungsweisen der Kaltwasser-, Freiluftbade- und Schwimmkultur wird damit unweigerlich Teil ihres agitatorischen Programms.

„Diese reine und leere Gefügigkeit, völlig geprägt vom Imperativ des Aufsteigens, hat ihr Gegenstück auf dem Gebiet der Moral: ... so beinhaltet die asketische Prinzipienstrenge der aufsteigenden Fraktionen, oft verbunden mit einem vorsichtigen politischen Reformismus, vor allem eine Disziplin gegenüber sich selbst und den Ihren, die dem gesellschaftlichen Aufstieg total untergeordnet ist. Der Beweis dafür läßt sich darin erblicken, daß die aufsteigenden Kleinbürger ... immer dann, wenn es um etwas geht, was dem gesellschaftlichen Aufstieg förderlich sein kann, sich ohne weiteres viel liberaler zeigen, als die herrschende Moral und die ihr am stärksten verhaf-

26 *König,* Nacktheit, 1990, S. 94.

teten Fraktionen der herrschenden Klasse, die daraus eine ‚Prinzipienfrage' machen."[27]

Die Affirmation existenter Wertmuster und Strukturen der Sexualrepression führt im Zusammenspiel mit dem Zwang zur Demonstration „sittlicher Überlegenheit" über die Führungsschichten der alten Gesellschaft zur totalen Enterotisierung und Entsexualisierung der in den Anfängen diesbezüglich noch weniger rigoros gewesenen, vorwiegend von an Körperkultur und Lebensreform interessierten Avantgardisten getragenen neuen Badekultur. Deutlich wird,

„. . . daß das Bürgertum eine neue Sozialordnung anstrebte. Jede sexuelle Aktivität sollte der monogamen Ehe vorbehalten werden. Energisch wurde gegen das Freien, den vorehelichen Verkehr, den Bordellbesuch und die außereheliche Sexualität vorgegangen, gegen alles, was das Bürgertum als ordnungswidrig empfand. [. . .] Nirgends zeigt sich so klar, daß das Bürgertum alle Lusterfahrung bekämpfen will."[28]

Die selbstbetrügerische Asexualität einer an sich schon autoritären und demzufolge repressiven Gesellschaft läßt auf Dauer nur eine Bade- und Körperkultur ihrer definiert „sittlich höchststehenden" Menschen zu, in der die Vorstellung zirkuliert, daß gerade die wenig oder gar nicht bekleidet Badenden, Schwimmenden, Gymnastik, Sport oder Körperkultur Ausübenden wie „. . . Felsen in der Brandung der sittlich schmutzigen und entarteten Welt"[29] zu stehen hätten. Strenge und für heutige Empfindungs- und Sittenstandards obskure Badeordnungen der sich an Donaukanal, Wiener Neustädter-Kanal und Donauarmen befindlichen Schwimmschulen, Flußbäder und Freiluftbadestellen des frühen und späteren 19. Jahrhunderts geben davon ebenso Zeugnis, wie die gegen Ende desselben Jahrhunderts höchste eigenständige Sexualdisziplinierung abverlangenden subkulturellen Gruppennormen der ersten FKK-Anhänger.

---

27 *Bourdieu,* Die feinen Unterschiede, 3. Aufl., 1989, S. 552.

28 *Ussel,* Intimität, 1979, S. 132.

29 *Theweleit,* Männerphantasien, Bd. 1, 1980, S. 376.

Ausrottung der letzten Unsittlichkeiten

Wenn des öfteren an die Vorschrift erinnert werden muß, im Männerbad ausnahmslos Badehose zu tragen, und Betreiber/innen derartiger Anstalten angewiesen sind, bei sozialer Bedürftigkeit das ominöse Kleidungsstück sogar unentgeltlich herzuleihen, ist zu folgern, daß nach wie vor Gelegenheiten bestehen respektive gesucht und genützt werden, auf züchtige Bedeckung gut und gerne zu verzichten. Ähnlich verhält es sich bezüglich der strikten Untersagung des gemischtgeschlechtlichen Badens, die ostentativ mißachtet wird. In der Tat macht noch das Biedermeier mit seiner relativen Unbefangenheit gegenüber Körperlichem, mit seiner eher unbedarft spielerischen Auffassung von Sexualmoral (und entsprechend „lockerem" Geschlechterrollenverhalten) Sittlichkeitsverstöße im Rahmen libidinösen Strebens nach Lust am Wasser möglich, die später undenkbar gewesen wären. Und das trotz franciszeischen Sittenkodexes, herrschender Überwachungspraxis mittels Polizeiapparat und Spitzelwesen sowie fortgeschrittener staatlicher Penetration durch Bürokratie und Administration.

In der Militärschwimmschule geht es allem Anschein nach vorerst noch weniger sittenstreng zu. Ihre Einrichtung entspricht vor allem militärisch-strategischen, aber auch hygienischen Überlegungen. Bei der 1809 gegen Napoleon I. geschlagenen „Schlacht bei Aspern" hat sich die fast gänzliche Unerfahrenheit österreichischer Soldaten als eklatanter Nachteil erwiesen. Zu viele sind bei den Kampfbewegungen erbärmlich in den zahlreichen Donauarmen in der Lobau ertrunken. Daher steht auf Betreiben des k. k. Oberst Graf Wilhelm v. Bentheim-Steinfurt der Wiener Garnison keine vier Jahre später die k. k. Militärschwimmschule im Donauarm Kaiserwasser zur Verfügung.

„Mit derselben ist zugleich eine Schwimmschule für Männer aller Stände verbunden. [. . .] Diejenigen, welche das Schwimmen schon verstehen, können sich hier mit dieser Leibesübung täglich erlustigen . . . Bloß Neugierige können der Übung zusehen. [. . .] An Sonn- und Feiertagen ist auch den Frauenzimmern gegen eine Gebühr von 24 Kreuzer der Eintritt gestattet."[30]

30 *Pezzl,* Beschreibung von Wien, 1822, S. 181.

Militärwaisenknaben baden und schwimmen dort gleichfalls wöchentlich einige Stunden, doch ist ihr oberster Erziehungsberechtigter, der Direktor des k. k. Waisenhauses in der Alser Vorstadt, der Salzburger Pädagoge Franz Michael Vierthaler, nicht darüber glücklich, wenn seine Zöglinge gerade an einem Sonn- oder Feiertag in die Schwimmschule geführt werden, wo weibliches Publikum anwesend ist.

„Die Sucht Parade zu machen, wird die Lehrer – die Sucht zu gefallen, die Schüler ergreifen; und unter andern Folgen, zumahl wo Entblößungen, wie beim Schwimmen nicht ganz vermieden werden können, die schönste Farbe der Jugend: die Schamröthe verschwinden. Die Gymnastik wird das Gegentheil von dem bewirken, was sie bewirken sollte."[31]

Daß es Frauen erlaubt ist, behenden Knaben und kühnen Männern beim Schwimmen und Wasserspringen zuzusehen, erregt manch Zeitgenossen heftig. Der in Staats- und Regierungskreisen ob seiner Illoyalität, Unberechenbarkeit und Launenhaftigkeit verhaßte und gefürchtete, gleichfalls bei der Kollegenschaft höchst unbeliebte, als Opportunist ersten Ranges verschriene Schriftsteller, Publizist und Zeitungsherausgeber Anton Johann Gross-Hoffinger[32] äußert den Verdacht, daß es sich bei der Militärschwimmschule in Wirklichkeit um ein mondänes Badebordell mit aristokratischer Kundschaft handle. Er läßt es sich nicht nehmen, dies in einem Dramulett zu veranschaulichen. Wie viele bürgerliche Autoren des 19. Jahrhunderts hat Gross-Hoffinger es sich zur Aufgabe gemacht, die „sittlich-lockeren Zustände" in Adelskreisen anzuprangern, was ihn nicht hindert, gleichzeitig selber im Konkubinat zu leben, die monogame Ehe als überholt zu erklären und bei Gelegenheit lächerlich zu machen.[33] Höhepunkt der Handlung ist ein Gespräch zwischen Damen und einem Schwimmer, welcher ungeniert in Badehosen (!) der holden Weiblichkeit, welche natürlich vollständig bekleidet ist, gegenübertritt. Als weitere Personen spielen in der Szene ein mehr und ein

---

31 *Vierthaler,* Entwurf zu pädagogischen Vorlesungen, 1824, S. 115.

32 So sieht es zumindestens, wenn auch subjektiv und nicht ohne Diffamierungsinteresse, sein Kollege Uffo Horn: Anonym (*Horn, Uffo*), Österreichischer Parnaß, o. J., S. 20 f.

33 *Tampier-Metzker, Gross-Hoffinger,* in: Mitteilungen des Instituts für österreichische Geschichtsforschung, Bd. 75, 1967, S. 424.

weniger erstaunter Badegast aus Norddeutschland als moralisierende Beobachter.

„Erster Fremder (eintretend zu seinem Gefährten): Damen-Damen-Damen, nee s' ist nicht möglich, Damen in einer Schwimmschule!
Zweiter Fremder: Mir nichts Neues – übrigens geschieht es nur alle Sonntage – am Tage der Braten.
Hofrätin (zur Tochter): Julie, sieh einmal dorthin, der Schwimmer mit dem schwarzen Bart und dem Muttermal auf dem Rücken – ist das nicht der Graf S.?
Graf S. (springt in der Schwimmhose aus dem Wasser, klettert die Treppe herauf, schüttelt sich ab, und präsentiert sich den Damen): Sehe ich recht – Frau Hofrätin, Fräulein Julie – nein diese Überraschung. Darf ich so frei sein, ihre Hand zu küssen – ich habe zwar keine Handschuhe an, wie sie sehen, aber sie werden entschuldigen (küßt ihr die Hand und stellt sich konversierend zu den Damen, indem er graziöse Stellung eines Adonius annimmt).
Erster Fremder (zu dem Gefährten): Ha, ha, ha, Sie Schalk, wir sind also in einem Bordellbadehause.
Zweiter Fremder: Pst – still – was fällt Ihnen ein, es sind Damen aus bester Gesellschaft."[34]

Kurz bevor 1813 in Wien die k. k. Militärschwimmschule errichtet wird, meldet sich der Präsident der Polizeyhofstelle, Exzellenz Freiherr von Haagn, mit einer Eingabe vom 13. April 1813 beim Präsidenten des Hofkriegsrates Graf Bellegarde. Der Inhalt: Es sei nach den Erfahrungen der seit zwei Jahren in Prag bestehenden Schwimmschule auch in Wien unerläßlich, „. . . ein Polizeiorgan abzustellen, das . . . dort eine Inspektion über Lebenssicherheit, Sittlichkeit und Ordnung ausüben sollte".[35]

„Diese Beobachtung kann bey der neuen Schwimmschule zumahl in der Residenz umso weniger unterbleiben, als ich in Absicht auf die Schwimmanstalt in Prag durch verläßliche Privatwege zur Kenntnis gelangte[36], daß die Schwimmübung häufig Zuschauer der Jugend und des weiblichen Geschlechtes anzog, ohne abgehalten zu werden, daß es nicht selten an

34 *Gross-Hoffinger,* Das Schicksal der Frauen, 1848.

35 Akten des Hofkriegsrates, 13. 4. 1813, HKR. G 1–53/4.

36 Die österreichische Polizei hatte unter *Metternich* einen berühmt-berüchtigten Überwachungsdienst, für den sich auch angesehene Mitglieder der Gesellschaft (Beamte, Professoren, Dichter, Militärs, Lehrer, Ärzte etc.) zu Spitzeldiensten zur Verfügung stellten.

Schwimmhosen gebrach oder davon nicht Gebrauch gemacht werden wollte, und daß die schmiegsame Moralität manches die Aufsicht habenden Individuums muthwillige und ungeziemende Szenen duldete, welchen man sich, wenn ich gleich in Prag über solche als über geschehene Sachen hinausgehen zu können glaubte und darüber keine amtliche Erörterung veranlaßte, hier in der Residenz nicht aussetzen darf. Ich erlaube mir daher Eure Exzellenz um die gefällige Anordnung zu bitten, daß das hiesige Platzkommando angewiesen und der hiernach der Proponent [Graf Bentheim] belehrt werden möchte, die Inspektion in der hierorts zu errichtenden Schwimmschule dann, wann nicht das Militär allein Unterricht darin erhält, sondern auch Zivilpersonen dazu den Zutritt erlangen, gemeinschaftlich mit der Polizeioberdirektion zu veranlassen und zu pflegen."[37]

Der Hofkriegsrat holt daraufhin von Graf Bentheim-Steinfurt, dem Kommandanten der Prager und Proponenten der Wiener Militärschwimmschule, eine „gutachtliche Äußerung" über die aufgeworfenen Probleme ein und kommt schließlich der Anregung des Präsidenten der Polizeyhofstelle Freiherr v. Haagn am 3. Juni 1813 nach.[38]

Die Aufstellung einer Polizeiwache zur Sicherung von „Lebenssicherheit, Sittlichkeit und Ordnung" kann nicht verhindern, daß frivole Praktiken tatsächlich im Schwange sind und bleiben. Gleichzeitig mehren sich jedoch auch private Proteste und Reaktionen. Vom 1. Juni 1833 datiert ein „Einreichungsprotokoll" (entspricht heute einer polizeilichen Anzeige) der Polizey-Direction für Niederösterreich, das zur „Amtshandlung" geführt haben mag.

„Militärschwimmschule Schaeffern: Wiener Elisabeth, Unternehmerin der weiblichen Schwimm-Anstalt zeigt an, daß die Töchter der Lederfabrikantins Witwe Grünsteidl und noch zwei andere Mädchen in Gesellschaft von Männern in der Militärschwimmschule schwimmen."[39]

Die Anzeige Elisabeth Wieners, Betreiberin der im benachbarten Flußlauf situierten Damenschwimmschule, zeugt bereits von den sich allmählich durchsetzenden neuen Sittenstandards der strengen Geschlechtertrennung an der Donau. Für Frau Wiener ist deren

37 Akten des Hofkriegsrates, 13. 4. 1813, HKR. G 1–53/4.

38 Akten des Hofkriegsrates, 3. 6. 1813, HKR. G 1–53.

39 Einreichungsprotokoll der Polizei-Direction Nr. 29605, Fascikel 17, G-Index von „Polizeisachen" aus 1833, Niederösterreichisches Landesarchiv.

getreuliche Beachtung und Einforderung ein geschäftsförderliches Gebot der Stunde, hat sie doch tagtäglich darauf zu achten, daß ihre Damenschwimmschule zwei Jahre nach der Eröffnung nicht schon wieder in Verruf gerät. Ihre Konzession wurde mit der Auflage erteilt, ausschließlich Angehörigen des weiblichen Geschlechts den Zutritt zu gewähren und auf die genaue Einhaltung der Badeordnung zu insistieren. Diese lautet im Fall der „Ersten Wiener Schwimmschule für das weibliche Geschlecht" im Ferdinand- und Marienbad am Zwischenbrückner Kaiserwasser (ziemlich genau dort, wo sich heute der Straßenknick von Nordbahn- und Dresdner Straße befindet) im Eröffnungsjahr 1831 auszugsweise:

„Bei der von der hohen Landesstelle bewilligten Schwimmschule für das weibliche Geschlecht, wird für jene, die von der Anstalt Gebrauch machen wollen, folgende Ordnung zu beobachten vorgeschrieben:
„Erstens. Die Schwimmschule darf durchaus unter keinem Vorwande von Männern besuchet werden. – Von diesem Verbot sind ausgenommen: a) der jeweilige dirigierende k. k. Polizei-Bezirks-Director in der Leopoldstadt. b) der Wundarzt, welcher in jenen Stunden, wo geschwommen werden darf, unausgesetzt gegenwärtig sein muß. c) die zum Schwimmunterricht benöthigten Schwimmmeister. [. . .] Sechstens. Das Schwimmen wird nur in einer Kleidung gestattet, wodurch der Körper vom Hals bis auf den halben Schenkel gänzlich bedeckt ist.
Siebendtes. Den Freischwimmerinnen wird das unvermuthete Tauchen der Mitschwimmer und alle ähnlichen derlei Neckereien als z. B. das Stoßen ins Wasser, Anspritzen, Herumlaufen und Lärmen in dieser Anstalt etc. untersaget.
Achtens. Alle gewagten Sprünge und Künste, die sich zwar kühne Männer erlauben dürfen, aber weder mit dem Zwecke der für das weibliche Geschlecht gegründeten Schwimmschule, noch mit den Kräften desselben in Einklang stehen und wodurch auch Anstand und gute Sitten verletzet würden, werden durchaus verbothen. [. . .]
Dreizehntens. Ist ohnehin zu erwarten, daß in einer ausschließlich für das weibliche Geschlecht bestimmten Anstalt sowohl von den Schwimmenden als auch die Schwimmschule blos Besuchenden alles vermieden werden wird, wodurch der Anstand und die Schicklichkeit auch nur im mindesten verletzet werden könnte.
Von der Direction der Schwimmschule
für das weibliche Geschlecht."[40]

40 Ordnung in der Schwimmschule für das weibliche Geschlecht 1831, k. k. Polizei-

Der Verdacht auf Unsittlichkeiten und libidinöse Entgrenzungen, auf erotisch-sexuelle „Lust am Wasser" in Schwimmschulen und Badeanstalten hält sich. Besonders das hin und wieder in kleinen Zirkeln beiderlei Geschlechts verbotenerweise stattfindende Donaubaden und -schwimmen oder auch nur gesellige Zusammenkünfte am Wasser sollen, unter den Argusaugen repressiver und sexualfeindlicher werdender Sitten, unbedingt verhindert werden. Für diejenigen, die vom heutigen Standpunkt einer relativen „sexuellen Liberalität" in den Strafnormen des Strafgesetzes von 1852 und damit auch in denen der vorher geltenden Franciscana mit Recht das klassische Beispiel einer verzopften, der menschlichen Natur zuwiderlaufenden Anschauung sehen (welche repressives Recht setzt, schließlich aber zur sittenbildenden Kraft wird), sei mit Friedrich Hartl allerdings bemerkt,

„. . . daß die engherzige Handhabung der betreffenden Strafnormen erst nach 1850 ihren Anfang genommen hat, daß die Qualifikation eines unsittlichen Verhaltens als Verbrechen schrittweise ausgeweitet wurde, um gerade in der doppelmoraligen Zeit der Schnitzlerschen Episoden ihren Höhepunkt zu erreichen. Die Zeit des Vormärz zeigte sich in diesen Belangen sehr liberal. Es mag dahingestellt bleiben, ob es tatsächlich in der Absicht der Behörden lag, die Wienerische Anarchie im Sinne von Bauernfeld durch Förderung der Lebenslust mit Alkohol und sexuellen Ausschweifungen zu unterstützen, um sonst im Staat Ruhe zu haben."[41]

Am 7. Mai 1850, die sozialrevolutionäre Situation von 1848 ist fast vergessen und neoabsolutistisches Gesellschaftsklima macht sich breit, wird laut einer Magistratischen Kundmachung der Zutritt zu öffentlichen und unentgeltlichen Flußbädern nur mehr Männern gestattet und wieder einmal darauf hingewiesen, den „. . . Anforderungen der Sittlichkeit nachzukommen und [daß] sich Jedermann einer Schwimmhose zu bedienen [habe]".[42] Letzteres unterläßt man zuzeiten offensichtlich immer noch, selbst nach einem guten halben Jahrhundert gesetzlicher Vorschriften, polizeilicher Verbote und strafrechtlicher Ahndungen. „Zwar setzte sich . . . mehr durch, daß

Ober-Direktions-Akten, Karton Nr. 17 (1–72000), Niederösterreichisches Landesarchiv.

41 *Hartl,* Wiener Kriminalgericht, 1973, S. 349 f.

42 Zitiert nach: *Schrank,* Prostitution in Wien, Bd. 1, 1886, S. 311.

auch die jungen Burschen im Wasser die kurze Hose anbehielten, doch konnte man bis tief ins 19. Jahrhundert hinein an vielen Orten splitternackte junge Männer baden sehen, und dies in einer Zeit, die ein bißchen ungerecht als die prüdeste Zeit in unserer Geschichte bezeichnet worden ist."[43] Mangelnde Rigorosität des Gesetzesvollzugs und augenscheinliche Überlastung des Exekutivapparates mögen obendrein dazu animieren. Zwar ist das k. k. österreichische Militär-Polizeiwach-Corps laut „Dienst-Instruktion" von 1860 dazu verpflichtet,

„. . . jeden öffentlichen Scandal oder Aergerniß, durch Menschen oder Gegenstände verursacht, zu beseitigen. Hierher gehört auch das Baden an öffentlichen und besuchten Orten, der Badende mag mit Schwimmhosen versehen seyn oder nicht. Das Baden ist nur an dem von der politischen oder militärischen Behörde bestimmten Orte gestattet . . ."[44]

. . . jedoch erweist sich die lückenlose praktische Umsetzung des herrschaftlichen Auftrags zur äußersten Genugtuung der renitenten Badelustigen als illusorisch.

Die Benützung des Elementes Donauwasser für den Betrieb größerer privater wie staatlicher Schwimm- und Badeanstalten und gesicherter, beaufsichtigter Freibadeplätze, damit auch zur Vergrößerung der Chancen physischer Bedürfnisbefriedigung für immer breitere Bevölkerungskreise, soll Ordnungshütern das gesamte 19. Jahrhundert hindurch Kopfzerbrechen bereiten. Im Sinn der Aufrechterhaltung von Herrschaftsstrukturen, Machtverhältnissen und kultureller Hegemonie dürfen soziale Normen auch in freizeitlichen Bereichen um keinen Preis der Aufweichung anheimfallen. „Nicht allein das Nacktbaden der jungen Burschen wurde in den neuen Freibädern abgestellt, sondern auch das gemeinsame Baden der Geschlechter, das die Behörden beim ‚wilden' Baden wegen mangelnder Überwachungsmöglichkeiten immer wieder zulassen mußten."[45] Wenngleich die historische Phase der potentiellen Transzendenz der Grenzen des Sittlichen zur Jahrhundertmitte längst zu Ende ist, vermeint man dennoch auf der Hut sein zu müssen. Demgemäß

43 *Duerr,* Nacktheit und Scham, 1988, S. 96.

44 Dienst-Instruktion für das k. k. österreichische Militär-Polizeiwach-Corps, Wien 1860, S. 22.

45 *Duerr,* Nacktheit und Scham, 1988, S. 103.

fordern Polizeistrategen auch weiterhin für die Donaustrombäder einen „. . . nicht unbedeutenden Aufwand von Kräften zur Handhabung der diesfalls bestehenden Sittlichkeits- und Sanitätsmaßregeln, abgesehen davon, daß wegen Hintanhaltung des Badens an unerlaubten Orten (§ 338 St. G.) eine stete Aufmerksamkeit geübt werden muß".[46]

Avancierte Methode der Kontrolle: Hallenbäder[47]

Im letzten Drittel des 18. Jahrhunderts kündigte sich in Zirkeln junger europäischer Intellektueller ein neues Lebens- und Naturgefühl an. Im Gegensatz zur pragmatischen, utilitaristischen Einstellung der Aufklärung schlägt etwa Goethe im „Werther" ganz andere Töne an: Hier sind Ich und Natur unmittelbar eins. Über seine vor der Abfassung des Werkes unternommene Reise in die Schweiz äußert er später distanziert:

„Gestehen wir überhaupt, daß Reisende, die sich aus ihrer häuslichen Beschränkung entfernen, gewissermaßen in eine nicht nur fremde, sondern völlig freie Natur einzutreten glauben; welchen Wahn man damals umso eher hegen konnte . . . [. . .] In Wirklichkeit nun scheint sich für solche poetische Äußerungen das Baden in unbeengten Gewässern am allerersten zu qualifizieren. Schon unterwegs wollten dergleichen Naturübungen nicht gut zu den modernen Sitten päßlich erscheinen; . . . In der Schweiz aber beim Anblick und Feuchtgefühl des rinnenden, laufenden, stürzenden in der Fläche sich sammelnden, nach und nach zum See sich ausbreitenden Gewässers, war der Versuchung nicht zu widerstehen. Ich selbst will nicht leugnen, daß ich mich, im klaren See zu baden, mit meinen Gesellen [den Gebrüdern Stolberg; Anm. d. Verf.] vereinte . . . [. . .] Die guten harmlosen Jünglinge, welche gar nichts Anstößiges fanden, halb nackt wie poetische Schäfer oder ganz nackt wie heidnische Gottheiten sich zu sehen . . . [. . .] Entfernt von aller Wohnung, ja von allem betretenen Fußpfad, fanden sie es hier ganz unverfänglich, die Kleider abzuwerfen und sich kühnlich den schäumenden Stromwellen entgegenzusetzen; dies geschah freilich nicht ohne Geschrei, nicht ohne ein

46 *Prucha,* Österreichische Polizeipraxis, 1877, S. 348.

47 Vgl. zu diesem Kapitel meinen Aufsatz: Siegeszug von Halle und Beton, in: Historisches Museum der Stadt Wien, Das Bad, 1991.

wildes, teils von der Kühlung, teils von dem Behagen aufgeregtes Lustjauchzen . . ."[48]

Menschen glauben an die Natur und an die organische Einheit mit Natur. Es besteht eine weitgehend offene Beziehung zwischen menschlicher Natur und materieller Umwelt. „Das 18. Jahrhundert hat das Verhältnis zwischen Selbst und Umwelt anders gefaßt; für das 18. Jahrhundert war das Innenleben des Menschen gegen die Umwelt nicht abgeschottet, es stand vielmehr offen wie ein Fenster. Und dank der überquellenden Fülle der Natur erblickte man durch dieses Fenster eine einladende Szenerie."[49] Die neue Bewegung ist gekennzeichnet durch ein neues Erleben von Natur und natürlicher Umwelt sowie durch ein Streben nach naturnahen, naturverbundenen Lebens- und Verhaltensformen. „Diese Tendenzen prägen eine ganze Epoche, bilden sich aber in der Sturm-und-Drang-Periode durch die Auseinandersetzung mit dem aufklärerischen Geist in besonders radikaler Form heraus und verstärken sich in der Romantik noch einmal."[50]

Seit Beginn des 19. Jahrhunderts ist in freier Natur an der Donau bei Wien in wenigen Jahrzehnten jene Bäderlandschaft entstanden, die im Vorangegangenen ausführlich untersucht wurde. Noch nicht Erwähnung fand, daß sich an ihr auch Adalbert Stifter in seinem berühmten „Spaziergang durch den Prater" begeistert.

„Wir wollen nun noch weiter vorwärts gehen, bis wir an das Donauufer gelangen. Hier links an diesem Damme stehen die Gebäude der Schwimmschule . . ., diese andern hölzernen Häuser auf Flößen sind lauter Bade- und Schwimmanstalten und im Sommer lebhaft besucht. Hier mündet sich schon ein größerer Donauarm herzu und da, wo du die vielen Pflöcke im Wasser stehen siehst, ist das sogenannte Freibad, ein Platz, der mit gespannten Tauen eingefangen ist, innerhalb denen jeder baden kann."[51]

Indes die teilweise „stürmende" und „drängende" Bewegung hin zur Natur, hinaus in die natürliche Landschaft verflacht. „. . . die ‚grüne Revolution' schlug nicht durch. Sie wurde aufgefangen in einer neuen räumlichen Konfiguration, ebenso wie die demokratische

48 *Goethe,* Aus meinem Leben, 4. Teil, 19. Buch, o. J., S. 758 f.
49 *Sennett,* Civitas, 1991, S. 101.
50 *Reble,* Geschichte der Pädagogik, 12. Aufl., 1975, S. 170.
51 *Stifter,* Der Prater, in: Stifters Werke in 2 Bänden, Bd. 2, o. J., S. 986.

Revolution von 1789/1848 aufgefangen wurde in den restaurativen Systemen der 2. Jahrhunderthälfte."[52] Die Trendumkehr macht sich gegen Ende des Biedermeier deutlich bemerkbar. Sowohl Vinzenz Prießnitz' Kaltwasserkuren und „Naturduschen" in den Gräfenberger Wäldern Österreich-Schlesiens, gleichwie das Baden und Schwimmen in der Wiener Donaulandschaft wollen nun mitten in die Stadt geholt werden. Es „. . . entstanden die ersten Badehäuser und Waschanstalten neuen Typs, aus denen die Hallenschwimmbäder hervorgingen, mit sozialer Klassentrennung . . ."[53] (Dianabad Wien 1842, Sophienbad Wien 1846, Leopoldstädter Bad 1855).

In Wien wird die Kaltwasserbade- und Schwimmbewegung im Freien respektive werden die Badeschiffe und Badehütten am Fluß seit den 1840er Jahren von großzügigen, mehrstöckigen Bädergebäuden mit beheizbaren Schwimmhallen in der Stadt heftig konkurrenziert. In einer Sitzung am 15. Mai 1841 würdigt die „k. k. Gesellschaft der Ärzte" Wasseranwendungen, Kuren und Therapien des Sophienbades in einer Weise, die jene des charismatischen autodidaktischen Naturheilers Prießnitz diskreditieren und vergessen machen soll.

„Abgesehen davon, daß die Dampf- und Douchebäder des Sophienbades so ausgezeichnete Heilerfolge in den verschiedenartigsten chronischen und hartnäckigen Krankheiten aufzuweisen haben, welche die Gräfenberger Kuren, wenn nicht den Rang ablaufen, ihnen gewiß wenigstens gleichkommen . . . so muß doch jeder unbefangene dem Sophienbade Vorzüge zuerkennen . . . [. . .] Nach Gräfenberg zu fahren, . . . es ist dieß eine Laune, eine Modesache . . . Allein nicht jeder ist mit Glücksgütern so gesegnet, daß er eine kostspielige Kur auf auswärtigen Kurplätzen unternehmen könnte . . . [. . .] [Es gibt eine . . . nicht unbeträchtliche Zahl von Fällen, wo Kranke mit Leiden aller Art die verschiedensten Kurplätze durch mehrere Jahre regelmäßig besucht, und selbst monatelang zu Gräfenberg zugebracht hatten, ohne von den Uebeln befreit zu werden, bis endlich ihre Krankheit, von den Dampf- und Douchebädern im Sophienbade beseitigt wurde."[54]

Die völlig komfortlosen Freiluftbadestellen am Donauufer und die Mehrzahl der technisch primitiven, hygienisch nicht unbedenkli-

52 *Eichberg,* Historische Relativität der Sachen, 1984, S. 126.

53 *Eichberg,* Historische Relativität der Sachen, 1984, S. 126.

54 *Gollmann,* Dampf- und Douchebäder, 1852, S. 76 f.

chen, im Angebot bescheidenen Flußbadeschiffe auf dem Wasser selbst (man kann in ihren Kabinen nur entweder Wannenbaden oder mittels einer Öffnung im Schiffsboden direkt im Flußwasser) geraten nach der Jahrhundertmitte bei Ärzten, Hygienikern und Bäderexperten ins Hintertreffen.

„In Wien besonders tritt bei selben noch der Uebelstand auf, daß man einen weiten Weg zu den nur bei guter Witterung im Sommer zu gebrauchenden kalten Bädern zurückzulegen hat und daher eine nicht gehörige Abkühlung vor dem Gebrauch des Flußbades gerade das bringt, was man vermeiden und verhüten wollte, und daß daraus endlich doch nicht jene Abhärtung und Kräftigung für das Hautorgan erwächst, welche dem Wechsel des Dampf- und Douchebades eigen ist.“[55]

Für „wahre“ Gesunderhaltung, Krankheitsprophylaxe, Hydrotherapie, Körperpflege und Lebensreform reichen einfache Flußbäder und die Nähe zur Natur jetzt bei weitem nicht mehr aus. Außerdem wird vor dem pathogenen Klima an der Donau gewarnt.

„Rheumatismus ist nicht weniger ein in Wien eingenistetes Leiden, als der ewige Schnupfen und Katarrh. Die Ursache dieses Leidens sind vorzüglich in den in Wien herrschenden Zugwinden, der rauhen schärferen Luft an den Ufern der Donau und dem oft grellen Wechsel der Temperatur . . . zu suchen. Dagegen kann man den Leib in den Dampf- und Douchebädern abhärten und ihn gegen die Schädlichkeiten der Außenwelt unempfindlich machen, . . . [das ist] gleichzeitig ein Präservativmittel gegen Rheumatismen.“[56]

Dem nicht genug bemängeln Kritiker das einschlägige Faktum der „toten Saison“ bei Flußbädern während der kühlen und kalten Jahreszeit und machen auf die 1842 errichtete Winterschwimmhalle des Dianabades als attraktive Alternative aufmerksam. Im Gegensatz zu Flußbädern fallen hier in der wärmeren Jahreszeit „. . . auch alle die unbequemen, der Gesundheit oft nachtheiligen Störungen und Unterbrechungen weg, welche durch plötzliche und öftere Witterungs- oder Temperaturwechsel veranlaßt werden“.[57]

---

55 *Gollmann,* Dampf- und Douchebäder, 1852, S. 57.

56 *Gollmann,* Dampf- und Douchebäder, 1852, S. 24.

57 Wiener Zeitschrift für Kunst, Literatur, Theater und Mode, Nr. 91, 25. 3. 1843, S. 725.

„Wie erwünscht und folglich zweckmäßig diese Unabhängigkeit [vom Wetter; Anm. d. Verf.] ist, bewies bereits der Besuch der Anstalt an Tagen, da regnerisches und windiges Wetter den Genuß jeden freien Flußbades untersagten, oder zu Jahreszeiten, da ihn die Sonne durch ihre belästigenden Strahlen in unsern gewöhnlichen offenen Donau-Lokalen verleidet."[58]

Wie hier zu vernehmen ist, und andernorts bereits erwähnt wurde, ist in der Vorstellung des 19. Jahrhunderts dem idealen Freiluftbaden die Einwirkung der Sonne äußerst abhold. Daher bade man besser gleich sommers wie winters in der Halle.

Jovial wird jetzt auch durchaus weiblicher „Emancipationslust" Berechtigung eingeräumt. Die Schwimmhalle ist nämlich

„. . . zwischen 9 und 12 Uhr dem weiblichen Geschlecht gewidmet. Es freut uns . . . daß seit mehreren Jahren unsere Damen Geschmack an der Erlernung des Schwimmens finden. An der Schwimmkunst wollen wir ihnen gerne einen naturrechtlichen Antheil zugestehen; in diesem Bereich mag die Emancipationslust immerhin Fuß fassen und sich Terrain erobern soviel sie will. [. . .] Wie unzählig die Fälle . . ., wo eine geringe Schwimmkenntnis Rettung brächte! Also fleißig drauf losgeschwommen, meine Damen sowohl als Herren. [. . .] Der Schwimmunterricht wird in dem Dianabad-Bassin überwacht von zwei Oberschwimmeistern . . . zur weiteren Aufsicht in sanitärer Hinsicht, ist ein Wundarzt angestellt, um nöthigenfalls augenblicklichen chirurgischen Beistand zu leisten."[59]

Dem gutsituierten Klientel ist somit nahegelegt, gänzlich auf beschwerliche und riskante Naturunternehmungen und -kontakte zu verzichten, sich dafür bequemst in nächster Nähe moderner hygienischer Badetechnologien zu bedienen, mechanisch-technische Hilfsmittel, Apparaturen, Vorrichtungen, Maschinen und Geräte jeder erdenklichen Art zur Erzielung größt-, best- und schnellstmöglichen Effektes für den Körper zu benützen. Begeistert rezipieren Journalisten die Einführung der Filtriertechnik im Dianabad für die Donauwasserzuspeisung aus dem Donaukanal.

„Vier Pumpen, getrieben mittels Dampfkraft heben das Wasser durch starke gußeiserne Röhren, . . . empor unter den hydraulischen Turm und drücken es in das Reservoir auf der Bodenkammer des Filtrirhauses, von wo es in die Läuterungsapparate zu ebener Erde herabfällt, um so dann neuerdings

58 Wiener Zuschauer, Nr. 78, 1843, S. 821–823.

59 Wiener Zuschauer, Nr. 78, 1843, S. 821–823.

empor, durch ein sehr sinnreich kombinirtes Röhrensystem ... hinüber in die ... Badeanstalten verschiedener Art, geführt zu werden."[60]

Unbehandeltes Donauwasser zum Baden und Schwimmen zu benützen, ist der eleganten Gesellschaft plötzlich unheimlich und suspekt. Dieses Problem ist im Diskurs der Bade- und Schwimmkultur neu. Menschen beginnen darauf wertzulegen, daß „... die Wassermasse des Bades ... stets, ununterbrochen und ausschließlich mit filtrirtem, also von allen, wenn auch nicht geradezu schädlichen, doch unsauberen Bestandtheilen gereinigten Donauwasser ergänzt und erneuert [wird]."[61]

Dem naturromantischen Wunsch nach freier Luft, Sonne, Wind und Wetter, floristischer Umgebung und frei fließendem Wasser können in der Folge auf argumentativer wie praktischer Ebene immer erfolgreicher entgegengehalten werden: diszipliniertes Körpertraining und Einübung von spezifischen Körpertechniken, hygienische Verrichtungen und hydro- und physiotherapeutische Praktiken innerhalb abgezirkelter, streng limitierter Räume, mit Hilfe mechanisierter, automatisierter Schwimmbad- und Servicetechnologie, unter sozialer Kontrolle, Diskretion und Distinktion, bei höchstmöglicher Sicherheit und geflissentlicher Abschottung von natürlichen Gegebenheiten.

„Eingebunden in das Angebot bereits vorhandener repräsentativer Bade- und Freizeiteinrichtungen und weniger militärischen als kulturellen Interessen entsprechend, boten diese das neuartige Vergnügen, inmitten der Stadt und unabhängig von der Natur dem Schwimmsport nachzugehen. Die der Geschichte des städtischen Bades immanente Naturaneignung und Naturbeherrschung erreichte mit diesem technischen Projekt einen Höhepunkt."[62]

Die innerhalb der Fluß- und Freiluftbadekultur an der Donau nicht ganz eindeutige, nicht absolut vollzogene Trennung der sozialen Klassen (es gibt kostenlose Badeschiffe, die sich in der Qualität nicht wesentlich von jenen, in denen Eintritt gezahlt werden muß, unter-

60 Wiener Zuschauer, Nr. 77, 1843, S. 814.

61 Wiener Zeitschrift für Kunst, Literatur, Theater und Mode, Nr. 91, 25. 3. 1843, S. 726.

62 *Pirhofer/Reichert/Wurzacher,* Bäder für die Öffentlichkeit, in: *Lachmayer/Mattl-Wurm/Gargerle* (Hg.), Das Bad, 1991, S. 156.

scheiden) wird in den sozial differenzierten, bald nur noch der Elite zugänglichen Hallenbädern am Ende verwirklicht.

„Dieser Prozeß – hin zum Hallenschwimmen – hatte 1842 mit dem Dianabad in Wien begonnen. Auch er war politisch nicht unmittelbar und eindeutig klassifizierbar. Einerseits wollte damit die liberale Stadtverwaltung nach englischem Vorbild etwas tun, um . . . ‚den ärmeren Volksklassen zu dienen'. Andererseits unterstrichen Trennungen nach Klassen (eins bis drei) und nach Geschlechtern den konservativen Charakter. Wie auch immer – die Halle selbst war Teil einer spezifischen ‚restaurativen Figuration'."[63]

Von privaten Unternehmern betriebene Bäderkomplexe und Schwimmhallen aufzusuchen, um luxuriöse Balneotherapien zu absolvieren, kann sich der Großteil der Bevölkerung nicht leisten. Immerhin entstehen 1855 gleichzeitig in Wien, Hamburg und Berlin die in Kontinentaleuropa ersten kommunalen Wäsche- und Körperwaschanstalten mit angeschlossenen kleinen Schwimmhallen, die für Arbeiter und Arbeiterinnen einigermaßen erschwinglich sind.[64] (In England geht bereits 1842 in Liverpool eine derartige Anstalt in Betrieb.)

An Stelle des „Schwimmens in offenen Flüssen" bricht für Militärangehörige wie Zivilbevölkerung die Zeit des Schwimmens in Hallen oder wenigstens in auszementierten und -betonierten Bassins unter freiem Himmel an. Dieser Prozeß bedeutet keine radikale Ablöse, eher ein Stagnieren des Badens im freien Fluß bei gleichzeitigem Auf- und Überholen des Badens in technischen, künstlichen Milieus.

„In einer Weise sind die Architekturen und Institutionen des Bades, wie sie überliefert wurden und gegenwärtig funktionieren, das Gegenteil von offenen Räumen. Seit der Einführung von Militär-Schwimmschulen vor beinahe zwei Jahrhunderten entwickelte sich ein System, welches Barrieren schafft, Trennungen setzt, Regeln ausgibt, überwacht und straft."[65]

63 *Eichberg,* Disziplinierungsanstalten und grüne Wellen, in: *Dreßen* (Hg.), Selbstbeherrschte Körper, 1986, S. 35.

64 *Hartmann,* Barbara, Das Müllersche Volksbad, München 1982, S. 7. Zum Thema Wäschewaschanstalten siehe ausführlich: *Orland,* Barbara, Wäschewaschen. Technik- und Sozialgeschichte der häuslichen Wäschepflege, Reinbek bei Hamburg 1991.

65 *Pirhofer/Reichert/Wurzacher,* Bäder für die Öffentlichkeit, in: *Lachmayer/Mattl-Wurm/Gargerle* (Hg.), Das Bad, 1991, S. 177.

Insgesamt kommt es jedenfalls zur Vermehrung und zur Verbreitung der Schwimm- und Badepraxis, basierend auf geändertem Hygiene- und Gesundheitsbewußtsein, im Zuge von Gymnastik- und Sportbewegung, im Zusammenspiel mit stärker individualisierten Freizeitverhaltensformen, Kommunalhygiene, Volkswohlfahrt und neuen technisch-ökonomisch-gewerblichen Möglichkeiten.

Die nach dem vormärzlichen „Schub zum Grünen" einsetzende Rückdrängung und Isolierung der Menschen von der natürlichen Umwelt erfährt mit der großen Donauregulierung 1870–1875 ein bis dahin ungekanntes Ausmaß. Die meisten Freiluftbadestellen und Flußbäder sowie sämtliche Flußschwimmschulen der Wiener Stromlandschaft fallen dieser zum Opfer. Dafür eröffnet 1876 das „Erste Wiener Kommunalbad" in der Nähe der Kronprinz-Rudolfs-Brücke über das neue Donaubett. Es liegt durch den Überschwemmungsschutzdamm vom Strom abgeschottet und verfügt über einen Open-air-Swimmingpool, der – für damalige Verhältnisse sicher sensationell – 30mal pro Tag über eine Zuleitung mit gewärmtem Donauwasser gespeist wird. Trotz dieses kostspieligen Aufwandes, der schließlich durch Eintrittsgelder hereingebracht werden muß, gewährt die Stadt für Kinder und Arme einen bestimmten Etat Freikarten.

Hart *am* neuen Donaubett ähnlich wie das „Kommunalbad" situiert, jedenfalls nicht mehr wie früher *im* Donauarm schwimmend, präsentiert sich die neue Militärschwimmschule Krieau. Auch sie besticht mit betoniertem Schwimmbassin und regelmäßiger Warmwasserzumischung. Zu diesem Zeitpunkt scheint es kaum vorstellbar, daß sich in beiden Institutionen Ende des 19. Jahrhunderts unternehmungslustige, bewegungsfreudige, naturhungrige Menschen beiderlei Geschlechts finden werden, um von neuem, wie schon in der Zeit des Vormärz das Schwimmen im freien Strom zu suchen.[66]

Szenario der Denaturierung und Lustreduktion

Nach Postulaten der Schule Alexander Mitscherlichs bleibt der Mensch selbst noch im Binnenraum einer sämtliche biologische,

66 *Uhl,* Erster Wiener Donau-Schwimm-Club, o. J., o. S.

materielle, kulturelle, soziale und intellektuelle Bedürfnisse befriedigenden technisch-industriellen Zivilisation emotional der primären Natur verhaftet. Die ersten Anregungen zu seelischen Grunderlebnisformen gehen auf die Eindrücke der umgebenden Natur zurück, mit der wir durch Jahrtausende eng verstrickt waren, mit der wir uns auseinanderzusetzen hatten.

„Das technische Zeitalter bedeutet ... nur die letzte Minute ... unseres ersten Erdentages, und es ist klar, daß die abrupte Vertauschung des natürlichen mit einem durchaus künstlichen Milieu psychisch geistige Anpassungsschwierigkeiten hervorrufen mußte. Man überlege, daß alle unsere wesentlichen Seelenfunktionen ursprünglich geweckt und geübt wurden durch den Widerklang kosmischer Impulse in der Menschenpsyche, durch die Auseinandersetzung unseres Geistes mit der Natur."[67]

Mag sein, daß das Denken und Empfinden von Natur im gegenwärtigen Zeitalter ihres konstatierten Verschwindens grundlegende Veränderung erfährt oder erfahren muß.[68] Noch wurzelt immerhin die menschliche Psyche zutiefst im Erlebnisbereich solcher Natureindrücke. (Siehe hierzu das Kapitel „Ozeanische Gefühle".) Völlig unangemessen und inadäquat erscheinen angesichts dessen viele Gegebenheiten, Situationen, Bedingungen und Zwangsläufigkeiten unserer realen Lebenswelt und Alltagskultur, entsprechend entfremdend und drangsalierend viele unserer Existenzweisen. Kinder sind davon am meisten und unmittelbarsten betroffen. „Der junge Mensch ist noch arm an höherer Leistungsfähigkeit – er ist weitgehend ein triebbestimmtes Spielwesen. Er braucht deshalb seinesgleichen – nämlich Tiere, überhaupt Elementares, Wasser, Dreck, Gebüsche, Spiel-Raum."[69] Für heranwachsende Jugendliche und Erwachsene hingegen erfüllt der Kontakt mit Natürlichem und Elementarem darüber hinaus Funktionen, die jedenfalls der Differenzierung und kritischen Bewertung bedürfen.

Während es sich beim spontanen, intuitiven, romantischen Streben nach freien Gewässern und bei der libidinösen Sehnsucht nach unmittelbarem Naturkontakt tendenziell um „nichtrepressive Sublimierungen" der Libido handelt, scheint der Gebrauch geschlossener

---

67 *Piperek,* Grün und Wasser in der Stadt, 1957, S. 37.

68 Vgl. dazu etwa *Liessmann,* Naturgemäß!, in: Forum, 18. 12. 1991, S. 35 ff.

69 *Mitscherlich,* Unwirtlichkeit unserer Städte, 15. Aufl., 1980, S. 42.

Fluß- und Hausbadeanstalten, Schwimmhallen oder zementierter Freiluftbassins für den umfassenden Lebenstrieb eher substituierende, surrogative, kompensatorische Qualität zu besitzen, ein Ergebnis staatlich-gesellschaftlicher Repression und Restriktion der Körperlichkeit zu sein. Für Herbert Marcuse manifestiert sich in sanktionierten Formen und Modalitäten der Bedürfnisauslebung innerhalb konkret definierter, disziplindurchsetzter, streng reglementierter, abgezirkelter und limitierter Räume die „repressive Toleranz" des gesellschaftlichen Systems. „Die Umgebung, von der das Individuum Lust empfangen konnte –, die es als Genuß gewährende fast wie erweiterte Körperzonen besetzen konnte – wurde streng beschnitten. Damit reduziert sich gleichermaßen das ‚Universum' libidinöser Besetzung. Die Folge ist eine Lokalisierung und Kontraktion der Libido, die Reduktion erotischer auf sexuelle Erfahrung und Befriedigung."[70] Und Marcuse gibt ein instruktives Beispiel:

> „Man vergleiche ... das verliebte Treiben auf einer Wiese und in einem Auto, bei einem Spaziergang der sich Liebenden außerhalb der Stadtmauern oder auf einer Straße von Manhattan. In den erstgenannten Fällen hat die Umgebung teil an der libidinösen Besetzung, kommt ihr entgegen und tendiert dazu, erotisiert zu werden. Die Libido geht über die unmittelbar erogenen Zonen hinaus – ein Vorgang nichtrepressiver Sublimierung. Demgegenüber scheint eine mechanisierte Umgebung ein solches Selbstüberschreiten der Libido zu unterbinden. Bedrängt in ihrem Bestreben, den Bereich erotischen Genusses zu erweitern, wird die Libido weniger ‚polymorph', weniger der Erotik jenseits lokalisierter Sexualität fähig, und diese wird gesteigert."[71]

Der Körper antwortet mit Forcierung der genital-sexuellen Komponente der Libido, wenn Urbanisierung, Industrialisierung, Ökonomisierung, Technisierung, Mechanisierung, Macht- und Herrschaftsausübung die territoriale Einschränkung oder Zerstörung der „libidinös besetzten Umgebung" zur Folge haben.

Zuvor hatte diese Eischränkung zwar auch, aber in weitaus geringerem Maße bestanden. Sie setzte bereits reaktive „Bedürfnisschübe zum Grünen", das Streben nach Lust am natürlichen Gewässer wie renitente, subversive Körperlichkeiten frei, die jedoch mittels mani-

---

70 *Marcuse,* Der eindimensionale Mensch, 14. Aufl., 1980, S. 93.

71 *Marcuse,* Der eindimensionale Mensch, 14. Aufl., 1980, S. 92 f.

fester oder sublimer Machttechnik, grobschlächtiger oder raffinierter Herrschaftsstrategie sowie mittels des komplexen Systems kultureller Hegemonie und sozialer Regeln und Normen größtenteils aufgefangen, mit der Methode der „repressiven Toleranz" unter Kontrolle gebracht und mit kompensatorischen Ablenkungsmanövern und Scheinfreiheiten gebunden wurden. Bei fortgesetzter Einschränkung der „libidinös besetzten Umgebung" wird nun alles Sexuelle über die Maßen interessant und gleichzeitig von einem Herrschaftssystem, das sein Bestehen und seine Ordnung nicht gefährden, seine Normen und Werte nicht preisgeben, sein Gefüge nicht destabilisieren möchte, unterdrückt.

Der unaufhebbare Antagonismus zwischen Badelust, spontaner Körperlichkeit, Erotik und Sexualität auf der einen, Hygienevorschriften, Sittlichkeit und Sexualmoral auf der anderen Seite muß unter den repressiven gesellschaftlichen Rahmenbedingungen des 19. Jahrhunderts auf die sozialpsychologisch zu erklärenden Phänomene der „Übersexualisierung" und „Sexualhysterie" hinauslaufen. Dies stimuliert nicht nur sexuelle Obsessionen und leistet inhumanen und diskriminierenden Eskalationen pornographischer Kultur Vorschub, sondern ruft vor allem Staat, Kirche und maßgebliche, die kulturelle, zivilisatorische Entwicklung dominierende Entscheidungsträger und Opinionleader auf den Plan. Sie sind ob der Situation rasch in der Lage, drakonische juridische, soziale wie territoriale Kontroll-, Einschränkungs-, Be- und Verhinderungsmaßnahmen gegenüber Körperlichkeit, Sexualität und Badelust zur legitimen Forderung zu erheben. Au- und Stromlandschaften an der Peripherie der Stadt mutieren infolgedessen unter entsprechend machtvoller Polemik, sexualmoralischen Scheinargumenten und handgreiflicher Polizeipraxis zu sittlichen und territorialen Tabuzonen. Sämtliche ebendort situierte, institutionalisierte wie nichtinstitutionalisierte, psychisch-physische Entgrenzungsmöglichkeiten menschlicher Körper werden letztlich irgendwann erfolgreich aufs Korn genommen.

Seit Jahrhunderten ist libidinöses Streben nach Lustmomenten an freien Gewässern als Aspekt der Körperlichkeit im Ensemble optionaler Verhaltensäußerungen behindert, geängstigt, bedroht, verhöhnt, verachtet, verlacht, verraten, angezeigt, aufgespürt, gejagt, ertappt, festgenommen, eingekerkert, verhört, drangsaliert, mißhandelt, gefoltert, kontrolliert, funktionalisiert, kanalisiert, strukturiert, diszipliniert, zivilisiert, fragmentiert, amputiert und bisweilen ganz ausgelöscht worden. Bis hin ins Biedermeier aber werden wesentliche Elemente der im Laufe der Neuzeit desavouierten Volkstradition des Badens und Schwimmens in freien Gewässern für viele Menschen unter geänderten Vorzeichen, bei methodischer Strukturierung und innerhalb institutionalisierter, „sittlicher", rationaler, legitimierter, „disziplindurchdrungener" Rahmenbedingungen auf die eine oder andere Weise praktikabel. Sie entsprechen durchaus den aufgeklärt-absolutistischen Vorstellungen von Gesundheit, Hygiene, Genesung, Hydrotherapie, Krankheitsprophylaxe, Gymnastik, Wehrertüchtigung, Lebenssicherung, Abhärtung und Kräftigung und tragen jedenfalls zur qualitativen und quantitativen Erweiterung des Rekreations-, Reproduktions- und Freizeitverhaltensspektrums und somit des Spielraums der Libido von Frauen und Männern, Mädchen und Knaben aller Bevölkerungsschichten bei. Die Entwicklung ist europaweit zu beobachten. Mit dem Blick auf England, jedoch durchaus verallgemeinerbar, resümiert Frank Mort:

"Injuctions . . . on health, morality, sexual behaviour and the position of women were not mere marginalia in the expansion of industrial capitalism. This repertoire began to emerge in the period as an important site of control and political struggle in its own right. Nevertheless, in the 1830s and 1840s we can still map out remarkably clear lines of convergence between different fields of intervention. By the mid-Victorian period these connections were becoming more difficult to establish as forms of knowledge and political positions hardened and generated their own momentum."[72]

Ab Mitte des 19. Jahrhunderts treibt der Körper gehörig in die Enge. Er leidet nun unter dem denaturierten Szenario, unter der repressiven, restriktiven, räumlich-sozialfigurativen Konstellation doppelt und mehrfach. Aufgrund seines homöostatischen Selbstregulativs wird er dennoch nicht müde, Strategien zu entwerfen, dem Szenario der Situation zu entrinnen, durch eine Lücke im Macht- und Herrschaftssystem zu entweichen, sich dem alles umfassenden „medicomoral discours" zu entziehen. In diesem Bestreben generiert er schließlich kreativ und phantasievoll jene physisch-psychisch-men-

72 *Mort,* Dangerous Sexualities, 1987, S. 61.

tale Verhaltensdisposition, mit der der Boden zum nächsten intensiven naturromantischen Kaltwasser-, Freiluftbade- und Schwimmbedürfnisschub in der Zeit des Fin de siècle bereitet ist.

Auf dem Weg zur Freiheit am Wasser

1.

Die intentional lebensreformerische, asketische, hydro- und physiotherapeutische, gleichwohl hygiene-, gymnastik-, sicherheits- und nicht zuletzt lustbezogene Kaltwasser-, Freiluftbade- und Schwimmkultur Mitteleuropas wurzelt im späteren 18. Jahrhundert. Sie kann sich anfangs nur schwer gegen bestehende physiologische und medizinische Lehrmeinungen, sittliche und moralische Grundsätze sowie darauf basierende Gesetze und Verordnungen, die das Baden und Schwimmen in freien Gewässern bekämpfen, behaupten. Erst durch das erwachte aufgeklärte Interesse von Staat und Gesellschaft an der körperlichen Widerstands- und Leistungsfähigkeit der Bevölkerung beteiligten sich in der Folgezeit manche der militärischen, erzieherischen und medizinisch-volksgesundheitlichen Funktionsträger, Instanzen und Institutionen an ihrer dann im Laufe des 19. Jahrhunderts von Erfolg gekrönten Entwicklung.

Das Freiluftbaden ist zunächst gesellschaftlich geächtet und gesetzlich verboten. Die Körpertechnik des Schwimmens – heute für viele eine Selbstverständlichkeit wie beispielsweise auch Radfahren oder Schreiben – beherrschen zu Beginn des 19. Jahrhunderts nur wenige. Selbst bei Wohlhabenden beschränkt sich körperliche Hygiene auf Puder, Parfum und Wechseln der Wäsche. Das alles sollte sich ändern. Die rationalistischen, empiristisch-materialistischen Erkenntnisse von Pädagogen und Ärzten der Aufklärung hatten erbracht: Baden im kalten, natürlichen Gewässer (noch gibt es keine Schwimmhallen) kuriert, stärkt, härtet ab, beugt gegen Krankheiten vor und reinigt. Wer schwimmen kann, versichert überdies eigenes und fremdes Leben gegen die Gefahren des Ertrinkens.

Neben Pädagogen und Ärzten werden sich dessen Militärs gewahr. Sie begreifen Wert und Funktion der Schwimmausbildung für die militärische Gesamtstrategie und schreiten mit staatlich-administrativer Unterstützung und privatem Kapital zur Tat: 1813 wird in

Wien die erste Militärschwimmschule im deutschsprachigen Europa gegründet und ihr regelmäßiger Besuch für Angehörige der in Wien und Umgebung stationierten k. k. Garnisonen mittels Befehlsprotokolle und Reglements zur Truppenausbildung für verbindlich erklärt. Schwimmen wird dort mit Nachdruck propagiert und mit Enthusiasmus praktiziert: als Abhärtung, Geschicklichkeitsübung, Kriegs- und Überlebenstechnik, als Wehrertüchtigung und Körpertraining. Und manchen, der einmal als junger Rekrut das Schwimmen erlernt hat, zieht es von nun an ein Leben lang zum Baden und Schwimmen ans Wasser.

Die nachhaltige intellektuelle Kraft des rationalistischen und empiristischen Erbes der Aufklärung, die Ausrichtung auf die Erfordernisse und die Anpassung an die Zwänge des kapitalistischen Industrialismus, beides im Zusammenspiel mit dem kulturellen Selbstverständnis des aufsteigenden Bürgertums, erweisen sich als gewichtiger als das traditionelle System patriarchalischer Kontrolle und Restriktion der räumlichen und sozialen Figurationen von Frauen. Hygiene-, Gesundheits- und Schönheitspostulate, die gute Konjunktur des Bäderwesens und die Beliebtheit der neuen Freizeitsparte im Vormärz tun ein übriges. Frauen und Mädchen lernen schwimmen. Auch sie schwimmen sich seither sauber, schön, gesund, robust und leistungsstark.

Eine Badekultur entsteht im Gefolge der Aufklärung, die den hygienischen, gesundheitlichen, therapeutischen, lebensreformerischen, militärischen, ästhetischen und sittlichen Wert des kalten frei fließenden Wassers inmitten ungegängelter Natur erkennt. Zum Vorschein kommt gleichzeitig die vereinnahmende, disziplinierende Tendenz des Zivilisationsprozesses: Schwimmen soll von allen Menschen methodisch erlernt werden, und, wenn nicht freiwillig, sodann unter drakonischem Drill von Soldaten in Militärschwimmschulen, bald auch unter strenger Disziplin und Aufsicht von Männern, Frauen, Kindern und Jugendlichen in Zivilschwimmbädern. Die mit der überraschend boomenden neuen Freizeitpraxis verbundene Ausweitung individueller Freiheitsräume ist begleitet von ihrer volkswirtschaftlichen Nutzbarmachung und herrschaftlichen Vereinnahmung. Die positiven Effekte des Badens und Schwimmens in freien Gewässern für den individuellen Körper des einzelnen werden rasch vergesellschaftet.

Am freien Wasser ist Badebekleidung und Geschlechtertrennung unumgänglich geworden, obschon dies noch zeitweise von Verhaltenselementen und Handlungsmustern der unbändigen, eigensinnigen, mitunter renitenten Volkskultur ignoriert und durchbrochen wird. Bevor der moderne Verwaltungsstaat mit seinen geschriebenen Gesetzen und ihrer Durchsetzung das Zusammenleben der Menschen im ganzen Staat bis in die kleinsten Kleinigkeiten hinein durch Vorschriften regelt, deren Sinnhaftigkeit sich lange dem Selbstverständnis der Alltagspraxis entzieht, ordneten die Menschen, die in kleineren, überschaubareren Bereichen zusammenlebten, ihre „Lebenswelt" informell durch Sitte und Brauch. Selbst Verstöße dagegen sowie deren Ahndung oder Tolerierung hatten ihren Platz in der symbolischen Interaktion und traditionellen Routine der Alltagskultur. So geartete und funktionierende „. . . Lebenswelt bot den Menschen . . . ein Reservoir von Selbstverständlichkeiten oder unerschütterlichen Überzeugungen . . ."[1] über Sachverhalte, die „schlicht gegeben" waren, oder über Gewohnheiten, gemäß denen man „immer schon" gelebt hatte.[2] Die im Untersuchungszeitraum einsetzende neue Qualität der Repressalien gegen Nacktheiten, Körperlichkeiten und Sexualität markieren eine Etappe auf dem Weg der neuzeitlichen Entwürdigung des Körpers.

Gesetzlich verankerte Verhaltensnormen im Flußbad und am Badestrand üben zudem Einfluß auf die Festschreibung der Geschlechterrollen aus und nehmen die Einordnung von für Frauen und Männer zugänglichen Räumen in ein System der „Ehrbarkeit" und „Sittlichkeit" vor, welches das Verhältnis der Geschlechter zueinander regelt.

„Noch im 19. Jahrhundert [wurde] . . . gegen alle widrigen Zeitläufe in der bürgerlichen Gesellschaft viel Energie darauf verwendet, die Frauen- und Männerbereiche deutlich gegeneinander abzugrenzen. Frauen- und Männerräume sollten verschieden ausgestaltet und die Kontakte und Überlappungen von einem Raum zum anderen gesellschaftlich kontrolliert werden. Doch dieser Versuch . . . war langfristig nicht erfolgreich, weil deren Vorausset-

---

1 *Habermas,* Jürgen, Theorie des kommunikativen Handelns, Bd. 2, 3. Aufl., Frankfurt am Main 1985, S. 189.

2 Vgl. *Habermas,* Jürgen, Theorie des kommunikativen Handelns, Bd. 2, 3. Aufl., Frankfurt am Main 1985, S. 198 f.

zung, die Kontrollierbarkeit kleiner Raumeinheiten, im Zuge von Verstädterung, Industrialisierung und Mobilität verschwinden mußte."[3]

2.

Von zentraler Bedeutung für Ausformung und Modellierung der für die Kaltwasser-, Freiluftbade- und Schwimmkultur relevanten Bedürfnismuster und konstitutiven Verhaltenselemente sind die jeweils verbindlichen Sexualnormen. Mit den fluktuierenden Zwangsläufigkeiten und Abhängigkeitsverhältnissen im menschlichen Zusammenleben rückgekoppelt, unterliegen diese im 19. Jahrhundert einem intensiven Wandlungsprozeß. Hier ist die analytische Frage nach moralischen Instanzen, Kommunikationsstrukturen, symbolischen und gegenständlichen Interaktionen kultureller Hegemonie, Herrschaftsstrukturen, Machtkonstellationen und Machtzentren gestellt worden, durch deren Zusammenwirken die gesellschaftliche Steuerung und Modellierung des Sexualverhaltens erfolgt, was nicht ohne Auswirkungen auf die alltägliche Lebenspraxis bleibt. Das Postulat Norbert Elias' findet Bestätigung, daß nämlich die Intensität der wechselseitigen Zwänge (mithin das Maß der Abhängigkeiten eines einzelnen von wenigen, mehreren oder vielen anderen Menschen) sich in den letzten 200 Jahren in Quantität und Qualität für alle angeglichen hat, so daß auch das Spektrum neuer Freiheiten größer wird, da diese einander im Zusammenleben gewährt werden müssen.

Den komplexen und vielschichtigen Formen des gegenseitigen Ausgeliefertseins korrespondiert ein von jedem einzelnen verinnerlichtes Regelsystem, das bei getreulicher Einhaltung und exakter Anwendung auf alltägliches Handeln und Verhalten einen individuellen, selbstregulierten Umgang mit eigener und fremder Körperlichkeit und Sexualität möglich macht. Zuerst noch mittels kodifizierten Gesetzesrechts und herrschaftlichen Sanktionsapparates, bald aber über ein Regelsystem verinnerlichter Gebote und Verbote werden immer differenziertere, mitunter körperverleugnende und

---

3 *Hausen,* Frauenräume, in: *Hausen/Wunder* (Hg.), Frauengeschichte – Geschlechtergeschichte, 1992, S. 22.

-feindliche Sittlichkeits- und Sexualnormen, Scham- und Peinlichkeitscodes festgelegt. Trotz fortschreitender Sexualliberalisierung regulieren und reglementieren sie bis heute das Empfinden, Tun und Reagieren. Der zivilisatorische Prozeß bedingt eine stets umfassendere Abstimmung des individuellen Verhaltens auf gesellschaftliche Konventionen. Der einzelne ist gezwungen, sein Verhalten immer kontrollierter, präziser, gleichmäßiger und stabiler zu äußern, sich bis ins Detail der Körperlichkeit und Gemütsregung „selbst zu beherrschen".

Mit den von Norbert Elias behaupteten gegenläufigen Prozessen, einerseits der „Verringerung der Kontraste" als Verringerung der Unterschiede in politischer und sozioökonomischer Hinsicht, andererseits der „Erhöhung der Spielarten" im persönlich-individuellen Habitus und in soziokulturellen Ausdrucksverhalten, steigt innerhalb der poständischen bürgerlichen Industriegesellschaft das Bedürfnis der Menschen nach Individuation, persönlicher Freiheit und Distinktion. Die entsprechend einsetzende Ausdifferenzierung soziokultureller Patterns, Attitüden, Verhaltensweisen, Empfindungsmuster, in unserem Fall Beziehungen und Einstellungen zu Nacktheit und Körperlichkeit am freien Wasser, ist nur denkbar im kulturellen Klima einer verbürgten Koexistenz und Toleranz gegenüber allen jenen Praktiken, die sich gerade noch im weitgesteckten Rahmen der Sexualmoral halten. Um diesen akzeptierten Rahmen nicht zu sprengen, müssen die Praktiken selbst auf internalisierten Normen höchster Selbstdisziplin und eigenständiger Sexualkontrolle basieren.

Und nur auf diese Weise ist die Koexistenz und Gleichzeitigkeit der sich seit dem 19. Jahrhundert weit auffächernden unterschiedlichsten Verhaltens- und Ausdrucksformen, Einstellungsmuster und Empfindungsweisen innerhalb der Kaltwasser-, Freiluftbade- und Schwimmkultur verständlich. Verschiedene „Grade menschlicher Nacktheit", die etwa heute beim sommerlichen Freiluftbaden auf der Wiener Donauinsel in scheinbarer Zwanglosigkeit unmittelbar nebeneinander anzutreffen sind, die präsentiert, geduldet, perzipiert und apperzipiert werden, stellen höchstdifferentielle sensuelle, emotionale wie intellektuelle Beziehungen der Menschen zum eigenen wie zum fremden Körper dar. Jedes Wahrnehmen, Empfinden, Wertschätzen, Begehren, Zurückweisen oder Ablehnen von körperlichen

Nacktheiten hängt stark vom kulturspezifischen Vorurteil ab, ob und inwieweit Nacktheit als Sexualsignal, sexueller Stimulus, sinnliche Gebärde oder erotischer Gestus zu werten und zu beurteilen ist. Daher setzt die räumliche Nähe und Durchmischung der Körper der Badenden ein gut verinnerlichtes Normensystem voraus, das imstande ist, die eigene Sexualität selbständig zu beherrschen, aber auch teilweise zugelassene Triebäußerungen allenfalls „vorort“ zu regulieren und feinst abzustimmen.

War man sich – abgesehen von einer Handvoll Exzentriker – im letzten Jahrhundert noch völlig über die moralische Verwerflichkeit von Nacktheit und über die Gefahr des „Sitten- und Kulturverfalls“ im Falle nackten Badens einig, divergieren, und was noch wichtiger ist, koexistieren diesbezügliche Einschätzungen, Meinungen, Bedürfnisse und Verhaltensweisen heute gründlich. Damit dürfte langsam ins gesellschaftliche Bewußtsein dringen, was längst unbestrittene kulturanthropologische und sozialwissenschaftliche Erkenntnis ist: Schamhaftigkeits- und Peinlichkeitsstandards sind keine Humankonstanten.

3.

Da wie jedes Luststreben auch das nach freien Gewässern in seinem Ursprung libidinös bedingt ist[4], hat sich mit der seit der Renaissance gesetzesrechtlich kodifizierten „Versittlichung“ und mit den immer nachhaltigeren Sublimierungsleistungen innerhalb des Prozesses der abendländischen Zivilisation ein der Wasser- und Badelust entgegenstehender sublimer Zwang verstärkt: Er läßt den sittlich denkenden und fühlenden Menschen davor zurückschrecken, soziale Verbote und Gesetzesnormen zu negieren, obwohl diese die Möglichkeiten der freien individuellen wie kollektiven Lustproduktion am Wasser empfindlich einschränken, behindern oder am Ende zunichte machen. Hier wächst „. . . eine spezifische Form von Ängsten mit der zunehmenden Zivilisation selbst. Das sind die ‚inneren‘, die halb unbewußten Ängste, die Ängste vor der Durchbrechung der zum

4 Siehe dazu: *Eder/Spanlang,* Lust am Wasser, in: *Chobot/Ehalt/Fischer* (Hg.), Wiener Donaubuch, 1987, S. 52 f.

Selbstzwang gewordenen Restriktionen, die dem zivilisierten Menschen auferlegt sind."[5]

Weniger von „spitzfindigen" Verhaltenscodes, Moralvorstellungen und zivilisatorischen Ängsten gesellschaftlicher Eliten geplagt, tangiert, beeinträchtigt und verunsichert, läßt das volkstümliche Bad seit ehedem einem unbedarfteren Ausleben körperlicher Bedürfnisse, einer Vermischung der Geschlechter und einer schwer kalkulierbaren, spontanen, mitunter lebensgefährlichen Verhaltenstradition am freien Wasser Raum. Es ist gelungen, die Spuren dieser Praxis zu verfolgen, die seit dem 18. Jahrhundert, wo nicht überhaupt behördlich verboten, rasch vom herrschenden Modell unterwandert, durchdrungen oder marginalisiert wird. So betreibt im Josephinischen Jahrzehnt der Arzt Pascal Joseph Ferro im Fahnenstangenwasser das erste staatlich sanktionierte, sittlich tragbare, für Besucher/innen immerhin wirklich sichere Flußbad in Wien. Es ist Vorbote für die im Biedermeier entstehende Freiluftbäderkultur in der Stromlandschaft, deren rasches Florieren uns heute verblüfft. Gleichzeitig wird das spontane Baden und Schwimmen der traditionellen Volkskultur außerhalb der institutionellen, sanktionierten Räume (Flußbäder und Strandbadestellen) entschiedener als je zuvor unterbunden.

4.

Die in Wassermännern und Wasserfrauen personifizierte Bedrohung der tödlich verschlingenden Kraft des Wassers geht in der Epoche der europäischen Neuzeit zurück. Die magischen Bezüge und die Bedeutungskraft dieser zugleich Verheißung und Schrecken auslösenden symbolischen Subjekte nehmen ab. Was dennoch bleibt, ist die reale Gefahr, zu ertrinken. Anstelle mythologisch fixierter Furcht, die zwar schwindet, aber nicht gänzlich, erwachsen Menschen neue Gefühlslagen und Inbegriffe für die Gefährlichkeit des freien Wassers. Neben der lustvollen Eroberung und der nicht ganz mühelosen Erschließung der neuen Bedürfnisspiel- und

5 *Dunning/Elias,* Freizeit und Muße, in: *Dies.,* Sport im Zivilisationsprozeß, o. J., S. 78.

Freiheitsräume bleibt am und im Wasser allemal ein Quantum Angst:

- Angst, beim Sturz ins tiefe Wasser ohne Schwimmkenntnisse verloren zu sein;
- Angst hinsichtlich eigener physischer Gefährdung beim Baden, Schwimmen, Tauchen, Wasserspringen, Rudern, Segeln; später Surfen, Wasserskifahren, Rafting, Canyoning etc.;
- Angst vor dem Entgleiten oder dem Verlust der Sexualselbstkontrolle angesichts aufreizender, erotischer Halbnacktheiten und Nacktheiten anderer;
- Angst vor Nichterfüllung, -erreichung und -einlösung der geforderten und erwarteten Körperstandards: schön, braun, gesund, muskulös, nackt, erotisch, attraktiv, sauber und fit zu sein;
- Angst, in modernen Körpertechniken wie Schwimmen, Wasserspringen, Bootfahren; später Surfen, Wasserschifahren etc. nicht ausreichend geübt, erfahren, gewandt, anmutig, souverän oder ausdauernd zu sein;
- Angst vor der Durchbrechung der eigenen „privacy" beim Baden und Schwimmen durch indiskrete Blicke, Worte oder Gesten anderer;
- Angst, beim wilden Baden nun wegen Sitten- und Gesetzesübertretung mit entsprechenden polizeilichen Sanktionen rechnen zu müssen;
- Angst, die sich ausdrückt in einer allgemeinen Scheu vor dem freien Gewässer und weiterhin auf vager, unspezifischer, diffuser Unsicherheit und abergläubischer Verunsicherung basiert.

5.

Ausführliche gesetzestextliche Verbote des Wildbadens für Wien und Niederösterreich konnten schon für das frühe 17. Jahrhundert nachgewiesen werden. Die Frequenz ihrer Wiederholungen und novellierten Fassungen erreicht zwischen Mitte des 18. Jahrhunderts und dem Vormärz den Höhepunkt, um zwischen dem Ersten Weltkrieg und der Zeit des österreichischen Ständestaates drastisch zurückzugehen. Erst als im Zuge der Lebensreform-, Sport- und Körperkultur-Bewegungen, der entscheidenden Vermehrung der frei disponierbaren Reproduktionszeit aller Bevölkerungsgruppen und der allseits erhöhten Mobilität im 20. Jahrhundert immer mehr Menschen freie Gewässer aufsuchen, um bewußt in Wasser, Luft, Licht, Sonne, sogar Sand und Schlamm zu baden, sich dabei sportlicher, lebensreformerischer, körperkultureller Aktivitäten zu befleißigen, um dadurch „attraktive Körper" zu erlangen und gesund zu bleiben, können kategorische Wildbadeverbote praktisch nicht mehr aufrechterhalten werden. Des Schwimmens kundig und deshalb auch der Erfahrung teilhaftig, wie wohl es tut, sich frei im Wasser zu bewegen, fürchtet letztendlich kaum eine/ein Freiluftbadende/r mehr bewußt das Ertrinken, mit ausreichender Übung und Erfahrung in Selbstkontrolle kaum mehr die Übertretung von Sittennormen, mit der Ablegung des Aberglaubens kaum noch Verlockungen von Nixen und Attacken von Wasserdämonen. Damit sind, was den Verhaltensakt des Badens im Freien betrifft, die real physische Gefährdung, archaische und mythische Ängste auf ein Mindestmaß reduziert. Der permanenten kulturhegemonialen Kontrolle der Körper im Panoptismus herrschaftlichen Machtgefüges geht es dann längst nicht mehr um die Unterdrückung des Wildbadens, Flußschwimmens oder um die Verhinderung gemischtgeschlechtlicher Badefreuden – im Gegenteil: Eine breite, liberale, freizügige Badekultur fungiert als konkrete, überschaubare, verwaltbare räumliche und soziale Figuration und stellt ein Rahmenprogramm zur Einübung und Beherrschung von hochdifferenzierten Attitüden der Körperlichkeit, distinktiven Handlungs- und Verhaltensweisen, individuellen und kollektiven Ausdrucksformen, Leistungsbereitschaften und Anpassungsarten dar.

6.

Ist die Metamorphose des Körpers vom Lust- zum Leistungsorgan sein historisches Schicksal, seine zivilisatorische Determination? Die Qualität der Bedürfnisauslebung beim Freiluftbaden, vulgo „Lust am freien Gewässer" als Teil einer umfassenderen, bis in die Antike rückverfolgbaren „Libido aqua", hat sich über die Jahrhunderte gewandelt. Vormals sind Lustgewinne durch intuitive, spontane, atavistische, unmittelbare körperliche Praxis im und am Wasser zu erzielen. Im Untersuchungszeitraum wird der Körper immer mehr zum Vollzugsorgan rationaler gesellschaftlicher Interessen, die Lebensverhältnisse der Bevölkerung hinsichtlich Gesundheit, Wohlfahrt und Prosperität zu organisieren. Sein Lustvermögen stellt sich – wenn überhaupt – erst über komplizierte Sublimierungsvorgänge her. Im Biedermeier sind bereits nahezu sämtliche körperliche Techniken und Disziplinen, die die neue Kultur am Wasser konstituieren, vorhanden: Säuberungs- und Abhärtungspraktiken, „Schocktherapien“, Schwimmen, Tauchen, Wassergymnastik und Wasserspringen, Segeln, Bootfahren und Rudern. Körperliche Fähigkeiten, Fertigkeiten und Möglichkeiten, die bis dahin spielerisch, explorativ, imitativ, intuitiv, experimentell, eigenständig und selbstbestimmt entwickelt und angeeignet werden, unterliegen jetzt der Tendenz, methodisch, formalisiert, normiert, fremdbestimmt, mühevoll, asketisch, entbehrungsreich, teilweise unter drakonischem Zwang, Drill, physischer Bedrohung und psychischem Terror eingeübt, konditioniert, trainiert, intensiviert, perfektioniert und ausdifferenziert zu werden – entsprechend dem Leistungs-, Konkurrenz- und materialistischen Funktionalitätsdenken der neuen dominierenden Fraktion innerhalb der Gesellschaftsformation des Bürgertums.

7.

Mit Bäderprojekten am freien Wasser fördern Staat und Privatunternehmer Gesundheit, Fitneß, Robustheit, Sauberkeit, Sicherheit und Glückseligkeit der Bevölkerung. Das bedeutet moralischen, ordnungspolitischen und ökonomischen Nutzen. Arbeitsausfälle, Krankheiten und Tod kommen die Gesellschaft teuer zu stehen, während Gesundheitsreformen ökonomische, demographische, innen- und außenpolitische „Belohnungen“ versprechen. Eine saubere, gesunde, moralische und disziplinierte Bevölkerung steigert die Produktivitätsraten, senkt die Kosten der Unternehmen und vermehrt den Wohlstand – wenn auch nicht den geradezu aller.

Einmal mehr manifestiert sich die „Dialektik der Aufklärung“: Die Kaltwasser-, Freiluftbade- und Schwimmkultur bringt bis zur Mitte des 19. Jahrhunderts zwar für wenige Privilegierte mehr persönliche Verwirklichungsmöglichkeiten, Freizeitangebote, außerdem Geschicklichkeit, Beweglichkeit, Fitneß, Abhärtung, Gesundheit, Genesungsaussicht und Naturkontakt. Sie ist für die überwiegende Mehrheit der Staatsbürger/innen jedoch sittlich-moralisches, sozialhygienisches, volksmedizinisches, ökonomisch-volkswirtschaftliches und militärstrategisches Konditionierungs- und Disziplinierungsmittel in Händen des absolutistischen, bald bürgerlich-kapitalistischen Staates. Letztlich hat sie ihren Beitrag zu leisten, die Reproduktionsqualität, Produktionsleistung und Wehrhaftigkeit der Bevölkerung zu steigern.

8.

Der Wandel des Naturbegriffs und der Einstellung zu Natur und „Natürlichkeit" im Zuge der Aufklärung und Romantik bereitet den Weg zur Neubewertung des Badens und zur Entdeckung des Schwimmens als „natürliches" Mittel für physische und psychische Rekreation, Reproduktion und Krankheitsprophylaxe. Dem wissenschaftlich-medizinischen folgt der moralische Diskurs: Sauberkeit und Gesundheit erhalten sittliche Qualität, werden zum sittlichen Imperativ erhoben, gelten als Indizien für soziale Anpassung und Nachweis für Diszipliniertheit und Leistungswilligkeit. Zusammen genommen beschert dies dem öffentlichen Flußbadewesen im Vormärz jene bemerkenswerte Konjunktur.

Die Durchsetzung von Körpertechnik und -disziplin als Form der unmittelbarsten Beherrschung von Menschen mittels Vereinnahmung der körperlichen Bedürfnisse, Möglichkeiten, Fähigkeiten und Fertigkeiten durch Machtmechanismen (eine These Michel Foucaults) zeigt sich in der Unvereinbarkeit des Auslebens von romantischem Natur- und Lebensgefühl mit dem Entstehen kontrollierter Räume (Flußbäder, Strandbadestellen, Hallenbäder), die hygienisch, sittlich und ordnungspolitisch unbedenklich sind. Sie bewirken eine zunehmende Isolierung der Menschen von der natürlichen Umwelt und eine empfindliche Restriktion der Libido. In Reaktion auf das vorgefundene Szenario der Denaturierung und Lustreduktion bereitet sich immerhin ab der Mitte des 19. Jahrhunderts der nächste Aufbruch ins Grüne und ans freie Gewässer vor, der ab 1900 bemerkbar wird.

Es besteht dabei jedoch längst nicht mehr das Verhältnis der jungen Aufklärung zur Natur. Der „Geist des Protestantismus" hat sich mittlerweile in der westlichen Welt (auch in den katholischen Ländern) durchgesetzt. „Was für diesen Geist zählt, ist der Nutzen, den uns die Natur bringt. Die symbolischen Bedeutungen, die für uns mit der Natur verbunden sind, werden von diesem Geist entzaubert. (. . .) Das Wissen um die symbolischen Bedeutungen der Natur wird in die Poesie abgedrängt. Nur in einer ästhetisierenden Gegenkultur erhält sich ein Bild von Natur, das sich nicht darauf reduziert, Mittel der Befriedigung von materiellen Bedürfnissen zu sein. In ihr erhält sich ein Bild von der Natur, das zum Ziel der Projektion von Wünschen, Hoffnungen und Ängsten werden kann."[6]

Die Kaltwasser-, Freiluftbade- und Schwimmbewegung wird im 20. Jahrhundert als projektives „Naturerlebnis" sogar ein Millionenpublikum anziehen, sich aber ebenso folgenschwer ins faschistische Rasse-Ideologem einbauen lassen. Drei wesentliche „Attraktionsbeziehungen zur Natur" kann sie herstellen: das „Leben in der Natur", ein „eigenes, natürlicheres Leben" und der „eigene gesunde, schöne, trainierte Körper".[7]

Es differenzieren sich in enger Korrespondenz mit Aufbau von Staat und Gesellschaft und der Veränderung der Quantitäten, Qualitäten und Organisationsstrukturen in Produktionssphäre und Alltagswelt jene körperlichen Rekreationsbedürfnisse und jene gymnastischen, hygienischen und medizinischen Disziplinen aus, die durch einen gut 150 Jahre währenden „medico-moral discours", aufbereitet im rassistischen Dispositiv des Faschismus zusammenspielen, im Rasse-Ideologem des NS-Staates gebündelt sein werden.

„Gesundheit ist moralische Gesundheit, und der verborgene Text der rassischen Erbmasse manifestiert sich in der gesunden Moral, die zur Pflege und Ertüchtigung eines gesunden Leibes in der faschistischen Ordnung führt. Eine wesentliche Praxis moralischer Gesundheit ist der Sport. Hitler verknüpft ihn zugleich mit der Ästhetisierung des Körpers, dem ‚schönen Körper' und der Regulierung der geschlechtlichen Begierde."[8]

---

6 *Eder,* Die Vergesellschaftung der Natur, 1988, S. 10.

7 *Nemitz,* Erziehung des faschistischen Subjekts, in: *Behrens* u. a., Faschismus und Ideologie, 1980, S. 175.

8 *Haug,* Faschisierung des bürgerlichen Subjekts, 1986, S. 21.

9.

1795 mutet es dem „Eipeldauer“ fast als Tortur, jedenfalls als unerhörte Verrücktheit an, seinen Körper ins kalte Wasser zu stürzen. Gleichzeitig weiß er um die Plädoyers namhafter Ärzte und Pädagogen, für die gesundheitliche, säubernde und stärkende Wirkung eines solchen Unterfangens, und „ermannt“ sich, schnell entschlossen, doch zum kalten Bad in der Donau. Die überlieferte Episode ist beispielhaft für die damals einsetzende und bis heute währende Entwicklung. Indes scheint damit auch die Integrität der vorindustriellen, altständischen Persönlichkeit unter den Zwängen eines hygienischen und medizinischen Utilitarismus, aber auch unter einer sittlichen Liberalität und tolerierten Beliebigkeit von distinktiven Verhaltenselementen und Ausdrucksformen untergegangen zu sein. Auf der anderen Seite erweitert sich seither mit der errungenen doppelbödigen Freiheit am Wasser der Horizont körperlicher Bedürfnisentfaltung und -entwicklung in Richtung neuen und differenzierten Individualismus, höheren körperlichen Wohlbefindens sowie neuer Gesundheits- und Hygienestandards.

Quellen- und Literaturverzeichnis

1. Archivalische Quellen (chronologisch)

Niederösterreichisches Landesarchiv

K. k. Polizei-Ober-Directions-Akten, Karton Nr. 2, Circulare von der königlichen Landesregierung im Erzherzogthume Österreich unter der Enns, fußend auf der Verordnung vom 1. 7. 1769.

K. k. Polizei-Ober-Directions-Akten, Karton Nr. 2, Instruktion für die kaiserl. königl. Polizey-Beamten, o. O. 1801, § 23.

Circulare der k. k. n. ö. Landesregierung, 8. 8. 1807, Niederösterreichisches Landesarchiv.

Allgemeine Badeordnung das Erzherzogthum Österreich unter der Enns, 2. 5. 1808, Niederösterreichisches Landesarchiv.

K. k. Polizei-Ober-Directions-Akten, Karton Nr. 5, Circulare der k. k. n. ö. Landesregierung, Wien den 17. Julius 1810.

„Polizeisachen", G-Index aus 1813, Nr. 2370.

„Polizeisachen", G-Index aus 1813, Nr. 5693.

„Circulare der k. k. Landesregierung in dem Erzherzogthume Oesterreich unter der Enns, 16. Juli 1829.

K. k. Polizei-Ober-Directions-Akten, Karton Nr. 17, Verordnung der k. k. n. ö. Landesregierung vom 4. 8. 1830, Z. 38274.

K. k. Polizei-Ober-Directions-Akten, Karton Nr. 17, Dekret der n. ö. Landesregierung vom 24. 12. 1830.

K. k. Polizei-Ober-Directions-Akten, Karton Nr. 17 (1–72000), Circulare der k. k. Landesregierung im Herzogthume Oesterreich unter der Enns, 21. Aprill 1831.

K. k. Polizei-Ober-Directions-Akten, Karton Nr. 17, Kommentar zum Circulare vom 21. 4. 1831, Z. 20855.

K. k. Polizei-Ober-Directions-Akten, Karton Nr. 17, Ordnung in der Schwimmschule für das weibliche Geschlecht 1831.

K. k. Polizei-Ober-Directions-Akten, Karton Nr. 17, Verfügung der k. k. n. ö. Landesregierung vom 3. 7. 1831, Z. 35430.

K. k. Polizei-Ober-Directions-Akten, Karton Nr. 17, Kreisämtliches Verhandlungsprotokoll, 18. 10. 1831.

„Polizeisachen", G-Index aus 1833.
„Polizeisachen", G-Index aus 1833, Einreichungsprotokoll der Polizei-Direction Nr. 29605, Fascikel 17.
K. k. Polizei-Ober-Directions-Akten, Karton Nr. 19, Dekret der niederösterreichischen Landesregierung vom 24. 12. 1840, Z. 67822.
K. k. Polizei-Ober-Directions-Akten, Karton Nr. 2, aus 1796–1802, Wiener Fiaker und Einspännerordnung vom 31. 10. 1854, § 47 und § 48.

Wiener Stadt- und Landesarchiv

Hauptarchivsakte 11/1633 aus 1633.
Hauptarchivsakte, Patente 1710–1719.
Hauptarchivsakte, Patent Nr. 77, 5. 9. 1714.
Alte Registratur 80/1715 aus 1715.
Alte Registratur 59/1726 aus 1726.
Alte Registratur 37/1734 aus 1734.
Hauptregistratur Q 13, 20.858/1812 aus 1812.
Oeffentliche Anzeige der großen, neu errichteten Schiffbade-Anstalt, Flugblatt 1827.

Allgemeines Verwaltungsarchiv

Polizei-Hofstelle, Zl. 9616 aus 1817.
Polizei-Hofstelle, Zl. 4887 aus 1826.
Polizei-Hofstelle, Zl. 314 aus 1844.
Polizei-Hofstelle, Zl. 771/228 aus 1844.
Polizei-Hofstelle, Zl. 8503/282 aus 1844.

Institut für Geschichte der Medizin

Anweisung, über das Geschäft der Reinigung bei ansteckenden pestartigen Krankheiten, 1830. I 7082/1, D.

Historisches Museum der Stadt Wien

Journal pittoresque. Mahlerische Entwürfe der neuersten und merkwürdigsten Begebenheiten und Erscheinungen im Leben, herausgeg. v. F. WOLFF und F. WEISSENBACH, Wien 1833.

Bildtext zu kolorierter Lithographie von F. KAISER mit dem Titel: „Die Schwimmkünste Joseph Burians“, 1838, Inv. Nr. 57.808.

Kriegsarchiv

Hofkriegsrat, G 1–53/4, 13. April 1813.
Hofkriegsrat, G 1–53, 3. Junius 1813.
Hofkriegsrat, Abtg. 8-53-25/2, 3. September 1875.

2. Primär- und Sekundärliteratur (alphabethisch)

ADORNO, Theodor W. / HORKHEIMER, Max, Dialektik der Aufklärung. Philosophische Fragmente, Frankfurt am Main 1988 (Erstausgabe: Amsterdam 1947).

Almanach für Ärzte und Nichtärzte auf das Jahr 1798, herausgeg. v. Christian Gottfried GRUNER, Jena 1798.

BACHERLARD, Gaston, L'eau et les rêves, Paris 1942.

BÄCHTOLD-STÄUBLI, Hanns, Handwörterbuch des deutschen Aberglaubens, Bd. VI, Berlin und Leipzig 1934/35. Und: Bd. IX, Berlin 1939–1941.

BANKIER, Alexander A., Erotik und Wasser. Vom Wesen erotischer Wasserfrauen und den Problemen ihrer Thematisierung, in: Erotik. Versuch einer Annäherung. Buch zur gleichnamigen Ausstellung des Historischen Museums der Stadt Wien und der Wiener Stadt- und Landesbibliothek, Wien 1990.

BARRIER'S, Dr. Carl, Sprudelbäder im Alexanderbade zu Hamburg ... nebst Beschreibung eines Feldbades für das Militair in der Garnison und im Felde, Hamburg 1830.

BARTHES, Roland, Mythen des Alltags, Frankfurt am Main 1964.

BASSENGE, R., Dr. Paskal Joseph V. FERRO, ein Hydrotherapeut des 18. Jahrhunderts, in: Berliner Klinische Wochenschriften, Jg. 1905, Nr. 42.

BAUHOFER, Rudolf, Die Geschichte der Lehrweise des Schwimmens, von den Anfängen bis heute, Diss. phil., Wien 1944.

Bemerkungen, Wichtige, über die Schönheit und die Mittel selbe zu erhalten, Wien 1800.

Beobachter, Österreichischer, Nr. 155, 4. 6. 1813, Wien.

BERDAHL, Robert M., Vorwort, in: BERDAHL, Robert M. u. a., Klassen und Kultur. Sozialanthropologische Perspektiven in der Geschichtsschreibung, Frankfurt am Main 1982.

BERGLER, Reinhold, Sauberkeit. Norm – Verhalten – Persönlichkeit, Bern 1974.

BERNHARD, Marianne, Das Biedermeier. Kultur zwischen Wiener Kongreß und Märzrevolution, Düsseldorf 1983.

BIACH, Rudolf, Johann Peter Frank, der Wiener Volkshygieniker, Wien 1962.

BIBL, Viktor, Die Wiener Polizei. Eine kulturhistorische Studie, Leipzig – Wien – New York 1927.

BITTERLI, Urs, Die „Wilden" und die „Zivilisierten". Grundzüge einer Geistes- und Kulturgeschichte der europäisch-überseeischen Bewegung, München 1982.

Blätter, Vaterländische, Nr. 45, 7. 6. 1815, Wien. Und: Nr. 62, 4. 8. 1813.

BLESSING, W. K., Reform, Restauration, Rezession. Kirchenreligion und Volksreligiosität zwischen Aufklärung und Industrialisierung, in: SCHIEDER, W. (Hg.), Volksreligiosität in der modernen Sozialgeschichte, Göttingen 1987.

BLOK, Anton, Hinter Kulissen, in: GLEICHMANN, Peter / GOUDSBLOM, Johan / KORTE, Hermann (Hg.), Materialien zu Norbert Elias' Zivilisationstheorie, 2. Aufl., Frankfurt am Main 1982.

BODI, Leslie, Tauwetter in Wien. Zur Prosa der österreichischen Aufklärung 1781–1795, Frankfurt am Main 1977.

BOLOGNESE-LEUCHTENMÜLLER, Birgit, Die Wiener Wäschermadln. Von der Kultfigur des Biedermeier zur Lohnarbeiterin, in: Wien wirklich. Ein Stadtführer durch den Alltag und seine Geschichte, Wien 1983.

BORNEMANN, J. J., Lehrbuch der von Friedrich Ludwig Jahn unter dem Namen Turnkunst wiedererweckten Gymnastik, Berlin 1814.

BOSING, Joseph, Versuch einer medicinischen Topographie von Wien, in: Medicinisches Archiv von Wien und Österreich vom Jahre 1800, Wien 1801.

BOURDIEU, Pierre, Die feinen Unterschiede. Kritik der gesellschaftlichen Urteilskraft, Frankfurt am Main 1987.

BOWENSCHEN, Sylvia, Die imaginierte Weiblichkeit. Exemplarische Untersuchungen zu kulturgeschichtlichen und literarischen Präsentationsformen des Weiblichen, Frankfurt am Main 1979.

BÖHME, Hartmut, Umriß einer Kulturgeschichte des Wassers. Eine Einleitung, in: BÖHME, Hartmut (Hg.), Kulturgeschichte des Wassers, Frankfurt am Main 1988.

BÖHME, Hartmut, Eros und Tod im Wasser – „Bändigen und Entlassen der Elemente". Das Wasser bei Goethe, in: BÖHME, Hartmut (Hg.), Kulturgeschichte des Wassers, Frankfurt am Main 1988.

BRAUDEL, Fernand, Der Alltag. Sozialgeschichte des 15. bis 18. Jahrhunderts, Bd. 1, München 1985.

BRENNER, Charles, Grundzüge der Psychoanalyse, 7. Aufl., Frankfurt am Main 1983.

Briefe eines Eipeldauers an seinen Herrn Vetter in Kakran über d' Wienerstadt. Aufgefangen und mit Noten herausgeg. v. einem Wiener, 21. Heft, 3. Brief, Wien 1795. Und: 10. Heft, 1. Brief, Wien 1807.

BRUCKMÜLLER, Ernst, Sozialgeschichte Österreichs, Wien 1985.

BRUNNER, Otto, Staat und Gesellschaft im vormärzlichen Österreich, in: SCHIEDER, Staat und Gesellschaft im deutschen Vormärz 1815–1848, Stuttgart 1978.

BURIAN, Joseph, Nexeologie oder die Lehre vom Schwimmen, Prag 1841.

Codex Austriacus, Eigentlicher Begriff und Inhalt aller . . . unter der Regierung Seiner Majestät Leopoldi I. ausgegangenen . . . Generalien, Patente, Ordnungen. Pars secunda, Wien 1704.

Codices Austriaci, Supplementum, Sammlung Oesterreichischer Gesetze und Ordnungen, Pars tertia, Leipzig 1748. Und: Vierter Theil., Wien 1752.

CORBIN, Alain, Pesthauch und Blütenduft. Eine Geschichte des Geruchs, Frankfurt am Main 1988 (Erstdruck in Deutsch: Berlin 1984).

CORBIN, Alain, Meereslust. Das Abendland und die Entdeckung der Küste 1750–1840, Berlin 1990.

Curgast, Der, Deutscher Kaltwasserheilanstalten. Ein Handbuch für Alle, welche Kaltwasserheilanstalten gebrauchen und sich über deren Entstehung, Lage, Örtlichkeit, Einrichtung, Frequenz und Erfolge gründlich unterrichten wollen, Leipzig 1845.

DAHRENDORF, Ralf, Über den Ursprung der Ungleichheit unter Menschen, in: HÖFFE, Otfried / KANDELBACH, Gerd / PLUMPE, Gerhard (Hg.), Praktische Philosophie/Ethik. Reader zum Funk-Kolleg Bd. 2, Frankfurt am Main 1981.

DAMASCHKE, Adolf, Geschichte der Natinalökonomie. Eine erste Einführung, Bd. 1, 13. Aufl., Jena 1922.

DEUTSCH, Otto Erich, Alt-Wiener Veduten, Wien 1986.

Diarium, Wiennerisches, Nr. 59, 25. Heumonat 1781.

DIENES, Gerhard M. / LEITGEB, Franz (Hg.), Wasser. Ein Versuch, Graz 1990.

Dienst-Instruktion für das k. k. österreichische Militär-Polizeiwach-Corps, Wien 1860.

DRESSEN, Wolfgang, Infame Körper: Widerstand im Erziehungsprozeß, in: KAMPER, Dietmar / WULF, Christoph (Hg.), Der andere Körper, Berlin 1984.

DUERR, Hans Peter, Traumzeit. Über die Grenzen zwischen Wildnis und Zivilisation, Frankfurt am Main 1984.

DUERR, Hans Peter, Nacktheit und Scham. Der Mythos vom Zivilisationsprozeß, Bd. 1, Frankfurt am Main 1988.

DUERR, Hans Peter, Intimität. Der Mythos vom Zivilisationsprozeß, Bd. 2, Frankfurt am Main 1990.

DUNNING, Eric / ELIAS, Norbert, Freizeit und Muße, in: Dies., Sport im Zivilisationsprozeß. Studien zur Figurationssoziologie, herausgeg. v. Wilhelm HOPF, Münster 1983.

EBEL, S., Festschrift aus Anlaß der Enthüllung des Denkmals von Vincenz Prießnitz im Wiener Türkenschanzparke am 4. Okt. 1911, Freiwaldau 1912.

EDER, Ernst Gerhard / SPANLANG, Elisabeth, Lust am Wasser. Über die Beziehung der Wiener zu ihrer Stromlandschaft. Quellen und Theorien zur Geschichte an der Donau, in: CHOBOT, Manfred / EHALT, Hubert Ch. / FISCHER, Gero (Hg.), Das Wiener Donaubuch. Ein Führer durch Alltag und Geschichte am Strom, Wien 1987.

EDER, Ernst Gerhard, Wiener Donaufische – Ein wenig heroisches Kapitel Zivilisationsgeschichte. Beleg kulturverschuldeter Dezimierung faunistischer Vielfalt, in: CHOBOT, Manfred / EHALT, Hubert Ch. / FISCHER, Gero (Hg.), Das Wiener Donaubuch. Ein Führer durch Alltag und Geschichte am Strom, Wien 1987.

EDER, Ernst Gerhard, Baden an freien Gewässern. Zur Subgeschichte einer Bedürfnisbefriedigung im Raum Wien, in: Wiener Geschichtsblätter, Jg. 43, 1988, Heft 3.

EDER, Ernst Gerhard, Fluß- und Freiluftbadelust vor den Toren Wiens, in: Österreichische Zeitschrift für Volkskunde, Bd. 92/XLII, Heft 2, 1989.

EDER, Ernst Gerhard, Stadtstraßenleben, in: Sozialwissenschaftliche Studiengesellschaft (SWS-)Rundschau, Heft IV, 1989.

EDER, Ernst Gerhard, Schwimmdisziplin. Zur Vergesellschaftung körperlicher Fähigkeiten, Fertigkeiten und Möglichkeiten, in: Österreichische Zeitschrift für Soziologie, Jg. 15, Heft 2, 1990.

EDER, Ernst Gerhard, „Sich nackend zu baden erkünnen." Geschichte renitenter Körperlichkeit, in: Geschichte in Wissenschaft und Unterricht, Jg. 42, Heft 2, Feb. 1991.

EDER, Ernst Gerhard, Antiseptikum kaltes Wasser, in: Historisches Museum der Stadt Wien, Das Bad. Körperkultur und Hygiene im 19. Jahrhundert, Wien 1991.

EDER, Ernst Gerhard, Siegeszug von Halle und Beton, in: Historisches Museum der Stadt Wien, Das Bad. Körperkultur und Hygiene im 19. Jahrhundert, Wien 1991.

EDER, Ernst Gerhard, Revolution des Schwimmens. Die Zeit der Aufbrüche in Österreich (1780–1850), in: EHALT, Hubert Ch. / WEISS, Otmar (Hg.), Sport zwischen Disziplinierung und neuen sozialen Bewegungen, Wien 1993.

EDER, Ernst Gerhard / TREUDE, Andrea, Geschichte des Wassersports in Österreich, vorauss. in: Österreich in Geschichte und Literatur (mit Geographie), 1996.

EDER, Ernst Gerhard, Stadtkultur als Stadthygiene. Wiener und Grazer Beispiele des 18. und 19. Jahrhunderts, in: Die alte Stadt. Vierteljahreszeitschrift für Stadtgeschichte, Stadtsoziologie und Denkmalpflege, Jg. 21, Heft 2/3, 1994.

EDER, Franz X., Die Historisierung des sexuellen Subjekts. Sexualitätsgeschichte zwischen Essentialismus und sozialem Konstruktivismus, in: Österreichische Zeitschrift für Geschichtswissenschaft, Jg. 5, Heft 3/ 1994.

EDER, Klaus, Die Vergesellschaftung der Natur. Studien zur sozialen Evolution der praktischen Vernunft, Frankfurt am Main 1988.

EHALT, Hubert Ch., „Geschichte von unten". Zwischen Wissenschaft, politischer Bildung und politischer Aktivierung, in: Beiträge zur historischen Sozialkunde, Jg. 14, Nr. 1, 1984.

EHALT, Hubert Ch. (Hg.), Volksfrömmigkeit. Glaubensvorstellungen und Wirklichkeitsbewältigung im Wandel. Von der Antike bis zum 18. Jahrhundert, Wien – Köln 1989.

EHMER, Sepp, Familienstruktur und Arbeitsorganisation, Wien 1980.

EHMER, Sepp, Produktion und Reproduktion, in: BANIK-SCHWEITZER, Renate / BARYLI, Andreas u. a., Wien im Vormärz, Wien 1980.

EICHBERG, Henning, Die historische Relativität der Sachen. Auf dem Weg zu einer kritischen Technikgeschichte, Münster 1984.

EICHBERG, Henning, Disziplinierungsanstalten und grüne Wellen. Zur Sozialökologie der Berliner Sportstätten, in: DRESSEN, Wolfgang (Hg.), Selbstbeherrschte Körper. Berliner Topografien, Bd. 6, Berlin 1986.

ELIAS, Norbert, Über den Prozeß der Zivilisation. Soziogenetische und psychogenetische Untersuchungen, Bd. 1 und Bd. 2, 2. Aufl., Bern 1969.

ENNEN, Edith, Frauen im Mittelalter, München 1984.

EULER, Carl, Enzyklopädisches Handbuch des gesamten Turnwesens und der verwandten Gebiete, Bd. 1, Wien – Leipzig 1884. Und: Bd. 2, Wien – Leipzig 1895.

FELDBAUER, Peter / STEKL, Hannes, Wiens Armenwesen im Vormärz, in: BANIK-SCHWEITZER, Renate / BARYLI, Andreas u. a., Wien im Vormärz, Wien 1980.

FERRO, Pascal Joseph, Vom Gebrauch des kalten Bades, Wien 1780.

FERRO, Pascal Joseph, Vom Gebrauch des kalten Bades, 2. Aufl., Wien 1790.

FINK, Wolfgang, Bemerkungen zu einigen Wasserheiligen, in: DIENES, Gerhard M. / LEITGEB, Franz (Hg.), Wasser. Ein Versuch, Graz 1990.

FLAMMENSTERN, A. Ritting von, Die Militär-Schwimmanstalt im Prater, in: Vaterländische Blätter, Jg. Nr. 63, 7. 8. 1813.

FLECKLES, Leopold, Die herrschenden Krankheiten des schönen Geschlechts in der Blüte des Lebens in großen Städten, Wien 1832.

FORNARI, Franco, Psychoanalyse des ersten Lebensjahres, Frankfurt am Main 1970.

FOUCAULT, Michel, Überwachen und Strafen. Die Geburt des Gefängnisses, 2. Aufl., Frankfurt am Main 1977.

FOUCAULT, Michel, Das Abendland und die Wahrheit des Sexes, in: Dispositive der Macht. Michel FOUCAULT über Sexualität, Wissen und Wahrheit, Berlin (West) 1978.

FOUCAULT, Michel, Sexualität und Wahrheit, Bd. 1: Der Wille zum Wissen, 3. Aufl., Frankfurt am Main 1989.

FOUCAULT, Michel, Sexualität und Wahrheit, Bd. 2: Der Gebrauch der Lüste, Frankfurt am Main 1989.

FRANK, Johann Peter, System einer vollständigen medicinischen Polizey, Bd. 2, Mannheim 1780. Und: Bd. 3, Mannheim 1783.

FRANK, Johann Peter, Akademische Rede vom Volkselend (1790), in: DEPPE, Hans-Ulrich / REGUS, Michael (Hg.), Seminar: Medizin, Gesellschaft, Geschichte, Frankfurt am Main 1975.

FREUD, Sigmund, Das Unbehagen in der Kultur (1930), in: Ders., Gesammelte Werke. Studienausgabe Bd. IX, Frankfurt am Main 1974.

FRÖHLICH, Friedrich, Wiens Umgebungen. Vier malerische Darstellungen nach der Natur, Wien 1805.

FRÖHLICH, R., Die Gefährlichen Classen Wiens. Darstellung ihres Entstehens, ihrer Verbindung, ihrer Taktik, ihrer Sitten und Gewohnheiten und ihrer Sprache, Wien 1851.

FUCHS, Eduard, Illustrierte Sittengeschichte vom Mittelalter bis zur Gegenwart, Bd. 3: Das bürgerliche Zeitalter, München 1912.

FUCHS, Silvia, Das Weib ist von Natur aus schwach . . .? Schwimmen als Bestandteil weiblicher Bewegungskultur im 19. Jahrhundert, in: L'Homme. Zeitschrift für Feministische Geschichtswissenschaft, Jg. 4, Heft 1, 1993.

FUNK, Albrecht / KAUSS, Udo / ZABERN, Thomas v., Die Ansätze zu einer neuen Polizei – Vergleich der Polizeientwicklung in England/Wales, Frankreich und der Bundesrepublik Deutschland, in: BLANKENBURG, Erhard (Hg.), Politik der inneren Sicherheit, Frankfurt am Main 1980.

GEBSER, Jean, Ursprung und Gegenwart, 1. Teil. Die Fundamente der aperspektivischen Welt. Beitrag zu einer Geschichte der Bewußtwerdung, München 1973.

GEISSLER, Karlheinz A., Zeit leben. Vom Hasten und Rasten, Arbeiten und Lernen, Leben und Sterben, 2. Aufl., Weinheim – Berlin 1987.

Gesundheitszeitung, Populäre Oesterreichische. Zur Warnung für Nichtkranke und zum Troste für Leidende, Jg. 2, Nr. 18, 2. 3. 1831.

GEYER, Hans F., Dialektik der Nacktheit. Philosophisches Tagebuch V, Freiburg 1973.

GEYER, Johann Carl, Christ-Katholische Gauß-Postill, oder Auslegung deren Feiertaeglichen Evangelien und Episteln ... worinnen die nothwendigsten Glaubens- und Lebens-Lehren ... gruendlich enthalten seynd, Regenspurg 1753.

GLASER, Hermann, Maschinenwelt und Alltagsleben. Industriekultur in Deutschland vom Biedermeier bis zur Weimarer Republik, Frankfurt am Main 1981.

GLEICHEN-RUSSWURM, Alexander von, Das galante Europa. Geselligkeit der großen Welt 1600–1789, Stuttgart 1910.

GOETHE, Johann Wolfgang, Aus meinem Leben. Dichtung und Wahrheit, 4. Teil, 19. Buch, Leipzig o. J.

GOLLMANN, Wilhelm, Die Dampf- und Douchebäder mit besonderer Berücksichtigung der Wiener Sofienbade-Anstalt. Ein Handbuch für Gesunde und Kranke, Wien 1852.

GOOD, David F., Der wirtschaftliche Aufstieg des Habsburgerreiches 1750–1914, Wien – Köln – Graz 1986.

GOUDSBLOM, Johan, Zivilisation, Ansteckungsangst und Hygiene, in: GLEICHMANN, Peter / GOUDSBLOM, Johan / KORTE, Hermann (Hg.), Materialien zur Norbert Elias' Zivilisationstheorie, 2. Aufl., Frankfurt am Main 1982.

GOUDSBLOM, Johan, Die Erforschung von Sozialisationsprozessen, in: GLEICHMANN, Peter / GOUDSBLOM, Johan / KORTE, Hermann (Hg.), Macht und Zivilisation. Materialien zu Norbert Elias' Zivilisationstheorie 2, Frankfurt am Main 1984.

GRAMSCI, Antonio, Zu Politik, Geschichte und Kultur, 2. Aufl., Frankfurt am Main 1986.

GREIF, Wolfgang, Zu Bedingung und Erscheinungsformen von „Freizeit" und Alltagskultur großstädtischer Unterschichten im Übergang zur Industrialisierung, phil. Dipl.-Arb., Wien 1988.

GROPPENBERGER, Alois, Edler v. Bergenstamm, Geschichte des unteren Werd oder die heutige Leopoldstadt, Wien 1812.

GROSS-HOFFINGER, Anton Johann, Das Schicksal der Frauen und die Prostitution, Leipzig 1848.

GRÜNN, Helene, Wäschewaschen, Wien 1978.

GUTS-MUTHS, Johann Christoph Friedrich, Gymnastik für die Jugend, Neuaufl. Frankfurt am Main 1970 (Erstdruck: Schnepfenthal 1793).

GUTS-MUTHS, Johann Christoph Friedrich, Kleines Lehrbuch der Schwimmkunst zum Selbstunterricht, Gotha 1798.

HABERMAS, Jürgen, Erkenntnis und Interesse, 2. Aufl., Frankfurt am Main 1973.

HABERMAS, Jürgen, Theorie des kommunikativen Handelns, Bd. 2, 3. Aufl., Frankfurt am Main 1985.

HACKER, Friedrich, Gespräch mit Herbert Marcuse, in: HACKER, Friedrich, Aggression. Die Brutalisierung der modernen Welt, Wien – München – Zürich 1971.

HAHN, Gernot von / SCHÖNFELS, Hans-Kaspar von, Von der Heilkraft des Wassers. Eine Kulturgeschichte der Brunnen und Bäder, Aarau 1980.

HAHN, Michael, Die Unterschichten Wiens im Vormärz. Soziale Kategorien im Umbruch von der ständischen zur Industriegesellschaft, phil. Diss., Wien 1984.

HARTL, Friedrich, Das Wiener Kriminalgericht. Strafrechtspflege vom Zeitalter der Aufklärung bis zur österreichischen Revolution, Wien – Köln – Graz 1973.

HARTMANN, Barbara, Das Müllersche Volksbad, München 1982.

HAUG, Wolfgang Fritz, Die Faschisierung des bürgerlichen Subjekts. Die Ideologie der gesunden Normalität und der Ausrottungspolitiken im deutschen Faschismus. Materialanalysen, Berlin West 1986.

HAUSEN, Karin, Frauenräume, in: HAUSEN, Karin / WUNDER, Heide (Hg.), Frauengeschichte – Geschlechtergeschichte, Frankfurt am Main – New York 1992.

HÄMMERLE, Heinrich, Handbuch über die Polizei-Gesetze und Verordnungen, Wien 1865.

HEILER, Friedrich, Erscheinungsformen und Wesen der Religion, Stuttgart 1961.

HEILFURTH, Gerhard, Volkskunde, in: KÖNIG, René (Hg.), Handbuch der empirischen Sozialforschung, Bd. 4, 4. Aufl., Stuttgart 1974.

HEINITZ, Carl, Unterricht in der Schwimmkunst, nach der in der k. k. Militär-Schwimmanstalt in Wien eingeführten Lehrmethode, dargestellt vorzüglich zum Behufe des k. k. Militärs, Wien 1816.

HOFBAUER, Carl, Die Rossau und das Fischerdörfchen am Oberen Werd, 2. Aufl., Wien 1866.

HOLZMANN, Johann Donat, Der Wasserfreund. Ein Buch für Kranke und Gesunde, Wien 1805.

(HORN, Uffo) Anonym, Österreichischer Parnaß, bestiegen von einem heruntergekommenen Antiquar, Frey-Sing o. J.

HUCK, Gerhard (Hg.), Sozialgeschichte der Freizeit. Untersuchungen zum Wandel der Alltagskultur in Deutschland, 2. Aufl., Wuppertal 1982.

HUFELAND, Christoph Wilhelm, Eine sehr lehrreiche Abhandlung über lauwarme Bäder, in: Ueber die lauwarmen Bäder zu Meidling nächst Wien, Wien 1804.

Humorist, Der, Jg. 3, Nr. 160, 12. 8. 1839.

HUNGER, Herbert, Zum Badewesen in byzantinischen Klöstern, in: Klösterliche Sachkultur des Spätmittelalters. Veröffentlichung des Instituts für mittelalterliche Realienkunde Österreichs, Nr. 3, Wien 1980.

HÜBNER, Kurt, Die Wahrheit des Mythos, München 1985.

ILLICH, Ivan, H_2O und die Wasser des Vergessens, Reinbek bei Hamburg 1987.

Intelligenzblatt, Allgemeines, zur Österreichischen Kaiserlich privilegierten Wiener Zeitung, Nr. 124, 28. 5. 1832.

ISFORDINK, Johann Nepomuk, Militärische Gesundheits-Polizei, mit besonderer Beziehung auf die k. k. Oesterreichische Armee, Bd. 2, 2. Aufl., Wien 1827.

JAECK (Bibliothekar zu Bamberg), Wien und dessen Umgebungen, Weimar 1822.

JOBST, Johann, Die Neustädter Burg und die k. und k. Theresianische Militärakademie. Ein Führer in militärischer und kunstgeschichtlicher Beziehung. Festschrift, Wien und Leipzig 1908.

JOSEPH DES ZWEITEN, Römischen Kaisers Gesetze und Verfassungen im Justizfache. Erster Theil., 3. Fortsetzung. Von den Kriminalverbrechen und Kriminalstrafen. Fünftes Kapitel. Von den Verbrechen, die zum Verderbnis der Sitten führen, Prag und Wien 1788.

KAHTLOR, Dr. Georg W. Chr. von, Über die zweckmäßige Anwendung der Haus- und Flußbäder zur Erhaltung der Gesundheit, Jugend und Schönheit. Eine auf Erfahrung gegründete Anleitung, das Baden nützlicher zu machen, Wien 1822.

KALTENBECK, J. P. (Hg.), Die Pan- und Bergtaidingsbücher im Österreich unter der Enns, Wien 1846.

KAMPER, Dietmar / RITTNER, Volker (Hg.), Zur Geschichte des Körpers, Perspektiven der Anthropologie, München – Wien 1976.

KAMPER, Dietmar / WULF, Christoph (Hg.), Die Wiederkehr des Körpers, Frankfurt am Main 1982.

KAMPER, Dietmar / WULF, Christoph (Hg.), Der andere Körper, Berlin 1984.

KAPNER, Gerhardt, Auswirkungen der religiösen und künstlerischen Bemühungen der Barockzeit auf die Volksfrömmigkeit in Wien, in: EHALT, Hubert Christian (Hg.), Volksfrömmigkeit. Von der Antike bis zum 18. Jahrhundert, Bd. 1, Kulturstudien Bd. 10, 1989.

KAUT, Hubert, Modeblätter aus Wien. Mode und Tracht von 1770 bis 1914, Wien 1970.

KINSKY, Graf Franz, Elementarbegriffe von Dienstsachen, 1. Theil, 1. Abschnitt, Wien 1785.

KINSKY, Graf Franz, Vermischte Schriften, 3. Theil, 1. Theil, Wien 1786.

KINSKY, Graf Franz, Befehlsprotokolle der Theresianischen Militair-Akademie Wiener Neustadt, Supplementband, Wiener Neustadt 1787.

KLUGE, Hermann Otto, Schwimm- und Sprung-Gymnastik, 2. Ausg., Berlin 1847.

KLUSACEK, Christine / STIMMER, Kurt, Leopoldstadt, Wien 1978.

KOCKA, Jürgen, Historisch-anthropologische Fragestellungen – ein Defizit der Historischen Sozialwissenschaft?, in: SÜSSMUTH, Hans (Hg.), Historische Anthropologie, Göttingen 1984.

KOCKA, Jürgen, Sozialgeschichte zwischen Struktur und Erfahrung. Die Herausforderung der Alltagsgeschichte, in: Ders., Geschichte und Aufklärung, Aufsätze, Göttingen 1989.

KOCKA, Jürgen, Perspektiven für die Sozialgeschichte der neunziger Jahre, in: SCHULZE, Winfried (Hg.), Sozialgeschichte, Alltagsgeschichte, Miko-Historie: eine Diskussion, Göttingen 1994.

KÖNIG, Oliver, Nacktheit. Soziale Normierung und Moral, Opladen 1990.

KRABBE, Wolfgang R., Gesellschaftsveränderung durch Lebensreform. Strukturmerkmale einer sozialreformerischen Bewegung im Deutschland der Industrialisierungsperiode, Göttingen 1974.

KRAUSS, Wolfgang, Die Hydrotherapie. Über das Wasser in der Medizin, in: LACHMAYER, Herbert / MATTL-WURM, Sylvia / GARGERLE, Christian (Hg.), Das Bad. Eine Geschichte der Badekultur im 19. und 20. Jahrhundert, Salzburg und Wien 1991.

KROHNE, Carl, Lehrbuch der Gefängniskunde unter Berücksichtigung der Kriminalstatistik und Kriminalpolitik, Stuttgart 1889.

KUFFNER, Christoph, Erste Damenschwimmschule in Wien, in: Journal pittoresque. Malerische Entwürfe der neuersten und merkwürdigsten Begebenheiten und Erscheinungen im Leben, herausgeg. v. F. WOLFF und F. WEISSENBACH, Wien 1833; Historisches Museum der Stadt Wien.

KUSZYNSKI, Jürgen, Geschichte des Alltags des deutschen Volkes, Bd. 3 (1810–1870), Berlin (Ost) 1981.

KÜHNEL, Harry, Normen und Sanktionen, in: Ders. (Hg.), Alltag im Spätmittelalter, Graz – Wien – Köln 1984.

LEITHÄUSER, Thomas, Kapital, Produktion und Vergesellschaftung des Alltags, in: Ders. / HEINZ, W. R. (Hg.), Produktion, Arbeit, Sozialisation, Frankfurt am Main 1976.

Leopoldstadt, Die. Ein Heimatbuch. Herausgeg. v. der Lehrerarbeitsgemeinschaft für den II. Bezirk, Wien 1937.

LEPENIES, Wolf, Probleme einer Historischen Anthropolgie, in: RÜRUP, Reinhard (Hg.), Historische Sozialwissenschaft, Göttingen 1977.

LICHTENTHAL, P., Ideen zu einer Diätetik für die Bewohner Wiens. Nebst Beyträgen zur medicinischen Topographie dieser Hauptstadt, Wien 1810.

LIESSMANN, Konrad Paul, Naturgemäß! Zehn Thesen zur Natur im Denken und zum Denken der Natur, in: Forum, Nr. 456, 18. 12. 1991.

LIPPE, Rudolf zur, Vom Leib zum Körper. Naturbeherrschung am Menschen in der Renaissance, Reinbek bei Hamburg 1988.

LIST, Guido, Zur Geschichte des Wassersports auf der Donau, in: Alt-Wien. Monatsschrift für Wiener Art und Sprache. Jg. 3, Nr. 10, Oct. 1894.

LORENZ, Reinhold, Bäderkultur und Kulturgeschichte. Forschungen über den Sozialcharakter der österreichischen Heilquellen, in: Archiv für österreichische Geschichte, Bd. 117, 2. Hälfte, Wien 1947.

LUHMANN, Niklas, Handlungstheorie und Systemtheorie, in: Kölner Zeitschrift für Soziologie und Sozialpsychologie, Jg. 30, Heft 2, 1978.

LUHMANN, Niklas, Liebe als Passion. Zur Codierung von Intimität, 4. Aufl., Frankfurt am Main 1984.

LÜDTKE, Alf, Rekonstruktion von Alltagswirklichkeit. Entpolitisierung der Sozialgeschichte?, in: BERDAHL, Robert M. u. a., Klassen und Kultur. Sozialanthropologische Perspektiven in der Geschichtsschreibung, Frankfurt am Main 1982.

MARCUSE, Herbert, Der eindimensionale Mensch. Studien zur Ideologie fortgeschrittener Industriegesellschaft, 14. Aufl., Darmstadt und Neuwied 1980.

MARKMANN, Hans-Jochen, „Mit Gott für König und Vaterland!“ Militärische Elitenbildung am Beispiel der Kadettenerziehung in Preußen im 18. und 19. Jahrhundert, in: BERGMANN, Klaus / BORRIES, Bodo von / SCHNEIDER, Gerhard (Hg.), Kindheit in der Geschichte I, Düsseldorf 1985.

MARTIN, Alfred, Deutsches Badewesen in vergangenen Tagen, Jena 1906.

MAUSS, Marcel, Die Techniken des Körpers, in: Soziologie und Anthropologie, Bd. 2, Frankfurt am Main 1989.

McLUHAN, Marshall, Die magischen Kanäle, Understanding Media, Düsseldorf – Wien 1968.

MEHL, Erwin, Ernst v. PFUELS schwimmerische Tätigkeiten in Österreich, in: Die Leibesübungen, Jg. 1930, Heft 5 und 6, 5. 3. und 20. 3. 1930.

MEHL, Erwin, Schwimmen, ein Hauptstück der Erziehung, in: WIESSNER, Kurt, Natürlicher Schwimmunterricht, 4. Aufl., Wien 1950.

MEKARSKI, Edler v. Menk, Notizen über Gymnastik in vorzugsweiser Beziehung auf die zweckmäßige Anwendung der kalten Bäder in offenen Wässern und der Schwimmkunst mit besonderer Rücksicht auf die öffentlichen Donau-Bade-Anstalten zum gemeinnützigen Gebrauch, Wien 1831.

MIECK, Ilja, Europäische Geschichte der Neuzeit. Eine Einführung, 2. Aufl., Stuttgart 1977.

MILDE, Vincenz Eduard, Lehrbuch der allgemeinen Erziehungskunde, Theil 1, Wien 1811.

Militair-Wochenblatt, Nr. 62, 30. Aug. 1817, Berlin. Und: Nr. 68, 11. Oct. 1817. Und: Nr. 61, 23. Aug. 1817.

Militär-Gesundheitspflege, Die, Wien 1876.

MITSCHERLICH, Alexander, Die Unwirtlichkeit unserer Städte. Anstiftung zum Unfrieden, 15. Aufl., Frankfurt am Main 1980.

Mitteilungen des Vereins für die Geschichte Berlins, Nr. 5, Berlin 1911.

MITTERAUER, Michael, Neue Heimatgeschichte, in: Beiträge zur Historischen Sozialkunde, Nr. 1, 1984.

MORT, Frank, Dangerous Sexualities. Medico-moral politics in England since 1830, London and New York 1987.

MÖLLER, Ernst Friedrich, Vorwort in: M. Roger's sicherer Schwimm-Meister, oder die beste Methode, in wenigen Tagen schwimmen zu lernen; nebst Thevenot's Schwimmkunst, Wien 1826.

MÜHLIBACH, Nikolaus Theodor, Wien von seiner übelsten Seite betrachtet. Ein Beitrag zur ärztlichen Erhaltungs- und Sicherheitspflege dieser Hauptstadt, Wien 1815.

NEMITZ, Rolf, Erziehung des faschistischen Subjekts, in: BEHRENS, Manfred u. a., Faschismus und Ideologie 1/Projekt Ideologie-Theorie, Berlin West 1980.

NICOLAI, Friedrich, Beschreibung einer Reise durch Deutschland und die Schweiz im Jahre 1781, Bd. III, Berlin – Stettin 1783–1796.

NIPPERDEY, Thomas, Zur Theorie der Geschichtswissenschaft. In: Ders., Gesellschaft, Kultur, Theorie. Gesammelte Aufsätze zur neueren Geschichte, Göttingen 1976.

NITSCHKE, August, Vom Wandel des Wirkens, in: Süssmuth, Hans (Hg.), Historische Anthropologie, Göttingen 1984.

OBERHUMMER, Hermann, Die Wiener Polizei. Neuere Beiträge zur Geschichte des Sicherheitswesens in den Ländern der ehemaligen österreichisch-ungarischen Monarchie, Bd. 1, Wien 1937.

OPPITZ, Michael, Notwendige Beziehungen. Abriß der strukturalen Anthropologie, Frankfurt am Main 1975.

ORLAND, Barbara, Wäschewaschen. Technik- und Sozialgeschichte der häuslichen Wäschepflege, Reinbek bei Hamburg 1991.

PEUKERT, Detlev, Neuere Alltagsgeschichte und Historische Anthropologie, in: SÜSSMUTH, Hans (Hg.), Historische Anthropologie, Göttingen 1984.

PEZZL, Johann, Neueste Beschreibung von Wien, Wien 1822.

PEZZL, Johann, Beschreibung von Wien, 7. Ausgabe, verbessert und vermehrt von Franz ZISKA, Wien 1826.

PEZZL, Johann, Skizze von Wien. Ein Kultur- und Sittenbild aus der josefinischen Zeit, herausgeg. v. Gustav GUGITZ und Anton SCHLOSSER, Graz 1923 (Erstausgabe: Wien 1787).

PFEIFFER, Ida, Reise einer Wienerin in das Heilige Land, 2. Teil, Wien 1844.

PILGRAM, Arno, Kriminalität in Österreich. Studien zur Soziologie der Kriminalitätsentwicklung, Wien 1980.

PIPEREK, Max, Grün und Wasser in der Stadt, Wien 1957.

PIRHOFER, Gottfried / REICHERT, Ramon / WURZACHER, Martina, Bäder für die Öffentlichkeit. Hallen- und Freibäder als urbaner Raum, in: LACHMAYER, Herbert / MATTL-WURM, Sylvia / GARGERLE, Christian (Hg.), Das Bad. Eine Geschichte der Badekultur im 19. und 20. Jahrhundert, Salzburg und Wien 1991.

PODEWILS, Otto Christoph Graf von, Friedrich der Große und Maria Theresia. Diplomatische Berichte, Berlin 1937.

PRIBRAM, A. F., Materialien zur Geschichte der Löhne und Preise in Österreich, Wien 1938.

PRUCHA, P., Die österreichische Polizeipraxis, Wien 1877.

REALIS, Curiositäten und Memorabilien Lexicon von Wien, Bd. 1, Wien 1846.

REBLE, Albert, Geschichte der Pädagogik, 12. Aufl., Frankfurt am Main – Berlin – Wien 1981.

REICH, Wilhelm, Die Entdeckung des Orgons I. Die Funktion des Orgasmus. Sexualökonomische Grundprobleme, 8. Aufl., Frankfurt am Main 1979.

REINHOLD, Felix August, Die Gefahren für die Sittlichkeit unserer Jugend. Ein Mahnruf an die Gesellschaft, Wien 1868.

REISINGER, Ursula, Geschichte des Augartens, in: Augarten-Festschrift, Wien 1990.

RITTNER, Volker, Krankheit und Gesundheit – Veränderungen in der sozialen Wahrnehmung des Körpers, in: KAMPER, Dietmar / WULF, Christoph (Hg.), Die Wiederkehr des Körpers, Frankfurt am Main 1982.

ROSEN, George, Die Entwicklung der sozialen Medizin, in: DEPPE, Hans-Ulrich / REGUS, Michael (Hg.), Seminar: Medizin, Gesellschaft, Geschichte, Frankfurt am Main 1975.

ROSSIAUD, Jacques, Prostitution, Sexualität und Gesellschaft in den französischen Städten des 15. Jahrhunderts, in: ARIÈS, Philippe / BÉJIN, André / FOUCAULT, Michel u. a., Die Masken des Begehrens und die Metamorphosen der Sinnlichkeit. Zur Geschichte der Sexualität im Abendland, 2. Aufl., Frankfurt am Main 1984.

ROSSIAUD, Jacques, Dame Venus. Prostitution im Mittelalter, München 1989.

ROUSSEAU, Jean-Jacques, Emile oder Über die Erziehung (1762), Paderborn 1989.

RUTSCHKY, Katharina (Hg.), Schwarze Pädagogik. Quellen zur Naturgeschichte der bürgerlichen Erziehung, Frankfurt am Main – Berlin 1977.

SANDGRUBER, Roman, Einkommensentwicklung und Konsumverhalten der Arbeiter im 19. und frühen 20. Jahrhundert, in: KROPF, Rudolf (Hg.), Arbeit, Mensch, Maschine. Der Weg in die Industriegesellschaft, 2. Aufl., Steyr 1988.

SCHÄFER, Ursula, Physikalische Heilmethoden in der Ersten Wiener Medizinischen Schule (= Veröffentlichungen der Kommission für Geschichte der Mathematik und der Naturwissenschaften, Heft 4), Wien 1967.

SCHALL, Sybille, „Immer sauber bleiben . . .“ Eine Kulturgeschichte vom Bad und vom Baden, Berlin 1977.

SCHMIDL, Adolf, Wien's Umgebungen auf zwanzig Stunden im Umkreise. Nach eigenen Wanderungen geschildert, Bd. 3, Wien 1839.

SCHMIDL, Adolf, Wien wie es ist. Die Kaiserstadt und ihre nächsten Umgebungen nach authentischen Quellen, mit besonderer Berücksichtigung wissenschaftlicher Anstalten und Sammlungen, 3. Aufl., Wien 1840.

SCHMIDL, Adolf, Wien und seine nächsten Umgebungen mit besonderer Berücksichtigung wissenschaftlicher Anstalten und Sammlungen, 7. Aufl., Wien 1858.

SCHNITZLER, Arthur, Jugend in Wien. Eine Autobiographie. Herausgeg. v. Therese NICKL und Heinrich SCHNITZLER, Frankfurt am Main 1981.

Schönheitsapotheke, Die, Oder Sammlung von auserlesenen und bewährten Mitteln, die Schönheit zu erhalten. Herausgeg. v. einem erfahrenen Wundarzte, Wien 1802.

SCHRANK, Josef, Die Prostitution in Wien in historischer, administrativer und hygienischer Beziehung, Bd. 1, Wien 1886.

Schwimmer, Der, aus Tyrol beym Tabor. Nebst einer Geschichte, welche mir im Prater beim Hinausgehen begegnete, Wien 1781.

SELIGER, J. F. M., Vincenz Prießnitz. Eine Lebensbeschreibung, Wien 1852.

SELIGER, Maren / UCAKAR, Karl, Wien. Politische Geschichte 1740–1934. Entwicklung und Bestimmungskräfte großstädtischer Politik, Teil 1: 1740–1895, Wien – München 1985.

SENNETT, Richard, Civitas. Die Großstadt und die Kultur des Unterschieds, Frankfurt am Main 1991.

SIDER, Gerald M., Bande, die zusammenhalten, Kultur und Agrikultur, Eigenheit und Eigentum in der Dorffischerei Neufundlands, in: BERDAHL, Robert M. u. a., Klassen und Kultur. Sozialanthropologische Perspektiven in der Geschichtsschreibung, Frankfurt am Main 1982.

SIEDER, Reinhard, Sozialgeschichte der Familie, Frankfurt am Main 1987.

SIEDER, Reinhard, Zur alltäglichen Praxis der Wiener Arbeiterschaft im ersten Drittel des 20. Jahrhunderts, phil. Habil., Wien 1989.

SIEDER, Reinhard, Was heißt Sozialgeschichte? Brüche und Kontinuitäten in der Aneignung des „Sozialen“, in: Österreichische Zeitschrift für Geschichtswissenschaft, Jg. 1, Heft 1, 1990.

SILBER, E., Beiträge zur Sozialstruktur Wiens im Vormärz . . . aufgrund der magistratischen Verlassenschaftsakten des Jahres 1840, 2 Bände, phil. Diss., Wien 1977.

SLEZAK, Paul, Geschichte der österreichischen Sanitätsverwaltung, Wien 1956.

STEBICH, Max, Donausagen, Wien 1958.

STEKL, Hannes, Österreichs Zucht- und Arbeitshäuser 1671–1920. Institutionen zwischen Fürsorge und Strafvollzug, Wien 1978.

STEKL, Hannes, „Sei es wie es wolle, es war doch schön.“ Bürgerliche Kindheit um 1900 in Autobiographien, in: EHALT, Hubert Ch. / HEISS, Gernot / STEKL, Hannes (Hg.), Glücklich ist, wer vergißt . . .? Das andere Wien um 1900, Wien – Köln – Graz 1986.

STIFTER, Adalbert, Der Prater, in: Stifters Werke in 2 Bänden, Bd. 2, Salzburg – Stuttgart o. J.

SÜSSMUTH, Hans (Hg.), Historische Anthropologie, Göttingen 1984.

TAMPIER-METZKER, Gertraud, Anton Johann Gross-Hoffinger. Leben und Werk eines Publizisten des Vormärz, in: Mitteilungen des Instituts für Österreichische Geschichtsforschung, Bd. 75, 1967.

TANNER, Jakob, Körpererfahrung, Schmerz und die Konstruktion des Kulturellen, in: Historische Anthropologie. Kultur – Gesellschaft – Alltag, Jg. 2, Heft 3, 1994.

TANZER, Gerhard, Spazierengehen – Zum ungewöhnlichen Aufschwung einer gewöhnlichen Freizeitform im Wien des ausgehenden 18. Jahrhunderts, in: Beiträge zur historischen Sozialkunde, Jg. 12, Nr. 2, Wien 1982.

TANZER, Gerhard, „In Wienn zu seyn ist schon Unterhaltung genug." Zum Wandel der Freizeit im 18. Jahrhundert, phil. Diss., Wien 1988.

Theaterzeitung, Allgemeine und Originalblatt für Kunst, Literatur, Mode und geselliges Leben. Herausgeg. v. Adolf BÄUERLE, Jg. 20, Nr. 110, 13. 9. 1827. Und: Jg. 25, Nr. 125, 8. 7. 1832. Und: Jg. 26, Nr. 140, 13. 7. 1833. Und: Jg. 29, Nr. 116, 9. 6. 1836. Und: Jg. 37, Nr. 193, 12. 8. 1844.

THEWELEIT, Klaus, Männerphantasien. 1. Frauen, Fluten, Körper, Geschichte, Reinbek bei Hamburg 1980.

THEWELEIT, Klaus, Männerphantasien. 2. Männerkörper – zur Psychoanalyse des weißen Terrors, Reinbek bei Hamburg 1980.

THOMPSON, Edward P., Plebejische Kultur und moralische Ökonomie. Aufsätze zur englischen Sozialgeschichte des 18. und 19. Jahrhunderts, Frankfurt am Main – Berlin – Wien 1980.

TÖNIZ-LEITICH, Katharina, Laster- und Unsittenverbote der frühen Neuzeit, in: Österreich in Geschichte und Literatur 1970.

TSCHISCHKA, Franz, Geschichte der Stadt Wien, Stuttgart 1847.

TUVORA, J., Briefe aus Wien von einem Eingeborenen, Bd. II, Hamburg 1844.

UHL, Roman, Erster Wiener Donau-Schwimm-Club. Vereinsgeschichte 1903–1933, Wien o. J.

USSEL, Jos van, Sexualunterdrückung. Geschichte der Sexualfeindschaft, 2. Aufl., Gießen 1977.

VANJA, Christina, Körper und Seele, in: DINZELBACHER, Peter (Hg.), Europäische Mentalitätsgeschichte, Stuttgart 1993.

VIERHAUS, R., Aufklärung und Freimauererei in Deutschland, in: Das Vergangene und die Geschichte. Festschrift für Reinhard Wittram, Göttingen 1973.

VIERTHALER, Franz Michael, Entwurf zu pädagogischen Vorlesungen, Wien 1824.

VIGARELLO, Georges, Wasser und Seife, Puder und Parfüm. Geschichte der Körperhygiene seit dem Mittelalter, Frankfurt am Main 1988.

WAISSENBERGER, Robert, Die Mentalität des Biedermeier, in: Ders. (Hg.), Wien 1815–1848. Bürgersinn und Aufbegehren. Die Zeit des Biedermeier und Vormärz, Wien 1986.

WAISSENBERGER Robert, Vorwort, in: Ders. (Hg.), Wien 1815–1848. Bürgersinn und Aufbegehren. Die Zeit des Biedermeier und Vormärz, Wien 1986.

WERTHEIM, D. Z., Versuch einer medicinischen Topographie von Wien, Wien 1810.

WESCHEL, L. M., Die Leopoldstadt bey Wien, Wien 1824.

Wien wie es ist. Ein Charakter und Sittengemälde, Leipzig 1827.

Wien's öffentliche Gaerten, Baeder, Theater und sehenswerthesten Kunstausstellungen, Wien 1828.

WILDBERG, C. J. L., Hygiastik, oder die Kunst, lange zu leben und dabei gesund und froh zu bleiben, Wien 1826.

WIMMER, Michael, Erziehung und Leidenschaft. Zur Geschichte des pädagogischen Blicks, in: KAMPER, Dietmar / WULF, Christoph (Hg.), Der andere Körper, Berlin 1984.

WITLACIL, A., Verhältnisse der handarbeitenden Bevölkerung Wiens, in: Zeitschrift des Vereins für deutsche Statistik I, 1847.

WULF, Christoph, Körper und Tod, in: KAMPER, Dietmar / WULF, Christoph (Hg.), Die Wiederkehr des Körpers, Frankfurt am Main 1982.

WURZBACH, Constant von, Biographisches Lexikon des Kaisertumes Österreich (1750–1850), 23. Theil, Wien 1872.

ZAPPERT, Georg, Über das Badewesen mittelalterlicher und späterer Zeit, Wien 1858.

Zeitschrift, Wiener, für Kunst, Literatur, Theater und Mode, Nr. 91, 25. 3. 1843.

Zeitung, Wiener, Nr. 74, 14. Sept. 1799 (Anhang). Und: Wiener Zeitung, Nr. 209, 12. Sept. 1838.

ZÖHRER-VOGT, Viktoria, Vom Wasser, das in den Körper eindringt, zum Wasser, das ihn stärkt, unveröff. Manus., Graz 1991.

Zuschauer, Wiener, Nr. 77, 28. 6. 1843 und Nr. 78, 30. 6. 1843.

ZWIERLEIN, K. A., Ueber die neuesten Badeanstalten in Deutschland, Frankfurt am Main 1803.

Quellenverzeichnis

Bildteil

Abb. 1: Historisches Museum der Stadt Wien.
Abb. 2: XI. Neujahrsstück ab dem schwarzen Garten; Zürich 1796.
Abb. 3: Bildarchiv der Österreichischen Nationalbibliothek.
Abb. 4: Heeresgeschichtliches Museum der Stadt Wien.
Abb. 5: Archiv für Kunst und Geschichte, Berlin.
Abb. 6: Historisches Museum der Stadt Wien.
Abb. 7: Bildarchiv Preußischer Kulturbesitz, Berlin.
Abb. 8: Historisches Museum der Stadt Wien.
Abb. 9: Historisches Museum der Stadt Wien.
Abb. 10: Populäre Österreichische Gesundheits Zeitung, 1831, Jg. 2, Nr. 18.
Abb. 11: Historisches Museum der Stadt Wien.
Abb. 12: Historisches Museum der Stadt Wien.
Abb. 13/14: Historisches Museum der Stadt Wien.
Abb. 15: Historisches Museum der Stadt Wien.
Abb. 16: Allgemeine Theater Zeitung, 1842.
Abb. 17: Collection Bibliotheque des Arts Decoratifs, Paris.
Abb. 18: Historisches Museum der Stadt Wien.

Zwischenblätter

S. 21: Zöglinge des Philantropin beim Baden und Schwimmen.
Kupferstich. Aus: J.C.F. Guts-Muths, Gymnastik für die Jugend, Schnepfenthal 1793

S. 47: Armin Münch: „Maja“. Holzschnitt.
Leipzig. Kunstbesitz der Universität Leipzig.

S. 73: Wildbadende auf der Flucht vor Polizeisoldaten an der Seine, mitten in Paris. Aus: Honoré Daumier, Aquarelle aus der Bildreihe „Les Baigneurs“ aus den Jahren 1839–1842.
Bildarchiv Preußischer Kulturbesitz, Berlin.

S. 97: Im proletarischen Frauenflußbad.
Aus: Daumier, Aquarelle. Bibliotheque Nationale, Paris.

S. 159: Trockentraining. Bildarchiv Preußischer Kulturbesitz, Berlin.
S. 205: Wenig Respekt vor sittlich entrüsteten Stadthonoratioren. Bildarchiv Preußischer Kulturbesitz, Berlin.
S. 249: Schwimmtour. Bildarchiv Preußischer Kulturbesitz, Berlin.
S. 269: Körperreinigung und Körperentleerung im Armenbad. Bildarchiv Preußischer Kulturbesitz, Berlin.
S. 303: Bad im Fluß: Familie mit Kind und Hund. Bildarchiv Preußischer Kulturbesitz, Berlin.
S. 319: „Platz da!" Staatl. Museen Preußischer Kulturbesitz, Kupferstichkabinett, Berlin.

Personenregister

Adorno, Theodor W. 27, 218
Alt, Jacob 174
Alt, Rudolf v. 174

Bacherlard, Gaston 279
Barthes, Roland 68
Basedow, Johann Bernhard 164
Bayer, Wilhelm 64
Beck, B. W. 191
Bellegarde, Graf August 285
Bentheim-Steinfurth, Graf Wilhelm 171, 283, 286
Berndorfer, Franz 158
Böhme, Hartmut 67 f.
Burian, Joseph 173, 202

Corbin, Alain 262

Dahrendorf, Ralf 37
De Maillet 106
Descartes, René 67
Dilthey, Wilhelm 26
Donner, Georg Rafael 64
Duerr, Hans Peter 80, 213, 216
Dunning, Eric 210

Eichberg, Henning 37, 261
Elias, Norbert 37, 81, 210, 213, 226, 308 f.

Feldbauer, Peter 122
Ferdinand I., Kaiser 220
Ferro, Pascal Joseph 90, 100, 104, 108–115, 132 f., 147, 170, 311
Forster, Georg 100
Forster, Reinhold 100
Foucault, Michel 39, 45, 181 f., 315

Frank, Johann Peter 88, 90, 99 f., 104, 108–115, 141, 170
Franz I., Kaiser 91
Freud, Sigmund 45, 57
Friedrich II., König 124
Friesen, Karl 164
Fröhlichsthal, v. 154

Gasser, Hans 64
Geyer, Hans F. 58 f.
Goethe, Johann Wolfgang 273, 290
Gramsci, Antonio 35
Gregor, Abt 218
Gross-Hoffinger, Anton Johann 284
Guarinonius, Hypolyt 75
Guba, Jakob 149, 198 ff.
Guts-Muths, Johann Christoph Friedrich 99, 162, 164

Haagn, Freiherr v. 285 f.
Hardenberg, Fürst Karl August v. 161
Hartl, Friedrich 288
Hartmann, Josef 78
Hartmann, Max v. 211 f.
Heilfurth, Gerhard 34
Heinitz, Carl 168
Herbaczek, Franz 201
Holzmann, Johann Donat 241

Horkheimer, Max 27, 218
Hübner, Kurt 66
Hufeland, Christoph Wilhelm 124

Isfordink, Johann Nepomuk 166

Jahn, Friedrich Ludwig 161, 164
Joseph II., Kaiser 107, 109, 132, 136, 170, 223, 265

Karl VI., Kaiser 220
Kauff, Karl 143, 150
Khevenhüller-Mentsch, Graf Johann Josef 221
Kinsky, Graf Franz 186
Klein, J. B. 171
Kuffner, Christoph 65
Kundmann, Karl 64

Lavater, Johann Kaspar 273
Lenau, Nikolaus 253
Liechtenstein, Joseph Wenzel Fürst von u. zu 111

Malfatti, Johann Graf v. Montereggio 151 f.
Marcuse, Herbert 50, 299
Maria Theresia, Kaiserin 83, 220 f.
Mauss, Marcel 179
Mayer, Ignaz v. 195
Meixner, Johann 64
Mekarski, Victor Edler v. Menk 142, 190
Metternich, Fürst Clemens v. 178, 261, 272
Milde, Vincenz Eduard 228, 230 f.
Mitscherlich, Alexander 297
Montesquieu, Charles de 103
Mort, Frank 125, 301

Napoleon I., Kaiser 165, 283
Nicolai, Friedrich 110, 112
Nipperdey, Thomas 42

Obergauert, Johannes Jacob 86

Petter, Friedrich 150
Pezzl, Johann 100, 106 ff., 110, 265
Pfeiffer, Ida 245
Pfeiler 150
Pfuel, Ernst v. 164, 168, 170, 176, 186
Prießnitz, Vinzenz 151 ff., 292
Pulchrin 246

Reich, Wilhelm 57 f.
Richter, Joseph 224
Rousseau, Jean-Jacques 100, 103, 109, 117, 162, 225
Ruprecht, Friedrich 156
Rutschky, Katharina 228

Sauer, Wenzel Graf von u. zu Ankenstein 89
Saurau, Graf Franz Joseph v. 141
Scherzer, Joseph 149 f., 155
Schrank, Josef 247
Schrankell, Josef 150
Schubert, Franz 211 f.
Schwanthaler, Ludwig 64
Schwind, Moritz v. 212
Sider, Gerald M. 33
Skoda, Joseph 152
Spaun, Max v. 211 f.
Steinlein, Franz v. 147 ff.
Stekl, Hannes 42, 122
Stifter, Adalbert 257, 291
Stolberg, Christian v. 273, 290
Stolberg, Friedrich Leopold v. 273, 290
Strauß, Johann 15

Tacitus 241
Theweleit, Klaus 20
Thomas, Abt 219
Trunck v. Guttenberg, Johann Lorenz 77
Türkheim, Ludwig Freiherr v. 151 ff.

Vierthaler, Franz Michael 188 f., 284
Vigarello, Georges 103 f.

Watteau, Antoine Jean 254
Wertheim, D. Z. 242
Wiener, Elisabeth 149, 195, 198 f., 286
Windirsch, Markus 156
Wirer, Franz 151 f.
Wolf, Franz 236 f.
Wynmann, Nicolaus 76

Zwierlein, K. A. 106

Orts- und Sachregister

„Allgemeine Schwimmschule“ s. Schwimmschule, allgemeine
Alser Vorstadt 156, 188, 284
Alte Donau 267
Am Schüttel 146, 150
An der Wien 84
Anthropologi(e) 43
historische – 11, 28, 34, 42
-ische Forschung 41, 266
-ische Theorie 45
Kultur- 26, 29, 42 f., 213, 256, 310
Sozial- 43, 230
„Armenbäder“ 112, 124, 131–139, 140, 146, 148 f., 264
Aspern 165, 283
Augarten 109 f., 112, 194 f., 200, 253, 257
Augustinerbastei 64

Bad „Grüner Baum“ 147
Bad „Hollerstaude“ 147, 155
Bad Ischl 151
Bad Vöslau 151
Bad „Zum Karpfen“ 147
Bad „Zum scharfen Eck“ 147
Bad „Zum Schüttel“ 147
Bad „Zwei Grenadier“ 147
Bade-
„Allgemeine -ordnung“ (1808) 119
-anstalt 33, 37, 134, 145, 150, 178, 194, 197–201, 203, 217, 232, 234, 244, 247, 258 f., 261 ff., 271, 278, 288 f., 291, 295, 299
-bekleidung, -hose, Schwimmhose 144, 186, 226, 228, 235–240, 279, 283 ff., 288, 307
-bordelle 207, 284 f.
-diener, -knechte -meister, -wärter 143, 207, 238, 280
-flöße 133, 135 ff., 139, 146, 194, 291
freies -n 139
-freuden, sinnliche – 255, 313
-gesellschaft 51
-gewohnheiten 27, 208
-häuser 108, 118, 132, 137, 149, 156, 244, 265, 292
-hütten 132 f., 135 f., 292
-kabinen 264, 275
-kasten 111 f., 265
-kultur 17, 45, 151, 179, 211, 295, 313
– –, neue 108, 282
-lust 45, 49–71, 208, 300, 310
-mägde 207
-mode 237, 242
neues -n 99–158
-ordnung 196, 236, 282, 287
-plätze, sichere – 90–93, 124, 140, 142, 146, 236, 258, 261, 275 f., 280
-projekt 109, 113, 314
-schiff 18, 110 f., 113, 132, 135, 141, 143, 147–150, 183, 194, 197, 244, 256, 264, 292 f., 295
-stuben 70, 207 f.
-taxen 155
-technologien 294
-unfälle 77, 142, 172, 276, 280
-unternehmer 246
-verbote 69, 76, 78, 82 f., 87, 92,

94 f., 145, 156, 177 f., 219, 258, 274 f.
-verordnungen 77, 81, 94, 275, 305
-wanne 119, 232, 234, 256, 264
-wasser, heiß 102, 232
-wesen, öffentliches 145
-zimmer 130, 132, 232
Baden bei Wien 151, 201
Bäder
–, „englische“ 113
–, neue 99–158
–, öffentliche 131, 144, 208, 265
–, private 131, 207
Hallen- 12, 290–297, 315
Kabinen- 150
-kultur 152
-kur 164
-politik, staatliche 264
Strand- 140, 142, 144, 311, 315
-technologie 12
Voll- 150
Wannen- 132, 137, 147, 155, 191, 255, 293
Warm- 119, 255
Zahl- 150
Bedeckung (des Körpers) 44, 80, 243
-smoral 51
-svorschriften 40, 240
Bedürfnis(se) 38, 173, 211 f., 244, 251, 258, 261, 263–267, 310 f.
-äußerung 44
-auslebung 38, 40, 299, 313
-befriedigung 34, 36, 52, 178, 253 f.
-entfaltung 44, 49, 107, 317
erotische – s. erotisch
-kultur 210
-lage 210, 215
materielle – 316
-muster 107, 222, 256, 308
psychisch-physisches – 274
Rekreations- 316
reproduktives – 271
-schübe 261, 263
-spielraum 36, 311 f.
-struktur 43, 49
Bekleidungsverordnung 114
Berlin 176, 296
Bewegungstherapie 173, 255
Böhmen 170
Brigittenau 110, 112, 141, 245, 253 f.
Budapest 169, 173

Damenschwimmschule s. Schwimmschule
Dampfbad 292 f.
Dessau 164
Dianabad 147, 151, 292 ff., 296
Donau 15 f., 76, 78, 81, 83 f., 86, 90, 92 ff., 105, 134, 137, 140 ff., 145, 149 ff., 155, 176 f., 183, 188 f., 195, 197 f., 209, 223, 235, 245 f., 256, 259 ff., 265, 271, 282, 286, 288, 290 ff., 295, 297
-bäder 144, 149, 155, 158, 232, 265
– –, warme 155, 231 f., 297
-fürst 62
-nymphen, -weibchen 62, 65
-regulierung 15, 140, 144, 259, 266 f., 297
-wasser 295, 297
-weibchenbrunnen 64
Donauinsel 15, 309
Donaukanal 15, 85, 93, 139, 145 ff., 150 f., 174, 211, 253, 264, 274, 282, 294
Donau-Oder-Kanal 15
Dresdnerstraße 287
Dusch(e) 130, 150 f., 233
-bad 202, 292 f.
Natur- 153, 292

„Englische Bäder“ s. Bäder
Entgrenzung
geschlechtliche – 247
körperliche – 215, 240, 280
-s -sbedürfnis 38, 44

libidinöse – 82, 85, 93, 136, 275, 280, 288
-s -sbedürfnis 45, 274
– -ssehnsucht 49–52, 53, 253, 258
sensuelle – 40
-smöglichkeiten 34, 254, 300
-stechniken 180

Enterotisierung 282

Entsexualisierung 282

Erdberg 84

Erotik 18, 40 f., 63, 85, 213, 215, 243, 299 f., 310, 312

erotisch
-e Bedürfnisse, Wünsche 54, 215, 280
-e Befriedigung 244
-e Beziehungen 36
-e Erfahrung 299
-e Gefühle 51, 272, 280
-e Genüsse 208

„Erstes Wiener Kommunalbad" 297

„Erstes Wiener Volksbrausebad" 151

Ertrinken 61, 63, 77 f., 87 ff., 168, 186, 236

Ertrinkungs-
-angst 69, 71, 142, 256, 313
-gefahr 75, 90, 108, 161, 305, 311
-unfälle 18, 87, 273

Fahnenstangenbad 150

Fahnenstangenwasser 105, 109 f., 132, 139–144, 149, 171, 174, 187, 194, 199, 209, 235, 253, 256 f., 264

Ferdinand- und Marienbad 65, 149, 173, 190–201, 202, 236, 257, 266 f., 287

„Ferro-Bad", „Ferros Bad" s. „Kalt-Bad"

Fischerstiege 15

FKK 19, 55
-anhänger 282

Floridsdorfer Wasserpark 15

Flußbad, Strombad 106, 109 f., 112, 124, 132, 137, 143, 145 ff., 149 f., 170, 189, 192, 197 f., 209, 212, 231, 233, 235, 238, 244, 255, 257, 260 f., 264, 266, 272, 282, 288, 290, 293, 297, 307, 311, 315
-eanstalten 132 f., 139, 171, 199, 202, 244, 247, 265, 267, 299
-ebewegung 272
-efreuden 265, 272
-ekultur, -wesen 109, 295, 315
-en, Flußschwimmen 55, 85 f., 90 ff., 94, 110, 118, 137, 174, 183, 187, 190, 226, 238, 255 f., 258, 262, 271, 275, 294, 313
-eprojekt 141 f.
-eschiff s. Badeschiff
-eschwimmschulen 297
-ewasser
–, gewärmtes 134, 147
–, kaltes 131, 147, 188, 190, 193, 255

Franzensbrücke 146 f., 150, 264

Freibadeverbot 87

Freibäder 20, 146, 259, 278, 289

freies Baden 91, 93

freie(s) Gewässer 49–54, 64, 69, 71, 82, 88, 93, 102, 110, 182, 211, 272, 290. 296, 307, 309, 311, 313 f., 315
Baden und Schwimmen am -n – 11 f., 18, 45, 62, 69 f., 77, 84, 93, 95, 100, 104, 118, 130, 155, 166 f., 178, 184, 192 f., 212, 215, 218, 220, 226, 234, 236, 238, 254 ff., 278, 280, 292, 301, 305 f., 313
Scheu vor -m – 312
Turnen am -n – 161

Freiluft
-bad 144, 231, 236, 279
- -eanstalt 12, 17, 265
- -ebedürfnis 91, 276, 302
- -ebewegung 55, 102, 316
- -eeuphorie 132, 173
- -ekultur 11, 17, 31, 93, 106 f., 113, 131, 141, 151, 155, 163, 180 f., 190, 200, 209, 240, 259, 266 f., 272, 278, 281, 295, 305, 308 f., 311, 314
Reglementierung der - - - 275
- -en 15, 19, 59, 178, 189, 202, 228 f., 254 f., 279, 305, 309
- -eplatz, -stelle 37, 209, 234 f., 256, 272, 282, 292, 297
-bassin 299
-schwimmen 254
-strandbad 267
Freimaurer 99–101, 104, 107, 141, 251
Freizeit 17, 19, 99, 164, 203, 209 f., 274
-aktivitäten 24, 261, 306
-angebote 314
-einrichtungen 295
-gestaltung 258, 260, 271
-infrastruktur 143, 263
-kultur 179 f.
-politik 92
-sphäre 209
-unternehmer 244
-vergnügen 259
-verhalten 12, 107, 115, 147, 179, 202, 210, 253, 263, 280, 297, 301
Frey-Bad 142 ff., 146, 149 f., 194
Freyung 64

Gänsehäufel 144, 267
Ganzkörperbad 118, 167, 255
Gesundheit 11, 89, 91, 99, 101, 106, 113 ff., 119, 125, 133 f., 140, 156, 162 ff., 182, 184, 226, 230 f., 241 f., 255, 278, 293, 301, 314 ff.
-sbehörden 144
-sbewußtsein 297
-sförderlich 102
-spolitik 93, 132, 134, 144
-spostulate 306
-sprobleme 109
-sstandards 69, 107, 258, 272, 317
-sstreben 12
-süberlegungen 31
-svorsorge 120, 254
-swesen 144
Volks- 109
Gräfenberg 152 ff., 292
Graz 169
Grinzing 150
Gumpendorf 150
Gymnastik 102, 162 f., 180, 187 f., 220, 254, 262, 271, 279, 282, 301, 316
-bewegung 251, 297
-lehrer 88, 161
-reform 93
Wasser- 131, 135, 175, 180, 203 f., 305, 314

Hamburg 130, 296
Herrschaft 11 f., 18, 38, 44, 51, 83, 94, 115, 128, 180, 219, 226
kirchliche – 217
-liche Bemühungen 277
- - Kontrollmöglichkeit 248
-sapparat 273, 280
-sausübung 45, 299
-sbeziehungen 39, 95
-sformen 34, 38, 40, 181, 244
-sfreie Räume 262, 272
-sfunktionen 39
-smechanismen 214
-sprinzipien 44, 220
-sstrategien 18, 107, 163, 244, 300

-sstrukturen 36 f., 39, 43, 45, 52 f., 57, 66, 81, 101, 157, 164, 181, 212, 263, 273, 278, 289, 308
-ssysteme 49, 226 f.
- -, kirchliche 226 f.
- -, weltliche 227
-stechniken 52, 244 f.
Hietzing 150
Hydrotherapie 11 f., 109, 111, 131 f., 152, 271, 293, 295, 301, 305
Hygiene (körperliche –) 52, 92, 111, 114, 117 ff., 125, 131, 134, 146, 139, 151, 163, 177, 180, 185, 189, 193, 208, 224, 225–235, 254 f., 278, 283, 292, 294, 301, 305, 315 f.
-bewußtsein 17, 31, 297
Kommunal- 123 f., 144 f.
-kultur 11 f.
öffentliche – 120, 231, 297
-politik 93, 132
-postulate 306
-praktiken 27, 40, 236
Sozial- 124, 141, 145
-standards 107, 148, 208, 233 f., 258, 272, 280, 317
Truppen- 167, 187
-verhalten 231
-verhältnisse 123
-vorschriften 69, 300
hygienisch
-e Einsichten 90
-er Utilitarismus 317
Hygienisierungsprozeß 118, 278

Jägerzeile 85, 147
Jordan 116
Josephinische Epoche, -s Jahrzehnt 92, 107, 111, 124, 132 f., 136, 170, 202, 227, 262, 311
Josephstöckl 109

Kaiserbad 147
Kaiserwasser 65, 143, 149 f., 173, 194, 198, 257, 264, 267, 283, 287
„Kalt-Bad“ (Ferros) 112 f., 132 f., 147
Kaltwasser 102 f., 317
-anwendung 154
-badebedürfnis 91, 276, 302
-(bade)kultur, -bewegung 11, 17, 31, 93, 106 f., 109, 113, 131, 141, 151, 155, 163, 180 f., 190, 200, 209, 266 f., 272, 278, 281, 292, 305, 308 f., 314, 316
-baden 18, 93, 103 f., 111, 114, 177, 183 f., 188, 190 f., 193, 202, 254 ff., 305, 317
-bäder 114 f., 133 f., 148 ff., 152, 280, 293
-behandlung 109
-euphorie 11, 132, 173
-heilanstalt 150
-kuren 152 f., 191, 292
-praktiken 31
-prinzip 153
-therapie 164, 173, 180 (s. auch Hydrotherapie)
Kettenbrücke 147 ff.
Kirche 69, 89, 214, 216 f., 225–228, 230, 233 f., 275 f., 300
K. k. Militärschwimmschule im Prater 142 f., 150 f., 170 ff., 187 ff., 194 f. (s. auch [Militär]Schwimmschulen)
Klosteneuburg 169
Köln 80, 109
Kompensation 54, 57, 60
Körper
-ästhetik, Ästhetisierung des -s 36, 316
-bedürfnisse 37, 44, 52, 315
-befindlichkeit 25, 31
-beherrschung 176
-disziplin(ierung) 272, 315

-empfinden 18, 36, 175
-erfahrung 27
-ertüchtigung 258, 281
-feindlichkeit 213 f.
-gefühl 280
-geschichte 32
-ideal 41
-kultur 11 107, 262, 282
- -bewegung 91, 93, 191, 312
-lichkeit 12 f., 32, 36, 38, 41–44, 116, 182, 213–215, 220, 222, 228 ff., 233 f., 248, 275, 277 f., 283, 299 f., 307 ff., 313
Enttabuisierung der - - 214
erotische - - 280
Normen, Standards der - - 13, 280, 312
-pflege 120, 134, 163, 180, 232, 293
- -anleitung 126
-reinigung 52, 131 (s. auch Reinigung)
- -sanstalt 263, 296 (s. auch Waschanstalt)
- -splatz 140
- -spraktiken 167
-technik (des Schwimmens) 12, 19, 27, 105, 161, 163, 173, 175 ff., 178–190, 271, 295, 305, 315
-training 178–190, 251, 259, 295, 306
-wahrnehmung 31
Krankheits-
-prophylaxe 111, 131, 136, 236, 293, 301, 305, 315
-übertragung, Angst vor 121
Kronprinz-Rudolfs-Brücke 144, 297
Kur 292
-bad(eanstalt) 79, 147, 152 f., 155, 201, 238
-pfuscherei 153
Wasser-anstalt 263

Laimgruben 84
Leitmeritz 169
Lemberg 169
Leopoldstadt 83, 86, 110, 139, 146 f., 151, 155, 196, 199 f., 253, 266, 287
Leopoldstädter Bad 151, 292
„Libido aqua“ 11 f., 313
libidinös
– besetzte Umwelt 261, 299 f.
-e Energie 54
-e Entgrenzung s. Entgrenzung
-e Körperlichkeit 279
-e Objektbesetzung 253, 299
-e Sehnsucht 298
-e Wünsche 63, 66, 278
-es Streben 54, 244, 256, 273, 283, 300, 310
Liechtensteingarten 111
Linz 169
Liverpool 296
Lobau 283
Lust 42, 52, 173, 178, 187, 272, 279 f., 299
– am Wasser 49 ff., 57, 82, 93, 110, 210, 244, 256, 263, 271, 278, 283, 288, 299 f., 310, 313
-befriedigung 36, 50
-gewinn 313
-momente 41, 300
-reduktion 297–302, 315
-streben 310

Macht 11, 38, 40, 44, 83, 94, 180 f., 219, 272
-absicherung 163
-ansprüche 18, 220, 226
-apparat 93, 271
-ausübung 45, 299
-fülle 216
gesellschaftliche – 128, 181 f., 263, 278
kirchliche – 116
-mechanismen 315
politische – 263

staatliche – 108, 116, 157, 168
-strategie 157
-strukturen, -konstellationen 49, 182, 263, 308
-technik 163, 182, 300
-verhältnisse 34, 36 f., 39, 43 f., 52, 57, 66, 81, 101, 107, 127, 157, 212, 214, 273, 278, 289
-verteilung 181 f.
-zuwachs 163
Malefiz-Spitzbubenhaus 82
Maria am Gestade 15
Mariahilf 158
Marienbad s. Ferdinand- u. Marienbad
Meidling 224
Melk 218 f.
Michaelerplatz 64
Militärschwimmschule s. Schwimmschule
Militärschwimmschule Krieau 297
Militärschwimmschule Prag 186
Mölckerhoff 218
Mondscheingasse 151
Moral 12, 18, 33, 40, 104, 124 f., 133, 138, 182, 193, 195, 212, 221, 228, 231, 281, 316
-ansprüche 220
-codex 225
-ische Festigung 103
- - Grundsätze 305
- -Konditionierung 315
-vorstellungen, bürgerliche 84, 311
Mythen, Wassermythen 33, 57, 61, 63, 66–70, 116, 277 f.
-theorie, psychoanalytische 66 f.

Nackt-
-baden 83 f., 222, 273, 289, 310
-badeverbot 87
-heit 11, 18, 40 f., 54 f., 58, 78, 212, 213–215, 217 f., 220, 222 f., 225 f., 228 f., 233, 235 f., 238 ff., 242 f., 271 f., 277 f., 281, 307, 309 ff., 312
- - als Strafe 79–81
- -, Enttabuisierung der 214, 231
- -sbedürfnis 60
- -smythen 211
- -stabu 240, 248, 280
- -sverbot 81, 214, 224, 233
Najaden 54, 69
-brunnen 64
Natur 251–256, 257, 261, 266, 280, 290, 298
-begriff 315
-beherrschung 295
-empfinden, -gefühl 27, 290
-erleben 254, 272, 291, 316
freie – 262 f.
-kontakt 294, 298, 315
-menschentum 99–101
-nähe 254, 266, 275, 291
-philosophie, dt. 251
-romantik 295
-sehnsucht 251, 253
-verbundenheit 291
-verhältnis 316
Neuer Markt 64
Nixen 62, 64, 69, 313
Nordbahnstraße 287
Normen 28, 33, 37, 53, 116, 186, 210, 214, 216, 228, 230
-gefüge 51
repressive – 211
soziale – 38, 53, 56, 178, 243, 300
-system 213, 310
Nußdorf 260

„oeffentliche Bekanntmachung“ 136
ozeanische Gefühle 57–60, 298

Paris 170
Peinlichkeit 42, 213–215, 216, 310

-scode 309
-sgefühl 81, 214, 229
-sgrenze 217, 226, 238
-sreaktion 225
Plongier-, Sturzbad 107, 111, 202
Polizei 88, 91, 93, 113, 155, 212, 227, 229 238, 247
-behörde 197, 224
-bezirksdirektion 287
„geheime -aufseher“ 221
-gesetz, -vorschriften 155, 271
Gesundheits- 242
-hofstelle 145, 171 f., 285 f.
-liche Aufsicht, Kontrolle, Überwachung 141, 240, 247, 261, 273
- - Befugnis 242
- - Repression 147
-maßnahmen 63, 113, 115, 217, 222
-ordnungen 69, 77, 225, 264
-verbote 71, 271, 288
-verfügungen 115
-wache 139, 141, 143, 175, 178, 222, 273, 275, 280, 286
Militär- - 156 f.
Zivil- - 155–158, 171
-wachstube 33, 37, 241
Polizei-Ober-Direction 77, 145 f., 196, 200, 222, 286
Pont de la Tournelle 170
Prag 169 ff., 173, 186, 286
Prater 141, 143, 170–178, 239, 245, 253 f., 257, 260, 264, 278, 291
Praterstraße s. Jägerzeile
Preßburg 258
Prostitution (am Wasser) 208, 217, 222 ff., 243–248

Regression 55, 57
regressive Phantasie 56 f., 60
Reichsbrücke s. Kronprinz-Rudolfs-Brücke
Reinheit 56, 128
– des Charakters 125
– des Wassers 142
seelische – 128 ff.
sittliche – 126, 129
Reinigung (des Körpers) 124, 130, 151, 182, 207, 226, 255, 277, 305
moralische – 124, 128
-sanleitung 126
-sbad 147
-sritus 116
Reinlichkeit 115, 119 ff., 125, 127, 129 f., 140, 143, 167, 230
-sdrill 131
-sempfinden 151
-spostulate 127
„Reinwaschung“ 116
Reiterkaserne Leopoldstadt 146
Reiterkaserne Roßau 264
Repressalien 307
Repression 36, 38, 52, 243, 274
gesellschaftliche – 299 f.
-sbedingte Sublimierung 57
„-stoleranz“ 92, 299 f.
repressiv
-e Gesellschaft 282
-e Sitten 288
-e Toleranz s. Repression
-er Zwang 51
Reproduktion 138, 154 f., 207, 313, 315
physische – 138, 147 f., 164, 301
psychische – 138, 147 f., 164, 254
-sbemühungen 139
-sinfrastruktur 143
-smöglichkeiten 115
-spraktiken 43, 236
-stechnik 157
-ssphäre 263
Restriktion 36, 274
– der Körperlichkeit 299
Selbst- 44, 311
-stechniken, herrschaftliche 50
restriktives System 261

– der Libido 315
„Rettungsanstalt für Scheintote“ 90
Rettungsschwimmen 180, 187
Roßau 147
Roten-Turm-Tor bei der Schlagbrücken 264
Rotundenbrücke 147

Salzgrieß 15
Sanktion(en) 56, 80 f., 94, 152, 178, 194, 196, 213, 217, 224 f., 236, 243, 273
polizeiliche – 69, 312
-sinstanzen, soziale 37 f., 51, 69
staatliche – 311
Sauberkeit 117 ff., 124, 126, 128, 136, 163, 232, 314 f.
-snormen 129
-spostulate 127
-spraktiken 40
-sriten 116
-sstandards 131, 148, 167
-ssymbol 278
-sverhalten 12, 27, 31, 116, 231
-sverständnis 117
-svorschriften 69, 116
„wasserlose“ – 118
Säuberung (des Körpers) 118 f., 128, 193, 233, 255, 314
-sbedürfnis 151
Scham 42, 213–215, 216, 310
-code 309
-gefühl 214, 229, 234
-grenze 214, 217, 226, 238
-losigkeit 228
-verhalten 225
Schanzel-Ufer 15
Schiffamtsgasse 15
Schlagbrücke 85 f., 264
Schloßpark Schönbrunn 64
Schnepfenthal bei Gotha 164
Schönheit 117, 191, 316
-sideale 40
-spostulate 306
-sstandards 258
Schüttel 146 f., 150
Schwedenbrücke s. Schlagbrücke
Schwimm-
„allgemeine -schule“ 170
-anstalt 150, 170, 172, 177, 197 f., 203, 261, 263 ff., 275, 280, 285 f., 289, 291
-bad 150, 170, 281
-bassin 113, 150, 173, 175 ff., 194, 235 f., 256, 264, 296 f.
-bedürfnis 276, 302
-begeisterung 173
-bewegung 75, 173, 292, 316
Damen-schule 65, 190–201, 236 f., 286 f.
-drill 31
-enlernen 102, 113, 131, 135, 142, 169, 201, 294, 306
„-erlaß“ 169
-exerzitien 17
-fertigkeit 165, 178
„– -, Floß- und Badeanstalt bey Wien“ 194 (s. Ferdinand- und Marienbad)
„-gesellschaften“ 258 f., 271
-hallen, Hallen-bad 151, 292, 294, 296, 299, 305
„-hütte“ 16
-kenntnisse 27, 61, 85, 188, 271, 276, 312
-kleidung 196 (s. auch Bekleidungsverordnung)
-körbe 149
-kultur 11, 17, 31, 45, 93, 106 f., 109, 113, 131, 141, 151, 155, 163, 180 f., 190, 200, 209, 240, 259, 266 f., 278, 281, 295, 305, 308 f., 314
-kunst 88, 162, 164, 169, 172 ff., 195, 294

-lehrbuch 76, 99, 164
-lehrer, -meister 150, 164, 168, 171, 173–177, 186 ff., 195 f., 201 f., 238, 287, 294
Militär-schulen 163 f., 170–178, 186–190, 194 ff., 202, 239, 259, 283 f., 286, 296 f.
-pflicht 271
Schau-en 172
-schulen 33, 37, 93, 117, 146, 161–204, 238, 257, 261, 266, 278, 282 ff., 288, 291
- -gründung 169
-technik, -methode 164, 168, 170, 271
Trocken-übungen 175
-unterricht, -ausbildung 113, 164, 169 f., 172 f., 176, 188, 281, 286 f., 294, 305
-vorführungen 105
Wett-en 172
Winter-halle 293
Zivil-bad 306
Schröpfkur 207
Schwitzkur 207
Sexualität 13, 18, 38, 40 f., 63, 190, 215 ff., 221, 225 f., 228 f., 231, 243, 248, 275, 277, 280, 299 f., 307 f., 310
außereheliche – 217, 282
jugendliche – 189, 255
-sgeschichte 45
Sexual-
-disziplinierung 282
„-hysterie“ 300
-kontrolle 277, 312
-kultur 217
-liberalisierung, -liberalität 214, 309
-moral 27, 31, 56, 114, 129, 196 f., 211, 213 f., 215–224, 226, 233, 240, 242 f., 281, 283, 300
- -ische Tabus 274
-normen 51, 81, 87, 225, 244, 247, 308 f.
-not des Abendlandes 189
-repression 52, 129, 277, 282
Über-isierung 300
-verhalten 216, 223, 308
sexuell
-e Aufklärung 234
-e Aktivitäten 208
-e Ausschweifungen 288
-e Bedürfnisse 12
-e Befriedigung 244, 299
-e Beziehungen 36, 215
-e Disziplinierung 188 f., 278
-e Erfahrung 299
-e Erziehung 225
-e Reize 208
-e Wunschprojektion 237
-es Verlangen 215
Sicherheit 252, 256, 285 f., 305, 314
-sbedürfnis 69, 145
-smaßnahmen 146, 177
-sregeln 193
-sverordnungen 69
-svorkehrungen 142, 166
Sinnlichkeit 215, 218, 226, 281
– ausleben 40
-shemmend 193
Sitten
-gebot, Verstoß gegen 80
-geschichte 219
-gesetze 71
-kodex 37
- -, franciszeischer 283
-losigkeit 228
-moral 242
-normen 51, 69, 244, 313
-ordnung 44, 69, 178, 247
sanktionierte – 273
-standard 282, 286
-strenge 248
-übertretung 312
-verfall 208, 241 f., 246, 310
-wächter 273

sittlich
-e Konditionierung 315
-e Liberalität 317
-e Tabuzonen 300
-e Überlegenheit 282
Sittlichkeit 11, 13, 18, 27, 51, 56, 93, 128, 138 f., 141, 144, 146, 212, 226, 246, 261, 275, 279, 285 f., 288, 300, 305, 307, 315
-sbedenken 87, 197
-scodes 212, 279
- -, (be)herrschende 239
-sempfinden 140, 214 f., 222, 242, 275
-sgrenzen 50, 85, 211
-snormen 241, 309
Einhaltung von - - 240, 280
Übertretung von - - 69, 220
-spostulat 211
-srücksicht 194
-sverstöße 146, 225, 228, 283
-vorschriften 215, 239, 290
-vorstellungen 40, 215, 217
-swerte 275
Sophienbad 151, 292
Sophienbrücke 147
Sozial-
-beziehungen 95
-e Kontrolle 50, 52
-formen 216
-geschichte 29, 43 f.
- -sschreibung 42
-medizin 109, 124, 144
-ordnung 44, 91, 282
-psychologie 27
-psychologische Mechanismen 56
- - Theorie 45
-wissenschaft 11, 25, 28, 42, 310
- -shistorisch 28 f., 43
-strukturen 278
Soziologi(e) 43
Figurations- 36
-ische Theorie 45
Kultur- 230
Spittelau 82
Stadtpark 64
Stephansplatz 264
Stockerau 253
Stromlandschaft 256–261, 263, 266
Sublimierung (sexueller Triebenergie) 54, 60, 110, 278, 310, 314
nichtrepressive – 298 f.

Tabor 112, 135, 203
Taborbrücke 105, 133, 140, 149, 257, 266
Tabuzonen
sittliche – 300
territoriale – 300
Tauchsport 180, 187, 312, 314
Taufe 116, 128, 277
Theresianische Militärakademie 128, 170, 185 f., 235
Thermal-
-bad 79, 201, 238
-kur 151
Trieb
-äußerungen, sexuelle 213, 310
-befriedigung 36, 51 f.
Geschlechts- 228
-hafte Komponente 215
-kontrolle 129
-natur 44
-verzicht 231
-wünsche 49, 215
Tuchlauben 171
Turn-
-bewegung 161, 173, 251
-lehrer 161
-plätze 262
-reform 93
„-sperre" 163
-übungen 180
Turquin 170

Unter den Weißgärbern (Weißgerbern) 82, 84, 147
Unterbaum an der Spree 164

Verbot(e) 70, 93, 274
gesetzliche – 75
-sschilder 273
-szirkulare 70, 88
Verhalten
herrschaftskonformes – 227
kulturelles – 50
-säußerung 209, 265
-sbeeinträchtigung 179
-scode 41, 43, 311
-selemente 307 f., 317
-sformen 99, 291
-smaßregeln, -svorschriften 166, 192
-smodelle 201
-smuster 19, 69, 214, 272
-snormen 244, 307
soziales – 179
-sstandards 118, 124 f., 131, 138, 215
-stradition 104 f., 272, 311
-s(ver)änderung 1424, 233 f.,
-sweisen 40, 43, 52, 81, 101, 116, 176, 189, 207, 213, 217 f., 222, 228 f., 247, 261, 278, 310, 313
Volks-
-bad 151
-brausebad 151
-krankheiten 115
-kultur 307, 311
-wohlfahrt 124, 297

Waschen, öffentliches 136
– mit kaltem Wasser 255
Wasch-
-anlage, -anstalt 196, 263, 292, 296
-drill 131
-gelegenheit 167
-gewohnheiten 27, 167
-schüsseln 131
Wasser-
-angst 31, 54, 69–71, 182, 276
-dämonen 54, 69, 102, 313
-geister 54, 61, 69
-heiler 153
-kunstspringen 176
-lust 49–71, 310
-springen 180, 284, 312, 314
-verachtung 102
Wehrertüchtigung 17, 93, 163, 170, 177, 180, 187, 271, 301, 306
Weickendorff in Marchfelt 218
Wien
die – (= Wienfluß) 78, 84, 93, 245
-er Donauarm s. Donaukanal
„-er Gesetze" 86, 91, 94
Wr. Neustadt 128, 170, 185 f.
Wr. Neustädter-Kanal 282
Wildbad
-egelände, -plätze 17, 20
-ekultur 274
-en 71, 75–95, 110, 224, 229, 238, 271–276, 289, 312 f.
-everbot 84, 87, 212, 226, 272, 312 f.

Zeit
– d. Absolutismus, Frühabsolutismus 63, 77, 83, 220 f., 226 f., 273 f., 301
– d. Altertums 214, 225
– d. Aufklärung 57, 91 f., 100, 102, 104, 107, 111, 118, 181, 218, 225, 233, 240, 252, 272, 290, 301, 305, 314 ff.
– d. Barock, Frühbarock 116, 118
– d. Biedermeier 17, 19, 89, 94, 107, 115, 139, 142, 145, 147, 151, 162, 173 ., 180, 183, 197 f., 202, 224, 236, 238, 240, 242, 252 f., 265, 273, 283, 292, 301, 311, 314
– d. dt. Faschismus 114
– d. Kameralistik 114

– d. Merkantilismus 114
– d. Mittelalters 70, 102, 116, 131, 209, 213 f., 218, 228, 255
Neu- 214, 217
– d. Rationalismus 104
– d. Reformabsolutismus 105, 114, 230
– d. Romantik, Frühromantik 57, 66, 91, 101, 241, 291, 315
– d. Vormärz 93, 121, 123 f., 134, 144, 155, 176 ff., 186, 204, 213, 227, 234, 245, 258, 261, 264, 267, 271 f., 288, 297, 306, 312, 315
Zuchthaus 82 f. (s. auch Malefiz-Spitzbubenhaus)
-strafe 82
Züchtigung 81, 84
-sstrafe 136, 22
Zürich, Kanton 273

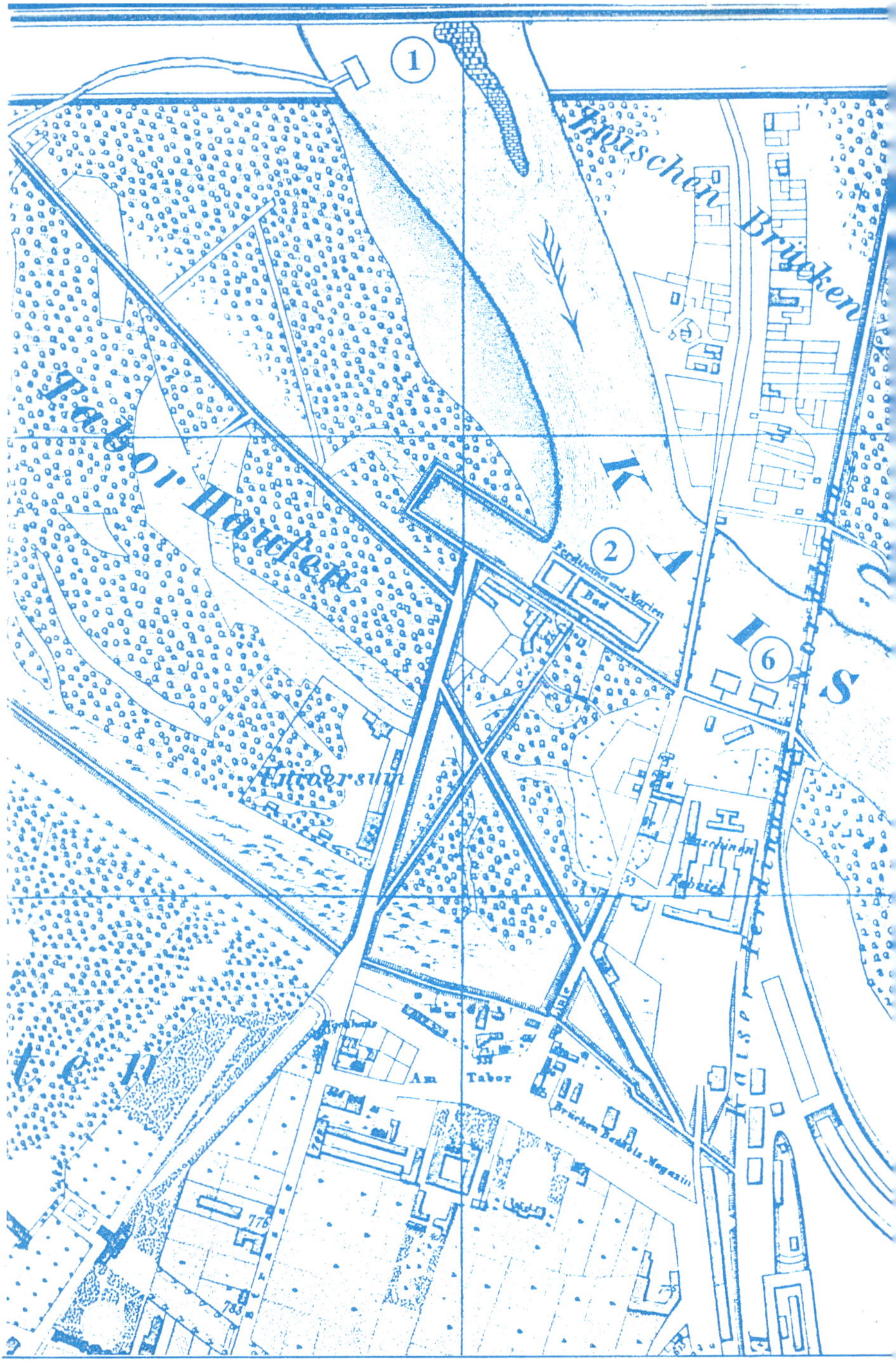
1
2
6
Zwischen Brücken
Tabor Haufen
K A I S
Ferdinand und Marien Bad
Maschinen Fabrick
Am Tabor
Brücken Bahnhofs Magazin
Kaiser Ferdinands Nordbahn
t e n
776
783